中国易学博览

八字应用经验学

秦伦诗　编著

内蒙古人民出版社

内 容 简 介

本书是继《周易应用经验学》之后的又一部易学应用经验力作。作者通过总结几十年来的预测经验与实践，撷取众家之长，将博大精深的八字理论，用简明通俗的语言，深入浅出地阐明论述，引导读者通过阅读本书，掌握基本理论与应用技巧，通过许多实际事例和经验，启迪读者，提高人生运筹策划能力。

全书共二十二章，内容如下：

第一章“基础篇”，着重介绍阴阳五行、天干地支、六十甲子及纳音五行等推排法；第二章“时间篇”，叙述江湖上秘而不传的“流年赶月”及秘传立春日时预知法等；第三章“旺衰篇”，介绍判断日主旺衰、论命局通根、判断命局各五行强弱等的方法；第四章“岁运篇”，阐述大运、流年、流月、命宫推排法；第五章“格局篇”，解释正格、变格及六亲与格局判定断法；第六章“用神篇”，介绍用神的含义，对于扶抑、通关调候用神的确定；第七章“星煞篇”，阐明吉凶神煞的捷要看法；第八章“术语篇”，介绍排命常用术语；第九章“杂论篇”，阐述排命程序、四柱分限、喜忌等；第十章“十神篇”，主要介绍人的性格及十神的用法；第十一章“性格篇”，重点介绍以日主五行、十神等知人性格；第十二章“六亲篇”，介绍父母、妻子、儿女、兄弟等；第十三章“婚姻篇”，剖析男女婚姻；第十四章“凶祸篇”，介绍死亡、夭折、牢狱、伤残等；第十五章“职运篇”，介绍职运走向；第十六章“财运篇”，介绍有财无财；第十七章“学业篇”，看学途如何；第十八章“职业篇”，介绍选取职业方法；第十九章“迁旅篇”，介绍迁移去向；第二十章“疾病篇”，介绍多种测病方法；第二十一章“释古篇”，白话解释古书“月谈赋”、“五言独步”；第二十二章“实例篇”，分析各种实际命例。

目 录

序

我的好友、哈尔滨易经科学研究所所长、第十回(届)世界易经大会主席秦伦诗教授的易学巨著《中国易学博览》,历经风雨十载,终于付梓刊行,而且在括有二十余国和地区的易经大师及易研者参加的第十回(届)世界易经大会这一庄严讲坛上面世,实在是现代易经研究史上一件大事。秦伦诗先生的崇拜者及诸多友好无不释然。

秦伦诗先生家学渊源,自幼向族兄秦诗章先生学医习易。及长,拜抗战以后在海滨城市青岛以卦馆为业的易学名宿尹礼儒先生为师,追随乃师多年,精研易经与实战方略,为世人排忧解难,点拨开路,惠及人群数以万计。

秦伦诗先生习易、研易、用易、举易已历半个世纪。五十年来,秦伦诗先生心无旁物、潜沉易礼、医易相辅,终成翘楚。秦伦诗先生综合医理、易理,熟念象数,泛猎八宅、玄空、九星、奇门、青囊、子平、六爻等九派诸术,实战数十年,十断九中,屡验不爽。近十几年,更是日臻成熟,无一失手。致使祖国四方、海外各地慕名而来者,排队敬候。

秦伦诗先生的鸿篇巨著《中国易学博览》将五十年所积累之经验,择其精要,辑为八字、风水、姓名等诸卷,洋洋洒洒二百六十余万言,先生一生心血,蕴籍其中。成书过程堪比"绳床瓦灶、披阅十载"。迎接晨霜晓露,伴随午夜孤灯,个中甘苦,只有先生这样品格坚毅的人才可以承载。

我曾总结易学家应有的十八种精神(详见"寄语篇·易家必

读"),以此绳墨伦诗先生,条条中矩。特别是不忘恩师造化之恩,更是垂范后学。对于恩师尹礼儒先生,伦诗教授生前敬重,身后祭奠。每与友人提及恩师,感激哀思之情,溢于言表。前些年,伦诗先生刚有经济余力,立即为恩师修葺坟塚,以光师德。

我亦研易数十年,著书数十部,逾千万言,添充粗知易理,偶与伦诗先生言易,对伦诗先生易学知识之渊博,实战方术之娴炼,医易互理之缜密,综九派而为一之功底,屡感汗颜。

《易经》博大精微,堂奥无涯。仲尼读易,尚且韦编三绝,何况常人?昆山之巅,取和氏之璧,合浦骊龙之口,探夜明之珠。心存浮躁,自称习易,皓首空归的人,比比皆是。只有像伦诗好友这样,尊师敬业、智圆行方、诚乎潜志、脚踏实地的人,才能光大《易经》精神。

俞长江丁亥暮春

俞长江教授:现为中国易经研究会副会长,中国社会科学院国家一级研究员。生于20世纪30年代,祖籍浙江绍兴。20世纪60年代初大学毕业后即开始易学研究。20世纪30年代出版专著四部,约100万字。一生著述颇丰,共出版包括33项国家重点课题在内的大型书籍32部,约1800万字。2003年、2004年两次到美国芝加哥大学、伊利诺州立大学等6所大学讲学,传布《易经》、《道德经》,是世界易学领域德高望重的著名导师。

自　序

（一）

研命理应用经验奉社会
著学说秘籍倾囊报师恩

自从拙著《中国易学博览·周易应用经验学》一书问世以来，得到了国内外广大读者和易学界朋友的有力支持和好评。读者从中得知我编写的《中国易学博览》丛书中《风水》、《姓名应用经验学》等卷也在陆续出版，来自美国、加拿大、日本、韩国、印尼、新加坡、马来西亚、泰国等国家以及港、澳、台地区和三十多个省市自治区的信函纷纷不断，要求其它各书尽快与大家见面。

从众多的读者来信中得知，读者的求学心情非常迫切，每当收到一封来信，感到又是喜悦，又是压力，觉得肩负的责任愈重。为了不辜负大家的期待和厚望，经过方方面面的努力，《八字应用经验学》终于与读者见面了。拙撰此书目的不是为名为利，只是意将自己平生所学所悟的点滴经验奉献给读者，愿为中华民族古老文化事业的发展尽一点绵薄之力，也是为了给对我寄予厚望的读者及易学界朋友一个交待。如这几本书能对易学界起到一点画龙点睛、润泽后世的作用，那我将会感到由衷的欣慰与荣幸。毕竟没有愧对恩师当年对我的教诲与重托，如恩师在天之灵有知，也应该得以安慰，含笑九泉。

笔者原居江苏省沭阳县马厂镇，对于研究易经有一定的缘分。家中收藏不少中医、佛学、命理等方面的线装古书。小时候在祖母身边，老人家常会讲一些命运佛学等方面的事情，尤其讲述了“了凡四则”的故事，我听得极为入神，至今还记忆犹新。由此，我对医、卜、山、命、相等五术方面的事情就产生了崇敬心理。出于好奇之心，在上小学期间，就瞒着老师，偷偷地阅读有关这方面的书籍。家族中有一位年高兄长秦诗章，对五术颇有研究，我每每遇到难题都向他请教，他总是耐心给我解答，可以说他就是我的启蒙老师。由于有这些得天独厚的家传优越条件，使我将少年时代的全部精力，都融进了浩瀚的易海之中。

在诗章兄的指导下，我从那时候起，就开始学习六十四卦纳甲装卦方法，待稍有基础后，又将命理、风水等一齐攻读。在18岁时，我就掌握了这方面的基本知识，开始无偿地为人服务，从中摸索经验。诗章兄却对我说：“易海深奥无涯，如想在这方面有所造就，必须要刻苦钻研，以求精湛，虽然你能为人预测，但我所教你的这些只是一点入门知识，要想深造，你还需另请名师指点。”为此，经人引荐，我又拜易学名师尹礼儒先生为师。师徒感情深厚，几年中使我在学业上大有长进，奠定了研究易学的基础，铺就了我在易海中的研易生涯，至今我对恩师的教诲仍感念至深。

恩师尹礼儒(1897～1966年)，字正宗，号铁笔山人，江苏东海县房山人。老人家一生精研术数，尤其对命理与风水的应用造诣颇深，曾在青岛设立卦馆，名震苏、鲁、皖、冀，在政界颇有影响。1958年隐归故里，1966年仙逝。恩师生前将平生研用的笔录《命理经验密籍》传我，并一再嘱咐，要好好保存，并需刻苦研读，待后整理传世。为不辜负恩师的一番心血，我将所有的精力都倾注在攻读经书上，时常夜不更衣，废寝忘食，五十年如一日，除了做自己本身正常业务外，其余时间都在钻研易理，意将师传密籍传世，以报恩师对我的厚望。为发扬祖国传统文化，现将师所传密典和多年研习心得撰写成《八字应用经验学》和《风水》等书，企盼世人都能通达命理，知命而顺命，掌握机遇，趋吉避凶，开创幸福美好人生，造福于社会。多年来，我一直本着师傅的教诲，在易海航道中脚踏实地地磨炼着自己，虽不能做得尽善尽美，但也算是做到了：

为遵师训作书篇，医易堂中别有天。
苦读经书五十载，手不释卷抱书眠。
倾囊献出经验学，赠于读者作科研。
功夫岂负有志士，梅花香自苦寒天。

（二）

读周易发扬传统研国萃
护国学振兴中华释古篇

占卜与八字统称为数术，在我国已有漫长悠久的发展历史，它们是炎黄文化百花园中最富有神秘色彩的一束奇葩。所谓数者，历经之数谓之数，精于操作谓之术。但凡各种数术都是以阴阳五行之气、生克制化之理来预测宇宙之间万事万物的。而今通称之为神秘文化。八字命学是数术文化中的一个分支，专门论及人生命运，知其人生穷夭寿通、富贵贫贱的一门学问。儒家鼻祖孔老夫子说过："达人知命，不知命无以为君子。"这些铭言论语，都来自《周易》，在命理学的阴阳五行之理中都有阐述。那么《周易》到底是一本什么样的书？这需要有高深的学术理论才能讲说明白，用一言半语是无法讲述清楚的。

众所周知，《周易》是中华民族绵延五千多年的传统文化，应该说是历代先哲们的智慧结晶。

有人认为《周易》是一部占卜书，是哲学书，是历史书，是科学书，是包罗万象的百科全书。

儒家称《周易》为“群经之首”；道家（玄学）奉《周易》为三玄之冠；《四库全书》说：易道广大，旁及天文、地理、兵法、历法、算学、医学，……无所不包。这些足以证明易学是一门无边无际的学问，可以从各种角度、各种层面对《周易》进行阐释，理解，分析。

其实易学始终离不开《易》的思想模式，离不开《易》的精髓——易道。

无限小的《易》，代表了中华民族文化最根本精神，无限大的“易学”外延反映了《易》对中华文化极其广泛的影响。

用《周易》研究宇宙、天地，成为哲学家；用《周易》研究社会、国家，成为政治家；用《周易》来研究自然，成为科学家；用《周易》来研究人体，成为医学家；用《周易》来研究占卜、风水、算命，则成为江湖术士。

古代政治家、军事家，视《周易》为安邦济世的宝典，力图从中汲取治国安邦、巩固国防、安定社会、发展经济的方法，从《周易》中学习“顺乎天应乎人”的思想来改变社会。

哲学家、科学家，将《周易》看成是“宇宙代数学”，称《周易》为打开宇宙迷宫的一把金钥匙。从中汲取具有东方特色哲学理论和思维模式，从《周易》中探讨宇宙和生命的奥秘。

历代的道家、武术家、堪舆家和占卜术士，视《周易》为一切数术的理论基础，指导人们去探索未知的宇宙力量和人与自然之间的关系，形成一脉相承而各具特色的数术学。

医学家孙思邈、张介宾，养生学家陈抟、张伯端，天文学家僧一行，数学家秦九鼎，命理学家李虚中、徐子平……都是研习易学的典范。

《周易》是一部中国文化的发展史。

综观中国历史，从来没有任何一本书像《周易》这样，长期的引起人们普遍关注；也没有任何一本书像《周易》这样，引起人们如此激烈、针锋相对的争议；更没有任何一本书像《周易》这样，对中华民族文化各方面产生如此重大的深远影响。

从夏、商、周三代到春秋战国，从两汉到魏晋，从隋唐到宋元，从明清到现代，《周易》成了各种学术思想的先导工具，在中华民族文化的形成、定型、发展、衰落、更新中起到了引导作用。两汉时期是应用易学奠基时期，唐宋为鼎盛时期，明清为衰落时期，近代和当代随着西方文化的传入和冲击，易学研究很长时间被排斥，冷落，特别是易学的应用更是被打入禁区。20 世纪末，伴随着文化的反思，《周易》才稍有生机。《周易》是中华民族的传统文化，是历代先哲智慧的结晶。20 世纪 90 年代初，东南亚以及一些西方国家开始探讨周易文化的应用，很多国家都成立易经研究机构，研究怎样才能将预测学与现代高科技接轨，提高应用价值，造福于人类。1997 年，世界易经大会在马来西亚成立。2001 年，第四回世界易经大会在新加坡召开，两百四十多人参会，专设风水学术研讨坐谈。2003 年，笔者应印尼易经美化大自然基金会邀请，出席在印尼首都雅加达召开的第六回世界易经大会。

诺贝尔奖获得者查理森・威尔曾说过，“知识经济正在改变着我们的时代，但许多人并不知道，这次给我们带来巨大知识与革命冲击，实实在在是受惠于中国古代的伟大经典——《易经》；《易经》中包含的信息论思想，不仅启发我们科学家创造出计算机，而且正在成为西方人日常生活中的决策指南”。就连哥本哈根派的泰斗物理学家玻尔，也将中国易学的阴阳理论运用到他的量子学理论中去。

1995 年，全国政协会议期间，赵朴初、谢冰心、叶至善等八位知名人士发出了“救救中国文化，建立中国古典文化学校和培训班”的紧急呼吁，可想而知，这些老人挽救自己民族传统文化的心情，是何等的迫切啊！

作为爱我祖国的炎黄子孙、华夏儿女，如要振兴中华民族，则必须振兴中华民族的文化，如果离开自己的历史背景和养育我们民族文化的这块土地而去寻求其它方面发展，无疑是在缘木求鱼。笔者不过是芸芸众生中的一员，虽不敢说以《易》悬壶济世，但愿将自己毕生所学的点滴经验奉献出来，使人们了解我们祖先所留下的这颗相传数千年的奇珍异宝是怎样繁衍的。我愿与易学界同行们共同研究，将博大深奥的命理学用通俗简明的语言阐述出来，使人看之即懂，以便不断完善和发展。

圣人作易实非凡，专为后人解疑难。
威振乾坤惊天地，袖里玄机震宇寰。
圣学芬芳知千古，阴阳妙理布人间。
倾囊作此经验学，为护国萃谱新篇。

（三）

话江湖精演八字论历史
说岐黄运用五行述古医

八字算命起源很早，是一门学理深奥的学问，据说早在西汉时就开始盛行，是来自于江湖谋生的一种学术。研究学问的人对它都不太重视，都认为江湖算命难登大雅之堂，那么江湖算命从何时开始，而“江湖”二字又从何说起呢？据史记《汉书·艺文志》记载：秦汉之前，朝中专门设立一个研究天文、地理与星命、卜筮的术数机构。研究天文、地理的职称叫做“明堂羲”，研究卜筮的职称为“史卜”。“明堂羲”和“史卜”皆是朝中之官名，这些人都是善通阴阳、文才盖世的“诸子百家”。秦嬴政三十四年，丞相李斯书奏秦始皇曰：天下诸子百家的书籍，除了医药、卜筮、种植等几部书外，其它书籍统而焚之，有敢违者弃市（杀之），知而不举者同罪。秦始皇同意实行“焚书坑儒”，所以诸子百家被杀无数，活命的只有很少一部分。皇家除了留下指定的一少部分人研究星命、卜筮，其余一律废之，明堂羲与史卜之官也同时取消。这些人虽然留下活命，但为了糊口谋求生路，只好以平生的所学，走街卖艺于民间，这就是最早走入江湖的人。由于他们有着特殊身份、精湛高超的技术及博学高深的文化层次，在社会上很受人们尊敬，如司马季主、严君平就是当时的典型人物。司马季主乃楚国人，术数名家，精通《周易》，善演“卜筮”，他说：“卜筮之道，其功大矣！自伏羲作八卦，周文王演三百八十四爻而治天下。越王勾践仿文王八卦，以破敌国而霸天下，不仅利国而利民，而可窥导臣忠子孝，可使病者得愈，危者能复生。”（见《史记·日者列传》）在长安（今陕西西安）游学卖卜时，曾对弟子说：“古之圣人，不居朝廷，必在医卜之中。”教导弟子说：现已不在朝中作官了，必须要在医卜中求精，医可救人之命，卜可决人之疑，皆是与国家和人民做有益之事。他教导弟子，卜筮之道应以德为重，切忌巧言以得人之情，虚增禄命失人之信，擅言灾祸伤人之心，巧言鬼神索人之财，这些都是吾道之耻。又曰：“卜虽小道，可教化众人，有邪恶之人要导其善，与人子者要言其孝，与人弟者要言其顺，与人臣者要言其忠，以此行之，乃吾道之荣。”

由于文才渊博，行道正派，卦技如神，教徒有方，司马季主威望极高，各地拜师学艺的人络绎不绝。为普及这门学问，他广收弟子，传播知识，为后世人做出了典范，江湖上称之为“祖师”。

乍提“江湖”二字，我相信很多人会摇头摆手，认为江湖都是不学无术、走街串巷混饭吃的街头骗子，他们怎么能和群经之首、学理深奥的儒家学士混为一谈呢？其实，江湖是江湖，骗子是骗子，江湖和骗子根本不是一回事。古时，江湖必有师门，未入师门岂能称得上江湖。受过严师培训过的，称之为“江湖术士”。真正的江湖术士，无论从职业道义或技术水平，都有高超惊人的本领。在技术上不仅有师门口授秘诀，而在实地操作时更有与众不同的表演技术。用他们高超技术赢得社会各类人的信任，用他们师传的艺术语言，维护社会安定，一举一动都想着求测者安危，每时每刻都在维护自身和自己门派的声誉，这样才能称得上江湖。街头骗子大多不学无术，搞六爻的不通八卦，看风水的不会五行，他们披着江湖外衣，打着江湖旗号，巧用三寸不烂之舌街头骗财骗色，他们的所作所为与江湖术士恰恰相反。所以，骗子和江湖千万不能混为一谈。

就拿八字算命来说，真正受过严师培训的江湖术士，求测者无论多大年龄，只要报出任何一年的出生时间，不用翻查万年历，只需用手一掐，就能脱口说出求测时间的天干地支，并且能将该年的某月大某月小以及二十四节气的交节时间分分秒秒都说得丝毫不差，这就是江湖师传秘诀。如果没有真正受过明师指点过的，无论你看过多少年命书，想做到这一点都是绝对不可能的。

自古医易同源，“医”与“易”乃是一对难以分割的孪生兄弟，江湖隐语称为金敲汉卖。在过去，但凡本行列学者拜师学艺时，老师首教弟子，“学易必先习医”，而“习医必须知易”，“易”可知病，“医”可治病，二者缺一也称不上江湖术士。

传统中国医学，首先注重“五运六气”。而“五运六气”出自《内经》，《内经》的原理是来自《易经》，所以《易经》是学习中医的主要课题。中医诊病方法，并不是全靠医生把脉诊断出来的，然而诊断疾病离不开四诊八纲辨证，切脉仅是中医四诊望闻问切中的其中一项，古人云：“切而知之谓之功。”如果要推测一个人一生身体情况如何，曾在某年患过何病，将来还会发生何病，目前病因病感如何，应该怎样去预防，这些必须要用易理才能推测清楚。

古有“医不知易非良医”之说，医可治人疾病，易能知病，两者是难以分割的，只不过“医”是在人生病后去治疗，而“易”可以将人要发生的事情预测出来。“医”只是亡羊补牢，而“易”可未雨绸缪，易能将不利的事提早发现，而医可将已发现的病进行治疗。如果将医与易两者配合起来，取两者之长，能为人类社会起到什么样的效果可想而知。

由此可见，世间无论哪一行，行行都有行内秘密，这是不可否认的。传统中医学的理论是以阴阳五行为基础，中医与命理同出一源，中医学的干支五行所代表的人体器官与命理学中的干支代表人体器官是一致的。其它方面的理论都大同小异。江湖上用命理推断人体疾病，若再用上现在医学仪器，两者配合起来诊断疾病效果会更加快捷，用传统中医易经八卦理论去治疗疾病再配合现代医药治病，疗效会更佳。其实，这些经典论述早在《黄帝内经》中出现。在此，我只是想为“医”与“易”两家重新搭起一座新的桥梁，共同来认识一下老祖宗传下来“医易同源”的来历，了解习医者必通“易”，研易者必知“医”的简单道理。

传统命学世间稀，医易同源勿需疑。
五行生克知造化，八卦健身更为奇。
应用经验今问世，揭开千古一迷题。
道破玄机求妙理，更读歧黄习古医。

（四）

喜今朝八字应用将问世
庆他年应用经验续新篇

本书的撰述，力求面向广大读者，体现出如下几点：

其一，由浅入深，通俗易懂。为了针对各个层次的读者，将本书分为入门—进展—提高三个阶段。无论你有无基础，都可以从中受到启发。尤其对于古书上一些晦涩难懂的字句，用通俗易懂的语言表达出来，使读者一看就明白怎样应用。只要将本书认认真真地读一遍，就会领悟到八字的奥秘，启开四柱预测学的大门。

其二，突出重点，有的放矢。初学命理时，往往感到不知从何入手，抓不住重点，无章可循，本书为了帮助读者启发思路，在论述篇中专门写出推命程序，将其中每个章节，都总结出重点复习提纲，以免学习时难寻头绪，这样只要将其重点提纲弄明白，就可切入正题，免走弯路。

其三，师传秘籍，承传于世。为了发扬祖国传统文化，笔者无私地将师传秘法的经验，毫无保留地全部献出，希望读者在每个篇章小节中，最好能精嚼细咽，慢慢评味，自然会从中发现一些秘而不露的绝窍。有些秘籍，江湖上视为“传世”之宝，是绝不外露的，比如书中“流年赶月”、“六十四卦金口诀”等，只要你将此读熟，就能不用《万年历》即可推出四柱干支，这些都是传统江湖不传之秘，如果读者能认真学习领悟，大胆试用，就会得到意想不到的收获。

其四，着重实际，去其糟粕。历来八字批命的意见都不统一，众说纷纭。本书中所有涉及到的内容，包括师传秘法都是经过一番亲自实践，才敢撰于此，以表示对读者的负责。希望同道们以实践作鉴。

笔者幼承师训，虽然对易学研究年头不少，但火候还相差很远，所以在撰写本书时，深感功底之浅薄，很可能达不到读者的心愿，为此对易学前辈、易界哲人、易坛高手，以及广大易学爱好者，我甚感愧疚！由于整天忙于业务，时间仓促，备资不足以及种种客观原因存在，我只能将一点点的研易心得奉献给读者，将

"因无所名，而故为其名"的"书"，用诚惶诚恐的心态，双手奉呈诸君。但望诸多同道，念及笔者为易倾囊的一片苦心。

仅以此绵薄之作，化作浩瀚的易海航河中一滴水，来充浮舟之力吧！热忱渴盼在不久的将来，能有易界高人写出古今罕见、振人心弦的易坛奇书。

借本书出版之机，对给予我易经事业支持的朋友们表示衷心的感谢！特别对哈尔滨工业大学有关领导在精神及物力方面鼎力的支持和呵护深表谢意。由于他们的支持和帮助，才使哈尔滨古易易经科学研究所立足生根，唯有借此书来表示我内心的一片谢忱！

第一章 基础篇

第一节 阴阳五行

中国古代先哲们对宇宙万事万物进行观察,将事物分成阴阳两大类。阴阳五行包含了对自然界和人类社会一切事物认识的辨证思想,是研究八字的理论基石。八字预测就是运用阴阳五行和天干地支的生克制化,来推测人世间万事万物的发展和变化。通过对一个人出生年、月、日、时的生命密码综合分析,然后设计出一整套趋吉避凶的生存方式。所以,研究八字首先要注重阴阳五行的内在规律,用它来推断八字平衡与不平衡的运程变化,以及推测人生的过去和未来。(参看图 1)

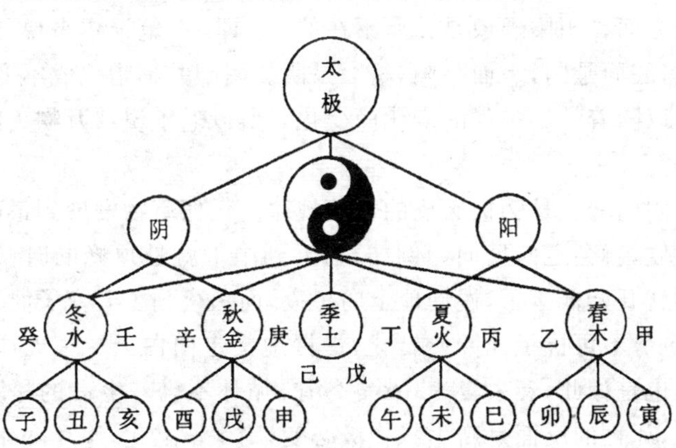

太极阴阳起始(图 1)

1. 阴阳学说的基本概念

阴阳学说认为，一切事物的形成变化和发展，完全在于阴阳二气的运动。天地自然和人类社会的一切事物分成阴阳两大类，它们一一相对着、运动着和互相斗争转化着。这其实就是哲学中矛盾的对立和统一。阴阳学说不仅用于命理学，而且应用到各门学科领域里，成为我国自然科学和唯物主义理论的基础。

《易经》说："无极生太极，太极生两仪。""两仪"就是阴阳二气。在阴阳二气相生相克、互相转化的过程中，诞生了宇宙间万事万物。很早以前，阴阳只是作为阳光向背的意义而出现的，向着太阳一面叫"阳"，背着太阳一面叫"阴"，后来又转化解释为气候寒与暖。随着人们认识的不断提高，把阴阳作为一种哲学概念，用来广泛解释自然界和人类社会两种互相对立规律。例如日月、昼夜、明暗、动静、男女、内外、寒热、刚柔、迟速等等。它们都可分成阴阳对立两个方面。而这两个方面又是互相转化的，所以《易经》有一阴一阳谓之"道"的说法。这个"道"就是天地变化发展的自然规律。

世界上任何事物都有阴阳，"阴阳"代表事物对立与统一的两个方面。阴阳现象是无所不在的，就拿一个笔记本来说，封面是阳，底面是阴，表面是阳，里面是阴。阴阳并不是一成不变的，它可以随着外界条件的变化而变化。所以老子说："万物负阴而抱阳。"

阴阳转化是物极必反的自然规律。任何事物发展到最高峰的时候，就会走向反面。例如，白天到中午就是顶峰的时候，这时候就开始低落了，慢慢地走向黑夜，而黑夜到了半夜子时为极限，也势不可抗拒地开始转化，慢慢地又走向白天。一天如此，一年也是如此，春去夏来，秋复冬往，循环不已。生命的尽头是死亡，死亡的反面是新生。物极必变，物生谓之化，生死变化，是自然界变化不可抗拒的法则，任你有多大本事也不能改变这些自然规律。

物质世界是不断运动着的，在这个世界中，一方面是生命物质不断诞生，另一方面是生命物质不断消亡，就这样生生灭灭地变化着，而其中的原动力不外乎是阴阳五行生克制化，相生相克，形影不离，对立而又统一的相互作用。

2. 五行学说的基本概念

五行的“五”是代表金、木、水、火、土五种物质，“行”就是行动变化、行而不息的意思。“五行”就是金、木、水、火、土五种物质的运动变化，它与阴阳学说一样，也是中国古代圣贤独创的客观世界的哲学观念。他们认为，自然界各种事物现象的发展和变化，都是由这五种不同物质不断的运动和相互作用的结果。

五行学说在《尚书·洪范》中有记载，简单而明白地说明它们的性质，即水曰润下、火曰炎上、木曰曲直、金曰从革、土曰稼穑。五行之间又存在着相生相克关系，五行相生即金生水、水生木、木生火、火生土、土生金。五行相克即指金克木、木克土、土克水、水克火、火克金。五行之间又存在着一种反克现象，即金能克木，但木坚则金缺；木能克土，但土重则木折；土能克水，但水多则土荡；水能克火，但火旺则水干；火能克金，但金多则火灭。既有反克，又有反生为克的现象，即金需要土生，但土多了又能埋金；土赖火生，火多土焦；火赖木生，木多火窒；木赖水生，水多木漂；水赖金生，金多水浊。另又体现出泄多为克的原理，即金能生水，水多则金沉，水能生木，木盛则水缩；木能生火，火多则木焚，火能生土，土多则火晦，土能生金，金多则土虚。

由此可见，世间的万事万物，都有生克制化，也就是互相制约，如没有制约又容易出现亢而为害，造成不可收拾的局面。在千变万化浩然无际的物质世界中，都不外乎金、木、水、火、土这五种基本元素。以千姿百态的形式组成，现把五行和自然界一些最简单、最核心相生相克的规律用图来表示。从图中可以看出五行相生规律是木生火，火生土，土生金，金生水，水生木最后又木生火，从头开始，循环往复，永不停止。五行相克的规律是木克土，土克水，水克火，火克金，金克木，最后又木克土，循环往复，永不停止。如图 2(外边箭头表示依次相生，里面表示依次相克)。

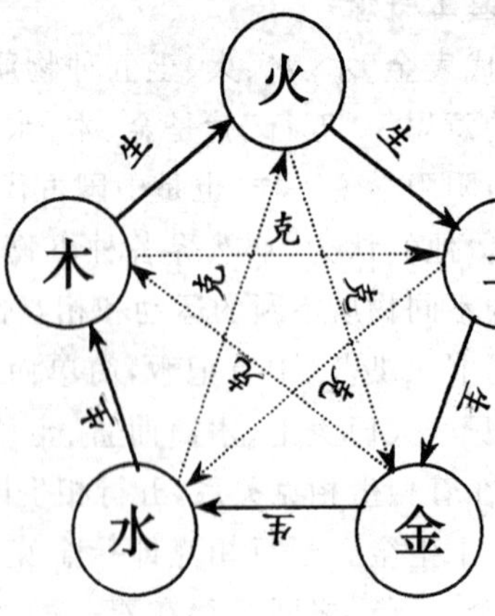

五行相生相克(图 2)

五行相生或相克，是指五行之间循环关系的基本状态。相生就是相扶、帮助的意思。而相克指的是控制、抑制的作用。如水生木，就是指水分可以帮助木的生长；木生火，是形容木材可以助火焰成形；火生土，就是说燃烧可以助土壤形成器具；土生金，就是土内的化合物可助金属形成；金生水，指的是金属可以澄清水源(有人说，以西北乾金为天，天能生水之说，但不是金生水之意)。如果以水为例，水之本性是向下的，不停地向四面八方运动，即是起扩散作用，水分子在扩散中，形成水蒸气上升，散入空中。在空中由于气流的影响，随之飘动，形成了往来作用，在往来过程中，水分子则互相吸引凝聚，形成水滴而下降，如此循环不已。

阴阳五行学说是中国数术预测学的灵魂，只有真正地理解它，才能达到数术预测的最高境界。所以搞数术研究的人，对阴阳五行学说的理解一定要精心研读，千万不可忽视。因为它是数术预测研究的主要工具，前者是理论，后者是实践，理论与实践是分不开的，读者如想进入这座神秘世界，就必须扎扎实实地练好基本功。

第二节　五行定性与生克

五行生克是宇宙间万事万物存在的普遍规律，是一切事物不可分割的两个方面。生和克是相对的，没有相生，就没有相克；没有相克，就没有相生。无生无克，事物就会走向极端，造成物极必反的结果。有克无生，事物就会被压制走向衰败死亡。有生无克，就会变得太过，导致无制可收，所以不论有生无克，还是有克无生，都不是好的现象，只有生和克都达到相对平衡状态，才能有利于事物的稳步发展。

五行生克的相对平衡，乃是事物发展的对立统一两种概念，并不是生就代表吉，克就代表凶。需要生时，生就是吉，克就是凶。需要克时，克就是吉，生就是凶，不能将生和克事先规定出吉凶。五行生克吉凶的判断标准，主要看其在命理上的喜忌。如果不能掌握住这一点，见相生就断为吉，见相克就认为凶，这就大错特错了。很多易学爱好者，因为这一点未弄明白，学了多年，还是分不清命理是怎么回事。

关于五行的生克，这里只是初步简单地概略一下，其运用方面在有关章节里自有论述，这里将五行的特性详述于下：

1. 五行的特性

五行在天地之间带动整个的自然变化。古书所云："万物莫不得五行而盖天履地，性行五行之全，故为贵，其吉凶不一者，以待于五行之顺与悖也。”可知五行对一个人的运势影响有多深。将五行的原始特性推演到一个人的性情时，起码知其一个人的性情有大体表现：

①木——具有生发、向上的特性。其性主仁，性情直爽温和。

木代表成长，有向上进取的精神，性格朴实、正直，有同情恻隐之心。“甲木”上进心强，个性坚强，有骨气，善计谋，心地仁慈。“乙木”善于随机应变，反应敏捷，有向周围进取发展的野心，欲望较高，嫉妒心特强。

②火——具有炎热、向上的特性。其性主礼，性情急燥而恭和。

火的性质有发挥、急于求成精神，大多主感情用事，自尊心强，性急好客，处事激动易怒。但丙火与丁火不同，“丙火”之人性情急燥，善于表达，遇事易于冲动鲁莽，虽然敏锐，但心机不多。“丁火”之人分析力较细，外表温和，易于冲动，这种人大多口才不佳，为人遵纪守法，猜疑心强，但富有同情心。

③土——具有长养、化育的特性。其性主信，性情稳重，厚诚。

土性代表内向、忠厚、诚实，其性情有包涵力，宽大为怀、忠诚、厚重，遇事能深思熟虑，但戊土与己土性格不同。“戊土”之人注重名誉，遇事稳重雅量，多守信用，但为人憨厚呆板。“己土”之人性格忠厚尊重名誉，遇事沉着文静，虽做事比戊土人精明，但变化多端，猜疑心强。

④金——具有清静、肃杀的特性。其性主义，性情刚烈。

金代表锐利、刚强急进的精神特性，有强烈的正义感，注重道德品质，嫉恶如仇，但庚金与辛金不同，“庚金”为人气魄豪爽，个性逞强好胜，具有侠义心肠。“辛金”为人性格圆滑刚毅，注重感情，虚荣心较强，力求上进，爱玩弄权势。

⑤水——代表散漫、自由扩散精神，有随机应变智能，富有幻想任性的性格，但壬水与癸水不同，“壬水”为人欢乐好动，外表不善于掩饰，对于谋略方面能掌握机遇，虽性情聪明，但却纵欲任性，易失掉机遇。“癸水”为人性情内向温柔，遇事沉着稳重，忍耐力较强，富于幻想而不务实际，喜欢钻空子。

2. 五行相生

古代哲学家认为，天气之生与地气之成，是构成五行的基本要素，按五行相生的顺序，依次为木、火、土、金、水。即木生火，火生土，土生金，金生水，水生木。五行相生，是五行中某一行，对另一行的促进、助长，如土能生金，这两个五行又分主生者和受生者，主生者力量被泄弱（如火生土），受生者力量加强，主生者是施给受生者接受。

五行相生，还要分清强弱之生，也就是日常所说的真假之生。强生者，指主生者有充分的力量去生助受生者，同时受生者也有吸纳的力量来接受主生者的施给。就像师傅教徒弟一样，一个德高望重有学问的师傅，遇上聪明伶俐的弟子，师傅教多少，弟子就能学多少，如果遇上天性愚钝的弟子，师傅纵有经天纬地之才，也难将自已的本领传授给他，如果主生者力量太弱，无力生其受生者，或者受生者自己力量太弱，已经没有力量接受主生者付给的能量，那么这两行之间的生，为之弱生，也就是假生。古人按五行划分为：

水赖金生，金多水浊；金赖土生，土多金埋；土赖火生，火多土焦；火赖木生，木多火窒；木赖水生，水多木漂。

相对的如果主生者太弱，受生者太旺，则又出现：

水能生木，木多水缩；木能生火，火多木焚；火能生土，土多火晦；土能生金，金多土虚；金能生水，水多金沉。

讲到这里，可知主生者与受生者力量如果差太多，就等于克,是克的一种特殊表现。

对于上述旺的相生容易掌握,也容易理解和应用,对于弱生的理解和应用比较困难一些,应用时必须搞清楚什么叫太旺,什么叫太弱,深刻了解虚生和实生的两者差别。

3. 五行相克

五行自身相克的关系是金克木、木克土、土克水、水克火、火克金。五行相克,是指五行中的一行对另一行的制约、抑制、约束,五行相克最主要的是分清主克与受克,主克者制约对方,受克者受制于对方。主克者因克制对方而力量被消耗,受克者因受克,而自身力量被减弱。主克者力量受损害较小,被克者力量受损较大。

五行相克又分为正克和反克,正克是指主克有力量克制被克者,也就是五行中金克木、木克土、土克水、水克火、火克金。反克是指主克者自身力量不足,根本克制不了对方,反而被对方克制,比如土能克水,水多土屯,可是遇到滚滚的大水冲小小的泥土,这时不但挡不住大水,反而被大水冲得一干二净,这就叫反克,五行反克归纳起来是:

金能克木,木坚金缺;木能克土,土重木折;土能克水,水多土流;水能克火,火多水干;火能克金,金多火灭。

除了正克和反克,还有重克,重克者是指主克者太强,受克者太弱,使受克者承受不了极其严重的伤害,造成死亡性的结局,因为受克者本身太弱,经不住一点风吹雨打,岂能受其严重打击!重克的归纳表现为:

金弱逢火,必见消溶;火弱逢水,必至浇灭;水弱逢土,必被淤塞;土弱逢木,必被塌陷;木弱逢金,必被砍伐。

4. 五行亢乘

"亢"者乃上升,"乘"者乃太过。"亢乘"就是过分的意思,某些事情过分到极点就会朝相反方向转化,也就是常说的"物极必反”。比如，父母疼爱子女，本来是相生关系，也是滋长的作用，但若过分的溺爱，对它放纵，会使孩子将来可能走向歧途，说不定回过头来欺侮你，这些情况都不是好事，所以我们把它称为“亢乘”。五行亢乘的规律表现为：

金刚则折；水狂则滥；木过则顽；火炽则烈；土厚则壅。

5. 五行宜忌

木

柱中木少或弱：宜水来生，宜木来助，忌金克木，忌火泄木，见土不宜。

柱中木多或强：忌水再来生木，忌木相助，喜金来伐木，喜火来泄木，土能分力。

木见水多易浮：宜土制水，土少宜火助土，忌金来生水制木。

木见火多易焚：宜水制火，水少宜土泄火，忌木助火。

木见土多易折：宜水生木泄土，宜木助身克土，不宜金克土重。

木见金多易断：宜火制金，宜水生木泄金，宜木来相助，忌土生金。

火

柱中火少或弱：宜木生火，宜火助身，忌水克火，忌金泄火。

柱中火多或强：宜水克火，宜土泄火，宜金泄火，忌木生火，忌火助火。

火见木多易窒：宜金制木，忌土泄火，忌水克火生木。

火见土多易晦：宜金泄土，宜木克土，宜水生木，忌火生土。

火见金多易熄：宜木生火，宜火助火，忌土生金。

火见水多易灭：宜土制水，宜木生火，忌火助火，忌土生金。

土

柱中土少或弱：宜火生土，宜土助土，忌木克土，忌金泄土，不宜用水分力。

柱中土多或强:宜木克土,宜金泄土,宜水耗土,忌火生土,忌土助土。

土见火多易焦:宜水制火,宜金生水,忌木生火,忌火助火。

土见金多易虚:宜火克金,宜木生火,宜水泄金,忌助土生金。

土见水多易崩:宜火生土,宜土助土,忌水助水。

土见木多易倾:宜金制木,宜火泄木,忌水生木,忌水助水。

金

柱中金少或弱:宜土生金,宜金助金,忌火克金,忌水泄金,忌木分金。

柱中金多或强:宜火克金,宜水泄金,宜木分金,忌土生金,忌金助金。

金见土多易埋:宜木克土,宜水生木,忌火生土。

金见水多易沉:宜土克水,宜木泄水,忌金助水。

金见木多易缺:宜土生金,宜金助金,忌木助木,忌水生木。

金见火多易熔:宜水制火,宜土泄火,忌金助火。

水

柱中水少或弱:喜金生水,喜水助水,忌土克水,忌木泄水,忌火分水。

柱中水多或强:喜土克水,喜木泄水,喜火分水,忌金生水,忌水助水。

水见金多易滞:喜火制金,喜木生火,忌土助金克水。

水见木多易缩:喜火泄木,喜金克木,喜土分木,忌水生木。

水见火多易竭:喜金生水,喜水助水,忌木生火,忌火加重。

水见土多易塞:喜金生水,喜木克土,忌火生土,忌土重水塞。

第三节　五行旺相休囚死

1. 五行与四季旺衰

五行旺相休囚死是依据五行周游于四时(四季),故四时中金木水火土无时不有。由于四时变化,寒暖燥湿的不同,自然环境也发生旺衰起伏的变化,旺者由旺转衰,衰者由衰转旺,循环无穷,现将同时期旺衰五行列表如下:

五行旺相表(1)

五行 / 状态 / 季节	木	火	土	金	水
春	旺	相	死	囚	休
夏	休	旺	相	死	囚
秋	死	囚	休	旺	相
冬	相	死	囚	休	旺
四季	囚	休	旺	相	死

为便于记忆有五行旺相歌诀:

当令者为旺,生令者为休,克令者为囚,令生者为相,令克者为死。

春:立春后属木(甲乙寅卯)最旺,土最衰,因为土被当令的旺木所克。

夏:立夏后属火(丙丁巳午)最旺,金最衰,因为金被当令的旺火所克。

秋:立秋后属金(庚辛申酉)最旺,木最衰,因为木被当令的旺金所克。

冬:立冬后属水(壬癸亥子)最旺,火最衰,因为火被当令的旺水所克。

如日干为甲乙木，生在春天谓之当令为旺，生于夏天谓之休，因木生火而泄气。生于秋天谓之死，因秋天属金，金来克木，又处于树木凋零的时候，所以谓之死。生于冬天谓之相，因冬水旺能生木，所以谓相。生于四季谓之囚，因辰戌丑未属土，木来克土又是泄气之故也。

由于旺衰的程度不同，可区别为五种历程：

①旺—最旺（当令）：如人在当年，神足气旺，登峰造极，故为最旺。

②相—次旺（令生）：如人之初生，躯体幼嫩，精力不足，需母气相助，故为次旺。

③休—小衰（生令）：如人生子而泄气，需要休养，故为小衰，谓之休。

④囚—中衰（克令）：克当令的旺气，克物必须费力，克当令之旺气，无异以卵击石，受损非轻，故为中衰，谓之囚。

⑤死—最衰（令克）：被当令的旺气所克，如人老气衰，又被当令大敌侵伐，已到死亡边缘，故为最衰，谓之死。

2. 五行与四时（宜忌）

八字推命以日干为中心，看出生于何月，乃作论命基础，如日干甲乙木生于秋天，那么就以秋天之木论断，这时就要了解秋天木的宜忌，而后再综合分析论断。

五行四时宜忌，乃命理学中的精髓，以此可以作为断命总纲。俗说“自古看命无二法，四时宜忌做根基”，也就是说，无论你用哪些方法断命，总是离不开五行四时宜忌这个原则。

（1）木的四时宜忌

春月的木（如生日天干为甲乙，生于寅卯辰月）

①春季仍留余寒，喜火来暖木，不宜水旺。

②木赖水生，命中稍许带点水则佳，惟寅月出生的人，如水

多怕腐其根，反而不吉。

③辰月之木其根易燥，故带有较多的水、火为好。

④土过多则凶，土薄财丰则吉。

⑤金太旺则多灾厄，如木太过，逢金又主大吉。

夏月之木（如生日天干为甲乙，生于巳午未月）

①夏天的木，其根乾燥，用水大吉，火主大凶。

②土薄则吉，土重反不吉利。

③最忌金多，如没有一点金也不好，如山中大木，缺金砍伐不成大器。

④水为最好，金土次之，木火最凶。

秋月之木（如生日天干为甲乙，生于申酉戌月）

①秋木凋落，生于七月，火气犹强，水土旺主大吉。

②酉月之木，质地充实，用庚金砍木，辛金次之。

③戌月以后出生的人，霜降前火旺为好，霜降后水旺为忌。

④上述土厚不吉，土厚须水旺最好。

冬月之木（如生日天干为甲乙，生于亥子丑月）

①土多培根为大吉。

②水多根腐，主大凶。

③金多水少，无吉无凶。

④火多暖木，为之大吉。

(2)火的四时宜忌

春月之火（如生日天干为丙丁，生于寅卯辰月）

①春月木火皆为吉，但木不宜过旺，过旺为忌。

②水为吉，但需适中，如太旺反为不吉。

③不宜火土过旺，过旺都为不吉。

④金旺最好，多也不忌。

夏月之火（如生日天干为丙丁，生于巳午未月）

①水为最吉最佳。

②木多生火助燃，主凶。

③金受火炼为最好。

④土可泄火，见土则吉。

⑤金与土为吉，但必须有水，否则反凶，如无水见木主多灾。

秋月之火（生日天干为丙丁，生于申酉戌月）

①木助其势，主大吉大利。

②土多盖其光，主凶，如木多制之则吉。

③火以木为光辉，主吉。

④金多生水，金助水势，反主凶。

冬月之火（生日天干为丙丁，生于亥子丑月）

①冬月之火最弱，如得木来生之主大吉。

②水为大凶，如遇土水则又吉，但不宜土多反凶。

③火能相助大吉。

④金多生水，水旺为凶。

(3)土的四时宜忌

春月之土（如生日天干为戊己，生于寅卯辰月）

①土得火生，主大吉大利。

②春土怕受木克，木多主凶祸来临。

③春水不宜多见，水多主凶。

④春土宜土帮助，土多大吉。

⑤春土不宜金多，金多主泄气，主凶。

夏月之土（如生日天干为戊己，生于巳午未月）

①夏天土燥，喜水滋润主大吉。

②夏天土燥，忌火燥土凶。

③夏土忌火，见木更凶，因木克土生火。

④夏土宜金泄，金能生水，主大吉。

⑤燥土忌土帮凶，逢木大吉。

秋月之土（如生日天干戊己，生于申酉戌月）

①金多泄土气主凶，如木旺金制反吉。

②秋土喜火生之，主大吉。

③秋土水多泄气，如有土助为大吉。

④秋土不喜水助，霜降后更为不吉。

冬月之土（如生日天干戊己，生于亥子丑月）

①冬月寒土，喜火暖土，大吉。

②木多生火亦主大吉。

③冬土最喜土助，更吉。

(4)金的四时宜忌

春月之金（如生日天干庚辛，生于寅卯辰月）

①春月金冷，逢火大吉。

②春金得土生助为大吉。

③春金逢水为大凶。

④春金得金相助主大吉，火薄更好。

夏月之金（如生日天干庚辛，生于巳午未月）

①夏金逢火多炼之，主凶，有水乃吉。

②夏日之金，遇木多生火主凶。

③夏月之金，土多主凶，因土多埋金。

④夏月之金，逢金多主吉。

秋月之金（如生日天干庚辛，生于申酉戌月）

①逢火锻炼主大吉大利。

②金强土多，主大凶。

③秋天之金，有水泄之主吉。

④秋天之金，金多主凶。

冬月之金（如生日天干庚辛，生于亥子丑月）

①冬天之金，怕木多，金受制则凶。

②冬月之金，水旺金冷主凶。

③冬金土可制水，生金主吉，有微火更吉。

④冬月之金,遇金多主大吉。

(5)水的四时宜忌

春月之水(如生日天干壬癸,生于寅卯辰月)

①春月之水,逢水大凶,如有土制则吉。

②春月之水,遇金旺主大凶。

③春月之水,遇火大吉,但火过旺反不吉。

④春月之水,土不可缺,逢土制水大吉。

夏月之水(如生日天干壬癸,生于巳午未月)

①夏月之水,得水比助,主大吉。

②夏月之水,遇金多助水,主大吉。

③夏月之水,遇火旺主凶。

④夏月之水,遇木多泄气,主凶。

⑤夏月之水,遇土水塞,主凶。

秋月之水(如生日天干壬癸,生于申酉戌月)

①秋月之水,遇金多水清则吉。

②秋月之水,遇土旺主凶。

③秋月之水,火多主吉,遇木生火也吉。

④秋月之水,水多主凶,逢土制则吉。

冬月之水(如生日天干壬癸,生于亥子丑月)

①冬月之水,遇火大吉。遇木更吉。

②冬月之水,遇土克水主凶。

③冬月之水,遇金多水旺不吉。

④冬月之水,水多比旺主凶。

前面已经说明,五行生克制化,乃是研究推命学的基本原理,如命局中五行生克制化平衡,定是好命,如配合不当,某行偏轻某行偏重都是缺陷。所谓金旺得火方能成器。木旺得金可成栋梁之才,火旺得水方能既济。但值得注意的是木能生火,火多则木焚;水能灭火,火多水则沸腾;水能生木,水多则木浮,土赖火生，火多则土焦……等等，但金、木、水、火、土五行在不同的节气，其禀气分量是不一样的，而其宜忌也就不同，旺相者可以抵抗克伐，宜克宜泄。休囚者逢克泄乃是无气，宜生宜扶。这些道理相当重要，初学者务必融会贯通，悟通其中原理，自能明白这就是物极必反的哲理。

学者在研读时，主要掌握住“五行以中和平衡为贵”的原则，不要被某些奥涩之词弄糊涂，要知道任何一门学问都有其奥秘，若有看不懂的地方划个记号暂时放过它，继续往下看，待以后再细细地推敲，到时你自然就会恍然大悟。

命理学最基础的要点是五行生克制化，它是整个命理学中的精髓，初学者必须精心思考，细心领悟。学习时将生克之理与日常生活中各种事理结合起来，一字一词都要逐字推敲。展开联想，开通思路。欲知宇宙间万事万物皆包含在阴阳五行的生克之中，如果您能将生克之理悟通，就会猛然呼叫起来，啊！原来是这样！世间万事万物的原理原来都包罗在这几个简单的符号之中的。

第四节　天干和地支

天干、地支是古代用来记录年、月、日、时的符号。干指天干，意思是为天的骨干，主动，干为“幹”的简化；支是指地支，意思是为支撑，主静，支为“枝”的简化。天干地支的名称，历代以来人们都很重视，不论是国家，还是民间，不论是研究天文的，还是研究地理的，各行各业都依天干地支记年记月。特别研究八字的，时时刻刻都离不开天干地支。必须把天干地支理解掌握，才能为今后学好预测学打下坚实的基础。

一、天干

天干有十个，即甲、乙、丙、丁、戊、己、庚、辛、壬、癸。

天干有阴阳之区别，以甲、丙、戊、庚、壬属阳；乙、丁、己、辛、癸属阴。也就是1、3、5、7、9等奇数为阳；2、4、6、8、10等偶数为阴，在配合上，则是阴与阳相配，阳与阴相合。参看图(3)。

1. 天干配五行方位

五行是指金、木、水、火、土。四季是指春、夏、长夏、秋、冬。其分配为：

甲乙属木，属东方。甲为阳木，乙为阴木，故甲乙为东方木。

丙丁属火，属南方。丙为阳火，丁为阴火，故丙丁为南方火。

戊己属土，属中央。戊为阳土，己为阴土，故戊己为中央土。

庚辛属金，属西方。庚为阳金，辛为阴金，故庚辛为西方金。

壬癸属水，属北方。壬为阳水，癸为阴水，故壬癸为北方水。

2. 天干配四时

甲乙时属春天，万物复苏、生长。

丙丁时属夏天，火炎其上，照其万物。

戊己时属四季，得四库正气，生长万物。

庚辛时属秋天，阴气始而万物终止。

壬癸时属冬天，万物至止而冬藏。

为了方便记忆，将天干地支的性质编成一首歌诀，以便在应用时有一个大体概念，初学者应将这首歌诀熟记。

甲乙寅卯是春天，东方青木虎兔年。
丙丁巳午夏季火，红色蛇马在南边。
庚辛申酉秋金旺，白色鸡猴向西迁。
壬癸亥子冬天水，北方猪鼠黑色言。
戊己辰戌丑未土，中央黄色四季先。

干支配五行四季方位表(2)

方　位	东	南	中央	西	北
季　节	春	夏	长夏	秋	冬
天　干	甲乙	丙丁	戊己	庚辛	壬癸
地　支	寅卯	巳午	辰戌丑未	申酉	子亥
五　行	木	火	土	金	水

3. 天干配五色

十天干配五色：甲乙属青色（绿蓝），丙丁属红色，戊己属黄色，庚辛属白色，壬癸属黑色。

4. 天干配五脏六腑

甲属胆、乙属肝、丙属小肠、丁属心、戊属胃、己属脾、庚属大肠、辛属肺、壬属膀胱、癸属肾。

古人有一首歌诀顺口易记：

甲胆乙肝丙小肠，丁心戊胃己脾乡。

庚属大肠辛属肺，壬属膀胱癸肾脏。

三焦并向壬中寄，包络从来入癸方。

5. 天干相生

甲乙木生丙丁火，丙丁火生戊己土，戊己土生庚辛金，庚辛金生壬癸水，壬癸水生甲乙木。

天干相生，性质不一，有紧贴之生，隔干之生，遥隔之生，阴阳之生的不同。

①紧贴之生是指相邻两干相生，如年干生月干或月干生日干，日干生时干，紧贴相生，力量最大。例如：

年	月	日	时
甲	**丙**	**戊**	**庚**
○	○	○	○

年干甲生月干丙，月干丙生日干戊，日干戊生时干庚为紧贴之生或顺生，庚的力量最大，戊其次。

②隔干之生是指相生之干中间被一干所隔开，隔干相生，力量不及紧贴相生。例如四柱为：

年	月	日	时
○	戊	甲	庚
○	○	○	○

月干戊生时干庚，中间隔甲，其相生力量不及紧贴之生。

③遥隔之生是指年干与时干相生。隔干之生，力量最小，有等于无。例如四柱为：

年	月	日	时
乙	己	己	癸
○	○	○	○

时干癸生年干乙为遥隔之生，力量最小。

阴阳相生，阳生阳，阴生阴力量最大，阳生阴，阴生阳，力量较小，应用时天干不能生地支，地支也不能生天干。断命时根据天干之间的相生关系可以判断出命主的性格和社会交往等事情。

6. 天干相克

天干相克，又称天干克伐，即甲乙木克戊己土，丙丁火克庚辛金，戊己土克壬癸水，庚辛金克甲乙木，壬癸水克丙丁火。天干相克，双方受损，被克者一方损失较大，主克者损失较小。如主克一方力量特大，超过被克者，使被克者受到严重威胁，不能发挥正常作用。反之，被克者的力量大于主克者力量时，则使主克反受牵连，这种情况称为反克，作用不大。

①天干相克，紧贴之克的力量最大，隔干之克的力量稍小，遥克的力量更小，作用不大。例如四柱为：

年	月	日	时
甲	**庚**	**戊**	**辛**
○	○	○	○

甲与庚地位紧贴，克力最大。甲与戊两干相克，克力较轻。甲与辛两干远隔，克力微小。

②两干相克，化克不克，合克不克，制克不克。例如四柱为：

年	月	日	时
丙	**戊**	**庚**	○
○	○	○	○

丙与庚相克，中间隔一戊字，则成丙火生戊土，戊土则生庚金，反成为相生，不作克论，谓之化克。例如四柱为：

年	月	日	时
丙	**辛**	**庚**	○
○	○	○	○

丙与庚相克，但有辛在中间阻隔，反成丙与辛合，谓之合克。

③两干相克，分主克和被克，如丙克庚，则丙为主克，庚为被克，庚虽失败，丙亦受损伤。

④两干相克，如丙火克庚金，丙火虽然谓之主克，如果失时、失势、失地，那么也奈何不了庚金，如庚金得时、得地、得势反而庚金可以胜丙火，即谓“金旺火灭”、“木多金折”之原理。

⑤两干相克有喜忌之分，须依日主而论之，如日主喜火，而偏遇壬癸亥子相克，谓之命所忌，如日主忌火，偏遇壬癸亥子相克，谓之命所喜。

⑥天干相克，看其中哪一位最强，强者谓之主克，主克者必胜，例如四柱为：

年	月	日	时
甲	**戊**	**壬**	○
○	○	○	○

其中甲木克戊土，戊土克壬水，如果甲木最强，则作甲克戊论之，戊土最强，则作戊克壬论之，壬水最强，则作甲克戊，戊不能克壬论之。

天干相克，阳克阳，阴克阴谓之同性相克，同性之克者无情无义，所以克力最大。阳克阴，阴克阳谓之异性相克，异性相克，克中有合，克力较小。阳干通常不克阴干，作合论。

7. 天干相冲

甲与庚冲，乙与辛冲，丙与壬冲，丁与癸冲，戊己不冲。

8. 天干五合

天干五合，也称十干化合，即甲与己合化土，乙与庚合化金，丙与辛合化水，丁与壬合化木，戊与癸合化火。如天干是甲己合化土，月支应是辰戌丑未月；乙庚合化金，月支应是申酉月；丁壬合化木，月支应是寅卯月；戊癸合化火，月支应是巳午月。请参看天干阴阳合化示意图(3)

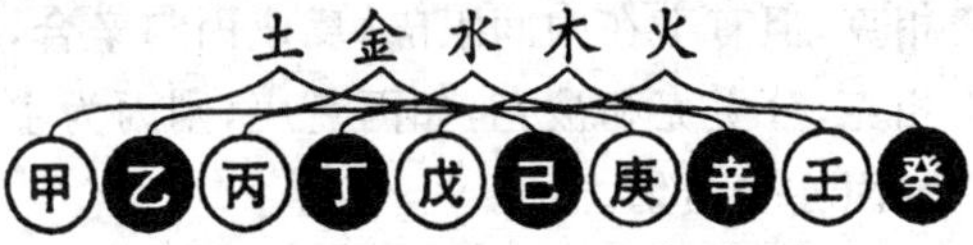

天干阴阳合化示意(图 3)

天干化合是阴与阳相合，乃阴阳得配之合。天干化合的看法，诸书论述不一，各持己见，有人认为凡合则化，不论季节，不论远近，还有人认为要看远近与季节，才能化合。根据经验，凡是化合成功的必须要具备以下几种条件：

第一种：紧贴之合，是化合的主要条件，紧贴之合与邻近之干化合，如年干与月干化合，月干与日干化合，日干与时干化合。例如四柱为：

年	月	日	时
丙	辛	丁	○
○	○	○	○

年干丙与月干辛相合为紧贴之合。

第二种：两干相合，必须有一干的月支与化合的五行相同，而化合的五行必须在月支得令，有气方为化合成功，否则合而不化。

甲与己合为正直无偏之合，主其人忠实厚道，大仁大义，量宽直爽，若五行带有煞气，主脾气固直任性。

乙与庚合为仁义之合，主其人仁义而慈善，能文善武，勇敢好斗，如果五行中带有煞气，主其人易怒好勇，是非之人。

丙与辛合为强制之合，主人外表威严，实属胆小怕事，智力灵活，如果五行死墓空绝，则是无恩寡义之人。

丁与壬合为延年之合，主其人心地慈善，寿高寿长，如果命局中水旺，则为淫欲之合，多情易动，远见不高，胸无大志。

戊与癸合乃无情之合，主其人仪表堂堂，相貌出众，但乃属无情寡义之人。

第三种：间隔之合，合力较轻，而且合中有化，遥隔之合，合力更轻，合而不化。例如四柱为：

年	月	日	时
辛	○	**丙**	○
○	○	○	○

年干辛与日干丙相合，中间隔——月干。

第四种：两干之合，有些见合而不能合的，如中隔以克，中隔以生，中隔以合，先克后合等等，皆不能合。

9. 天干争合

天干争合内容不一，有时出现两干争合一干，有三干争合一干，两干夹合一干的，如二夫争妻，二妻争夫之势，互不相让，则虽合而不作化论，如两干争合一干，一远一近，近合力大，远合力微。例如四柱为：

年	月	日	时
甲	丙	己	甲
寅	○	○	○

年干甲坐支，有根可合日干己，同时与时干甲争合日干己，为争合日干。

附：干支难辨字形

有些汉字的字形，笔划难以辨别，稍不留意，容易混淆，如：

①十天干的“戊(音 wù 务)”与十二地支的“戌(音 xū 虚)”，一个中间有横，一个无横，发音就不一样，再者戌字中间是一横，很容易写成一点，一点是“戍(音 shù 术)”。

②十天干的“己(音 jǐ 几)”与地支的“巳(音 sì 寺)”，还有既不张口又不闭口的“已(音 yǐ 以)”，很难分清，为了方便记忆，做一首歌诀如下：

shù xù wù sì jǐ yǐ
点戍横戌空心戊　闭巳开己半张已

二、地支

地支的含义：支者如同树之枝，其数共有十二个，故名十二地支。即：子、丑、寅、卯、辰、巳、午、未、申、酉、戌、亥。地支中的子、寅、辰、午、申、戌为阳；丑、卯、巳、未、酉、亥为阴。代入数字分别为 1、3、5、7、9、11 为阳；2、4、6、8、10、12 为阴。请参看干支阴阳区别图(4)。

代　数	1	2	3	4	5	6	7	8	9	10	11	12
天　干	甲	乙	丙	丁	戊	己	庚	辛	壬	癸		
地　支	子	丑	寅	卯	辰	巳	午	未	申	酉	戌	亥

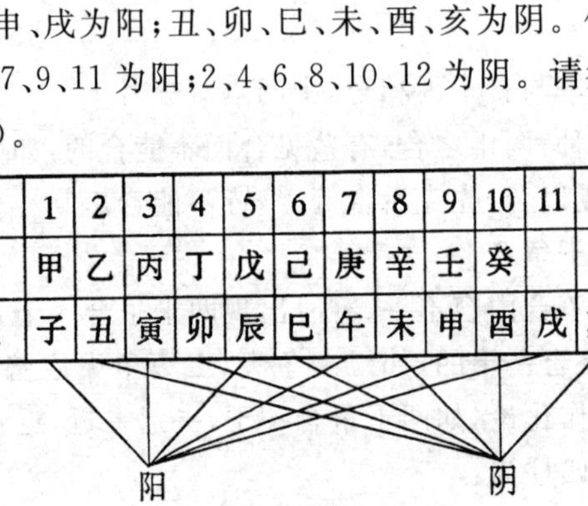

天干地支阴阳区别(图 4)

1. 地支与时辰

古人记时和现在不同，以两个小时为一时辰，即：

子时(23～1)点　　丑时(1～3)点　　寅时(3～5)点

卯时(5～7)点　　辰时(7～9)点　　巳时(9～11)点

午时(11～13)点　　未时(13～15)点　　申时(15～17)点

酉时(17～19)点　　戌时(19～21)点　　亥时(21～23)点

2. 地支配属相

十二地支与属相：子鼠、丑牛、寅虎、卯兔、辰龙、巳蛇、午马、未羊、申猴、酉鸡、戌狗、亥猪。

即子年生人属鼠，丑年生人属牛，寅年生人属虎，卯年生人属兔，辰年生人属龙，巳年生人属蛇，午年生人属马，未年生人属羊，申年生人属猴，酉年生人属鸡，戌年生人属狗，亥年生人属猪。

3. 地支与五行方位

地支五行，寅卯(辰)属木位东方，巳午(未)属火位南方，申酉(戌)属金位西方，亥子(丑)属水位北方，辰戌丑未属土位于中央，管四季(三月、六月、九月、十二月)。

4. 地支与月建

寅为正月，卯为二月，辰为三月，巳为四月，午为五月，未为六月，申为七月，酉为八月，戌为九月，亥为十月，子为十一月，丑为十二月。

5. 地支与四季

地支与四季：寅卯(辰)春天，巳午(未)夏天，申酉(戌)秋天，亥子(丑)冬天，辰戌丑未为四季。

春季：正、二、三月为春季，从立春节开始，至立夏为止三个月，季土管事于立夏之前大约十八天之内，春季木旺，火相，土死，金囚，水休。故甲乙属春天木旺，丙丁属春天火相，戊己属春天土死，庚辛属春天金囚，壬癸属春天水休，甲乙木时属春天，触地而产生万物。

夏季：四、五、六月为夏季，从立夏节开始至立秋节为止三个月，季土管事于立秋前大约十八天之内，夏季火旺，土相，金死，水囚，木休，故丙丁夏天火旺，戊己夏天土相，甲乙夏天木休，壬癸夏天水囚，庚辛夏天金死，丙丁夏天火炎其上，照其万物。

秋季：七、八、九月为秋季，从立秋节开始至立冬节为止，这三个月，季土管事，于立冬节前大约十八日之内，秋季金最旺，水相，木死，火囚，土休，故甲乙秋天木死，丙丁秋天火囚，戊己秋天土休，庚辛属秋天金旺，壬癸属秋天水相，庚辛金时属秋天，阴气开始，万物禁止。

冬季：十、十一、十二月为冬季，从立冬开始至立春节为止，季土管事于立春节前大约十八日内，冬天水旺，木相，火死，土囚，金休，故甲乙冬天木相，丙丁冬天火死，戊己冬天土囚，庚辛冬天金休，壬癸冬天水旺，万物至止而冬藏。

辰戌丑未四个月为之季土：

立春前十八天，丑土管事，谓之寒土。

立夏前十八天，辰土管事，谓之湿土。

立秋前十八天，未土管事，谓之暖土。

立冬前十八天，戌土管事，谓之燥土。

四柱预测最注重四季中的寒、暖、燥、湿，不论金木水火土哪一种五行，如果生于春天和秋天，则气候稳重，寒暖适宜，如生在夏天则偏热，就需要以水润之，若生于严冬冰寒，则需以火暖之。说得再简单一些，命局水多宜火，命局火多宜水，冬天最寒，夏天最暖，四时寒暖燥湿，必以中和为贵，八字中调和适宜，定是好命。

辰为水的墓库，戌为火的墓库，丑为金的墓库，未为木的墓库。

四库所含五行的余气：辰为木的余气，戌为金的余气，丑为水的余气，未为火的余气。

八字的墓库与余气很重要，柱中正气，余气为之根，四柱有根，方能享受财官与食伤。墓库、余气虽然根轻，却有一定的份量。有时天干得比肩，还不如地支的余气，所以墓库、余气在命局中有一定作用，千万不可忽视，否则对整个命局都有影响。

6. 地支相合

六合者乃子与丑合，寅与亥合，卯与戌合，辰与酉合。巳与申合，午与未合。地支相合比天干相合要复杂些，可分六合，三合，三会等三种，现分述如下：

①地支六合，必须两支紧贴方可论合。如中间有一字隔住，则不能论合，如两个字与中间一个字相合者，则谓之争合。例如四柱为：

年	月	日	时
○	○	○	○
子	**寅**	**丑**	**子**

年支子合日支丑，中隔寅不可论合，时支子紧贴可论合。

②六合可以解除六冲。如命局中有子午相冲，则又有子与丑合，这个丑字可解除子午相冲。例如四柱为：

年	月	日	时
○	○	○	○
巳	**午**	**子**	**丑**

③六合合化之五行，若为命局所喜，则以吉论，若为命局中所忌，则以凶断，凶神被合，如果不化亦以吉论，反之亦以凶断。

7. 地支合化

地支合化的要求，只要两个地支贴在一起，天干有引化之五行，即可合化。

①地支六合：

子与丑合化土　寅与亥合化木

卯与戌合化火　辰与酉合化金

巳与申合化水　午与未合化火

地支一阴一阳化合共分六组，所以称为六合。地支六合的原理与天干相合原理一样，都是一阴一阳配合而产生的另一种五行。参看以下地支六合图。

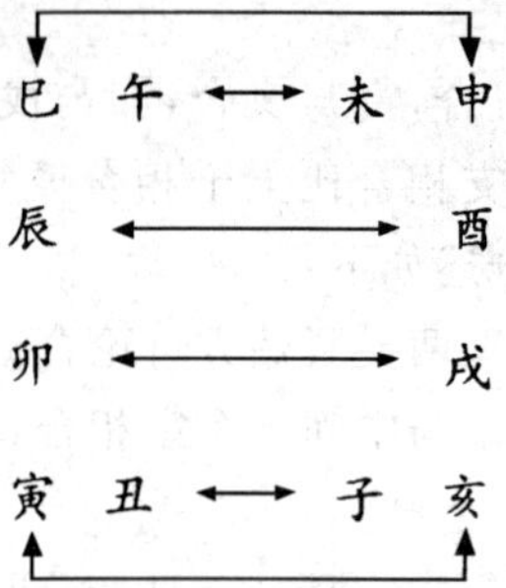

地支相合（图 5）

②地支三合：

申子辰三合为水局

亥卯未三合为木局

寅午戌三合为火局

巳酉丑三合为金局

辰戌丑未四库合为土局

三合局之五行，其力量仅次于三会，大于六合及半三合，五行属性如为命中所喜，则以吉论，为命中所忌，则以凶断之。

三合局其中多一字者，不但不以争合论之，而且能增加局中之强度，三合局中的旺支，有紧贴逢冲之支，可以论冲，其它不以冲论。例如四柱为：

年	月	日	时
○	○	○	○
亥	巳	卯	未

亥卯未三合木局，局中巳亥相冲，已经冲去亥水，不以三合局论。又例如四柱为：

年	月	日	时
○	○	○	○
寅	午	子	戌

局中寅午戌三合火局，内中有子午相冲，午火为旺，如果子与戌换一下位置，相隔一下，就不以冲论。

三个地支相合称为三合局。如图 6 三合局的原理是取长生、帝旺、墓库而成，例如申子辰水局，申为水的长生，子为水的帝旺，辰为水的墓库。三合局必须三个字方能成局，内中缺一个字都不能称为合局，比如申子辰三个字，有申子而没有辰字，又如只有辰字和子字而没有申字，此种情况不能称为三合局。

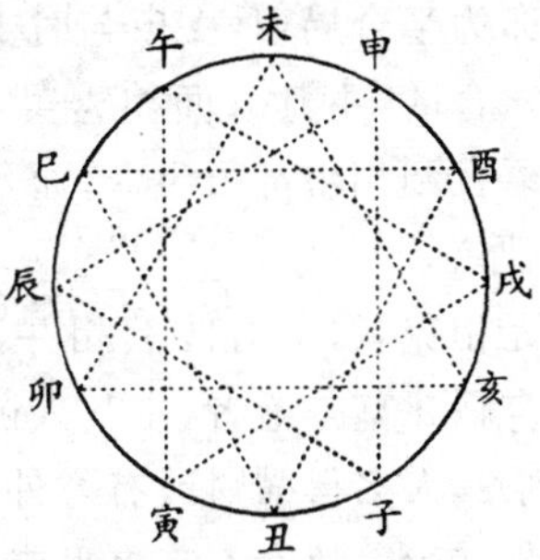

三合局示意(图 6)

金	火	木	水
之之之	之之之	之之之	之之之
长帝	长帝	长帝	长帝
生旺墓	生旺墓	生旺墓	生旺墓
巳酉丑	寅午戌	亥卯未	申子辰
三合金局	三合火局	三合木局	三合水局

三合局缺一字，仅有

申子，辰子

亥卯,未卯

寅午,戌午

巳酉,丑酉

以上称为半合局,因有帝旺一支在内,它的力量比较轻,稍逊于三支俱全的三合局,如果仅有申辰、亥未、寅戌、巳丑虽然也称半合局,但没有帝旺一支在内,所以它的力量很小,几乎没有相合意思。例如四柱为:

年	月	日	时
○	○	○	○
亥	**卯**	**申**	**辰**

年支亥与月支卯为半合局,月支申与时支辰为半合局。

凡四柱得三合六合的,主其人面貌秀美,聪明能干,思维敏捷,与日元相合者,语言和相貌都很出众,而且不生是非,如再有贵人出现,主终身福厚。

三合六合与日元相克者,更有凶煞相并,动即有损,有惊险之灾。如果三合六合临死墓空绝者,主其人虽有能力,但难遂志愿,与建禄相合者,主其人多得横财或有意外名望。男人三合六合主富贵,女人合多主淫乱,故女不宜多见三合六合。

③地支三会:

寅卯辰会成东方木局

巳午未会成南方火局

申酉戌会成西方金局

亥子丑会成北方水局

以上三个地支八字中全见的称为三会局,名叫气会一方,它的力量很大。

三会者,必须三支齐全,内中缺少一字也不能称为三会,三会之力量大于三合局。

三会当中,如夹一冲字,则不论冲仍论会。如三会中增一合

字,则不管争合或妒合,都可以增强三会之力论之。例如四柱为:

年	月	日	时
○	○	○	○
卯	**寅**	**辰**	**卯**

月支寅,时支卯,日支辰为三会东方木局。

三会局之五行,如果是命局中所喜,则以吉断,为命局所忌,则以凶断。

8. 地支相冲

子午相冲,丑未相冲,寅申相冲,卯酉相冲,辰戌相冲,巳亥相冲。地支相隔六位而冲,共分六组,所以又称为六冲。而每组的两个地支,都是方向相对(见图 7),阴阳相同(同性相妒),所以发生相冲。

地支相冲,在应用时须看是近邻相冲,还是隔位相冲。是顺冲还是倒冲。例如四柱为:

年	月	日	时
○	○	○	○
寅	**申**	**午**	**亥**

年支寅冲月支申为紧贴之冲,冲力最大。

①如两支紧贴在一起相冲,冲力最大,隔一位相冲,冲力减弱,遥冲,冲力甚轻。

②子午卯酉为四正之气,冲克激烈。寅申巳亥为四大长生,冲力次之。辰戌丑未谓之四大墓库之冲,所以不怕冲动。遇冲财官印而能出库,坏事变好事。

③地支相冲,在民间应用中,有以下之害处,即:

子午相冲,主一生不得安闲。

寅申、巳亥相冲,主多情而失败。

辰戌相冲,主克亲伤子。卯酉相冲,多为亲戚而忧。

年月支冲,主背井离乡。

年时支冲，主父子不和。年日支冲，多六亲不合。

丑未支冲，凡事多阻。日时支冲，克妻损子。

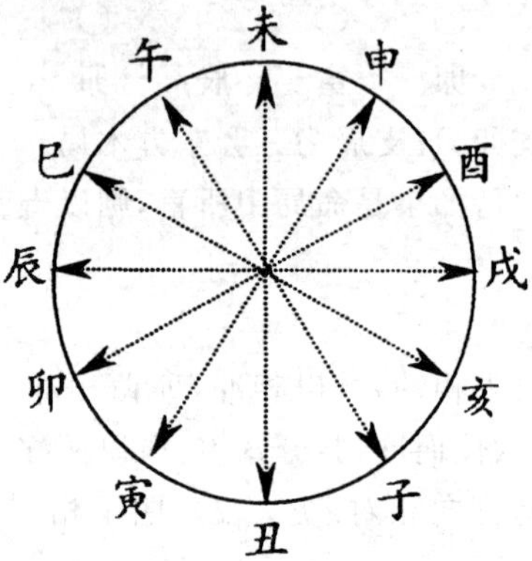

地支相冲(图 7)

以上地支相冲，是在一定条件下起作用的，不能用此武断，后篇将逐细讲述。

9. 地支相刑

刑者乃刑罚也，主刑事、刑法之事，也主疾病伤灾之事，柱中见刑者多主不吉。如能注意遵纪守法，就可免去刑役之灾。有的四柱中无刑，但大运流年逢刑或二刑、三刑都不是吉兆。

三刑者乃寅巳申三刑，丑戌未三刑，子卯相刑，辰与辰自刑，午与午自刑，酉与酉自刑，亥与亥自刑。例如四柱为：

年	月	日	时
○	○	○	○
申	巳	卯	子

年支申与月支巳相刑，日支卯与时支子相刑。

子刑卯、卯刑子、为无礼之刑，因无礼而触犯刑法。寅刑巳、巳刑申、申刑寅为恃势之刑，是依仗权势胡作非为，导致触犯刑法。丑刑戌、戌刑未、未刑丑为无恩之刑，知恩不报，反而陷害他人而招至触法生灾。辰午酉亥为自刑，因自己招来灾祸而触法。

三刑也是有吉有凶，如四柱中三刑之位带三奇或遇上天乙贵人、天德贵人，则主高官厚禄，古人云："君子不刑定不发，若居仕途定腾达，平人遇此不吉利，轻则也会遭官罚"。

地支相刑，是由于三合局加三会局的结果。例如申子辰三合水局，加于寅卯辰东方木（见表3），成为申与寅刑，子与卯刑，辰与辰刑，每个字都上下相对为刑。

地支相刑，只能作论命之参考条件，不能以此武断，但在研究命学中，是不可不备之知识，乃推论之依据，至于实际应用，将一步一步说明。

三合三会相刑表（3）

三　合	申子辰	寅午戌	巳酉丑	亥卯未
三　会	寅卯辰	巳午未	申酉戌	亥子丑

为了方便记忆，古人将此编成歌诀：

歌曰：寅刑巳上巳刑申，
丑戌相刑未并真。
子刑卯上卯刑子，
辰午酉亥自相刑。

10. 地支相害

子害未，丑害午，寅害巳，卯害辰，申害亥，酉害戌。

地支相害，又称六害。六害的依据是由六合与六冲而来，冲去与我相合地支谓之害，例如寅与亥合，是一阴一阳之合，如同一对相生相合夫妻，而偏偏出来一个巳字，冲去亥字，使寅字成为一个孤单鳏人，是因为巳害了寅。反之，巳与申合，也是一阴一阳之合，如一对夫妻相亲相爱，偏偏又跳出一个寅字与申字相冲，使巳字成为一个寡妇，是寅害了巳，所以叫寅与巳交互相害。

所谓地支相害，就是四柱中地支互相相害。

相害的性质也不是相同的，不同的相害，也有不同的特点。

古人将不同的相害又编成一首歌诀：

子未相害妨六亲，丑午相害妨自身。

寅巳相害遭官嗔，卯辰相害欺长凌。

申亥相害嫉才能，酉戌相害嫉妨人。

六害与六合关系（图 8）

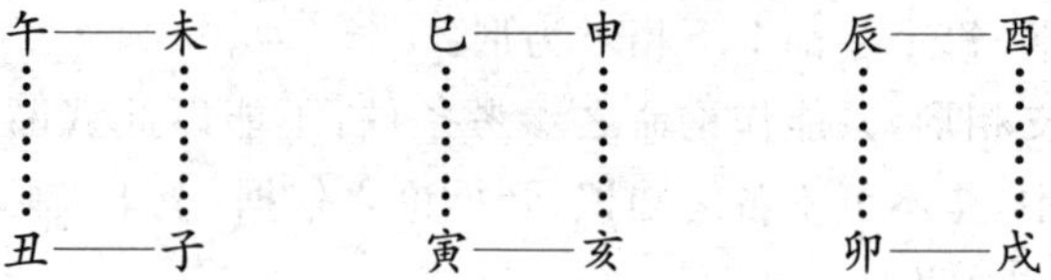

图中符号——代表相合，……代表相害

地支相害，可运用手掌推算，其规律是竖向垂直，如午丑相害，午字在中指的指尖上，而丑字则在中指的指根下，其余类推。

在八字预测中，地支方面的应用是非常重要的，地支与地支之间的关系，变化无穷，非常复杂，而且记忆也比较困难，因此用十二生肖来取代十二地支（见本节地支与属相），用起来就比较方便，并且特别容易记忆，最好用手指推算，不但快速，也灵活方便。

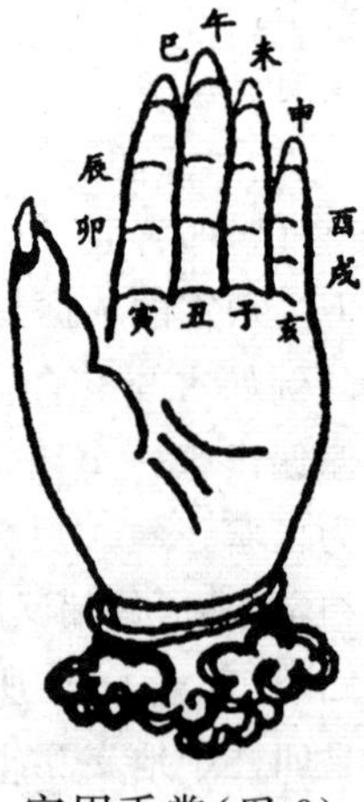

实用手掌（图 9）

将十二地支固定在手指上(如图 9)用来推算三合、六合、六冲、六害都非常方便,特别是推算年龄更快。例如:

三合:用中间隔三位的三角关系,如亥卯未,亥至卯中间隔子丑寅三个字,卯至未中间隔辰巳午三个字,其余类推。(见图 6)

六合:是横对关系,如子与丑是横对,寅与亥是横对,卯与戌是横对,其余类推。(见图 5)

六冲:是斜对角关系,如亥与巳斜对角相冲,子与午是斜对角相冲,寅与申是斜对角相冲,其余都一样。(见图 7)

六害:是直对关系,如子与未相害是直对,丑与午直对,寅与巳直对,其它仿此。(见图 8)

11. 天干与地支之间的关系

通过以上天干与地支分别介绍,相信学者已明白天干与地支的性质和作用,现在再来谈谈天干与地支之间的关系,否则在以后应用中容易误入歧途。天干五行,专讲生克制化,而地支五行专论刑冲合害。天干不能生克地支,地支也不能生克天干。而天干与地支之间也更不能论互相生克。关于有些书上介绍的一些“盖头克”与“截脚克”则另为一谈。天干五行的生克制化,强的天干五行可以生克弱的天干五行,也可制化弱的天干五行。而地支五行决不能用本身正五行来直接论生克制化。地支五行之间的关系,只能以刑冲合害的形式去进行分析,利用他们之间刑冲合害的力量去转化,使其某一种五行的力量增强或减弱。天干或地支之间的关系要作整体分析,地支不好,肯定带起天干也不好。如天干五行在地支中无根、无气,而又失令,那么这个天干就无力与其它之干论生克。相反,如果这个天干在地支中有根、有气,而又得令,说明这个天干力量就很大,就可以与其它天干论生克,这就说明天干五行是依赖地支五行而生存的。由于岁运在不断变化(大运十年一变,太岁一年一换),天干五行也伴随着岁运变强变弱,地支五行同时也随着岁运变强变弱。由于地支五行的刑冲合害产生新的变化,而使天干五行的力量也产生变化。由此可知,天干五行的变强变弱,并不是天干与地支直接生克而产生的结果,而是由于行运旺衰或地支刑冲合害而产生出来的。

地支五行不能用正五行直接生克的主要原因是,地支中除了本气,还有余气和杂气,由于地支本气余气的旺衰不同,再经过地支刑冲合害,为此而五行的性能也就随着改变,本来是对立的五行,也变为相生或比和了。由此可见,天干与地支之间的五行,是不能互相直接论生克的,这一点必须注意。

通过天干与地支的详细论述,如能将其理悟通,就可以准确的预测出一个人一生的吉凶祸福,就能为命理预测打下牢固的基础。

第五节　五行与十二宫运程

十二运程又名叫长生十二宫,亦叫长生诀。它从长生开始,接着是沐浴、冠带、临官、帝旺、衰、病、死、墓、绝、胎、养,所以称之为十二大运。每一个五行都有从长生到死亡的过程,推八字要看命主生日的天干在十二宫中所处的态势。在八字演变过程中,它是最重要的依据。十二大运的含义,标志着一个人从长生到死亡的过程。从长生运程,结合日柱和大运,能分析出这个人命运的好坏。看出什么时候走长生运,帝旺运,什么时候走绝地、死地。什么时候在什么方向走好运气,在什么时候和什么方向走坏运气。判断一个人在什么阶段发财,什么阶段倒霉。能提示一个人在倒霉时,往哪些方向躲避,甚至确定出时间和方位。根据日常应用的经验,十二运程是研究八字必不可少的命理基础，故在一般八字书中都有详细阐述。

1. 五行与十二宫运势

【长生】表示万物生长有欣欣向荣的气息，如一个人开始生长，心情喜悦，工作、升级、结婚、发财、家庭都有创新之事，事业上有新的转折和变化。

【沐浴】如出生婴儿洗浴时，形体柔脆，为衰败运势，主其人贪酒色多是非，甚至淫乱，故又名叫败地，桃花运。

【冠带】比如一个人从小开始长大，穿衣戴帽整齐，马上要走向社会。运行冠带之地，乃是平常之运，总是向好的方面进展。

【临官】指一个人开始工作，向做官的运程争取，开始兴旺发达，心情愉快，身体健康，精神充沛，临官亦称为禄。

【帝旺】如人走在强盛兴旺发达时期。运行帝旺，主其人精神焕发，财运官运等都走向顶峰，爱情与生活都极其幸福。

【衰】万事万物开始衰败。事物发展到旺盛顶点之时必然要衰落，这是自然规律，运行衰地，多主生灾，疾病连绵，诸事不顺。

【病】比如人体力衰弱，多灾多病，精神萎靡不振，主运气不好的运程。

【死】是凶的名词，运行死地，万物毁灭。事事倒霉或有骨肉离散，官司口舌，刑狱车祸等凶灾恶祸并临。

【墓】墓有两种解释，一种是死亡后葬入墓地，一种是财物入库储存的象征。墓不是吉利的运程，指人没有发迹，步步倒霉，如有喜神帮助，财源又能广进。

【绝】表示一个人生气已绝，到了绝望之地，虚弱到极点，大运中如遇绝地，多有骨肉离散，家破人亡，凶灾恶祸等意外之事发生。

【胎】如人在母腹之中，万物刚有萌芽，指此运在母腹保护之下，虽然弱小，但具有生命力，有发展前途，预示平安无事。柱中有帮比的更好。

【养】指万物在自然中形成之象。万物在死绝之后，又开始形成胚胎的阶段。

宇宙间万事万物的发展变化都有一个过程，从规律来看都要经过衰败死绝的折磨，又重新获得新生，周而复始，循环不已。生生不息的过程，就是生旺墓绝的辨证精髓。比如，甲木长生在亥，表示甲木在亥月开始孕育，草木经过十冬腊月，到春季开始生长，夏季旺盛，到秋季衰败枯萎而死，然后又重新在土壤内孕出新的生命。

为方便记忆，根据师传手抄本《铁笔便览》中的有关章节，择要编成十二运程歌供参考。

水属长养衰，火归沐病胎。
临官墓属金，木属死冠带。
帝旺绝属土，五行细分开。

①长生

四柱命局得长生，身强体健人聪明。
命中福星来照命，事业前景食禄丰。
年柱长生父母爱，月柱兄弟姊妹恩。
日柱一身多富贵，时柱子女有高升。

②沐浴

沐浴原名叫桃花，男女淫乱不由他。
如临子午多赊欠，卯酉临之酒食贪。
年柱多主父母事，月柱夫妻各生涯。
日坐沐浴父缘薄，时柱名曰外桃花。

③冠带

命局冠带人聪慧，风流好赌要提防。
幼龄儿童作诗赋，中年功名运势强。
年柱冠带祖业旺，月柱父兄大吉祥。
日坐冠带事业展，时上子女贵无双。

④临官、帝旺

临官帝旺最为强，禄贵同宫大吉昌。
谋事诸般皆遂意，财运事业震四方。
年柱官旺祖业好，月柱临之食禄强。
日柱有它多富贵，时旺子女入朝堂。

⑤衰、病、死

衰病死运柱中逢，吉凶成败在其中。
只因命逢衰病死，灾祸绵绵疾病凶。
年柱祖业必衰落，月柱事业运不通。
日柱自身运不好，时柱后人不兴隆。

⑥墓

命逢墓库时运衰，墓待冲开好运来。
女命最怕坐月墓，口舌频频是非灾。
年柱临之祖业废，月柱父母应破财。
日上墓库运蹇滞，时上遇墓后人衰。

⑦绝

命运逢绝必主忧，天灾人祸不自由。
绝处逢生可有望，五行制化可推求。
年柱逢绝祖业败，月柱双亲命有忧。
日绝夫妻有灾难，时绝子女命难留。

⑧胎

命逢胎运甚为奇，时来运转不需疑。
胎运职业多更变，只是婚姻易分离。
年柱逢胎祖业旺，月胎父母最相宜。
日上胎神当为贵，时逢头胎女花枝。

⑨养

养神吉凶识者稀，半凶半吉两相宜。
多得父母双亲助，只怕桃花运不离。

年柱相逢是养子，月逢养柱运不低，

日坐养地命运好，时养子女孝可知。

以上这是十二运程口诀，只作断命时的参考作用，绝对不能依此诀就下定论，必须要与五行生克制化，用神喜忌，综合分析，才能百无一失。

2. 五行十二宫运程表

为使读者明白五行与十二宫的生旺死绝具体用法，列出此表以示意，表内的五阳干和五阴干，指的是出生日的天干。

五行十二宫运程速查表(4)

长生运程 \ 生日天干 \ 五行		五阳干顺行					五阴干逆行				
		甲木	丙火	戊土	庚金	壬水	乙木	丁火	己土	辛金	癸水
好的阶段	长生	亥	寅	寅	巳	申	午	酉	酉	子	卯
	沐浴	子	卯	卯	午	酉	巳	申	申	亥	寅
	冠带	丑	辰	辰	未	戌	辰	未	未	戌	丑
	临官	寅	巳	巳	申	亥	卯	午	午	酉	子
	帝旺	卯	午	午	酉	子	寅	巳	巳	申	亥
不好的阶段	衰	辰	未	未	戌	丑	丑	辰	辰	未	戌
	病	巳	申	申	亥	寅	子	卯	卯	午	酉
	死	午	酉	酉	子	卯	亥	寅	寅	巳	申
	墓	未	戌	戌	丑	辰	戌	丑	丑	辰	未
	绝	申	亥	亥	寅	巳	酉	子	子	卯	午
平常段	胎	酉	子	子	卯	午	申	亥	亥	寅	巳
	养	戌	丑	丑	辰	未	未	戌	戌	丑	辰

注：男女均以生日干为准，生于阳日一律顺行，生于阴日一律逆行。

请看表内十二运程阳生阴死的自然规律。表中甲丙戊庚壬五干属阳，乙丁己辛癸属阴。阳干顺行，如甲木属阳，长生在亥，沐浴在子，冠带在丑，……顺时针向前数。阴干逆行，如乙木属阴，长生在午，沐浴在巳，冠带在辰，……逆时针回头数。

十二运程分为三个阶段，长生、沐浴、冠带、临官、帝旺，这五个运程最好。衰、病、死、墓、绝这五个运程最坏。胎与养这两个运程平常。

十二长生运程，用途极大，既能推出四柱地支衰旺的各种状态，又能察看日干对大运地支，流年地支的五行运程的好坏。依此结合六亲中的生克制化，寻出多种分析八字命局的吉凶以及大运运程优劣和流年行运的旺衰。

十二生旺墓绝的运程规律：

甲木长生在亥，帝旺在卯，墓在未，绝在申；
乙木长生在午，帝旺在寅，墓在戌，绝在酉；
丙火长生在寅，帝旺在午，墓在戌，绝在亥；
丁火长生在酉，帝旺在巳，墓在丑，绝在子；
戊土长生在寅，帝旺在午，墓在戌，绝在亥；
己土长生在酉，帝旺在巳，墓在丑，绝在子；
庚金长生在巳，帝旺在酉，墓在丑，绝在寅；
辛金长生在子，帝旺在申，墓在辰，绝在卯；
壬水长生在申，帝旺在子，墓在辰，绝在巳；
癸水长生在卯，帝旺在亥，墓在未，绝在午。

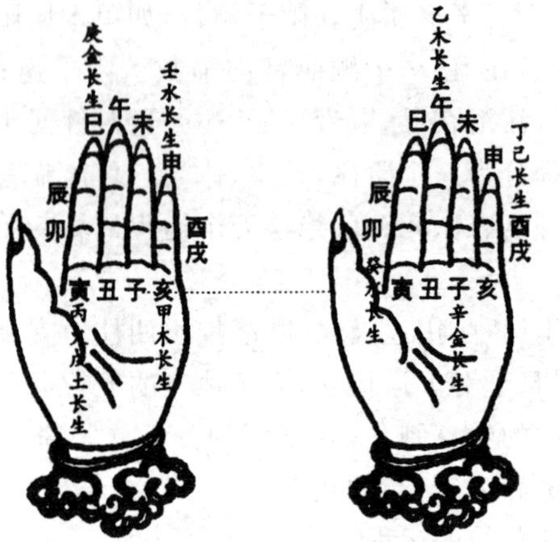

长生掌诀图(10)

五阳长生掌诀图(一)　　五阴长生掌诀图(二)

长生掌诀(图 10)

掌诀图的查法：

将上面表格内阳顺阴逆的含义标记在手指上，记住阳生阴死的自然规律，即寅申巳亥为四长生。子午卯酉为四帝旺。辰戌丑未为四墓库。应用时记住十二地支位置，如甲木长生在亥，由于甲木属阳，顺时针向前数，一直数到午上为死，这个死位就是乙木长生。乙木从午上起长生，乙木属阴，回头逆数，沐浴在巳，冠带在辰，临官在卯，帝旺在寅……其余类推。

第六节　二十四节气与四柱

十二月令又称十二节令，月令掌一月之生杀大权，是万物提纲。在推算八字过程中月令极其重要，因为它不仅是一年、一月之分界线，也是衡量八字中干支旺衰的唯一标准，例如 1996 年腊月二十七日立春，腊月二十八日生人，为立春后生人，那么就不能算1996年腊月,应该算1997年正月生人。月份的干支要以节令来查,不能以自然月份查,例如1996年正月十六日惊蛰,正月十七日生人,就要算二月份生人,因惊蛰节已交二月节。

1. 十二月节令

十二月令又称十二节,即正月立春节,雨水正月中气。二月惊蛰节,春分二月中气。三月清明节,谷雨三月中气。四月立夏节,小满四月中气。五月芒种节,夏至五月中气。六月小暑节,大暑六月中气。七月立秋节,处暑七月中气。八月白露节,秋分八月中气。九月寒露节,霜降九月中气。十月立冬节,小雪十月中气。十一月大雪节,冬至十一月中气。十二月小寒节,大寒十二月中气。参看二十四节气表:

二十四节气表(5)

月份	正月寅	二月卯	三月辰	四月巳	五月午	六月未	七月申	八月酉	九月戌	十月亥	十一月子	十二月丑
节气	立春	惊蛰	清明	立夏	芒种	小暑	立秋	白露	寒露	立冬	大雪	小寒
中气	雨水	春分	谷雨	小满	夏至	大暑	处暑	秋分	霜降	小雪	冬至	大寒

2. 节气与四柱

推排八字必须要从每年正月开始推排,而正月又非是从正月初一开始,而是以立春日为新的一年开始,而立春节不是固定的,它有的最早可在腊月十五,最迟到正月十六,时间不一定。每月的开始又不是从每个月初一起算,而是以节气为标准,如正月从立春节开始,经雨水到惊蛰为止,这段时间都属正月。从惊蛰开始,经春分到清明为止,这一段时间都属二月。即正月为寅月,二月为卯月,三月为辰月……

例如1997年年前十二月二十七日寅时立春,推算时应从1996年十二月二十七日早上交3点以后就算1997年。1998年正月初八日辰时立春,那么1998年正月初八日7点钟以前都算是 1997 年。由此可知 1996 年十二月二十七日寅时起至 1998 年正月初八日辰时以前这段时间都属 1997 年管辖范围,因每一年这个立春至下一个立春共三百六十五日零三时一刻,这是春秋四季一定之成数。月建的推算方法也是一样,以节气为标准,例如 1996 年十二月二十七日寅时立春,从即日开始,直到 1997 年正月二十七日亥时前经雨水到惊蛰,这段时间皆属正月建寅管事。从正月二十七日亥时到二月二十八日丑时(清明)这段时间,由二月建卯管事,其它月份依次类推。

以节气为分界点,是推命的主要关键,学者必须重视。下面将试排一下八字,请参看《万年历》,例如 1996 年十二月二十八日午时出生的人,看八字排列正确与否。

年	月	日	时
丙	**辛**	**戊**	**戊**
子	**丑**	**寅**	**午**
错	错	对	对

以上年柱丙子、月柱辛丑排法是错误的,因十二月二十八日已过立春,应算下一年,也就是人们常说的"隔年论命",正确的排法如下:

年	月	日	时
丁	**壬**	**戊**	**戊**
丑	**寅**	**寅**	**午**
对	对	对	对

前面所排的年柱与月柱是错误的,而后面所排的四柱完全正确。仅一天之差,八字排的结果就不同,所以论命就有天地之悬殊,在应用时推年柱必须以立春为基准点,推月令一定要以节气为基准点,而推时辰定须以日干为基准点,千万不可忽视。

一分钟之差命运就有天渊之别,江湖《拦街网》断命口诀中有诗曰:

人生八字不一般，有贫有富有高官。
有的父母双双在，也有爹娘不周全。
世人均占八个字，既有正来也有偏。
年月日时须记住，一点不明休乱言。
时辰如果排不准，推命如隔万重山。

推八字是根据一个人的出生年、月、日、时的天干地支排列而成，年柱、月柱、日柱、时柱，每一柱两个字，共八个字，因此称为“八字”又称为“四柱”。

在操作时，先将出生时间换算成天干地支，在没熟练之前，最好先用《万年历》查出命主出生年、月、日、时的天干地支，下面将详细讲述推排四柱的方法。

第七节　四柱具体排法

1. 四柱的排列形式

通过以上几节的详述，读者对基础部分已有初步概念，现在可以进行实地来操作一下，先来熟练一下怎样推排四柱，知其四柱的作用是什么，待四柱熟练以后，即可逐步再往下进行。

推排四柱时，首先将纸笔备好，先在纸上写好年柱，依次再排出月柱、日柱、时柱。其四柱形式如下：

某人生于 1963 年三月二十八日亥时

年	月	日	时
癸	**丙**	**甲**	**乙**
卯	**辰**	**午**	**亥**

2. 年柱排法

排年柱干支，一般都用以下两种方法，第一种方法将出生之年的天干地支用《万年历》查出，如 1994 年为甲戌年，1971 年为辛亥年,1986 年为丙寅年,1999 年为己卯年,这就叫做年柱。

第二种方法用手指推算;将十二地支分布在手指十二指节上,以左手的无名指根下起子,中指根为丑,食指根为寅,食指根上第一节为卯,第二节为辰,食指尖为巳,中指尖为午,无名指尖为未,小指尖为申,小指尖下一节为酉,第二节为戌,小指根为亥。(见下手掌图)

应用方法以拇指掐住流年(即推命的当年)为 1 岁,然后顺着向前隔一字增 10 岁为 11 岁,再隔一字为 21 岁……点到整数即停,零岁再回头推。例如某男 32 岁于 1995 年开始推算,1995 年是乙亥年,其推法是用拇指掐在亥位上起 1 岁,顺着向前隔一字 11 岁为乙丑,再隔一字 21 岁为乙卯,再隔一字 31 岁为乙巳,然后再从 31 岁的乙巳上回头逆推,即 32 岁为甲辰,知其人是甲辰年出生。又如某人 1995 年是 38 岁,看看那一年的年干支是什么?已知 1995 年那年的年干支是乙亥,即乙亥年推算,以拇指点乙亥为 1 岁,11 岁为乙丑,21 岁为乙卯,31 岁为乙巳止住,再从乙巳上回头逆推,32 岁为 甲辰、33 岁为癸卯、34 岁为壬寅、35 岁为辛丑、36 岁为庚子、37 岁为己亥、38 岁为戊戌,可知其人 38 岁是戊戌年生人。

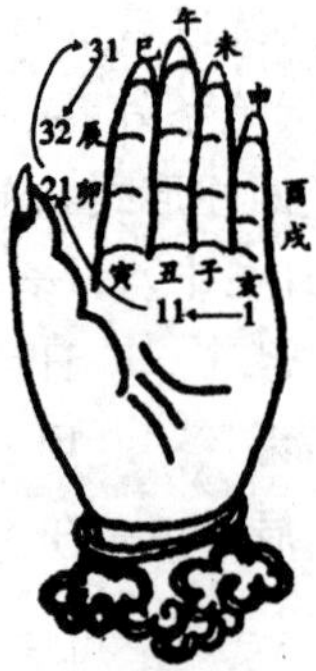

排年柱首先注重的是以立春为界限,即立春前算去年,立春后算今年,例如某人于 1955 年正月十三日午时出生,该年正月

十二亥时立春,那么这个人是立春后生人,其年柱则以乙未年计算,我们则将1955年乙未年列为年柱:

年	月	日	时
乙	○	○	○
未	○	○	○

又如某人于1955年正月初十日出生,那么这个人的出生日还未过立春,仍以前一年甲午年计算,其命式应列为:

年	月	日	时
甲	○	○	○
午	○	○	○

3. 月柱排法

月柱的月支是固定不变的,如寅是正月,卯是二月,辰是三月,巳是四月,午是五月,未是六月,申是七月,酉是八月,戌是九月,亥是十月,子是十一月,丑是十二月,但月干不是固定的,因为月干是根据年干推出来的。月柱的地支,不论有无闰月,都是以二十四节气中的节为基准,有一首流传的"节气歌",特此转录。

正月立春雨水节,二月惊蛰与春分。
三月清明并谷雨,四月立夏小满方。
五月芒种及夏至,六月小暑大暑光。
七月立秋又处暑,八月白露秋分忙。
九月寒露与霜降,十月立冬小雪藏。
冬月大雪和冬至,腊月小寒大寒当。

月柱的推排方法可查《万年历》根据节期查出月柱。例如1999年正月是丙寅月,那么丙寅即为月柱,如出生三月是戊辰,那么戊辰即为月柱等等。

月柱的地支是固定不变的,如正月建寅、二月建卯、三月建辰……而月柱的天干不是固定的,是根据年柱的天干来推定的,古人有一首歌诀名叫“五虎遁”月歌，表达得非常明白，其歌诀是：

甲己之年丙寅首，乙庚之岁戊寅头。

丙辛之年庚寅上，丁壬壬寅顺行流。

戊癸甲寅正月起，年上起月此为由。

五虎遁起月表(6)

月 年	寅	卯	辰	巳	午	未	申	酉	戌	亥	子	丑
甲己	丙	丁	戊	己	庚	辛	壬	癸	甲	乙	丙	丁
乙庚	戊	己	庚	辛	壬	癸	甲	乙	丙	丁	戊	己
丙辛	庚	辛	壬	癸	甲	乙	丙	丁	戊	己	庚	辛
丁壬	壬	癸	甲	乙	丙	丁	戊	己	庚	辛	壬	癸
戊癸	甲	乙	丙	丁	戊	己	庚	辛	壬	癸	甲	乙

月干是由年干推算出来的，如明白“五虎遁”歌诀中的歌意马上即可知其某月的天干，如歌诀中“甲己之年丙寅首”含义是逢甲年和己年，正月的干支从丙开始，以正月为丙寅，二月为丁卯，三月为戊辰，顺着往下排。“乙庚之岁戊寅头”，逢乙年和庚年，正月的干支为戊寅月，二月为己卯月，三月为庚辰月，顺着排十二月，其余类推。

例如某男生于 1965 年农历三月十二日，查《万年历》得知 1965 年为乙巳年，按“乙庚之岁戊寅头”的口诀，正月为戊寅，二月为己卯，三月为庚辰，得知三月为庚辰月，庚辰即为该男的月柱。

又如某男生于 1962 年(壬寅年)四月初五日，依五虎遁歌诀“丁壬壬寅顺行流”，则知壬寅年的正月是壬寅月，从正月的壬寅推到四月，即二月癸卯，三月甲辰，四月乙巳，即以“乙巳”为月柱：

年	月	日	时
壬	乙	○	○
寅	巳	○	○

又如某人出生于1968年(戊申年)十二月二十日,查万年历得知该年十二月十八日立春,此人虽然出生在戊申年,但已过了立春节应该以下一年的己酉年计算。查五虎遁歌诀,“甲己之年丙作首”,则知正月是丙寅月,即以“丙寅”为月柱:

年	月	日	时
己	丙	○	○
酉	寅	○	○

又如某人出生于1986年(丙寅年)三月初十日申时,此年是二月二十七日巳时“清明”,查万年历三月是辰月,其月干依照“丙辛之年庚寅上”,则知正月是庚寅,二月是辛卯,三月为壬辰,即以“壬辰”为月柱:

年	月	日	时
丙	壬	○	○
寅	辰	○	○

4. 日柱排法

日柱称之为日元,因八字是以日为主,所以又故名为日主。

日柱的推排比较复杂,不像月柱那样有规律可循,预测师推命时只有用历书查对,如离开历书,那就束手无策了,惟有经过师门培训的江湖术士自有师传密招,他们在推命时不用查书,只要求测者报出出生年、月、日、时,就即可在一分钟之内,将所报出的时间换算成一个完整的八字,此法在“时间篇”里自有详述,为了使初学者马上入门,在没有接触到时间篇之前,还需查《万年历》。

例如某人出生于1978年八月初八日,查《万年历》1978年的年干支为戊午年,八月的干支为辛酉月,初八日的干支为乙亥日，即以“乙亥”为日柱。日与日之间，以“子正”为分界，也就是以夜二十四时零分（子正）为一日开始，亦即从夜间 23 时～24 时出生者算前一天，也就是今天日干为准。

年	月	日	时
戊	辛	乙	○
午	酉	亥	○

5. 时柱排法

时干支和日干支不同，方法很简单，古有“五鼠遁”歌诀，以日干即可推算时干，方法非常简单。古歌即：

甲己还加甲，乙庚丙作初。
丙辛生戊子，丁壬庚子居。
戊癸何方法，壬子是真途。

凡是推算时干支，都是从子时开始，然后再从子时往下推算，如果是甲日或己日出生的人，他的出生时间从甲子时开始推算，乙日或庚日出生的人，子时是丙子时，丙日和辛日出生的人，子时是戊子时，丁日或壬日是庚子时等等，以日干确定时支的天干。例如某人出生于辛丑日上午 11 点 10 分，交 11 点就为午时，排时柱应依“五鼠遁日起时”歌诀中的“丙辛生戊子”，那么是戊子向前推到午时。从手掌上无名指根起戊子，中指根为己丑，食指根为庚寅，食指第一节为辛卯，第二节为壬辰，食指尖为癸巳，中指尖为甲午，即知此人的出生时辰为“甲午”时。假如某人出生于辛丑日酉时，则从甲午时继续往前推，即甲午→乙未→丙申→丁酉。知其辛日的酉时为“丁酉”时。

五鼠遁日起时表(7)

日干＼时支	子	丑	寅	卯	辰	巳	午	未	申	酉	戌	亥
甲己	甲	乙	丙	丁	戊	己	庚	辛	壬	癸	甲	乙
乙庚	丙	丁	戊	己	庚	辛	壬	癸	甲	乙	丙	丁
丙辛	戊	己	庚	辛	壬	癸	甲	乙	丙	丁	戊	己
丁壬	庚	辛	壬	癸	甲	乙	丙	丁	戊	己	庚	辛
戊癸	壬	癸	甲	乙	丙	丁	戊	己	庚	辛	壬	癸

一日一夜二十四小时，分为十二时辰，在十二时辰中，从半夜二十三点(即晚上十一点)至凌晨一点，这中间的两小时，我们称之为“子时”。由于子时是前后两天的分界线，我们称之为“子正”。以半夜十二点为中心点，前面的一小时划归为今天的“夜子时”，后面的一小时划归为明日“早子时”。也就是说，在同一天中，从凌晨零点至一点为本日的早子时，半夜二十三点至凌晨零点(夜十二点)为本日的夜子时。即以子正十二点零时为前后两天的分界线，那么我们日常所用的干支记日(日柱)当然也要以此来换算，应该是没有争议的。

然而，一个子时虽分前后两天使用，可是早子时与夜子时的天干各不相同，比如说，今天夜子时的天干是“甲”，我们称之为“甲子时”，而这个“甲”干乃是管辖子时的完整两个小时，我们虽然将子时分为前后两天计算，也仅是应用观点上从中分开而已。并非将日、时予以分割两断，更无法改变甲日干统管“子”时的完整两个小时，我们只能在应用观点上将十二点前的夜子时划归是今天，凌晨十二点后的早子时划归为明天，而早子时与夜子时仍是同一个时辰，其当值的天干仍为同一个天干。

基于上述可知，在同一日之内，因本日早子时(凌晨零点至一点)和本日夜子时(夜23点至零点)必须间隔十个时辰。所以两个不同的子时，也用两个不同的天干。现再来详述如下：

①凡甲日或己日的早子时应为“甲子”时，夜子时为“丙子”时。

②凡乙日或庚日的早子时应为“丙子”时，夜子时为“戊子”时。

③凡丙日或辛日的早子时应为“戊子”时，夜子时为“庚子”时。

④凡丁日或壬日的早子时应为“庚子”时，夜子时为“壬子”时。

⑤凡戊日或癸日的早子时应为“壬子”时，夜子时为“甲子”时。

现举例说明如下：

例一：某人出生于 1965 年农历二月初十日晚上 23 点 35 分，因是夜子时出生，其日柱仍用本日的日柱干支，而时柱须用次日的子时干支，八字排列是：

年	月	日	时
乙	己	乙	戊
巳	卯	丑	子

例二：某人出生于 1965 年农历二月初十日早上零时 35 分出生，是早子时，其日柱乃用本日干支，时柱也用本日干支，八字排列是：

年	月	日	时
乙	己	乙	丙
巳	卯	丑	子

日上起时表(8)

日干＼时间＼日辰	早子时	丑时	寅时	卯时	辰时	巳时	午时	未时	申时	酉时	戌时	亥时	夜子时
	0—1	1—3	3—5	5—7	7—9	9—11	11—13	13—15	15—17	17—19	19—21	21—23	23—0
甲日、己日	甲子	乙丑	丙寅	丁卯	戊辰	己巳	庚午	辛未	壬申	癸酉	甲戌	乙亥	丙子
乙日、庚日	丙子	丁丑	戊寅	己卯	庚辰	辛巳	壬午	癸未	甲申	乙酉	丙戌	丁亥	戊子
丙日、辛日	戊子	己丑	庚寅	辛卯	壬辰	癸巳	甲午	乙未	丙申	丁酉	戊戌	己亥	庚子
丁日、壬日	庚子	辛丑	壬寅	癸卯	甲辰	乙巳	丙午	丁未	戊申	己酉	庚戌	辛亥	壬子
戊日、癸日	壬子	癸丑	甲寅	乙卯	丙辰	丁巳	戊午	己未	庚申	辛酉	壬戌	癸亥	甲子

6. 四柱排列实例

通过以上诸篇介绍，我相信初学者对年、月、日、时的运用已经有了初步概念，现在我们不厌其烦的再将四柱排列方法按步取行地来实地操作一下。

例一：某人于 1964 年农历三月十七日上午 10 点(巳时)出生

①在没有学会“流年赶月”法之前，还须翻查万年历，第一步查出生年干支，这个命造出生于 1964 年，年干支为甲辰年，于是用笔记上“甲辰”：

年	月	日	时
甲	○	○	○
辰	○	○	○

②第二步查出生月干支，查三月十七日是在清明之后，立夏之前其月地支属辰月。先记上月支“辰”，再用“五虎遁”年上起月歌中“甲己之年丙作首”，推知甲年的辰月为戊辰月，于是又在年干支下面写上“戊辰”：

年	月	日	时
甲	**戊**	○	○
辰	**辰**	○	○

③再查出生日干支，经查三月十七日为丁未日，于是又记上“丁未”：

年	月	日	时
己	戊	丁	○
卯	辰	未	○

④最后一步，再查出生时干支，已知该日的日干为“丁未”再用“五鼠遁”的歌诀“丁壬庚子居”中得知丁日之巳时必为“乙巳”时，于是又在纸上记上“乙巳”，这样就完整的将一个八字排出了。

年	月	日	时
己	戊	丁	乙
卯	辰	未	巳

例二：某人出生于1945年农历五月初八日上午8点17分（辰时）

①从万年历上查出公元1945年的年干支为乙酉年。

②再查五月初八在芒种之后，小暑之前，故属午月的节气，再用五虎遁歌“乙庚之岁戊为头”的歌诀，得知乙年的午月必为“壬午”月。

③又查出五月初八日的日干支为丁巳日。

④最后再用五鼠遁歌诀“丁壬庚子居”推出丁日的辰时必为甲辰时。故这个八字的格式应为：

年	月	日	时
乙	壬	丁	甲
酉	午	巳	辰

例三：某人出生于1968年十二月二十日晚上23点15分（夜子时）

①查出1968年的年干支为戊申年，再看该年的十二月十八日庚戌日辰时已经立春，故其出生年应该是己酉年而不是戊申

年，其月柱应为己酉年的正月，五虎遁歌诀“甲己正月丙寅起”，其正月的干支必是丙寅月。

②查十二月二十日的干支为壬子日。

③晚上 23 点 15 分属夜子时生人，所以时柱须用次日的子时，其时柱干支是壬子时。

故这个四柱八字的格式应记为：

年	月	日	时
己	丙	壬	壬
酉	寅	子	子

例四：某人出生于 1939 年八月初三晚 23 点 10 分(夜子时)

①查万年历 1939 年的年干支为己卯年

②再查该年的农历八月初三日是在白露之后，寒露之前故知其生月为酉月，用五虎遁歌诀“甲己之年丙作首”推知，己年的酉月必为癸酉月。

③又查出此命造出生在夜子时，其日干支不变，仍属八月初三日，该日的日干为乙卯日。

最后再查出生时辰，该造的生时为夜子时，故取次日的子时干支为戊子时。

故此命造的八字格式应为：

年	月	日	时
己	癸	乙	戊
卯	酉	卯	子

例五：某人出生于公元 1953 年农历八月十七日零点十二分(早子时)

①用万年历查公元 1953 年的年干支是癸巳年。

②再查八月十七日在白露之后，寒露之前，属于酉月，用五虎遁推知，癸巳年的酉月为辛酉月。

③又查八月十七日的日干支为戊寅日。

④最后再来查一下时干支，用"五鼠遁"歌诀推知戊日的子时干支为壬子时。

故此命造的八字格式应为：

年	月	日	时
癸	辛	戊	壬
巳	酉	寅	子

第八节　地支藏干与人元司令

四柱排出后，紧接着将柱中四个地支所含藏的人元排列出来，以日柱天干去比较其他柱上的天干，是"生我"还是"克我"，(参照下节十干生克定名)写出十神名称。

地支藏干又叫地支藏元，是根据命学中所称三元而来的，以天干为天元，地支为地元，地支中所藏之天干为人元。这三者的关系既有相生，又有相克，既有相扶，又有相制，各主其事，各尽其职。地支所藏人元者，意思指人的生命由地的阴气孕育而成，而并不是地之阴气单独可为，必须受天之阳气始能成功，这就是地支暗藏天干之原理。现将十二地支含藏天干五行录下：

1. 地支藏干

子藏：癸　　　　丑藏：己、癸、辛

寅藏：甲、丙、戊　　卯藏：乙

辰藏：戊、乙、癸　　巳藏：丙、戊、庚

午藏：丁、己　　　未藏：己、乙、丁

申藏：庚、戊、壬　　酉藏：辛

戌藏：戊、丁、辛　　亥藏：壬、甲

现将地支中所藏元及操作用法举例说明：

例如：某女 1993 年正月十三日丑时出生

壬　　癸　　丙　　己

申　　丑　　辰　　丑

庚戊壬　己癸辛　戊乙癸　己癸辛

为了便于记忆，将古人地支藏干口诀转录如下。

子宫单癸水，丑己辛癸同。

寅藏甲丙戊，卯中乙木逢。

辰内戊乙癸，巳含丙戊庚。

午中藏丁己，未中己乙丁。

申有庚戊壬，酉宫辛金同。

戌中戊丁辛，亥藏壬甲踪。

地支含藏人元速查表(9)

地支	子	丑	寅	卯	辰	巳	午	未	申	酉	戌	亥
藏天干五行	癸水	己土 癸水 辛金	甲木 丙火 戊土	乙木	戊土 乙木 癸水	丙火 庚金 戊土	丁火 己土	己土 乙木 丁火	庚金 戊土 壬水	辛金	戊土 丁火 辛金	壬水 甲木

在八字推演过程中，地支藏干是极其重要部分，必须熟记于心，如果藏干搞错，推算皆错。

2. 十二月令人元司令

人元司令，在八字应用中占有重要地位，假如戊土日生于亥月立冬后七日之内，谓之得令，只是稍次于辰戌丑未月，因亥中含藏甲木，人元司令非常重要，最好能熟背上来，方能运用自如。

寅月：立春后戊土七日，丙火七日，甲木十六日。

卯月：惊蛰后甲木十日，乙木二十日。

辰月：清明后乙木九日，癸水三日，戊土十八日。

巳月：立夏后戊土五日，庚金九日，丙火十六日。

午月：芒种后丙火十日，己土九日，丁火十一日。

未月：小暑后丁火九日，乙木三日，己土十八日。

申月:立秋后戊己土十日,壬癸水三日,庚金十七日。

酉月:白露后庚金十日,辛金二十日。

戌月:寒露后辛金九日,丁火三日,戊土十八日。

亥月:立冬后戊土七日,甲木五日,壬水十八日。

子月:大雪后壬水十日,癸水二十日。

丑月:小寒后癸水九日,辛金三日,己土十八日。

十二月节当令表(10)

五行得令	节　　期
木当令	立春后至立夏前 19 天止
火当令	立夏后至立秋前 19 天止
土当令	四立前 18 天至四立止
金当令	立秋后至立冬前 19 天止
水当令	立冬后至立春前 19 天止

第九节　天干与十神配名

在阴阳五行的生克制化中,都有生我、我生、克我和我克的关系。这些生克关系,以日干为主,以日干和其它干支关系发生生克关系所用的名称术语,统称为十神,日干与其它干支有生我、我生、克我、我克以及同类等五种关系,分成阴阳两大类。

推算一个人的命运以日干为主,其它干支为辅。日干又名叫日主、日元、元神,又称为“我”,其余的各个干支(包括支中藏干)与日干五行的生克关系,分别称为生我、我生、克我、我克、同我、故日干与其它各干阴阳五行之名词有十种,即正官、偏官、正印、偏印、正财、偏财、食神、伤官、比肩、劫财等称为十神。这些专用名词一般很难懂,往往使人不知所云,十分费解,现把这些术词详细解说如下。

1. 天干与十神定名

十神的名字是以日柱天干（四柱中的第三位）为基本点，去比较四柱中的各个天干，将各干和各支内的藏干与日柱天干的生克关系，加以定名分类，定出上述十个名词，统称为十神。

①生我者为正印、偏印

以阳干生阴我、阴干生阳我为正印。例如日干为甲木，也就是我为甲木，甲木是阳，那么 阴母生阳我为正印，阴母是癸水，所以癸水是甲木的正印，壬水是阳水，阳水亦是甲木之母，阳母生阳我为偏印，再如庚金生癸水，庚金是癸水的正印，辛金是癸水的偏印，因为庚金为阳金，辛金为阴金。

②我生者为伤官、食神

以阳我生阴干，阴我生阳干为伤官，例如日干甲木生丁火，丁火生戊土，丁火就是甲木的伤官，戊土又是丁火的伤官。阳我生阳干，阴我生阴干为食神，如戊土生庚金，为阳生阳称做食神，庚金生壬水也是阳生阳，壬水则是庚金的食神。

③克我者为正官、偏官

柱中阳干克阴我、阴干克阳我为正官，例如壬水克丁火，癸水克丙火，壬水是丁火的正官，癸水就是丙火的正官。阳干克阳我，阴干克阴我为偏官，又称“七煞”。如丙火克日干庚金，丁火克日干辛金，丙火是庚金的偏官，丁火是辛金的偏官。

④我克者为正财、偏财

柱中阳我克阴干、阴我克阳干为正财。如日干庚金克乙木，乙木是庚金的正财。辛金克甲木，甲木是辛金的正财。柱中阳我克阳干、阴我克阴干为偏财，如庚金克甲木，为阳干克阳干，甲木则是庚金的偏财。辛金克乙木，乙木则是辛金的偏财。

⑤与我同类者为比肩、劫财

柱中阳我与阳干为比肩，阴我与阳干为劫财，如辛金遇辛金为比肩，庚金逢辛金为劫财，阳我与阳干，阴我与阴干同类者为比肩，如甲木遇甲木，乙木遇乙木之类。

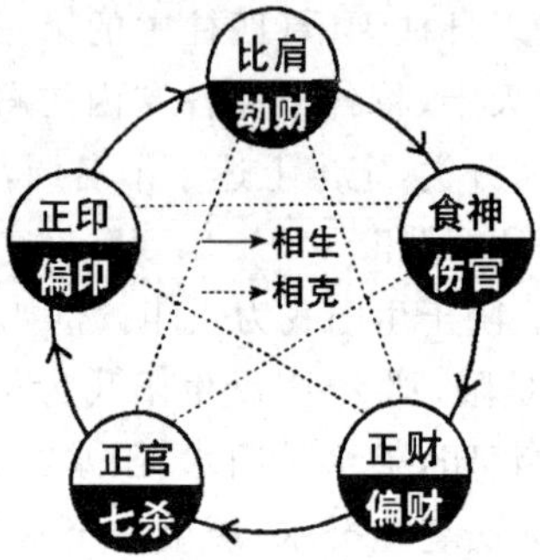

十神正偏生克图(11)

从以上这些术语来看，十神是以日干为中心，以日干与周围的干支产生出来的。其中阳与阴，阴与阳为正，也就是异性为正，阳与阳，阴与阴为偏，也就是同性为偏。现在来简单说一说十神的含义，以后在有关章节再作细谈。

2. 十神的含义

正印：又称印绶，印绶的含义就是授给的意思，生我者为印授，好比父母庇护子孙，子孙有依有靠才能成长，所以印绶不仅代表日主的母亲也是成事证件，又是权威印柄。

偏印：偏印有两种含义，柱中即有偏印而又有偏财的叫做偏印，没有偏财称做枭印，枭印是不吉之神。

食神：我生者为食神，食神是我生的孩子，孩子长大报答父母之恩，赡养父母，因它有生财抑煞的作用，所以称食神为福星。

伤官：也是我生的孩子，但能制约偏官和正官，当然也是吉神，但伤官得伤尽，命局无有一点官星才好，俗话说伤官见官为祸百端，女命见伤官，多主克夫。

正官：克我者为官星，正官为官，需要身旺，最怕见到伤官。

偏官：偏官有制为偏官，如果无制叫做七煞。

正财与偏财：我克者为妻财，妻子侍奉我终身，财为我所用，财有养生的作用，男命见财为妻子。

比肩和劫财：与日干同类的叫做比肩、劫财。因为彼此都是同类，所以把它们称做兄弟。柱中阴我见阴干、阳我见阳干为比肩，阳我见阴干、阴我见阳干为劫财，柱中劫财太多，主克妻害子，还要提防小人，败财又破财。

十神歌诀：

生我父母偏正印，我生为儿食与伤。

我克为妻正偏财，克我为官正与偏。

与我相同为比劫，十神关系要分清。

天干配十神速查表(12)　　　　**五阳干**

十神 天干	比肩	劫财	食神	伤官	偏财	正财	偏官	正官	偏印	正印
甲	甲	乙	丙	丁	戊	己	庚	辛	壬	癸
丙	丙	丁	戊	己	庚	辛	壬	癸	甲	乙
戊	戊	己	庚	辛	壬	癸	甲	乙	丙	丁
庚	庚	辛	壬	癸	甲	乙	丙	丁	戊	己
壬	壬	癸	甲	乙	丙	丁	戊	己	庚	辛

五阴干

十神 天干	比肩	伤官	食神	正财	偏财	正官	偏官	正印	偏印	劫财
乙	乙	丙	丁	戊	己	庚	辛	壬	癸	甲
丁	丁	戊	己	庚	辛	壬	癸	甲	乙	丙
己	己	庚	辛	壬	癸	甲	乙	丙	丁	戊
辛	辛	壬	癸	甲	乙	丙	丁	戊	己	庚
癸	癸	甲	乙	丙	丁	戊	己	庚	辛	壬

在这些错综复杂的关系中，生我的正印是好的，偏印劫财又不好；我生的食神虽然是偏的，而他又是吉利的。我生的伤官虽然是正的，但它又是不利的。因为他能使自己成才但做不了官。克我的正官是好的，偏官却是不好。因官喜正而不喜偏。关于

我克者为妻财,自然也就喜正而不喜偏了。至于比肩和劫财,比肩要看具体情况,劫财不是太好的。

综述看来,官为福身之物,财是养命之源,印为护我之伞,在八字中最为主要,然而必须灵活应用,不能死板。在这些关系中,彼此之间还有一些避讳,即官怕伤,被伤则祸;财怕劫,劫财分财;印怕财,贪财坏印,食怕枭,逢枭则夺。这些话看来简单,其实意义很深奥。

3. 十神名称速写

在推演时如正正规规的写上正官,偏官,正财,偏财等,未免有点太费事,为缩短书写时间,可以不写十神的全称,用简单符号来代替,以便推算一目了然。

十神名称简写表(13)

十神名称	正印	偏印	正官	偏官	正财	偏财	伤官	食神	劫财	比肩
十神速写	印	ㄗ	官	宀	财	才	伤	食	劫	比

第十节　六十甲子及纳音五行

据明朝进士万育吾著的《三命通会》说,天干地支的起源,是我国古代天昊所创立,最初是天干与地支分别使用,以天干记日,以十二地支记月,到了黄帝时代的大桡氏,才将天干和地支配成了六十甲子及纳音,现将六十甲子和纳音分开叙述。

1. 六十甲子

先来谈谈六十甲子,天干有十数,起于甲而终于癸,地支有十二，起于子而终于亥，将天干和地支相加起来，天干轮六次，地支轮五次，才能全部轮完。即天干 10×6=60，地支 12×5=60，这就叫做“六十甲子”。现列一图表，以便一看即明。

干支配六十甲子表(11)

阴阳	干支	干支	干支	干支	干支	干支
阳	1 甲子	11 甲戌	21 甲申	31 甲午	41 甲辰	51 甲寅
阴	2 乙丑	12 乙亥	22 乙酉	32 乙未	42 乙巳	52 乙卯
阳	3 丙寅	13 丙子	23 丙戌	33 丙申	43 丙午	53 丙辰
阴	4 丁卯	14 丁丑	24 丁亥	34 丁酉	44 丁未	54 丁巳
阳	5 戊辰	15 戊寅	25 戊子	35 戊戌	45 戊申	55 戊午
阴	6 己巳	16 己卯	26 己丑	36 己亥	46 己酉	56 己未
阳	7 庚午	17 庚辰	27 庚寅	37 庚子	47 庚戌	57 庚申
阴	8 辛未	18 辛巳	28 辛卯	38 辛丑	48 辛亥	58 辛酉
阳	9 壬申	19 壬午	29 壬辰	39 壬寅	49 壬子	59 壬戌
阴	10 癸酉	20 癸未	30 癸巳	40 癸卯	50 癸丑	60 癸亥

表中可以看出从甲子到癸亥共 60 数，形成 60 年、60 日，皆是周而复始地循环。用它来记年记日很方便，如甲子年甲子日等周而复始，循环不绝。

2. 六十花甲纳音

纳音，又叫纳音五行，纳音五行以十天干和十二地支相配，以两个字组合成一个意义，以十天干的甲，配十二地支的子组合成甲子，以十天干的乙，配十二地支的丑，组合成乙丑。用甲子和乙丑两个紧贴在一起的即称为一个花甲，用不同的六十个干支组合成 30 个纳音五行的歌诀，如此循环相配，统称叫六十花甲纳音歌。

六十花甲纳音歌

甲子乙丑海中金，丙寅丁卯炉中火。

戊辰己巳大林木，庚午辛未路旁土。

壬申癸酉剑锋金，甲戌乙亥山头火。
丙子丁丑涧下水，戊寅己卯城头土。
庚辰辛巳白腊金，壬午癸未杨柳木。
甲申乙酉泉中水，丙戌丁亥屋上土。
戊子己丑霹雳火，庚寅辛卯松柏木。
壬辰癸巳长流水，甲午乙未沙中金。
丙申丁酉山下火，戊戌己亥平地木。
庚子辛丑壁上土，壬寅癸卯金箔金。
甲辰乙巳佛灯火，丙午丁未天河水。
戊申己酉大驿土，庚戌辛亥钗钏金。
壬子癸丑桑柘木，甲寅乙卯大溪水。
丙辰丁巳沙中土，戊午己未天上火。
庚申辛酉石榴木，壬戌癸亥大海水。

3. 纳音五行速算方法

学习八字预测，开始就要求将六十花甲纳音歌背下来，并且要背得滚瓜烂熟，某人是什么命争取开口就能说出来。只是此歌太长，记忆颇不容易，为此古人费尽心机，找出了内在规律，只用四句歌诀就可以将此歌说清楚。给江湖术士们创造了有利条件，但古人保守得很，将此诀视为秘不传人的法宝，专门留作传授徒弟所用，先教弟子将此歌背熟，但不说明怎么用法，一直到徒弟要出山了，这才告诉应用方法，并且特别交待，“万金买不着”的清规戒律，直至民国时期，易学家不空居士和觉先居士著的《鸿福齐天》一书方将此术公布与世人。

歌曰：子午银灯柜壁钩，辰戌烟满寺钟楼。
寅申汉地燥柴湿，纳音五行此为由。

在六十甲子中所属五行，前三十与后三十是相同的。如甲子乙丑属金，甲午乙未也属金。丙寅丁卯属火，丙申丁酉也属火，实际只需记住三十甲子之五行，就可推出六十甲子之五行。

在这六十甲子中是六个“甲”字，第一是甲子，第二是甲戌，第三是甲申，第四是甲午，第五是甲辰，第六是甲寅，前三十年和后三十年天干相同，地支相冲，故甲子和甲午合二为一，甲辰和甲戌合二为一，甲申和甲寅合二为一。七字歌诀中的前两字是六甲配的地支，后面五个字皆以偏旁表示五行，例如：子午银灯柜壁钩，也就是子午金火木土金，故甲子乙丑与甲午乙未都是金。丙寅丁卯与丙申丁酉皆是火，余此可类推。

4. 纳音五行推算公式

纳音的原理来自《易经》数术，是一种规律，这种数据说是鬼谷先师根据先天八卦化裁出来的，历代以来，凡是研究阴阳五术者，特别是古代医术“子午流注”的阴阳干支的推算，都以此为依据，应用天干地支数据相加，就可得出五行属性。先须熟悉鬼谷子数术歌。

歌曰：甲己子午九，乙庚丑未八。
丙辛寅申七，丁壬卯酉六。
戊癸辰戌五，巳亥四数齐。

歌诀的十天干和十二地支都含着固定数字，例如甲己子午四个字，每个字的数均为九，乙庚丑未都属八，这是固定不变的。

干支数字表(12)

天干	甲己	乙庚	丙辛	丁壬	戊癸	
数字	9	8	7	6	5	
地支	子午	丑未	寅申	卯酉	辰戌	巳亥
数字	9	8	7	6	5	4

具体应用方法，将天干数字与地支数字相加，得出总和除以5，按照余数得出纳音五行属性，如除尽作5计算。

纳音五行代数表(13)

五　行	火	土	木	金	水
代　数	1	2	3	4	5

假如推算丙子年出生的五行属性,用时将丙子配上丁丑(丙子属阳,丁丑属阴,阳前阴后乃天地常规)相加在一起,将每个干支化成代数相加,得出总和,用5除之,得出余数,以余数与纳音五行相对照,就得出这个人的纳音命。如果除尽,以5计算。下列公式以示。

(丙+子+丁+丑)÷5=(7+9+6+8)÷5=6

此式可以看出丙7数加子9数,加丁6数又加丑8数,共计30数,用5除正好除尽,除尽者以水算,即知丙子年出生人的纳音五行是水命。

又如推算丁卯年出生的人是什么命?按阳前阴后的规律,丁卯是阴支,丁卯前面的干支是丙寅,将丙寅和丁卯两个干支合起来计算,丁和卯合起来是12数,丙和寅合起来是14数,两个干支一共是26数,以26除以5余1,1是火命,如果用公式示意,即:(6+6+7+7)÷5=26÷5余1数

查纳音五行的属性代数1数为火,知道丁卯年出生的人,纳音五行是火命。

这种方法在推算时,只要阴阳两个干支数相加在一起,用5除之,马上即可推出纳音五行属性,但分不出是海中金、炉中火……,可是在推八字时,只要知道纳音五行,不用知道海中金,炉中火,即可推排了。附纳音五行速查表以示。

纳音五行速查表(14)

五行/天干/纳音/地支	金	水	火	土	木
	甲 乙	丙 丁	戊 己	庚 辛	壬 癸
子 丑	海中金	涧下水	霹雳火	壁上土	桑柘木
午 未	沙中金	天河水	天上火	路旁土	杨柳木
	壬 癸	甲 乙	丙 丁	戊 己	庚 辛
寅 卯	金箔金	大溪水	炉中火	城头土	松柏木
申 酉	剑锋金	泉中水	山下火	大驿土	石榴木
	庚 辛	壬 癸	甲 乙	丙 丁	戊 己
辰 巳	白腊金	长流水	佛灯火	沙中土	大林木
戌 亥	钗钏金	大海水	山头火	屋上土	平地木

另有一种更简捷的纳音五行的推命方法，也是以出生年的天干地支来推算的，即是将天干、地支的数字相加起来即可，用时只需将干支的之数歌诀记住，就可马上推出这个人什么命。

天干速记歌诀：

甲乙为一记心间，丙丁二数戊己三。

庚辛为四壬癸五，此诀快速推天干。

地支速记歌诀：

子丑午未为一数，寅卯申酉二数行。

辰巳戌亥定三数，地支之数记于心。

十天干的歌意是：甲乙定为一数，丙丁定为二数，戊己定为三数，庚辛定为四数，壬癸定为五数。

十二地支的歌意是：子丑、午未为一数，寅卯、申酉为二数，辰巳、戌亥为三数。

推算方法是：天干数加地支数，超过 5 数即减去 5 数，求得所余之数就定为什么命，余 1 是木命，余 2 是金命，余 3 是水命，余 4 是火命，余 5 是土命。

速推纳音五行代数表(15)

五　行	木	金	水	火	土
代　数	1	2	3	4	5

例求：甲寅年生人是什么命，甲的数字为 1，寅的数字为 2，1＋2＝3，3 数是水命。

再求：庚辰年生人是什么命，庚的数字为 4，辰的数字为 3，4＋3＝5，超过 5 数即减去 5 余 2，2 是金命。

用这种方法推命也是分不出什么金，什么木，而只能分出金木水火土命。

5. 纳音五行的作用

八字预测，都是以天干地支正五行推算，大多看其日主强弱，用神之得失，这些都要以正五行为主，由于正五行的推算有些推算不到的地方，后人用纳音五行作补充。以正五行为主，纳音五行为辅。

(1)弥补正五行的不足处

如：一个人的八字是丁巳、癸卯、庚寅、丙子

根据这个八字，正五行有一金、二木、二水、三火，但缺土，从纳音五行来看，丁巳年生人是沙中土命，可以弥补八字中缺土的弊病。

(2)分析六亲之间的关系

以命主的生年纳音为主，来分析命主与六亲之间的生克关系。如命主的出生年是金命，父母是水命，此人对父母孝顺听话。如果命主是纳音五行的金命，父母是木命，金来克木，轻者缘份淡薄，重者克伤或者远离父母。婚姻也是这样，过去男女在订婚时，首先看看双方的八字相不相合，还是相生，还是相克，当

然相生为美，相克为忌，这都是双方必须考虑的事情，但在替人算命时最好婉转一些，不一定就是板上钉钉，死搬硬套，最好还是以双方八字的五行生克制化为准，纳音五行仅能提供参考。

此外，还有利用纳音五行与四柱的宫位来推断六亲生克关系的，以日柱代表自己或妻子，以年柱代表祖上或父母，月柱代表父母或兄弟姊妹，时柱代表子女，假如日柱纳音五行属金，时柱纳音五行属土，那么子女必定孝顺听话，顺心顺意。如果月柱的纳音五行生扶日主，那么就能得父母及兄弟姐妹的帮助，并且感情也密切。这些仅能供以参考，具体还要配合日主与六亲生克关系来判断。

(3)命主的特性

五行各有所主，木性主仁，火性主礼，土性主信，金性主义，水性主智，这是古人总结出来的经验，用它来描述一个人的性格与特征非常验证。如要知其一个人的性格如何，都可以用纳音五行的年命来认定的，可是用纳音五行可以看性格好坏，最好与五行旺衰和十神等多方面来进行分析，根据笔者多年来的应用经验认为：

①木命与木形的人心地慈善，性格随和，心胸开朗，感情丰富，貌相爱美。如果木多太旺，反而主有性格倔强，死不回头等弊病。

②火命与火形的人，性格聪明，对人尊重，见人彬彬有礼，神采奕奕，但遇事性急，爱说话。如火多火旺，则性急如火，直来直往。

③土命与土形的人最讲信义，与人说话言行一致，绝不失言，并且宽宏大度，感情纯朴，如果命局中土多土旺，这种人胆小怕事。

④金命与金形的人注重信誉，为人仗义疏财，重情重义，办事认真，刚愎自用，如金多金旺，反主有性格孤傲的毛病。

⑤水命与水形的人心机灵活，随机应变，为人足智多谋，能言善辩，如水多水旺，反主轻浮不实。

6. 纳音五行配十二运程定性

纳音五行十二运程，是以纳音五行作为我自身来从事十二运各运所主的吉凶。这种方法，过去是江湖上秘而不传的绝窍，应用时以日主坐下十二运来分析一个人的性格，准确度很高，应用时以年柱、日柱为主，如能配合格局一起分析，则更为准确。

①自坐长生

甲申、丙寅、己亥、辛巳、戊申，在这几个干支日出生的人，做事通情达理，德高望重，且人格高尚，处事敏捷，性格开朗，富有进取心，如格局不受冲破，主步步高升，乃健康而且长寿之命。

②自坐沐浴

壬子、丁卯、己酉、甲午、乙酉，日干支出生的人，名叫沐浴，又叫自败，此命作事有始无终，凡事半途而废，容易流于怠慢，难以成就大业，而且多少有色欲旺盛之患。

③自坐冠带

癸丑、甲辰、丙戌、乙未、壬戌，这几个干支出生的人，有先见之明的活动能力，表面圆滑，实质顽固，为人善于社交，声望出众和任何人都和睦相处。

④自坐临官

庚寅、乙巳、丁亥、壬申、癸亥，这几天出生的人，是纳音十二运的建禄，为人圆满敦厚，天姿聪明，人品正直，乃是个极其活跃的人，但稍嫌顽固，乃是富贵之命。

⑤自坐帝旺

辛卯、戊午、庚子、癸酉、丙子，这几天出生的人名叫帝旺，此命个性刚强，自尊心也特强，任性所为，由于富于行动，又为自旺，一般都是富有之命。

⑥自坐衰

戊辰、己未、辛丑、庚戌、丁丑，这几天出生的人，纳音十二运叫做衰，为人秉性敦厚，凡事消极，自尊自重，具有进取心，但猜疑心较重，往往落得吃苦不讨好。

⑦自坐病

己巳、丙申、戊寅、辛亥、甲寅，这几天出生的人，纳音十二运叫做病。与正五行十二运相同，该命富有同情心，作事讲究分寸，助人为乐，好艺术消闲，但嫉妒心很强。

⑧自坐死

壬午、丁酉、己卯、甲子、乙卯，这几天出生的人名叫自坐死，在这几个干支出生的人，为人有高明智慧，个性温顺，富有同情心，有研究学术和艺术专长，若以此为生，则效果卓著。

⑨自坐墓

癸未、甲戌、丙辰、乙丑、壬辰，这几个纳音干支出生的人，谓之坐墓，该命个性内向怪异，善于储蓄财物，为人朴实，对任何事都要求圆满，最好能打开胸襟，努力进取。

⑩自坐绝

庚申、乙亥、丁巳、壬寅、癸巳，这几天出生的人叫做自坐绝。所谓自绝，是绝而再生之象，命格良好，性格和命运都能转好，这种自绝性格，大多带有阴沉之气，遇事心浮不沉，与人说话，往往心不在焉或中途抢话说，作事欠思考，是最大的缺点。

⑪自坐胎

辛酉、戊子、庚午、癸卯、丙午，自胎之日出生的人，好奇心强，讲义气，见异思迁，不论对其上下，都具有慈悲侠义心肠，对他人富有同情心，对自己下属的情爱也很浓厚，其最大的缺点是作事有始无终。

⑫自坐养

戊戌、己丑、辛未、庚辰、丁未，这几天出生的人，相当于十二运的养,该命不论做任何事,均以圆满为主,敬上怜下,没有自负精神,没有依赖心,对任何事物都先将方便考虑别人,此命乃务实主义,事业成功之运势。(见表18)

纳音坐十二运程速查表(18)

纳音五行＼纳音十二运	自生	自浴	自冠	自临	自旺	自衰	自病	自死	自墓	自绝	自胎	自养
木性	己亥	壬子	癸丑	庚寅	辛卯	戊辰	己巳	壬午	癸未	庚申	辛酉	戊戌
火性	丙寅	丁卯	甲辰	乙巳	戊午	己未	丙申	丁酉	甲戌	乙亥	戊子	己丑
土性	戊申	己酉	丙戌	丁亥	庚子	辛丑	戊寅	己卯	丙辰	丁巳	庚午	辛未
金性	辛巳	甲午	乙未	壬申	丁酉	庚戌	辛亥	甲子	乙丑	壬寅	癸卯	庚辰
水性	甲申	乙酉	壬戌	癸亥	丙子	丁丑	甲寅	乙卯	壬辰	癸巳	丙午	丁未

以日主坐下十二运为纳音十二运,综合起来判断人生之本性,例如某命生于甲子日,查"甲子"为海中金,已知甲子属金,再用十二长生推法,金长生在巳,从巳上起长生,数到子,乃是死位,名曰:"自坐死"(请查表),知其某命为人高明,有智慧,性格温顺,有研究学术专长的性格。又如某人生于甲申日,查六十甲子纳音歌,甲申为"泉中水",再查十二长生表,水土长生在申,知其甲申自坐长生,为人通性达理,德高望重,且为人格高尚,处事敏捷,性格开朗,富有进取心。

过去民间职业命理老师都用此法推算命主的性格,,笔者已应用数年,觉得准确性极高,为了不出差错,最好能与命主旺衰喜忌配合起来进行综合论断,则效果更好。

启蒙篇乃是引导初学者跨进预测门槛的基础课程,务必精研细读。前人讲过"工欲善其事,必先利其器",先将这些关键的东西溶化在脑子里,然后才能慢慢向下深入,千万不要操之过急,这和学习英语一样,如果不将 A、B、C、D 等 26 个英文字母学会,开始就学习音韵,等于未学爬先走路,那么根本就谈不上往下进展。

要想跨进预测学的大门,必须先把基础篇各节的含义领会清楚。为了使初学者少走弯路,本书将阴阳五行生、克、制、化、亢乘,放在开始部分,使初学者开始学习时就掌握此部分的原理,为以后研究预测学奠定良好的基础。再将天干地支、五行十二宫运程和纳音五行等,用通俗的语言解释清楚,使初学者不用费力就能明白其中道理。本篇最为重要,有些东西须要背上来,最好能运用在指节上,所谓"手指一掐心中明",这就是手上功夫。这些功夫练好后,再进行下一步研究。

第十一节　空亡的应用

空亡者含义,"空"即没有,"亡"是死亡,空亡乃消失而灭亡的意思,很好理解。"甲子旬中戌亥空"乃天干地支相配,例如以甲配子,十天干配十二地支,天干不够配,最后余下的两个地支叫做"空亡"。六甲中甲子旬中余下戌亥,戌亥是空亡。甲戌旬中无申酉,申酉则是空亡。用六甲逆推,应用时以年柱及日柱对照其余三柱地支,而得知三柱中何柱空亡。下面举例说明。

例如:

丁　丙　癸　丁

亥　午　丑　巳

先用年柱查空亡,该年柱丁亥,属甲申旬中管辖,查空亡表"甲申旬中午未空",这个八字的月支是"午",查下面表中的午与未皆属甲申旬管辖,歌诀中有"甲申旬中午未空",那么该八字的月支就是空亡,其它类推。再来用日柱查空亡,该日柱是"癸丑",癸丑属甲辰旬管辖,查表甲辰旬中寅卯空,查四柱没有寅卯二字，也就是柱中没有空亡。有空亡歌曰：

甲子旬中戌亥空，甲寅旬中子丑空。

甲辰旬中寅卯空，甲午旬中辰巳空。

甲申旬中午未空，甲戌旬中申酉空。

附六甲空亡速查表(19)

甲子旬	乙丑	丙寅	丁卯	戊辰	己巳	庚午	辛未	壬申	癸酉	戌亥空
甲戌旬	乙亥	丙子	丁丑	戊寅	己卯	庚辰	辛巳	壬午	癸未	申酉空
甲申旬	乙酉	丙戌	丁亥	戊子	己丑	庚寅	辛卯	壬辰	癸巳	午未空
甲午旬	乙未	丙申	丁酉	戊戌	己亥	庚子	辛丑	壬寅	癸卯	辰巳空
甲辰旬	乙巳	丙午	丁未	戊申	己酉	庚戌	辛亥	壬子	癸丑	寅卯空
甲寅旬	乙卯	丙辰	丁巳	戊午	己未	庚申	辛酉	壬戌	癸亥	子丑空

1. 四柱空亡

空亡者自古论述甚多，有人认为空亡逢合或逢贵人可解，也有人认为空亡不但不可解，反而增加凶兆。还有的人认为命中出现两柱空亡，主一生没多大成就，三柱空亡反成大富大贵。还有木空则朽，火空则发，土空则崩，金空则响，水空则流等无边无际的论述。笔者根据多年的实用经验，作出下面的几方面总结，以便在实用时作为参考。

年柱空亡：年柱为祖上宫或父母宫，如逢空亡，命主一生辛苦劳碌，凡事都靠自己努力，难沾祖上之光。年柱统管 16 岁之前的命运，说明命主在幼少年时期并不太好，谈不上美好的少年时光。困厄不顺之事皆由祖上或父母留给自己。

月柱空亡：月柱为兄弟宫，逢空亡则主兄弟缘薄，或有早丧、离别、不和之事，月柱管 16～32 岁的青年时期，如果逢空亡，这段时间定会遇上父母、兄弟败亡之事。如正印、偏财坐月柱，主父母其中有一位早死的可能。

日柱空亡：日柱为夫妻宫，日柱空亡，主夫妻难以白头到老，配偶或本身有丧亡、离婚、再婚等不顺之事出现。日柱管32～48岁之间中年时期的运气，这段时间对于本身或配偶，恐怕多有困厄，逆而不顺之事出现。

时柱空亡：时柱为子女宫，子女宫空亡，主子女不利，或多女少男。儿女中至少有一个比自已早死的。时柱管辖48～64岁以后的晚年时期的运气，若逢空亡定主晚年会陷于孤独、贫寒、困苦之境地。

2. 十神空亡

正官空亡：男命以正官为儿，正官逢空亡主有子难养，多生女而少生男，而且有丧儿之悲。女命以正官为夫，逢空亡主夫妻缘薄，有早丧配偶或再婚的预示。男命正官代表学历和权力，如正官落空亡，则权力受损，为官必败，仕途多遇坎坷，学历、官位易受到破坏。如正官是忌神与日柱相合者，凶事立现。

偏官（七煞）空亡：偏官为权威，如空亡无救，定主为官失权失势，男命七煞空亡，少女多男，或女儿早丧。女命婚姻易变或早丧配偶。与日柱相合更验，如遇官煞混杂逢空亡的女命，反主大吉。

偏财空亡：偏财空亡主父亲难以长寿，家业破损，财权丧失，或财来财去，不易聚财。男命主配偶病弱，严重的有丧偶再娶的可能。

正财空亡：正财代表正妻，四柱中有两个正财，内中有一个落空亡的，主夫妻不合，甚至有离婚再娶或配偶病弱、短寿的预示。有“财逢空亡财权不固”之说，主财产破散，被偷盗诈骗之忧。如正、偏财皆落空亡，主妻子遭残疾，暗受伤害。

正印空亡：正印代表母亲，如逢空亡，说明与母亲缘份淡薄，如正印在月柱落空，主有凶变或丧母的可能。正印又代表文书权柄，如果印落空亡，主其人失去文书之权，若柱中正、偏印同时出现,只是偏印落空者,尚不致这么严重,对母亲和学业都没有多大影响。

伤官空亡:伤官为女命之子息,伤官空亡主多女少男,或子女比自己早丧之可能。男命伤官空亡,虽然对子女有碍,但没有女命明显。

食神空亡:如果命中以食神为用神而落空亡的,主本人寿命不长,子女有损伤夭折之忧,女命比较明显,男命稍好一些。

比肩空亡:主同性的兄弟姊妹较少,有生死离别、感情不和、夭亡之兆。对于朋友、同事不得力,对于合伙事业多半不易成功。

劫财空亡:表示异性同胞较少,有分离伤亡之忧,凡比肩劫财过多者,暗示父亲寿不长,手足也不得力。

上面所说的“三空致发反富贵”之说,指的是年、月、时三柱空亡,对于日柱空亡而反之。四柱空亡,以日柱最凶,比如人的一个家庭、配偶都空而消失,人生还有什么意思呢?所以日柱千万不可空亡。

空亡逢合可以解空,逢天乙、天月二德、天赦、三奇、魁罡、华盖等也可解空,这些福星因为解空而减去一半福力。如凶煞逢空则凶性也被解除,但空亡本身的力量还不至于完全消失。所以逢吉减吉,逢凶减凶。

大运、流年逢空亡,吉运减吉,凶运减凶,以八字命局的吉凶论这段时间的吉凶。好事逢空亡而无救,则好事变坏,坏事逢空亡,则凶事也凶。

以上几点都是日常应用经验,用时可随时变通,不需要被金空则响,土空则崩……等拘泥太死。

第二章　时间篇

第一节　传统时间推排法

八字推命最重要的就是出生时间，自古以来无论是命相、占卜、天文、地理，对时间的计算都很重要，诸如农历的二十四节气的计算，中医学的子午流柱、命理学的四柱等都是用天干地支来计算年、月、日、时的。时间如航海指针一样，不得有半点差错，否则就漫无标志。本篇着重介绍年、月、日、时干支的速算方法，今将江湖上秘而不传，快速推算时间的师传秘诀公开登载，使读者对时间学的应用有个可靠的依据。这是笔者五十多年的心血。

时间篇对八字预测起主导作用。先人云："学会推时间，已过万重山，如将此山过，推命有何难。"如果你能把时间篇学会以后，到时可不用去翻查《万年历》，只要求测者报出出生的年、月、日、时，你当时就可在一分钟之内一口定音地说出某年某月某日某时的天干地支，更不加思索地说出该年某日某时交节，准确无误地替求测人推命，这就是所谓"手上工夫"。手上工夫练好了，不仅使你快速预测八字，也为你以后学习六爻、奇门、风水等五术方面的技术打下牢固的基础。

1. 年干支推算法

年干支（即为年柱）的推算有以下几种方法：

①在没有将本书的时间篇吃透之前，推命时还须查看《万年

历》,万年历有多种版本,必须选用正确无误的《万年历》。笔者编著的《中国易学博览·万年历》,是一部非常完整适用于研究命理的一本工具书。书中不仅将近代许多《万年历》中阴阳历法错误之处详细地进行纠正,而且将江湖上绝不外传的一些绝窍完全录出,看过本书后,可知天文学的年月日时干支的速算公式来历,最后可不用《万年历》就能推排天干地支。

②手指速查法,此法最为简单,不过要经常练习,方可运用自如。年干支的推算方法古称为"野马跳涧法"。例如求测者为六十多岁属马的人,于1995年求测。那么首先要知道1995当年的天干地支。现在已知道1995年是乙亥年,即从亥字起一岁向前推,隔一位十一岁是乙丑、二十一岁是乙卯、三十一岁是乙巳、四十一岁是乙未、五十一岁是乙酉、六十一岁是乙亥,此时停住。再回过头来逐一往回推即六十二岁甲戌、六十三岁是癸酉、六十四岁壬申、六十五岁辛未、六十六岁庚午,即知1995年六十多岁属马的人是庚午年出生。推算年干支,是每个预测师必学必用的一种掌上功夫,必须要熟练,当你未入门时觉得非常难学,如果到你真正学下去的时候也就会觉得并不困难,最好开始学习年推命时,就将十天干甲、乙、丙、丁、戊、己、庚、辛、壬、癸十个字倒背如流,即癸、壬、辛、庚、己、戊、丁、丙、乙、甲,如果觉得不好记,可以将这几个字编成通俗易记的顺口溜,即"贵人新根基,误定并一家",这样就更好记了。

③须将六十周环天干地支的顺序熟背,同时要明白其中运用规律与推算方法,按照其顺序排列,顺推即可。例如1998年是戊寅年,则1999年为己卯年,2000年为庚辰年,2001年为辛巳年……余皆类推。

如果不知道当年的年干支,更不知道过去任何一年的年干支,而只知道是公元某某年出生,也可知道该年的天干地支,可用下列公式去推算。

④年干支速算公式

先求出生年的天干，然后再求出生年的地支。其具体步骤是：以出生年的尾数减3，余几数，就以第几数为天干计算。

例如求测者出生于1956年，就将年尾数的6减去3，还余3，其余数的3乃是天干的“丙”，因为“丙”是天干的第三位数。

再求出生年的地支，方法是以出生年的后两位数除以12，如整除为0，将0加1，如有余数须加1，见十二地支排列顺序的第几位数，就是什么地支（见下表）。

如求1960年出生的人，其天干是什么？

演算方法是用年尾数减3，如果出生年尾数为“0”不够减，那么凡是不够减的假借10，用10减3，余7可知天干是“庚”。

再求1960年出生的人地支是什么？

1960年出生的人，他出生年的后两位数是60，取60÷12＝5，正好除尽为0，再将所得之数加1，一数是地支的“子”。

将1960年出生的人天干与地支两者合起来看，天干为庚，地支为子，即为“庚子”年生人。

再如某人出生在1964年，但不知该年的天干地支是什么？

可用年尾数4－3＝1，1的天干代数是“甲”。

再将该年后两位数的64除以12，以后再在余数上加1，即64÷12＝4＋1＝5，5的地支为“辰”，即知1964年的天干地支为“甲辰”。

天干地支代序表（1）

代　数	1	2	3	4	5	6	7	8	9	10	11	12
天　干	甲	乙	丙	丁	戊	己	庚	辛	壬	癸		
地　支	子	丑	寅	卯	辰	巳	午	未	申	酉	戌	亥

2. 月干支推算法

月干支的推法比较简单，是从十二地支的寅位上起正月，依次顺序向前排列。即正月是寅月，二月是卯月，三月辰，四月巳，五月午，六月未，七月申，八月酉，九月戌，十月亥，十一月子，十二月是丑月。这些地支都是永远固定不变的，但天干不是固定的，天干必须从年干推算。根据十天干逢五相合的原则，甲、己年的正月干支为丙寅月；乙、庚年的正月干支为戊寅月；丙、辛年的正月干支为庚寅月；丁、壬年的正月干支为壬寅月；戊、癸年的正月干支为甲寅月。要掌握这些规律，可将“五虎遁”歌诀背熟，现列表以示意。

甲己之年丙寅首，乙庚之岁戊寅头。
丙辛之年庚寅上，丁壬壬寅顺行流。
戊癸甲寅正月起，以此推算是根由。

农历月干支速查表(2)

年 月	甲己	乙庚	丙辛	丁壬	戊癸
一(正)月	丙寅	戊寅	庚寅	壬寅	甲寅
二月	丁卯	己卯	辛卯	癸卯	乙卯
三月	戊辰	庚辰	壬辰	甲辰	丙辰
四月	己巳	辛巳	癸巳	乙巳	丁巳
五月	庚午	壬午	甲午	丙午	戊午
六月	辛未	癸未	乙未	丁未	己未
七月	壬申	甲申	丙申	戊申	庚申
八月	癸酉	乙酉	丁酉	己酉	辛酉
九月	甲戌	丙戌	戊戌	庚戌	壬戌
十月	乙亥	丁亥	己亥	辛亥	癸亥
十一月	丙子	戊子	庚子	壬子	甲子
十二(腊)月	丁丑	己丑	辛丑	癸丑	乙丑

例如1998年的年干支是“戊寅”，即天干为“戊”年，歌中“戊癸甲寅正月起”，即正月的干支为“甲寅”，二月的干支为“乙卯”，三月的干支为“丙辰”……依此类推，固定不变。

3. 月干支速算公式

还有一种阴历月干支快速公式推算法，此法非常简单，但须将以下表内的“天干地支”代序记住。

天干序和地支序表(3)

天　干	甲	乙	丙	丁	戊	己	庚	辛	壬	癸		
地　支	子	丑	寅	卯	辰	巳	午	未	申	酉	戌	亥
干支序	1	2	3	4	5	6	7	8	9	10	11	12

①月干支公式速算法(阴历)

月干序=[(年尾数+2)×2+月份](取尾数)

月支序=月份+2(若大于12时，再减去12)

速算举例：

求：1935年八月(阴历)月干支是什么？

解：代入月干、支序公式：

月干序=[(年尾数+2)×2+8]取尾数=2。

干序为2的天干为“乙”。

月支序=月份+2=10，支序为10的地支为酉。

答：1935年八月(阴历)的月干支为乙酉。

又如求1996年七月(阴历)的是什么干支？

月干序=[(6+2)×2]+7=23，个位数3是天干的“丙”字。

月支序=7+2=9，9为地支申。

答：1996年七月阴历的干支是“丙申”。

②时干支公式速算法(阴历)

公式：

时干序=时间÷2+日干序(查表4)×2-1(取尾数)

时支序=时间÷2+1=(除不尽4舍5入)

例如：此人出生于戊寅日6点，时干支是什么？

解：代入公式：

时干序=6÷2+5×2-1=2(乙)

时支序=6÷2+1=4(卯)　答:戊寅日6点的时干支为乙卯。

第二节　江湖秘传日干支速算法

1.“小尽前知”的基本概念

推算阴历的年、月干支非常容易,时干支也不困难,只是日干支的推算比较困难,不像年、月、时干支那样有规可循,因阴历月大月小都不是固定的。所以在应用时必须翻开《万年历》查找,如果在需用时手中一时又没有《万年历》,那就束手无策了。这样给搞预测研究的专业人员带来很大不便。为此,江湖老辈们费尽心血。编制出一种“快捷指掌速算法”,你看民间盲师算命,只要求测人报出出生时间,他们就能在几秒钟之内将求测人的出生时间换算成生辰八字,并将二十四节气的交节时辰都说得丝毫不差。

这种快速的指掌速算法历史久远,据说是西汉初期江湖祖师司马季主编创,专门为不便查书的算命盲人而作,只供盲师传教弟子使用,不准对外传授,而且保守得特别严密。师徒之间的传授也须经过长时间的考验。考验成熟后,开始先口传一些“大金蝉”、“小金蝉”、“流年赶月”等歌诀,并要求将这些熟背如流,然而在传授这些歌诀时,只准用心记,不准用笔录,也不教你怎么用法,必待徒弟要出山时,才能将具体用法向弟子解释明白。

江湖术士对此法特别保守,被列入六耳(三人)不传道的清规戒律。为防止泄秘并不是直截了当地传授应用方法,而是转弯抹角地编出一大堆歌诀,就是再有聪明头脑的人也难解其中之意。这些歌诀本身就繁琐难记,但你必须要将它背熟,搞预测研究的人谁有闲功夫去将这些难以记忆的歌诀背下来,再者你就是下死功夫背下来，如果不点拨明白，那也等于功夫白费。只有盲人为了以此谋生，加之有天生的记忆力，才能做到这一点。

其实"小尽前知"并无什么神秘之处，只是快速推排八字的一种绝窍。当然，学会这种"时间速算法"对推命会起到快速作用。但要想将这些歌诀倒背如流，又谈何容易。

为了宏扬祖国传统文化，使这门学问不致淹没，现将这些江湖师传秘法和盘托出，公之于世，以待进一步研究，更使读者认识到真正受过明师培训过的江湖术士的师传秘诀中的奥妙之处。

现将传统江湖秘法"小尽前知"的具体运用方法公布于下：

"小尽前知"是以农历为基础推算干支记时的一种速算方法，其中的年、月、时干支都容易推算，只有日干支比较繁琐。

农历有月大、月小之分，月大30天，月小29天，如果不是月小因素，农历两个月是60天，与六十甲子的干支数目正好相符，也就是两个月的天数正好是一个甲子周数。按照这样的规律来计算，只要知道某年的正月初一的日干支，即可知其三月初一的日干支，五月初一、七月初一、九月初一、十一月初一日的日干支，这几个月的干支，都是与正月初一的干支是相同的（如有闰月，月份稍有变化）。由于农历存在着月小29天的差异，所以使隔月的初一干支又不能相同，如果要使隔一个月的初一干支相同，必须要知道某年中有几个月小，还要知道分别是哪几个月小，再将所求的日期从中将几个月小的时间差补上，只要掌握以上这样规律，计算日干支就非常简单了。

学会干支记日，首先要了解以下四个要点：①该年的年干支是什么；②正月初一日的干支；③立春日、时；④当年是几个月小，分别在哪几个月。只要掌握这四个要点，记日之难题就迎刃而解了。

一年仅用十四个字的歌诀，"小尽前知"即可将以上四个问题完全解决。这其实是非常简单的事,但古人在编制口诀时为了保守秘密,却费尽心机,采用了很多加密方法,将同一个地支,采用了好多种名称,这样一来使编出来的条口不仅好听押韵,更重要的是使这种速算法对外保密,特意用多种名称来变换使用同一地支,更使外人难解其意。

先来介绍一下古人在“小尽前知”中对地支采用几种不同名称的歌诀:

“小尽前知”原有十套口诀,为了减少篇幅,只选择其中五套,以便明示。

“小尽前知”歌诀(现择五套)

第一套:以四季花名代表小尽前知

第二套:以树木昆虫名代表小尽前知

第三套:以十二建星和二十八宿代表小尽前知

第四套:以十二月相思代表小尽前知

第五套:以古代国名代表小尽前知

①四季花名

正茶二杏三桃红,四葵五榴六莲蓬。

七菱八桂九菊放,十松子柏腊梅风。

②草木昆虫名

正月观灯请会茶,二暖拔柳发萌芽。

三看桃梨花明耀,四引妇女采桑麻。

五端爱乐榴在先,六伏芬草共蒲莲。

七菱新秋香云动,八仙蟋蟀闹金蝉。

九枣黄菊九重高,十数炉内去探硝。

冬冰鹅毛分水碱,腊竹雪打寒梅梢。

③十二建星与二十八宿名

正建寅山虎雷豹,二除宋林兔和耗。

三满辰刚龙蛟雨,四平巳楚蛇蚓导。

五定周午马鹿獐，六执未秦羊草犴。
七破晋申猿猴蝶，八危赵金鸡酉妙。
九成鲁戌豺狼狗，十收韩亥猪与硝。
冬开子水迷飞燕，腊闭丑吴獬牛梢。

④十二月相思

正月闷坐想丈夫，二月捎信到京都。
三月思君暗牵挂，四月悲叹独守孤。
五月房中常流泪，六月望郎到更初。
七月梦中鸾交凤，八月抱枕泪将枯。
九月恼人多有气，十月盼汝栏杆扶。
冬月剃发出家去，腊月吃斋念经书。

⑤古代国名

正燕二宋三郑明，四楚五周六月秦。
七晋八赵九月鲁，十韩冬齐腊吴经。

古人为了对指掌速算法保密，不仅将地支编出多种称谓，为了便于记忆，还将“小尽前知”的字数控制在七个字之内，编出了一些相关月份的简称。如在同一年中的三月、七月、十一月都是月小时，就用“水局”来称之：因水局是申子辰三字组成，辰指三月，申指七月，子指十一月。当在一年中的二月、六月、十月均是月小时，就称之“木局”：因木局是亥卯未三字组成，卯是二月、未是六月、亥是十月。当一年中的正月、五月、九月都是为月小时，称之为“火局”：因火局是寅午戌三字组成，寅指正月，午指五月，戌指九月。当一年中的四月、八月、十二月皆为月小时，称之谓“金局”：因金局乃巳酉丑三字组成，巳指四月，酉指八月，丑指十二月。

在不同的称谓中，有时用一年四季中的孟、仲、季来代称。如同一年中的正月、四月、七月、十月都是月小时，可称为“孟月”。如在同一年中的二月、五月 、八月、十一月都为月小时，称之为“仲月”。如在同一年中的三月、六月、九月、十二月都为月小时,称之谓“季月”。

“小尽前知”中还有:如同一年中的二月、四月、六月皆为月小时,可称之谓“春荷”。如八月、十月、十二月同为月小时,称之谓“秋梅”。

又如遇到闰月,可用前、后、双几个字来代表。如“后五”,指后五月小,“前六”指前六月小,“双七”,指前后二个七月小。

其它的还有:将十天干用五种颜色来代表。

如甲乙是青色,丙丁是红色,戊已是黄色,庚辛是白色,壬癸是黑色。

如将上述一些规定了解以后,对“小尽前知”的应用方法就完全可以破解了。然而“小尽前知”只能为某年有几个月小打下基础,必须要学会怎样去运用,要学会运用,还要经过一个程序,即需将“流年赶月”歌背熟,所谓“流年赶月”歌就是上面所述的年干支与正月初一干支以及立春的时辰。将“流年赶月”与“小尽前知”两者结合起来。仅用十四个字的歌诀便可将一年中任何一天的天干地支以及二十四节气的交节时辰说得一清二楚。

例如某人是1935年出生,古歌是“乙亥(1)白猪(2)初二(3)稍(4)”,“观(5)杏(6)葵(7)莲(8)菊(9)梅(10)高”。

注解:(1)乙亥:指1935年的年干支。

(2)白猪:指正月初一日干支,白色为辛,猪为亥,该年的正月初一干支为辛亥。

(3)初二:指立春。

(4)稍:指丑时,该年正月初二丑时立春。

每年的立春节,最早不会早于腊月十五之前,最迟不会迟过正月十五之后。所以,凡是十五以后立春的属于腊月,十五以前立春的属于正月。如果正好是十五立春的,只有这天比较特殊,为了便于分别,古人将腊月十五称为一五,正月十五仍然称做十五。

(5)观:指正月小。　(6)杏:指二月小。

(7)葵:指四月小。　(8)莲:指六月小。

(9)菊:指九月小。　(10)梅:指十二月小。

歌诀中的第一句表明了乙亥年正月初二为壬子日丑时立春,第二句表明了该年有六个月小,分别为正、二、四、六、九、十二月。

现在我们来试推一下1935年的七月初五日干支:

通过歌诀已知1935年的年干支乙亥,正月初一日的干支辛亥,先暂不考虑月小,每月仍以30天计算,三月初一、五月初一必定是辛亥,七月初一肯定又是辛亥,但因月小因素的介入,必须将正月初一至七月初一中间的月小减去,该年的正月至七月中间有正月、二月、四月、六月四个月小,减去月小的所差值,也就是从辛亥上往回退四位即辛亥→庚戌→己酉→戊申→丁未,即知七月初一日的干支是丁未。已知七月初一是丁未,再从丁未向前数五位(求七月初五日干支)即戊申→巳酉→庚戌→辛亥日,即知七月初五是辛亥。

我们再来试推一下该年的八月十五日干支:

通过此例,我们已知1935年的年干为乙亥,正月初一日的干支是辛亥,开始不用考虑月小因素,还是以30天计算,二月初一是辛巳,三月初一是辛亥,四月初一是辛巳,五月初一是辛亥,六月初一又是辛巳,七月初一是辛亥,八月初一又是辛巳,从这里不难看出,每月都以三十天计算,这个月初一日的地支与下个月初一日的地支肯定是相冲的,但是天干都是相同的。这样就省略了逐日推算的麻烦。此例按每月三十天计算,假设八月初一日干支是辛巳,再将正月初一至八月初一的月小时间差刨去,即是该年八月初一日的该年从正月初一至八月初一经历了正、二、四、六四个月小,从辛巳上刨去四天,即辛巳→庚辰→己卯→

戊寅→丁丑，即知“丁丑”是八月初一日的干支。已知八月初一日的干支是“丁丑”，再推八月十五日干支就可迎刃而解了，再用“野马跳涧”，往前赶，初一是丁丑，十一是丁亥，十二是戊子……辛卯是十五日的干支。

“小尽前知”原名“小金钳子”。“小尽”是指月小，表示一个月到了最后一天谓之尽，“前知”是提前知道的意思。说明在这一年中的月小已提前知道。“小尽前知”的歌诀对研究命理学者并没有什么实用价值，只是快速推算时间的一种绝窍。为了使读者对这门传统文化有所了解，明白其中含义，仅选择适用几条，以示明白。应用此法时首先要将“小尽前知”的歌诀背熟。运用时方法还不同，有时从多套前知中各抽一字凑成七字诀，有时在一套前知中抽出几个字。例如求1944年哪几个月是小尽？该年的“流年赶月”歌诀中，有“杏葵榴菱松月尽”字句，这句口诀是利用“小尽前知”第一套四季花名而组成的，该口诀中的第一个“杏”字，是从“四季花名”中“正茶二杏三桃红”的口诀中挑出，“杏”代表二月。第二三字“葵”“榴”，是从第二句“四葵五榴六莲蓬”诀中抽出的，“葵”代表四月，“榴”代表五月。口诀中的“菱”“松”分别从第三句和第四句中抽出，“菱”代表七月，“松”代表十月，说明1944年该年是二月小、四月小、五月小、七月小、十月小。

如1945年的《流年赶月》歌诀是“乙酉黑牛廿（音 niàn 念）二猪，茶暖平常晋齐初”。这句口诀就不是从一套口诀中抽出的，而是从多套口诀中各抽一个字拼凑而成的。为了对此法加密，有的东抽一字，西抽两字，使人看起来无所适从，特别是初学者，无不感到头疼。为了宏扬祖国传统文化，揭开江湖传统秘密，笔者在古人思路的基础上又从另一角度着手，编出一种简单而适用的口诀，一年只用一句话就能将一年的立春日时、大小月、闰月和日时干支包括在内。此诀简单适用，命名为新编“流年赶月”法。不仅能使广大读者一看就会，就是盲师传徒，也可作借鉴。

2. 新编“流年赶月”的基本概念

新编“流年赶月”歌方法简单适用，包含的内容很全面，既有年干支，正月初一的日干支，又有立春的日、时。不仅内含一年的小尽前知，而且末尾又标明闰月大小，这样多的内容完全压缩在这14个字的口诀（歌诀见后）之内。现以1932壬申年为例，上一句是“壬申红鸡廿（音念）九龙”，前两字的“壬申”是指1932年的年干支，“红鸡”指的是正月初一日干支，“红”属火代表天干的“丁”，“鸡”代表地支的“酉”，将天干地支合起来是“丁酉”。廿九是指该年腊月二十九日立春，“龙”是指立春的时辰，说明这一年是十二月二十九日“辰时”立春。下一句是“四六八九冬月云”，是指该年四月小、六月小、八月小、九月小，冬月是指十一月小 ，云是为了方便记忆用的配音字。

又如1938年是戊寅年，歌诀上一句是“戊寅黑猪初五狗”，“戊寅”是代表1938年的年干支，黑猪代表“癸亥”，说明该年的正月初一干支是癸亥，初五狗是指正月初五戌时立春。下一句是“后七三四六八冬”，是指该年“后七”是闰七月，后七月小，三月小，四月小，六月小，八月小，冬月是指十一月小。

3. 新编“流年赶月”的应用方法

新编“流年赶月”歌的特点是：不用四季花名、草木昆虫等拐弯抹角的一些名词，直截了当的用数字来代表，只要求测者报出时间，马上即可将所报的出生时间换算成年、月、日、时四柱的天干地支。此法以正月初一日干支为基准点，以此可推算出该年十二个月的每个月的初一日干支。既知每月初一日干支，就可快速的算出一年各月的初一、十一、二十一日干支；知道初一、十一、二十一日干支，其它日干支就不难推算了。

例求1948年五月初一日的干支，口诀是“戊子青牛廿六兔，二四六七九冬处”，诀中的“戊子”指的是1948年的年干支，“青牛”为“乙丑”，指的是1948年正月初一的日干支。已知正月初一的日干支，就以正月初一的日干支为基准点，假设每月都按30天计算，正月初一是乙丑、二月初一的地支与正月初一的地支对冲，但天干不变，那么二月初一是乙未，三月初一的地支是与二月初一的地支对冲，三月初一是乙丑、四月初一又是乙未，如按30天计算，五月初一是乙丑，可是该年正月至五月其中有二月和四月两个小月，用时要在乙丑干支上将这两天刨去，即知五月初一日干支是癸亥，已知五月初一是癸亥，那么再推其余干支就不难了。如五月初一是癸亥、十一是癸酉、廿一是癸未。此法最好用排山掌推算，将地支固定在手指节上，然后再用“野马跳涧”的方法，隔位以十进位推算，那就方便得多了。

新编“流年赶月”歌诀

(1924～2030)

1924　甲子青虎初一蛇，一四七九冬腊逢。
1925　乙丑黄猴十二猴，前四二六九冬留。
1926　丙寅黑鸡廿二猪，一二四六九腊初。
1927　丁卯赤兔初四虎，二三五七九月数。
1928　戊辰黑狗十四蛇，后二一三五六八。
1929　己巳红犬廿五猴，一三四六七九留。
1930　庚午白龙初六犬，后六火局四七腊。
1931　辛未黑兔十八牛，三五七八十腊头。
1932　壬申红鸡廿九龙，四六八九冬月云。
1933　癸酉黑龙初十羊，五无一四六八十冬。
1934　甲戌火龙廿一狗，一三六八冬月守。
1935　乙亥白猪初二牛，一二四六九腊头。
1936　丙子青蛇十三龙，前三二四五八腊。
1937　丁丑黄蛇廿三羊，二三五六八腊详。

1938　戊寅黑猪初五狗，后七三四六八冬。
1939　己卯火猪十七牛，三四六七九冬头。
1940　庚辰白蛇廿八龙，三五七八十腊寻。
1941　辛巳青猪初九马，前六三七八十腊。
1942　壬午黄猪十九鸡，二五七九冬月稀。
1943　癸未青马初一鼠，一三五八十腊数。
1944　甲申黄鼠十二兔，前四二五七十住。
1945　乙酉黑牛廿二马，一二四五七冬要。
1946　丙戌红羊初三鸡，二三五六八冬稀。
1947　丁亥金牛十四鼠，后二三五六八十。
1948　戊子青牛廿六兔，二四六七九冬好。
1949　己丑黄羊初七马，二五七七九冬加。
1950　庚寅黑羊十八鸡，一四七八十腊期。
1951　辛卯红牛廿八鼠，二五七九冬月数。
1952　壬辰黑猴初十虎，前五一三六九冬。
1953　癸巳红猴廿一蛇，一三四七十腊加。
1954　甲午白虎初二猴，二四五七十月头。
1955　乙未青鸡十二猪，前三一四五七九。
1956　丙申黄鸡廿四虎，一三五六八十数。
1957　丁酉黑兔初五蛇，后八春夏七十腊。
1958　戊戌红虎十六猴，四六七九冬月头。
1959　己亥白鸡廿七猪，一四六八十腊初。
1960　庚子青兔初九虎，后六二四八十腊。
1961　辛丑黄兔十九蛇，二四六九冬月斜。
1962　壬寅青狗三十猴，一三四六九腊头。
1963　癸卯黄龙十一猪，二四四六八腊初。
1964　甲辰黑龙廿二虎，二四五七九月数。
1965　乙巳火猪初三龙，一三五六八九腊。

1966　丙午白龙十五羊，后三五六八九腊。
1967　丁未青龙廿五狗，三六七九冬月走。
1968　戊申黄猪初七牛，后七一三六九冬。
1969　己酉黑猪十八龙，一三五八十腊从。
1970　庚戌红蛇廿八羊，二三五八冬月详。
1971　辛亥黑鼠初九狗，后五一三四七冬。
1972　壬子红鼠廿一牛，一三四六八冬头。
1973　癸丑白马初二龙，二四五七八冬寻。
1974　甲寅青鼠十三羊，后四三五七八冬。
1975　乙卯黄鼠廿四鸡，三五六八九冬栖。
1976　丙辰黑马初六鼠，后八三五七九冬。
1977　丁巳红马十七兔，二五七九冬腊住。
1978　戊午白鼠廿七马，二五八十腊月花。
1979　己未青羊初八鸡，后六二三五七十腊。
1980　庚申黄羊十九鼠，二三五七十月数。
1981　辛酉青虎三十兔，一三四六七十住。
1982　壬戌黄猴十一马，双四二六七九加。
1983　癸亥黑猴廿二鸡，二四五七八十期。
1984　甲子红虎初三鼠，后十二五六八九。
1985　乙丑白虎十五兔，一四六八九冬住。
1986　丙寅青猴廿六马，一四七九冬腊加。
1987　丁卯黄虎初七猴，后六二四九冬丑。
1988　戊辰黑虎十七猪，二四六九腊月初。
1989　己巳赤鸡廿八虎，二三五七九月数。
1990　庚午黑龙初九蛇，后五一三四六八。
1991　辛未赤龙二十猴，一三四六七九留。
1992　壬申白犬初一猪，一四五七八十呼。
1993　癸酉青龙十三虎，后三一五七八十腊。

1994　甲戌赤兔廿四蛇，四六八九冬月斜。
1995　乙亥黑犬初五猴，后八一四六九冬。
1996　丙子红狗十六猪，一三六八冬腊初。
1997　丁丑白龙廿七虎，二四六九腊月数。
1998　戊寅青猪初八龙，二三双五八冬从。
1999　己卯黄猪十九羊，二三五六八腊详。
2000　庚辰黑蛇廿九狗，三四六七九腊丑。
2001　辛巳红猪十二牛，后四三六七九冬。
2002　壬午白猪廿三龙，三五七八十腊容。
2003　癸未青蛇初四羊，三六八九冬月详。
2004　甲申白鼠十四犬，后二五七九冬远。
2005　乙酉青鼠廿六牛，一三五八十腊走。
2006　丙戌黄马初七龙，后七二四六十荣。
2007　丁亥黑羊十七羊，一二四五七冬详。
2008　戊子红牛廿八狗，二三五六八冬走。
2009　己丑白羊初十鼠，后五三四六八十。
2010　庚寅青羊廿一兔，二四六七九冬悟。
2011　辛卯黄牛初二马，二五七八十腊加。
2012　壬辰黑羊十三鸡，后四二六八十腊。
2013　癸巳红羊廿四鼠，二四七九冬月数。
2014　甲午黑虎初五兔，后九一三五七冬。
2015　乙未红虎十六马，一三四六十腊加。
2016　丙申白猴廿六鸡，二四五七十月期。
2017　丁酉青兔初七鼠，前六一三五七九。
2018　戊戌黄兔十九兔，一三五六八十住。
2019　己亥黑鸡三十马，二四六七九十加。
2020　庚子红兔十一鸡，后四一六七九冬。
2021　辛丑辛卯廿二子，正四六八十腊史。

2022　壬寅乙酉初四虎，二四七九冬月数。
2023　癸卯白龙十四蛇，后二正三六九冬。
2024　甲辰青龙廿五猴，正三四六九腊休。
2025　乙巳黄犬初六猪，后六二四五八腊。
2026　丙午黑狗十七虎，二四五七八腊取。
2027　丁未红龙廿八蛇，三五六八九腊随。
2028　戊申白狗初十猴，后五四六八九腊。
2029　己酉青狗二十猪，三五七九十月数。
2030　庚戌黄蛇初二虎，正三六八十腊雨。

以上歌诀，是根据江湖上秘而不传的“流年赶月”歌化载出来的，原来的歌诀繁琐难记，应用起来麻烦，现本着“去繁就简”原则将原来“小尽前知”中一些加密歌诀不用，直截了当的用数字来代表，这样既简单而又实用。从1924年开始编到2030年共编106年，每年只用两句话即可概括一年的正月初一日干支，立春日时干支，该年哪几个月小、是否闰月。很快就能推出某月某日的天干地支，快速简便，初看起好像非常复杂，只要掌握其中规律，反复练习，完全可以应用自如，请读者一试。

新编流年赶月诀，费尽心机附与君。
正月初一先定位，再将求月初一攻。
每月都按三十数，天干不动地支冲。
数到生月即停住，刨去月小莫放松。
除去月小是初一，应求干支此为宗。
从此不查万年历，手指一推明于胸。
若能参透玄中妙，快速推算妙无穷。
运用玄机推命理，万年都在手掌中。

4. 秘传“八卦金口诀”的基本概念

另有一种“八卦金口诀”的推算方法，是江湖明师传授弟子的另一种秘传诀窍，诸书都没有记载过，称之为“千金不传之秘法”。此诀在 1998 年由内蒙古人民出版社出版的拙著《周易预测应用经验学》书中就已录出，但其中没有注明立春日时辰，只能用于推算日干支，没有标明时干支，对八字推命就不太实用，因推命学注重的是交节时辰。为此在原来的基础又加上立春日时，以便在推命时知其命主的出生交节时辰。此诀只用 7 个字就可把一年的年月日时干支以及交节时辰都包括在内，非常简捷而适用。

此诀非常简单，而且好记。内中用八卦爻象代表大小月，阳爻代表月大，阴爻代表月小，只要有一点周易纳甲基础的，一看就明白，如果对八卦爻象一窍不通的话，也就没有必要在此篇上苦苦追求，所以要想学会此“六十四卦金口诀”必须先学六十四卦。

八卦金口诀方法很简单，与前面的“小尽前知”的运用方法大同小异，稍有差别的是，前者用数字代替月大月小，用十四个字代表一年。而此法用八卦爻象代替月大月小，只用七个字即可将一年所有大小月以及二十四节气的交节时辰完全表示出来。具体运用方法只要掌握住以下几条即可：

①诀中开头两个字的天干地支，是代表当年正月初一干支，而不是年干支。

②用八卦爻象的阳爻“——”代表月大，阴爻“- -”代表月小，用六十四卦名代表一个复卦。

③以一个重卦代表六个月，两个重卦代表一年的十二个月。

例如 1973 年的歌诀是：“庚午‘噬’‘丰’初二龙”，前面的庚午二字，是代表该年正月初一日干支。后面的“噬”字是代表六十四卦中的“火雷噬嗑”，其八卦符号即上为离“☲”卦，下为震“☳”卦，离为火，震为雷，上火下雷两个卦爻合起来叫做“火雷噬嗑”。“丰”是指六十四卦中的“雷火丰”卦，其八卦符号即上为震“☳”卦，下为离“☲”卦将上震卦和下离卦合起来叫做“雷火丰”卦，该年上半年的卦象是火雷噬嗑，下半年卦象是雷火丰。也就是说，火雷噬嗑代表该年的上半年月大月小，雷火丰代表下半年的月大月小。

应用时从上往下看，如火雷噬嗑的离卦即“☲”，离卦的上面一横属阳，代表月大，中间断开的一横属阴，代表月小，下面的一横属阳，又是代表月大。“雷”乃震卦，即“☳”，上面断开的一横属阴，代表月小，第二横断开一横也属阴，代表月小，下面一横属阳，代表月大。离卦与震卦两者配合起来的叫“火雷噬嗑”卦，代表上半年。说明该年的上半年是正月大、二月小、三月大、四月小、五月小、六月大。下半年的“雷火丰”代表下半年，八卦符号为“☳”，上面第一横和第二横断开属阴，代表月小，最后一横属阳，代表月大，“火”即离“☲”卦，上面第一横属阳，代表月大，中间断开的一横属阴，下面一横属阳，又代表月大。说明下半年是七月小、八月小、九月大、十月大、十一月小、十二月大，上半年的“火雷噬嗑”与下半年的雷火丰，正好与十二个月的月大月小的爻象相吻合。

歌诀最后的“初二龙”三个字，“初二”是指正月初二立春，“龙”是时辰，指正月初二辰时立春。

歌诀后面的括弧内有前三或后五的小字，是代表闰月的标志。如(前五)说明该年是闰五月，前五月是月小，(后三)是代表闰三月的后三月小。

秘传"六十四卦金口诀"

（1924 年～2020 年）

1924	甲寅	"兑"（兑为泽）	"蹇"（水山蹇）	初一蛇
1925	戊申	"未"（火水未济）	"家"（风火家人）	十二猴（前四）
1926	癸酉	"解"（雷水解）	"巽"（巽为风）	廿二猪
1927	丁卯	"贲"（山火贲）	"需"（水天需）	初四虎
1928	壬戌	"蹇"（水山蹇）	"有"（火天大有）	十四蛇（后二）
1929	丙戌	"坎"（坎为水）	"需"（水天需）	廿五猴
1930	庚辰	"随"（泽雷随）	"井"（水风井）	初六狗（后六）
1931	癸卯	"家"（风火家人）	"解"（雷水解）	十八牛
1932	丁酉	"讼"（天水讼）	"贲"（山火贲）	廿九龙
1933	壬辰	"困"（泽水困）	"噬"（火雷噬嗑）	初十羊（前五）
1934	丙辰	"井"（水风井）	"离"（离为火）	廿一狗
1935	辛亥	"解"（雷水解）	"巽"（巽为风）	初二牛
1936	乙巳	"颐"（山雷颐）	"鼎"（火风鼎）	十三龙（前三）

1937	己巳	“艮”	“鼎”	廿三羊
		(艮为山)	(火风鼎)	
1938	癸亥	“涣”	“丰”	初五狗(前七)
		(风水涣)	(雷火丰)	
1939	丁亥	“涣”	“济”	十七牛
		(风水涣)	(水火既济)	
1940	辛巳	“家”	“解”	廿八龙
		(风火家人)	(雷水解)	
1941	乙亥	“巽”	“解”	初九马(前六)
		(巽为风)	(雷水解)	
1942	己亥	“离”	“既”	十九鸡
		(离为火)	(水火既济)	
1943	甲午	“既”	“未”	初一鼠
		(水火既济)	(火水未济)	
1944	戊子	“噬”	“兑”	十二兔(前四)
		(火雷噬嗑)	(兑为泽)	
1945	癸丑	“震”	“革”	廿二猪
		(震为雷)	(泽火革)	
1946	丁未	“艮”	“离”	初三鸡
		(艮为山)	(离为火)	
1947	辛丑	“渐”	“睽”	十四鼠(后二)
		(风山渐)	(火泽睽)	
1948	乙丑	“未”	“既”	廿六兔
		(火水未济)	(水火既济)	
1949	己未	“离”	“既”	初七马(后七)
		(离为火)	(水火既济)	
1950	癸未	“兑”	“解”	十八鸡
		(兑为泽)	(雷水解)	

1951	丁丑	“离” （离为火）	“既” （水火既济）	廿八鼠
1952	壬申	“蹇” （水山蹇）	“家” （风火家人）	初十虎（前五）
1953	丙申	“节” （水泽节）	“困” （泽水困）	廿一蛇
1954	庚寅	“噬” （火雷噬嗑）	“兑” （兑为泽）	初二猴
1955	乙酉	“屯” （水雷屯）	“需” （水天需）	十二猪（前三）
1956	己酉	“蹇” （水山蹇）	“睽” （火泽睽）	廿四虎
1957	癸卯	“未” （火水未济）	“困” （泽水困）	初五蛇（后八）
1958	丙寅	“讼” （天水讼）	“既” （水火既济）	十六猴
1959	辛酉	“困” （泽水困）	“未” （火水未济）	廿七猪
1960	乙卯	“睽” （火泽睽）	“未” （火水未济）	初九虎（后六）
1961	己卯	“未” （火水未济）	“家” （风火家人）	十九蛇
1962	甲戌	“坎” （坎为水）	“巽” （巽为风）	三十猴
1963	戊辰	“未” （火水未济）	“鼎” （火风鼎）	十一猪（后四）
1964	壬辰	“噬” （火雷噬嗑）	“需” （水天需）	廿二虎

1965	丁亥	“蹇” （水山蹇）	“蛊” （山风蛊）	初三龙
1966	庚辰	“遁” （天山遁）	“蛊” （山风蛊）	十五羊（后三）
1967	甲辰	“巽” （巽为风）	“既” （水火既济）	廿五狗
1968	己亥	“井” （水风井）	“家” （风火家人）	初七牛（后七）
1969	癸亥	“既” （水火既济）	“未” （火水未济）	十八龙
1970	丁巳	“贲” （山火贲）	“离” （离为火）	廿八羊
1971	壬子	“节” （水泽节）	“革” （泽火革）	初九狗（后五）
1972	丙子	“坎” （坎为水）	“离” （离为火）	廿一牛
1973	庚午	“噬” （火雷噬嗑）	“丰” （雷火丰）	初二龙
1974	甲子	“同” （天火同人）	“丰” （雷火丰）	十三羊（后四）
1975	戊子	“渐” （风山渐）	“贲” （山火贲）	廿四鸡
1976	壬午	“家” （风火家人）	“既” （水火既济）	初六鼠（后八）
1977	丙午	“离” （离为火）	“蹇” （水山蹇）	十七兔
1978	庚子	“离” （离为火）	“未” （火水未济）	廿七马

1979	乙未	"贲" （山火贲）	"困" （泽水困）	初八鸡（后六）
1980	己未	"贲" （山火贲）	"兑" （兑为泽）	十九鼠
1981	甲寅	"坎" （坎为水）	"兑" （兑为泽）	三十兔
1982	戊申	"未" （火水未济）	"需" （水天需）	十一马（后四）
1983	壬申	"噬" （火雷噬嗑）	"归" （雷泽归妹）	廿二鸡
1984	丙寅	"旅" （火山旅）	"畜" （山天大畜）	初三鼠（后十）
1985	庚寅	"困" （泽水困）	"贲" （山火贲）	十五兔
1986	甲申	"兑" （兑为泽）	"蹇" （水山蹇）	廿六马
1987	戊寅	"睽" （火泽睽）	"渐" （风山渐）	初七猴（后六）
1988	壬寅	"未" （火水未济）	"巽" （巽为风）	十七猪
1989	丁酉	"贲" （山火贲）	"需" （水天需）	廿八虎
1990	壬辰	"坎" （坎为水）	"有" （火天大有）	初九蛇（后五）
1991	丙辰	"坎" （坎为水）	"需" （水天需）	廿十猴
1992	庚戌	"随" （泽雷随）	"归" （雷泽归妹）	初一猪

1993	甲辰	“革” （泽火革）	“解” （雷水解）	十三虎（后三）
1994	丁卯	“讼” （天水讼）	“贲” （山火贲）	廿四蛇
1995	壬戌	“困” （泽水困）	“家” （风火家人）	初五猴（后八）
1996	丙戌	“井” （水风井）	“旅” （火山旅）	十六猪
1997	庚辰	“未” （火水未济）	“巽” （巽为风）	廿七虎
1998	乙亥	“贲” （山火贲）	“离” （离为火）	初八龙（后五）
1999	己亥	“艮” （艮为山）	“鼎” （火风鼎）	十九羊
2000	癸巳	“涣” （风水涣）	“井” （水风井）	廿九狗
2001	丁亥	“巽” （巽为风）	“既” （水火既济）	十二牛（后四）
2002	辛亥	“家” （风火家人）	“解” （雷水解）	廿三龙
2003	乙巳	“巽” （巽为风）	“贲” （山火贲）	初四羊
2004	庚子	“革” （泽火革）	“既” （水火既济）	十四狗（后二）
2005	甲子	“既” （水火既济）	“未” （火水未济）	廿六牛
2006	戊午	“未” （火水未济）	“履” （天泽履）	初七龙（后七）

2007	癸未	“震” （震为雷）	“革” （泽火革）	十七羊
2008	丁丑	“艮” （艮为山）	“离” （离为火）	廿八狗
2009	辛未	“涣” （风水涣）	“睽” （火泽睽）	初十鼠（后五）
2010	乙未	“未” （火水未济）	“既” （水火既济）	廿一兔
2011	己丑	“离” （离为火）	“解” （雷水解）	初二马
2012	癸未	“鼎” （火风鼎）	“未” （火水未济）	十三鸡（后四）
2013	丁未	“睽” （火泽睽）	“既” （水火既济）	廿四鼠
2014	壬寅	“既” （水火既济）	“革” （泽火革）	初五兔（后九）
2015	丙寅	“坎” （坎为水）	“讼” （天水讼）	十六马
2016	庚申	“噬” （火雷噬嗑）	“兑” （兑为泽）	廿六鸡
2017	乙卯	“蹇” （水山蹇）	“需” （水天需）	初七鼠（前六）
2018	己卯	“蹇” （水山蹇）	“睽” （火泽睽）	十九兔
2019	癸酉	“未” （火水未济）	“节” （水泽节）	三十马
2020	丁卯	“过” （泽风大过）	“既” （水火既济）	十一鸡（后四）

5."六十四卦金口诀"的应用方法

通过以上介绍,读者对"六十四卦金口诀"已有所认识。应用方法和"流年赶月"一样,以正月初一日为基准点,即可推出一年中每一个月的初一日、十一、廿一日的干支,既知初一、十一、廿一日干支,其它干支就不难推算了。此法最适合用手指推算,例求(阴历)1948 年五月十三日干支?该年口诀是"乙丑""未""既""廿六兔",已知乙丑是正月初一日的干支是乙丑,就将乙丑记准在丑位上,二月初一和正月初一天干不动,地支对冲,二月初一是乙未,三月初一又回到正月初一的乙丑位上,四月初一又是乙未,五月初一又是乙丑,就这样来回反复,十二月都是这样,天干不动,地支相冲,即知五月初一是乙丑,但查《万年历》五月初一又不是乙丑,为什么呢?因为有月小的差距,必须要将正月至五月之间的月小时间差刨去。查歌诀中有六十四卦"未""既"二字,"未"指该年上半年火水未济,"既"指下半年水火既济,该年上半年正月至五月有二月和四月两个月小,应该在五月初一的乙丑位上刨去两天,即乙丑→甲子→癸亥,既知五月初一的日干支是癸亥,再推五月十三的日干支就不难了,即初一是癸亥,十一是癸酉,十二是甲戌,十三是乙亥。通过以上推算,即可知1948 年五月十三日的日干支是乙亥。

秘传口诀继先贤,七字内包一整年。
正月初一为基准,干支对冲三十天。
除去小尽寻初一,加减进退卦相连。
日时干支皆依此,用完继续再加添。
此是江湖金口诀,费尽心机又重编。

第三节　阳历日干支速算法

自古以来，我们中华祖先都习惯用阴历或六十甲子记年、记月、记日、记时。近代时期，人们都习惯地用阳历来记时间，特别是城市人，大多已不记阴历，孩子出生时，只记阳历几月几日几点出生。这样，给预测人员带来很多不便。为此，笔者在这个难题上动了不少脑筋。

利用阳历大小月固定的条件，用传统江湖"小尽前知"的方法，编出阳历日干支推算法，这种方法用起来比阳历时间推算方便得多。

阳历日干支计算比较简单，因阳历大小月和闰月是固定的，所以应用时比阴历推算方法简单得多，但也是以元旦干支为基准点，马上就可推出其它月份的干支。这种方法在拙著《周易应用经验学》书中已有论述。为了完善阳历日干支的推算，笔者又将此法重新编制，用起来更为简便，只需将以下的几首歌诀背熟，即可知道任何一年的某月某日干支，这个歌诀命名为"阳历金钱诀"，可用于任何一年。

平年元旦歌诀

元旦干支五一同　　五下七一干支从
七下隔一是九月　　九下干支冬一重
元上干支三月一　　四一又与元旦冲
四下干支同二六　　六下八一是真宗
八下干支是十月　　十下腊月又相同
此是平年元旦诀　　法与闰月不相同

歌诀中"元旦干支五一同"，是说明不论任何一年元旦的干支与五月一日干支是相同的。"五下七一干支从"，是指五月一日的下一干支与七月一日的干支相同。“七下隔一是九月”，是说七月一日的干支下面隔一位是九月一日的干支。“九下干支冬一重”，是说九月一日的下一干支和十一月一日干支相同。“元上干支三月一”，是说元旦的上一干支就是三月一日的干支。“四一又与元旦冲”是说与元旦干支相冲的只有四月一日干支。“四下干支同二六”，说明四月一日的下一干支与二月一日和六月一日干支相同。“六下八一是真宗”，是说六月一日的下一干支与十月干支相同。“八下干支是十月”是说八月一日的下一干支是十月一日的干支。“十下腊月又相同”，是说十月一日的下一干支又与腊月相同，这就是平年元旦的歌诀。但与闰年不同，如果推算闰年干支，则与平年的不同，请看闰年歌诀。

闰年元旦歌诀

闰旦三月干支同　　三下五一又相逢
五下七一隔支九　　九下干支冬月重
五月支冲为二四　　四下六八十腊顺
此是闰年真口诀　　它与平年不相同

闰年和平年不一样，平年的二月是28天，闰年的二月是29天，所以日干的推算就不同。歌诀中“闰旦三月干支同”，意思是说闰年的元旦干支与三月一日的干支相同。“三下五一又相逢”是说三月一日的下一干支与五月一日的干支相同。“五下七一隔支九”，是说五月一日的下一个干支是和七月一日相同，而七月一日干支下面隔一位又是九月一日的干支。“九下干支冬月重”，说明九月一日的下一个干支与冬月（十一月）干支相同。“五月支冲为二四”，是说与五月一日相冲的地支和二月一日、四月一日地支相冲（天干不变）的干支相同。“四下六八十腊顺”，这句歌诀是说四月一日与六月一日干支相同，六月一日下一干支与八月一日的干支相同，八月一日下一干支与十月一日的干支相同，十月一日下一干支与十二月一日干支相同。此是闰年推干支的方法，它与平年不相同，名叫“阳历金钱诀”。

阳历干支最简明　　须将口诀记于心
找出每月第一日　　其它干支可推行
闰年平年不一样　　用时必须要分清
万年历法皆依此　　玄机妙法值千金

阳历推算日干支比较快速简明，只要将这几首歌诀背下来，再了解闰月、平月和推元旦干支方法，很快就能知道一年中每一个月的第一天干支。即知每月一日干支和阴历一样，推算其它干支就不难了。

闰年与平年不同原因，是闰年 2 月份是 29 天，平年 2 月份是 28 天，它的规律逢 4 年就有一次闰年。你如果不知道该年是否闰年，可以用公式推算，推算方法是将所求年份用 4 去除，除尽是闰年，除不尽是平年。

例求 1996 年是否闰年？

1996÷4＝499，正好除尽说明 1996 年是闰年。

再求 1997 年是否闰年？

1997÷4＝499 余 1，除不尽是平年。

还有一个死规律，阳历 4 年一闰是固定的，每逢阴历申、子、辰年就是阳历闰年，也就是“申、子、辰年二月闰”，只要遇上阴历的申年子年或辰年，那这年肯定是阳历的闰年。

1924～2016 **闰年天干地支一览表**(4)

年份 闰年	元旦干支	年份	元旦干支	年份	元旦干支	年份	元旦干支
1924	己卯	1928	庚子	1932	辛酉	1936	壬午
1940	癸卯	1944	甲子	1948	乙酉	1952	丙午
1956	丁卯	1960	戊子	1964	己酉	1968	庚午
1972	辛卯	1976	壬子	1980	癸酉	1984	甲午
1988	乙卯	1992	丙子	1996	丁酉	2000	戊午
2004	己卯	2008	庚子	2012	辛酉	2016	壬午

从以上表中可以看出,闰年元旦干支有一定规律,每隔三年就是一个闰月,天干顺着向前走,地支逆着往回推。不外乎子、午、卯、酉四个字。如1924年闰年,元旦干支是己卯,下隔三个字是1928年,元旦干支是庚子,再隔三位1932年是辛酉,推算时最好把子午卯酉位置固定在手指节上,和阴历推算方法一样,这样用起来比较灵活。

除了知道闰年与平年推算方法,还要了解元旦干支的运算规律。元旦干支的运算非常简单,只要知道上一年的干支就可知道下一年干支,它的运算规律是逢平年加5,逢闰年加6就是下一年的干支。

1940～2011 **元旦天干地支一览表**(5)

闰年		平年					
年份	元旦干支	年份	元旦干支	年份	元旦干支	年份	元旦干支
1940	癸卯	1941	己酉	1942	甲寅	1943	己未
1944	甲子	1945	庚午	1946	乙亥	1947	庚辰
1948	乙酉	1949	辛卯	1950	丙申	1951	辛丑
1952	丙午	1953	壬子	1954	丁巳	1955	壬戌
1956	丁卯	1957	癸酉	1958	戊寅	1959	癸未
1960	戊子	1961	甲午	1962	己亥	1963	甲辰
1964	己酉	1965	乙卯	1966	庚申	1967	乙丑
1968	庚午	1969	丙子	1970	辛巳	1971	丙戌
1972	辛卯	1973	丁酉	1974	壬寅	1975	丁未
1976	壬子	1977	戊午	1978	癸亥	1979	戊辰
1980	癸酉	1981	己卯	1982	甲申	1983	己丑
1984	甲午	1985	庚子	1986	乙巳	1987	庚戌
1988	乙卯	1989	辛酉	1990	丙寅	1991	辛未
1992	丙子	1993	壬午	1994	丁亥	1995	壬辰
1996	丁酉	1997	癸卯	1998	戊申	1999	癸丑
2000	戊午	2001	甲子	2002	己巳	2003	甲戌
2004	己卯	2005	乙酉	2006	庚寅	2007	乙未
2008	庚子	2009	丙午	2010	辛亥	2011	丙辰

例求1997年的元旦干支，已知1996年的元旦干支是“丁酉”，而1996年是闰年，就在丁酉干支的下面加上6就是1997年元旦干支。其丁酉下面的第一个干支是戊戌，第二个干支是己亥、第三个干支是庚子、第四个干支是辛丑、第五个干支是壬寅、第六个干支是癸卯，即知1997年的元旦干支是癸卯。再求1998年的元旦干支，已知1997年的元旦干支是癸卯。但是1997年不是闰年，运算时只须由癸卯顺数5位即可，癸卯下面的第五位干支是“戊申”，那么1998年的元旦干支一定是“戊申”。从这里不难看出，每四年就有一闰，八年的天干地支就是天生地冲，都是有一定规律的。其它依此类推(见表6)。

为了快速理解，现将闰月元旦编成两首固定歌诀进行解释，命名为“闰月元旦歌”，此歌易背好记，只要稍加细悟，即可在几秒钟内准确地将近百年的元旦干支马上推出，现介绍如下：

二四三二四零年，四八五六六四言。
七二八零八八顺，九六零四一二联。
天生地冲有规律，黄兔跑在白鸡前。
二八三六与四四，五六六零六八连。
七六八四与九二，零零零八一六间。
干生支冲元旦日，白鼠跑在黑马先。
以上均加六位数，如加五数是平年。
不用再去搬书看，万年都在指掌间。

此歌诀中1924年至2016年之间共有24个闰月，分为两段，前者12个月的地支歌为“黄兔跑在白鸡前”。所谓“黄兔”即“己卯”，“白鸡”即“辛酉”，这12个闰年的地支都是“卯”与“酉”互相轮换的。后12个月中“白鼠跑在黑马先”其歌意所说的“白鼠”，乃是“庚子”，“黑马”指的是“壬午”，都是子与午两个地支组成的。其歌中的“黄兔跑在白鸡前”，如1924年元旦地支为“己卯”，称“己卯”为“黄兔”，即黄兔在前。1932年元旦干支为“辛酉”,称辛酉为“白鸡”,也就是白鸡在后的意思。1940 年元旦干支为“癸卯”,1948 年又为“乙酉”,这些年的地支都是以“鸡”与“兔”互相转换的。关于天干的看法,从中不难看出,都是逐位向下相生,如己卯的“己”字属土,辛酉的“辛”字属金,癸卯的“癸”字属水……都是一直向下相生,这就是天生地冲有规律的歌意。下面歌意的天生地冲和上面一样,不同的是,上歌是卯与酉互相轮换,而下面即子与午互相轮换,其分析方法,前后一模一样。

上述歌意中,相信读者已知闰年元旦干支的推算方法,在闰年干上加上 6,就是明年的元旦干支,如不是闰年,即在元旦干支上加 5,就是次年的元旦干支。如求该年每月的一日干支,最好再配合本章(阳历干支速算歌诀),两者配合起来使用即可。

第四节　秘传立春交节预知法

阴历的月大、月小、闰月都不是固定的,特别是节期时辰的安排,也很难找出定规。就拿立春节来说,有的在春节前,有的在春节后,根本无法固定,为此给研究八字的人,特别是初学者带来很大不便。八字推命最讲究交节时辰,古人云:“术者推命有何难,只在先贤指掌间,交节时辰推不准,算命如隔万重山”。有些学者自己看书学习,虽然明白一些年月日的推算法,但未经过明师指点对交节时辰的运算方式弄不清楚。就拿立春时辰来说,今年是辰时,明年又是未时,到底是为什么,依据在哪里?诸书都没有明确记载。现将江湖上秘传的“节气定法歌”诀录出,以供读者使用。此歌诀又名叫“细分金”,是江湖上秘而不露的诀窍,是推算阴历干支时辰和节气的统一体系,也是命理专业者必读之篇。如果要想使用,必须将歌诀背下来,并且要背得滚瓜烂熟,而且要了解其中含义,方能运用自如。

“节期定法歌”(又名“细分金”)

推节之法有何难,立春日时定根源。
加上五日三时辰,次年立春准时间。
如遇子时须加一,古人经验后人传。
推算日期何方法?加上小进可周全。
立春日时先定位,惊蛰时辰倒退三。
清明原时退一刻,立夏退三加一天。
芒种两日退一位,小暑进四三日连。
立秋退三加五日,白露六日退二言。
寒露七天时退六,立冬退四加七天。
大雪六日时加四,小寒六日时退三。
此是先师真口诀,埋没多年要失传。
只要精心细思悟,不用再把历书搬。

解释:

推节之法有何难,立春日时定根源。

这两句话的意思是,推算节期并没有什么困难,只需知道当年的立春节是哪一天,什么时辰,就可知道未来的一年和过去一年的立春时辰。推算立春时间,要以上一年立春节为基准。根据黄历经书记载,每年的立春节气至第二年的立春节,共是365日零三时一刻,与当今历法的交节时辰有点差异。当今历法是按一年365天5个小时48分46秒而推算的,所以与旧历书对照稍有出入。此法不仅可推立春的交节时辰,无论哪个月都可按同一方法去推算。

加上五日三时辰,次年立春准时间。

已知道去年立春日的干支和时辰,在此基础上加五天和三个时辰,便是今年立春的干支时辰。如求1999年的立春日干支时辰,已知道1998年立春时间是正月初八壬午日辰时,根据歌诀中要求加上五天零三个时辰,即壬午→癸未、甲申、乙酉、丙戊、丁亥，得知 1999 年立春是 1998 年腊月十九日丁亥日。再将辰时加上三个时辰，即辰→巳、午、未、得出 1998 年十二月十九丁亥日未时是立春干支和时辰。又如求 2000 年立春，已知 1998 年丁亥日未时立春，就从该日开始推算，即丁亥→戊子、己丑、庚寅、辛卯、壬辰，再从时辰的未加上三个时辰，即未→申、酉、戌，则知 1999 年十二月廿九壬辰日戌时立春。

如遇子时须加一，古人经验后人传。

仍接上篇，如求 2001 年立春日干支时辰，已知 2000 年的立春干支是壬辰日戌时，按照加五日三时推算，从壬辰干支加五，应该是丁酉，可是时辰是戌，即戌→亥、子、丑，从戌至丑已是两天时间，就需按两天计算，所以要在丁酉干支加上一天，得出 2001 年正月十二日戊戌日丑时立春。这就是“如遇子时须加一”的歌意，看出古人对日时的研究是多么精细，后人应用起来真是丝毫不差。

推算日期何方法？加上小进可周全。

以上所述，我想大家已经明白立春时间怎样推算，那么某月某日立春是否也按加五日三时的方法推算呢？非也。推算某月某日立春不仅要按以上方法，还要将月小天数加进去。例如想知道 1999 年的立春时间，须将 1998 年至 1999 年中间的月小天数加进去，再加上五日三时即可。已知 1998 年正月初八日立春，先以初八加上五日，即 8＋5＝13，再看 1998 年至 1999 年之间有几个月小，查 1998 年二月小、三月小、五月小、闰五月小、八月小、十一月小，共有六个月小，8＋5＋6＝19，便知 1998 年十二月十九日未时立春。又如求 2000 年立春，已知 1998 年十二月十九日未时立春，先将 19 加五天，再查 1999 年共有 5 个月小，则 19＋5＋5＝29，即知 2000 年的立春是 1999 年十二月廿九壬辰日。再将未时加上三个时辰是戌时。得出 2000 年的立春是在 1999 年十二月廿九壬辰日戌时。那么立春节有的在春节前，有的在春节后，又是怎样换算出来的呢？凡是立春日期最早不会早于腊月十五，最晚也不会晚于正月十五，所以十五后的日期属腊月，十五前的立春属正月，惟有十五这天的日期比较难分，为了便于分辨，将腊月十五称一五，正月十五还是称为十五。

立春日时先定位

推算的节气并不困难，只要将当年的立春日时确定下来，然后再按“节气定法歌”中的指定歌诀进行加减，即可知道这一年任何一个月的节期，应用时按《节气定法歌》的歌意，当加则加，当减则减。但每一节气都以立春为基点，必须要将立春至所求节气之间的月小数加进去，便是准确的交节时间，然后再将时辰当加则加，当减则减。

惊蛰时辰倒退三

这句话的意思是，推算惊蛰要在立春的日时上倒退三个时辰。以1998年为例，1998年是正月初八日辰时交立春节，从辰时倒退三个时辰，即辰→卯、寅、丑，得出1998年二月初八丑时交惊蛰节。查《万年历》交节时间，是二月初八日丑时惊蛰，但必须注意的，如立春节这个月是小进，必须要加上一天（这年丑到寅时差3分钟），只要知道本年的立春时间，即可推出本年每一个节的交节时间。

清明原时退一刻

以本年立春时间为基础点，遇上月小加一日。例如：1998年正月初八辰时立春，即正月初八日8:53分交立春节，该年从立春到清明有一个二月小，故加上一天，得知1998年三月初九日交清明节。（查《万年历》三月九日辰时即三月初九日8:06分交节）如果没有月小就按兵不动，只在时辰上退一刻钟（古一刻钟等于现在40分钟）即可。

立夏退三加一天

仍以本年立春为基准，加上一天再退回三个时辰，再将月小数加入，即是立夏交节时间。查该年立春到立夏有两个月小，故应加上两天。则以初八辰时来推算，8(立春日)＋2(月小天数)＋1(基础数)＝11，再从辰时退回三个时辰，即辰→卯、寅、丑，知其立夏交节是丑时，得出四月十一日丑时交立夏。

芒种两日退一位

以立春时间为基础，加上两天退回一个时辰，再加上立春至芒种之间的二月、三月两个月小的天数，以初八辰时即8＋2＋2＝12将辰时退回一个时辰为卯时，得知五月十二日卯时芒种(查《万年历》芒种交节的时间为五月十二日卯时)。

小暑进四三日连

同前面一样推法，以立春为基础，加上三天四个时辰，仍以初八日辰时计算，8＋3＋3＝14(因立春到小暑有三个月小，故加三天)。再从辰时加上四个时辰，即辰→巳、午、未、申。故知1998年闰五月十四日申时交小暑节(查《万年历》为闰五月十四日申时交节)。

立秋退三加五日

同样的道理。以初八日辰时立春节为基础，加上五天退回三个时辰，再加上月小天数，即是立秋交节时间。查该年立春到立秋共有四个月小。正月初八辰时立春，即8＋5＋4＝17再将辰时退回三个时辰是丑时，故知1998年六月十七日丑时立秋，与《万年历》正吻合。

白露六日退二言

以立春节为基础，加上六天减去两个时辰，再加上月小天数，就是白露交节时间。例如：初八日辰时立春，以初八日加六天，加上立春至白露之间的四个月小，再退回两个时辰。即8＋6＋4＝18日，从辰时退回两个时辰是寅时，得出1998年七月十八日寅时交白露节(查《万年历》交白露节时间是七月十八日寅时)。

寒露七天时退六

同样算法。以立春时间为基础,加上七天和六个时辰,再将立春和寒露之间的月小数加进去(这段时间有四个月小),就是寒露节的交节时间。例如:该年初八日辰时立春,即8+7+4=19日,从辰时上退六个时辰是戌时,这里需要注意的是,计算时辰加减时,如若向后退数见子减一天,辰时退到戌时过一个子时,须减去一天,那么得出1998年八月十八日戌时交寒露节。

立冬退四加七天

同样的道理。求立冬交节时间,以立春为基础加上七天退四个时辰,再将中间的月小天数加进去,就是立冬交节时间。例如:初八日辰时立春,即8+7+5=20,辰时退四个时辰是子时,向后退数见子减一天,那么立冬交节即是十九日子时。

大雪六日时加四

推算大雪时间和其它一样,将立春时间加上歌诀中的六日和四个时辰,再加上立春到大雪之间的五个月小数,就是大雪的交节时间。例如:初八日辰时立春,即8+6+5=19日,以辰时加四是申时,故1998年大雪交节时间是十月十九日申时(查《万年历》的大雪交节时间是十月十九日15时51分申时)。

小寒六日时退三

同样推法,在立春交节时间加上六天退三个时辰,再将立春至小寒之间的5个月小数加入,就是小寒的交节时间。该年立春节的初八日辰时立春,即8+6+5=19日,辰时退三个时辰是丑时为小寒。

此是先师真口诀,埋没多年要失传。

推算节期时辰,是八字预测的主要环节,如果节期时辰不准,就无法推准交运时间。推算方法要从立春节开始,因歌诀中是“立春日时定根源”,根据立春节那一天的日干支和时辰往下推，推到所需求的那一个节，再按那个节的口诀要求，将立春节至所求节的这一段时间的月小加进去，然后再进行时辰加减，即可知交节时间。例如：某人是1987年六月六日出生，六月是小暑节，查这年的小暑节是什么时间，哪一天？查得该年是正月初七申时立春，则以立春为基础点，假设二月初七为惊蛰节，三月初七为清明节，四月初七为立夏节，五月初七为芒种节，六月初七是小暑节，查看节气定法歌诀中"小暑进四三日连"，也就是在小暑节加上三天四个时辰，同时需要注意的，要将立春至小暑这段时间月小的天数加进去。在这段时间，其中二月小，四月小。其公式是7＋3＋2＝12天，再将申时加上四个时辰为子时，得出该年的六月十二日子时交小暑节。请您打开《万年历》对照一下，1987年的六月十二日23时39分交小暑节，正好是夜子时。

仍将这个1987年六月初六出生的人，来看该年的芒种节是哪一天？

已知1987年正月初七申时立春，假设二月初七是惊蛰，三月初七是清明，四月初七是立夏，五月初七是芒种。细分金的歌诀为："芒种两日退一位"，即在立春日的基础上加两天，再将立春至六月初六之间的两个月小差数加上，即是7＋2＋2＝11天，再从申时倒退1个时辰为未时，得出芒种节的具体时间是五月十一日未时。请你再查一下《万年历》，该年的芒种节为五月十一日未时。

推节秘法仔细评，此歌名叫细分金。
立春日时为基点，十二节期依此行。
日时加减明进退，加上小进满月平。
看看总共得几数，节期时刻即分明。
世间万物皆定数，无缘之人莫推行。

第五节　时干支推算法

1. 传统时辰推算法

时干支的推算方法，已在基础篇有所初步论述，现将江湖上分辨出生时间的应用经验录出，以便专业者研究。时干支的推算方法是根据日干支来推定的，推算起来并不复杂，只要知道这一天的天干地支，就可以根据古人所编的歌诀，推出时间来。先来明白一下一日一夜廿四小时范围内的地支所属，然后再根据日干推时干的具体时间来排列。（附表 6）

地支与时辰对照表（6）

时间	白夜											
	夜		黎明		白天					黄昏	夜	
时辰	子	丑	寅	卯	辰	巳	午	未	申	酉	戌	亥
钟点	23－1	1－3	3－5	5－7	7－9	9－11	11－13	13－15	15－17	17－19	19－21	21－23

古人把一天一夜二十四小时分为十二个时辰，每个时辰两个小时，时辰的地支是固定的，天干不是固定的。推算时需以日干支为基准点，来决定时辰的天干地支，古歌诀名曰“五鼠遁”。前面已经讲过，现在把此歌重新整理化解如下：

2. 新编时辰歌诀

日干是甲、己，子时是甲子。

日干是乙、庚，子时丙开始。

日干是丙、辛，子时戊上起。

日干是丁、壬，子时庚无疑。

日干是戊、癸，子时定壬子。

通过这一首简编歌诀，可知道某一天的子时是什么天干，其它干支就顺着往下排列。

3. 传统秘法辨子时

推算时干支最关键的是子时，子时有早子时，夜子时之分，应用时很容易算错，所以要特别注意。夜子时即今日 23 点至 24 点之前，早子时即 24 之后至 1 点。也就是以 24 点为分界线，24 点之前为夜子时，应用本日干推算时干，24 点之后为早子时，应用次日日干推算时干。

子时的范围从晚上 23 点起至翌日清晨 1 点钟止，共 120 分钟（即 2 个小时）叫子时。前半部的 60 分钟叫“夜子时（即晚上 23 点起至 24 点止）”。后半部的 60 分钟叫做“早子时（即早 24 点起至一点止）”。

关于辨别子时历来诸书说法不一，观点各异，有些学者认为没有早子时夜子时之说，认为古人把 23 点至 1 点定为子时，就不应该从中分出早、夜。笔者有以下几种观点是：

第一，人们过春节都以 24 点为分界线，所以应捕捉此时空信息。

第二，现代人的头脑概念认为 24 点之前是今日，24 点之后认为是第二日，所以应适合此规律。

第三，24 点为一天的结束，也是昼夜的交替时间，阴阳二气在此转换，今明两天在此为分界线，其它时辰则不具备这个条件。

第四，从十二生肖中的阴阳辨明，牛、兔、蛇、鸡、猪居阴，其蹄为双为偶，属阴无足。虎、龙、马、猴、犬属阳，其蹄爪为单为奇，独有老鼠前两只脚四爪，属阴，后两只脚五爪属阳，故夜子时属阴，属今日之夜，早子时属阳，属明日之早。

综上几点笔者的结论是出生在 24 点之前的，按本日的日干推时干，出生在 24 点以后的，按明日的日干推时干，乃是不移之定规。

日上起时表(7)

时刻 \ 地支 \ 时干 \ 日干		甲　己	乙　庚	丙　辛	丁　壬	戊　癸
自早上零时至上午一时	子	甲	丙	戊	庚	壬
自早上一时至上午三时	丑	乙	丁	己	辛	癸
自早上三时至上午五时	寅	丙	戊	庚	壬	甲
自早上五时至上午七时	卯	丁	己	辛	癸	乙
自上午七时至上午九时	辰	戊	庚	壬	甲	丙
自上午九时至上午十一时	巳	己	辛	癸	乙	丁
自上午十一时至下午一时	午	庚	壬	甲	丙	戊
自下午一时至下午三时	未	辛	癸	乙	丁	己
自下午三时至下午五时	申	壬	甲	丙	戊	庚
自下午五时至下午七时	酉	癸	乙	丁	己	辛
自下午七时至下午九时	戌	甲	丙	戊	庚	壬
自下午九时至下午十一时	亥	乙	丁	己	辛	癸

为了使读者明白，现举两例以示之。

例一：某人出生于1963年正月二十二日23∶55分。

年　月　日　时

癸　甲　己　甲

卯　寅　丑　子

此人出生正月二十二日23∶55分夜子时，用己丑日的日干支,因为在出生时还没交到24点,所以仍按二十二日干推算,时干应为甲子。

例二:某人出生于1963年正月二十二日零点一分,这里应以二十三日的日干支推算。因二十四点已过,所以要用次日的日干支计算时柱。

年	月	日	时
癸	**甲**	**庚**	**丙**
卯	**寅**	**寅**	**子**

正月二十二日早子时出生者,应该以次日的庚寅日干推算,歌诀为“乙庚丙作初”。时柱应为丙子。也就是日柱和时柱都要变。

4. 古法详辨出生时辰

推算八字,时辰的干支很重要,很多人对自己的出生时辰说不明白,只知白天,夜里,有些人只能说出上午、下午、早饭时、晚饭时或者天要亮,天快黑等。具体时间说不准确,不但给搞预测的人带来麻烦,也影响了预测的准确度。为此,江湖上的前辈们费尽心血,总结出一些经验方法,利用人的脸型、头旋、兄弟多少来确定出生时间并编成几首歌诀来帮助核对出生时辰。

第一种方法:根据脸型,来确定出生时辰,并编出四句歌诀:

子午卯酉面团圆,寅申巳亥四方团,
辰戌丑未长型脸,前人经验不虚传。

具体来说,也就是子、午、卯、酉时出生的人,脸型是圆的,寅、申、巳、亥时出生的人脸型是方的,辰、戌、丑、未时出生的人脸型是长的。

第二种方法:以一个人头上旋窝的位置和数目,来确定出生时辰,并编出“认旋知时歌”诀:

子午卯酉旋当中,寅申巳亥左右偏,
辰戌丑未右双旋,前人不是说虚言。

大概说子午卯酉时出生的人，头旋在头顶正当中，寅申巳亥时出生的人，头旋或左或右偏斜，辰戌丑未时出生的人，大多数是双旋或偏一边。这些经验都有验证的，应当试用。

第三种方法，根据一个人兄弟姐妹多少来确定出生时辰，并编出易记歌诀：

子午卯酉半桌多，寅申巳亥两三个，
辰戌丑未兄弟少，凡事自己去操心。

大体说来，子午卯酉时出生的人兄弟姐妹较多，一般都在四个以上。如果是寅申巳亥时出生的人，兄弟姐妹多数是 2 至 3 人。辰戌丑未时出生的人，大多数兄弟姐妹较少，所以遇到大事小事只有自己去操心，这种方法大多数验证，但也不是绝对的，这些年实行计划生育政策，大部分家庭只有一个子女，所以此法对兄弟姐妹论断，也有不验的。

第四种方法：用无名指上面指端骨节横纹与小手指尖端长度的高低辩别出生时间，并编出易记歌诀。

子午卯酉过纹生，寅申巳亥与纹同，
辰戌丑未纹在上，前人经验无改更。

具体说来生在子午卯酉时的人，小手指尖都高过无名指的横纹，生于寅申巳亥时的人，小指尖都与无名指骨节横纹相对齐，凡是辰戌丑未生人，小指尖都低于无名指横纹。

第五种方法：用兄弟姐妹排行的胎数，来判断出生时辰。

子午卯酉时生人，男的多是一四七胎，女的多是二五八胎。

寅申巳亥时生人，男的多是三六九胎，女的多是一四七胎。

辰戌丑未时生人，男的多是二五八胎，女的多是三六九胎。

第三章 旺衰篇

第一节 确定日主旺衰强弱

批八字的关键一步就是定日主旺衰，要想准确的断定四柱中日主旺衰，必须要做到以下几点：第一步必须将十天干与十二地支的生克规律与操作程序分析清楚，近一步掌握辰戌丑未四墓库的正确用法。第二步看日主与月令的关系如何，只有正确掌握日主的旺衰才能知其日主的喜忌，喜忌既明，批八字的难题就可迎刃而解。判断日主旺衰必须掌握以下几条原则才能准确无误。

1. 干支生克的认识

天干地支的相生相克，在"基础篇"中已有论述，这里再来介绍一下其中一些生克规律，这些规律是以后在应用时经常会遇到的，不可忽略。

天干与地支的生克，都只能靠近相生靠近相克。隔位不能生克，但如果在力量相差悬殊的情况下有时也可能有生克，但这种情况毕竟是少数。

①天干生克看法

例： 甲 己 甲 壬

年干的甲木与月干的己土可以论合，月干的己土被年干甲木合住，合者乃绊住也，日干的甲木则不能与月上己土论合，也不能论为争合。

例:乙　辛　丙　庚

月干辛金可克年干乙木。丙火不能克辛金,庚金也不能克乙木,日干丙火只能接受邻干生克,不能去生克其它干支。

②地支生克看法

地支之间的生克,只能是邻近生克,隔位不能生克。

例:辰　酉　子　申

辰与酉可合,辰土不能隔位克子水,申金可以生子水。

③地支合会看法

每当地支在命局中出现三合三会时,是可以越支相合相会的,但越支这个五行必须是助合局的五行,或者是被合局、会局所克制的五行,否则就不能合会成功。

例:寅　卯　未　辰

寅卯辰三会局可以成功,因寅卯辰三会木局,其中隔字是未土,木可克土。

又如这样的组合:

例:寅　午　未　戌

像这样的组合,寅午戌火局是不能成立的。对于合化,无论是三合、六合、三会必须是所临之化神当令而又不受伤害才能论化,只要其中受一点伤害均为合而不化。合局中真正合化成功的组合是较少的,遇到合而不化的合局,就是岁运出现,化神当旺也不可论化。关于天干地支的截脚盖头看法,下克上谓之截脚,如日干是甲申,甲木受申金之克,这种克力很小,因为甲木坐申,为木绝于申。

关于盖头克之说,如"庚寅",庚金克寅木谓"盖头",由于寅木中人元含丙火,虽然上克下,但内中有反克现象,庚金的力量至少要耗泄一半。

天干与地支单柱之间的生克问题历来是命学中有争论的事,到底它们之间有无生克,可以这样说,天干不克地支,地支可以耗泄天干,也就是说,天干不能对地支生克,而天干能被地支耗泄。

2. 日干与月令的重要性

判断日干旺衰,是研究八字的必备知识,要想准确地断定日干旺衰,首先要弄明白日主与月令关系。进一步看日干在月令中所处的状态,分清日干的旺相休囚死。如果日干在月令中属旺相,则按日干得令有力来看,休囚死则按日干失令来看。旺与相没有多大差别,一般情况下相与旺同等看待,只在旺衰难以分辨时作其它参考,其余的休囚死都作失令看待。

其实判断日干旺衰是非常简单的事情,只要你将五行旺相休囚死弄明白,旺相与衰弱也就可以迎刃而解了,在判断时,你也不必要为五行旺相休囚死去大动脑筋,只须将旺相休囚死分为旺与衰两大类,即旺与相归为“旺”的一类,休囚死归为“衰”的一类,这样,对旺衰即可大体掌握。阳干与阴干都是一样推算,不是像五行十二宫那样有顺逆之分。

甲、乙日干:甲乙木生于寅、卯月旺相,辰月休囚,巳午未月都是休囚,申酉月在死绝之地气势最弱,戌月休囚,亥子月旺相。

丙、丁日干:丙丁火生于巳、午月旺相,未月休囚,申酉戌月都是休囚,亥、子在死绝之地气势最弱,丑月休囚,寅卯月旺相。

戊、己日干:戊己土生于巳、午、未月旺相,申、酉月休囚,戌月(戊日干休囚,己日干旺相)亥子月休囚,丑月休囚,寅卯月在死绝之地,辰月休囚。

庚、辛日干:庚辛日干生于申、酉旺相,戌月休囚,亥子月休囚,丑月(庚日干休囚,因丑乃庚金之墓地,辛日干旺相,因丑土含辛金之根)寅卯月休囚,辰月旺相,巳、午、未月最弱。

壬、癸日干:壬癸日干生于亥子之月旺相,丑月休囚。(如是癸日干有根另论),寅卯辰月休囚,巳午未月休囚,申酉月旺相,戌月偏弱。

第二节　论命局通根的基本方法

通根这个名词自古有之,它是判断命局中各个五行强弱的有力依据,再说得明白一些,判断日主强弱首先要看四柱八字各个五行的天干是否通根。

古人云:"一个中气通根可抵上一个透干之比劫。"可见通根的力量多么重要。什么叫通根呢?我们知道,八字是由天干地支组成的,干支组合后,天干在上,地支在下,天干像一棵树上的树干,地支象征一树根,树干与树枝是不可分割的,没有树根就没有树干。树干的盛衰来源于树根,这就说明"通根"就是指天干的来源于地支,所以判断八字旺衰,看天干是否通根是主要关键。

通根有四种方法:

1. 本气通根

天干的五行与地支五行的本气相同,主要是阳干见阳支为根,阴干见阴支为根,主要操作方法是:

干支相同:
- 甲乙木天干遇地支寅卯木
- 丙丁火天干遇地支巳午火
- 戊己土天干遇地支戌未丑辰土
- 庚辛金天干遇地支申酉金
- 壬癸水天干遇地支亥子水

2. 生扶通根

天干得到地支生扶,主要操作方法是:

地支生天干：
- 天干甲乙木遇地支亥子水
- 天干丙丁火遇地支寅卯木
- 天干戊己土遇地支巳午火
- 天干庚辛金遇地支辰戌丑未土
- 天干壬癸水遇地支申酉金

3. 得气通根

天干得地支的余气根，其操作方法是：

- 天干甲乙木遇地支辰土（湿土）
- 天干丙丁火遇地支未土（燥土）
- 天干庚辛金遇地支戌土（燥土）
- 天干壬癸水遇地支丑土（湿土）

注意事项：

以上几种情况全都叫做“通根”，凡是天干通根的都以强看，但强的力量还不同，以本气通根为最强，其余次强。

天干通根的坐下地支叫“正根”，又叫本气通根。天干的坐下地支不是通根，而通根于旁柱的地支叫做旁柱通根，或叫做“旁根”。正根的力量大，旁根的力量较小。

判断天干强弱，首先看是否通根为主，而不是以得气为主，这一点非常重要，定要明白其中道理。

第三节　判断命局各五行强弱方法

判断天干通根是辨别命局各个五行强弱的基本法则，其法最主要掌握命局与月令的关系，其中地支的刑冲合化，使命局中的五行会发生强弱的变化，特别是月令的五行当旺时，更会使命局中的各个五行强弱容易发生变化。在判断时除了掌握以上通根法则，还需掌握其它强弱的辅助方法，以便准确的定出某一五行是强是弱。

1. 首先要看天干坐支有无合、化、会

(1)甲乙天干见地支

①寅与亥合化成木

②寅卯辰三会成木地

③亥卯未三合成木局

(2)丙丁天干见地支

①卯与戌合化成火

②巳午未三会成火地

③寅午戌三合成火局

(3)戊己天干见地支

①子与丑合化成土

②午与未合化成土

③辰戌丑未四库

(4)庚辛天干见地支

①辰与酉合化成金

②申酉戌三会成金地

③巳酉丑三合金局

(5)壬癸天干见地支

①巳与申合化成水

②亥子丑三会成水地

③申子辰三合成水局

2. 其次看天干本身能否合化成功

①甲与己合化土,必须见辰戌丑未或午月,方为合化成功。

②乙与庚合化金,必须见巳酉丑或申月,方为合化成功。

③丙与辛合化水,必须见申子辰或亥月,方为合化成功。

④戊与癸合化火,必须见寅午戌或巳月,方为合化成功。

⑤丁与壬合化木,必须见亥卯未或寅月,方为合化成功。

以上几组天干相合，如合化成功之后，会对某一种五行加强，也可对其中另一种五行减弱。如甲与己合化土后，土的力量加强，木的力量减弱。如合化不成，其中被克五行削弱如甲木克己土，己土受克则力量变弱。

如天干相合而合化不成时，则以克论，如甲与己合土，遇不上辰戌丑未或午月则不能合化，就断为甲与己合，合中代克，为甲木克己土。其余皆仿此。

3. 看地支有无冲破

天干的根通于地支，如地支有冲破，会影响天干的强弱，如庚申、甲寅，都各自通根，但地支逢冲，其根不旺，虽有根等于无根。

4. 看节气中的哪一五行用事

分析天干五行的强弱，要将一年四季的季节放在一起考虑，如春天木旺，火相、水休、金囚、土死。同时也要考虑天干五行，如长生、沐浴、冠带、临官、帝旺、衰、病、死、墓、绝、胎、养等十二种状态，如甲木长生在亥，乙木长生在午，丙火长生在寅，丁火长生在酉……

然而仅从四季五行状态和天干十二运程来判断天干的条件还不够，还要看节气中的哪一五行用事，这些在基础篇已有详述，在取用神时帮助特大，请不要轻视。

5. 判断日干强弱的具体方法

判断日干强弱，乍看起来非常困难，实际并不像你想象那样复杂。一般只分三个步骤进行即可。①看日主是否得令；②看是否得助；③看是否得地，只要掌握这三种方法，判断旺衰的难题就迎刃而解了。

第四节 确定日主强弱

1. 看日主是否得令

所谓得令，即日干与月令对比一下：

如日主是甲乙木生于寅、卯月（正、二月）；丙、丁火生于巳、午月（四、五月）；戊、己土生于辰、戌、丑、未（三、六、九、十二月）；庚辛金生于申、酉月（七八月），壬、癸水生于亥、子月（十月、十一月），如日主五行生在这些月份都是处于旺的状态，就叫做得令。亦叫当令，当旺。

再如甲、乙日主生于亥、子月，丙、丁日主生于寅、卯月，戊、己日主生于巳、午月，庚、辛日主生于辰、戌、丑、未月，壬、癸日生于申、酉月，这叫做令生。令生者为相，也是属于得令。相反日干处于休、囚、死、绝的状态就弱，叫做“不得令”。

2. 看日主是否得势

如日干是甲乙木，在四柱中得到水和木帮助较多的，这叫做旺而得势。反之得不到四柱中水、木之助反遭金火之克泄，这样叫做弱而失势，最后要察看日干是否通根或逢墓库，如通根或逢墓库者也是得势的有利条件。

3. 看日主是否得地

所谓得地：即日干对照四柱地支五行十二宫的长生、沐浴、冠带、临官、帝旺为得地，五行十二宫的胎、养叫做平。寄生在衰、病、死、绝的叫做失地，也就是“衰”。

所谓得令：即日干与月令对比是否得令。

得势：日干通根逢墓库，得比肩、印星生助者，谓之得势。

得地：月支或它支有长生禄旺者，谓之得地。

判断旺衰先要分析是否以得令为主，如果在得令的条件下，再得地或得势两条其中一条则为身旺。三者如果全备，就是最强（旺极）。相反的若是失时、失势、失地俱全，那便是最弱（衰极）了。总之，如要选准用神，必须要确定日主的旺衰，然后才能下定论，一般都以极旺泄之，强者克之，衰者助之，弱者扶之。但也有用多者制之，少者益之，旺者削之，弱者补之的理论来确定用神，如果再能将忌神或用神看准，那就已经具备推命水平了。如果用以上几条对日元旺衰的分析方法，还不能理解的话，倒不如再按以下方法试一试，也可能就会恍然地明白过来。

第一条先看月令：以日干为主，与月令的生克，看得令还是失令，对照一下十天干生旺死绝表，即可决定日主旺衰。

第二条再看比劫旺弱：比劫如临月令为最旺，坐支也好，临在年时上次之，比劫旺则身旺，比劫弱则身弱。

第三条查看印星旺弱：印星如临月令为最旺，坐支也好，临在年时上次之，印星旺则身旺，印星弱则身弱。

第四条查看禄刃：禄刃的查法，与比劫、印绶查法都是一样。

第五条查看两党之势：查看八字以日主为中心，将其它七字划为两党，以财官食伤看作一党，印比禄刃看作一党，看哪一党对日主力量大，如财官食伤乃是克泄日主，印比禄劫乃是扶助日主，看是克泄日主力量大，还是扶助力量大，这样就可以看出日主是旺是弱。此是判断日主旺衰的又一种方法。

现将日主强弱分别举例：

(1)身旺之八字

①强旺的八字：

甲　丁　甲　乙
寅　卯　寅　亥

这个八字甲木日主生于卯月为得时，四柱中 1 水 6 木为得势。年支、日支坐禄，月支坐帝旺，时支坐长生，为之得时得势而又得地，故为最强的八字。

②次强的八字

癸 庚 庚 丙

酉 申 午 戌

这个八字日主庚金生于秋季，为得时，月支庚金透干助之为得势，并且年支坐帝旺，月支坐禄为得地，故为次强的八字。

③较强的八字

辛 庚 辛 丙

亥 寅 酉 申

这个八字辛金日主生在寅月，为绝地，但四柱中有众金帮扶，为得势，日支坐禄，时支坐刃为得地，故为较强的八字。

(2)身弱之八字

①最弱的八字

丁 丙 庚 丙

亥 午 午 子

这个八字日主庚金生于午月，火旺金衰谓之不得时，日主坐病，月支坐沐浴，时支坐死，是不得地，纵观日主失令、失时，失势，故为最弱的八字。

②中弱的八字

辛 庚 甲 戊

巳 寅 辰 辰

这个八字甲木生于春季，谓之得令，柱中庚辛金克之，戊土耗泄之，无有帮扶，谓之失势，年支坐病，日时支坐衰，仅有月支坐禄，故为次弱的八字。

③较弱的八字

乙 癸 丙 丁

亥 未 子 酉

这个八字丙火日主生于未月，不得时令，年干生之，时干助之，谓之得势。但年、月、日、时为失地无根，故为较弱的八字。

以此看来,柱中月令虽然不旺,但日主多帮扶,地支又得气,乃是身强构成的条件,而身强的构成还要分清既当令又多帮扶而又得气为最旺,如仅得气而少帮扶,或多帮扶而失令为中强,既不当令,又少帮扶但年日时得气为次强的八字。

身强八字的喜忌——身强喜耗泄而忌生扶(不包括从格)。

月令休囚,日主多克泄,地支不得气,乃是身弱构成的条件,而身弱的构成还要分清,既失令而又多克泄为最弱的八字。如仅多克泄而当令,或仅失令而少克泄为中弱的八字。如既失令又多克泄而不得气者为最弱的八字。

身弱八字的喜忌——身弱喜生扶,忌克泄(不包括从格)。

分析一个八字,必须要找准用神,用神是八字的灵魂。然而要找准用神必先看日主旺衰,旺衰确定以后,方能分清喜忌,确定用神,此乃看日主强弱主要方法。

总之,寻找用神的原则,首先要看日主旺衰,以后方可按旺极宜泄,强者宜克,衰者宜助,弱者宜扶的原则来确定用神。

第五节　五行旺衰强弱的运用

判断五行旺衰强弱是选取用神的关键一步,选准用神是判断命主吉凶祸福的主要依据,要选准用神必须熟练的掌握旺衰,否则就谈不上推命,为了给读者一个明确的认识,我们用实例来说明,以便在实践中能正确考查使用。

1. 强与旺的认识

旺:即旺盛,指的是五行生逢月令,或受月令之生谓之旺。如甲木生于寅卯月,称之生逢月令为旺,如果生在亥子月,虽不如生在寅卯月令,但受亥子水所生也是为旺。月令是衡量五行旺衰的唯一标准。真正的分析五行旺衰首先要从月令开始才能确定下来。

强：即强大，首先是在五行在得令的前提下，不但当权得令，而且势众。或者虽不得令但五行同类的多，例如丙午生在子月，命局中丙丁巳午一气，午火虽不得令，但同类多多相助实际力量强大。

2. 强与旺的不同点

强与旺是两个概念，不能混为一谈。强与旺差别很大，必须有一个明确认识。旺的五行不一定是强，而强的五行不一定要生逢月令，或受生于月令，例如某一五行当令或得生为旺，如果命局中出现其它干支生扶这个五行，这种五行的力量才算强。反之，月令的五行受到其它五行克制和耗泄，这个五行则虽旺而不能算强。

例一：旺而不强的八字

乾造：1970 年十二月初二日卯时

印	官	日	食
庚	戊	癸	乙
戌	子	未	卯

癸水生于子月，得令为旺，但癸水被月干戊土克制，又被时干乙木食神泄身，食神虽能制杀，削弱杀星对日主的克制，但食神容易盗泄日主的元气，看来这个日主癸水虽得月令为旺，只能看作虽旺而不强。

例二：强而不旺的八字

坤造：1952 年二月二十三日申时

劫	比	日	印
壬	癸	癸	庚
辰	卯	亥	申

日主癸水生于卯月谓之不得令，但命局中生扶癸水的印星和比劫多，癸水得印星之生，比劫拱扶，力量自然强大，癸水生于

卯月虽然失令,但力量很强,叫做不旺而强。所以,月令只能决定五行旺衰,而不能决定其五行的实力大小,这点必须明白。

例三:旺而又强的八字

乾造:1944 年七月初六日巳时

才	食	日	劫
甲	壬	庚	辛
申	申	申	巳

庚金生于申月为得令旺相,命局中金行占了五个,只有年干偏财与月干食神耗身,综合分析,日主旺而又强。

3. 五行强旺的分析

命局中某一五行的力量比其他五行力量强,这个偏强的五行能影响别的五行。这种偏强五行的构成可分为两种情况,第一是生逢月令,第二是柱中同类五行多,也就是生扶他的五行多。

例一:偏强的八字

乾造:1940 年二月二十五日丑时生

官	才	日	食
庚	己	乙	丁
辰	卯	亥	丑

日主乙木通月令本气之根,又通年支辰土中气之根,自坐亥水中气甲木之根,通根相连,力量很大,按理说这个八字很旺,可是月干己土通根于年根辰土和时支丑土,控制了日主旺度,又有年干庚金与时干丁火泄气,致使很旺的日主转很旺为偏强。

例二:太强的八字

坤造:1950 年二月初三戌时生

煞	财	日	比
庚	己	甲	甲
寅	卯	寅	戌

日主甲木自坐强根，又生逢月令，是既旺又强的八字，命局中比劫党众，唯有年干庚金七煞和月干己土财星克耗日主之气，这个命造属于太强的八字。

太强的八字和偏强的八字都是力量强大的体现，但在应用时却是有区别的，偏强可以克制，太强只可泄耗而不可克制，一旦克制就会引起冲突。

判断日主太强的主要绝窍是，某一五行党众多而又得生得助，而又都是扶助的，而只有一两个干支是克泄的，该五行就是太强。

例三：极强的八字

乾造：1980 年八月二十六日辰时

比	才	日	比
庚	乙	庚	庚
申	酉	戌	辰

这个八字日主辛金生于酉月除了天干一个乙木耗之，其余都是扶助之星，乙木虽能耗金，但有乙庚合化金局，此造已强旺到极点，这个五行只能顺其金势，从革格成立。

所谓极强，即指某一五行在命局中已强到极点，在八字中全部生拱该五行的干支。其它没有一个克泄耗这个五行的。遇到像这种命局，可顺而不可逆，宜生扶不宜克制。

4. 五行强旺的应用

旺强的五行即是命局生克力量最大的一个五行，判断五行强旺以月令旺衰来衡量，以通根、透干、组合为依据来综合判断，只有正确分析出命局旺衰，才能准确判断出命局中的信息。一个强旺的五行，生克力最强，他可影响整个命局，要知道命局中强旺五行对日主关系最大，如强旺的五行是日主的喜用神，自然对日主有益，倘若强旺五行是日主的忌神，那么对日主的打击也最重。所以要掌握命局中强旺五行，首先就要看该五行对日主的喜忌关系，然后才能针对性地取准用神。因此，分析命局各个五行强旺是研究八字必须掌握的硬功夫。分析五行强旺没有什么绝窍，只要能经常应用，经常总结，时间一长自然而然地就会明白。

例一： 乾造 1964 年十二月十六日亥时出生

	食	财	日	印
	甲	丁	壬	辛
	辰	丑	申	亥
	6	16	26	36
大运：	戊	己	庚	辛
	寅	卯	辰	巳
	70	80	90	200

流年：日主壬水通根于时支亥水，又自坐长生，时干辛金正印助身，生扶日主非常有力。只有年月地支抑制日主，但辰土和丑土都是湿土，不但不能制水，而且还为日主余气之根，总的看来，日主本身在命局中就是最强旺的五行，既然是最强旺的五行，必然会发挥出自身的个性。在命局中月干丁火财星受壬水日主克制，年干甲木食神虽可生丁火，但丁火在命局中一点根气皆无，衰弱无力难以受生。

丙子年走庚辰大运，命局中申金与辰土构成申辰半合水局，水旺无制，比劫太强，定会破坏月干丁火，丁火原来就虚浮无根，丁火主财，所出现的事不是破财就是克父，实际情况 1995 年命主的父亲做心脏手术，住院两个多月花了五万多元。

例二：乾造 1973 年九月初四日酉时出生

财	伤	日	伤
癸	辛	戊	辛
丑	酉	辰	酉

这个命局中最强旺的五行是伤官，日主戊土生于酉月失令，

虽然自坐强根，又通根于年支丑土，但顶不住强旺有力的伤官，日主受伤官耗泄过重，作偏弱论之。既明确了日主偏弱，即可确定日主与伤官的喜忌关系。日主偏弱喜生扶而不宜耗泄，伤官既然耗日主之气，因此确定伤官是日主的忌神。已知伤官是日主的忌神，到伤官得地得令之时，伤官就会发挥出自己的个性，“伤官克官，为祸百端”。命主为人聪明伶俐，19 岁顶父亲之职做教员，1993 年(癸酉年)因男女关系受严重处分。

5. 五行衰弱的看法

什么叫衰弱，衰指的是五行生逢休囚死绝的月令，即生逢的月令对这一五行是克或制泄。拿日主来说如甲木生巳午月或申酉月，丙火生在亥月或子月等。弱和衰不一样，弱乃是某一五行在命局中生扶他的五行很少，或者不受其生。

衰和弱都是一种无力状态，但特别分辨的是衰的五行不一定就是弱，而弱的五行未必就是衰，如果把命局凡是生逢在克耗泄之月令五行都看成弱是错误的，古书有云:“得时不旺，失时不衰”的论述，现在我们来看一下衰和弱的不同点在那里。

例如:乾造 1952 年七月初一日未时出生

才	比	日	劫
壬	戊	戊	己
辰	申	戌	未

日主戊土生在申月不得令，是衰的状态，但戊土自坐强根，还有年支时支两处本气之根，又有月干和时干相助有力，虽有年干壬水财星坐库得申辰半水局之耗泄，但敌不住众多比劫之围劫，综合平衡之后，日主衰而不弱。

6. 弱而不衰的八字

例一:乾造　1960 年五月二十四日辰时

才	杀	日	杀
庚	壬	丙	壬

子　　午　　子　　辰

日主丙火生在午月得令而旺,但命局中天干两杀一财围攻重重,再看地支二水一土克泄,日主在这个命局中处于非常弱的局面。

衰与弱的力量上是相同的,只是在叫法上不同。为了在八字中分析旺衰强弱,必须要了解衰与弱的分辨法。

在命局中,无论日主或其它五行构成衰弱的原因,只有以下三个条件。

①对自身生扶的五行少

命局中某一五行没有其它五行生扶,或生扶它的五行数量很少,或者生它的五行不但很少,而且孤弱无力,该五行不用说力量很小,就为衰弱。

例二:坤造　1959 年十二月初一辰时出生

伤　　比　　日　　杀

己　　丙　　丙　　壬

亥　　子　　戌　　辰

先从整个命局看各个五行的数量,八字中分别有三水、三土、二火,缺金与木,木在地支中虽有藏干,但没有透出天干,有等于无。从明现的水,土、火三种五行的数量上来看,时干壬水的同党七煞众多,而又临月令旺地,年干己土伤官通地支日时的本气,泄日主的元气,而丙火日主在数量上很少只有二个。综合分析,克制日主的七煞,党多势众,力量最大,对日主来说威胁最重。再看己土伤官数量三个更泄日主之气,日主丙火衰弱无疑。

例三:坤造　1950 年正月二十九日未时

劫　　印　　日　　财

庚　　己　　辛　　乙

寅　　卯　　亥　　未

日主辛金生于卯月谓之失令,生扶日主的只有月干己土,与日主同类的有年干庚金。

这个命局从数量上看,有二金、三木、一水、二土,没有火,虽然年支寅木,时支未土藏火,但没有透出。地支中亥卯未三合木局,看来时干乙木财星在这个命局中力量最大。日主辛金虽有年月劫枭相助,但劫枭力量很小,生扶力量不足,从整个命局看无论从数量上看,还是从五行生克制化,合冲刑害上看,耗泄日主的力量比生扶日主的力量大得多,日主辛金还是衰弱。

②无根不能受生

通根是判断日干强弱主要关键必须重视。如命局中某一五行有通根的地支,但通根的地支被其它的地支刑冲,或者被其它地支合化,变成耗克泄的五行,这种五行要作衰弱看待,另一种情况,命局中某一种五行虽得其它五行生扶,但因这个五行没有通根于地支,弱而不受生。也就是受生不起,应作衰弱论之。

例四:乾造　1984 年闰十月二十七日卯时出生

甲	丙	丁	癸
子	子	亥	卯

这个八字日主丁火在四柱地支中没有通根,年干甲木通根于时支,卯木可以生丁火,又有月干丙火生助丁火,按理说丁火在柱中有生有扶可作旺看,但因丁火在地支中由于无根,受生力弱,再说甲木处于冬月,地支中亥子水一气,形成湿木难生丁火,虽有月干丙火生扶,但丁火自坐子水,其生扶之力非常薄弱。所以,日主丁火衰弱,主要原因没有通根。

③生扶的五行少

一个命局中某一个同类五行的数量比其它五行数量少,同时在整个布局中又没有其它五行生扶此五行。或者生扶五行弱而无力,或力量很小的,该五行就是衰弱五行。

④分析命局中的某一五行衰旺强弱道理很简单,主要关键就是看命局中生扶的五行的数量与力量与克泄的五行数量与力

量来互相对比。其中的绝窍只不过是某一种五行能得到生扶多的就旺强,受到克耗泄多的必然衰弱。

例五:乾造　1958 年十一月初四日丑时出生

戊　甲　乙　丁

戌　子　丑　丑

日主乙木生于子月,虽得月令所生,但自己在地支无根,生扶乙木的只有月干甲木和月支子水,从年干上看,戊土财星自坐强根,又通根于日时支的本气,戊土力量很大,不用说耗其日主的力量也很大,只有月支子水可生扶月干助日主之力,但又被年支戌土克之,日支与时支丑土合之。因此,生扶日主的力量很微小。从整个命局来看,耗泄日主的五行太多,生扶日主的五行太少,日主丁火衰弱无疑。

第四章　岁运篇

第一节　大运具体概念

岁运一词有两种含意。所谓“岁”，称为“太岁”，乃是至高无上之君主，太岁又称为流年岁君，简称流年，即八字命局所经历的一年又一年，顺序往下进行，称之流年。如1996年为丙子年，称为“流年丙子”；1997年为丁丑，称为“丁丑”流年。其二是“运”，所谓“运”是指命局中所经历的各个阶段。岁君主事仅限当年，与该阶段的大运相逢，简称岁运。岁运和命局二者是一个不可分割的严密组织，互相间相辅相成，缺一不可。有人将命局比作是一部汽车，大运比作是一条公路，将太岁喻为是驾驶员。一个好的命局，好像是一部豪华崭新的超时型汽车，公路是一条高速公路，驾驶员又有精明高超的驾驶技术，那么这个人的命运不用说也是锦上添花，好上加好。如果只是一部好车，而道路崎岖，或者道路虽好，但车是破车，甚至车既破而道路又崎岖，那么这个人的命运就很难想象了。

命运是一个人的出生时间特定时空状态的干支组合，这个时空状态所禀赋天地五行之气的份量是固定的，这种五行之气代表一个人原始的生命信息，也就是人们所说的“命”。命一开始形成，就会按自己的轨迹向前行走，这个轨迹就叫“运”。生命运动离不开时空五行的影响，这种五行就是每年一年一换的干支，这种干支称为“太岁”，因每年干支是轮流变化的，所以又称为“流年”。太岁掌管一年之权,大运统管十年休咎,岁与运形成两者五行力量组合,统称叫做“岁运”。岁与运是时刻都分不开的,命是固定不变的,而运是在运动变化的。命运是命和运的组合,命为内因,运为外因。命是事物变化的根据,运是事物变化的条件,通过内外因的作用与变化,是事物的基本辨证法。命、岁、运是一个不可分割的整体,在任何情况下都是分不开的。

1. 大运推排法

起大运的方法,分为阳年和阴年。阳年者:甲、丙、戊、庚、壬。阴年者:乙、丁、己、辛、癸。阳年生男或阴年生女,排运时须顺行,阴年生男或阳年生女,排运时须逆推,其运程的具体排法,以人的生月干支为基准,进行顺排和逆排。首先计算大运的起运岁数,阳年生的男性,阴年生的女性,从本人生日的那天起顺数到下一个节为止,不用中气看共有几天,然后将所数的天数除以 3,所得的商即为起运岁数,除不尽者,就按 3 天等于 1 年,1 天等于 4 个月,1 个时辰等于 10 天,1 个小时等于 5 天,来计算出实际起运时间。阴年生的男性,阳年生的女性,即从本人生日那天逆数到上一个节为止,看几天,然后除以 3,所得商余数即是起运岁数。这里要注意的是节与气在农历 1 年中有 24 个节气,每月有 1 个节 1 个气。以正月立春,二月惊蛰,三月清明,四月立夏,五月芒种,六月小暑,七月立秋,八月白露,九月寒露,十月立冬,十一月大雪,十二月小寒,这是一年的十二个节。又如正月雨水,二月春分,三月谷雨,四月小满,五月夏至,六月大暑,七月处暑,八月秋分,九月霜降,十月小雪,十一月冬至,十二月大寒算作气,这十二个都称为气,每个月有一个节和一个气,十二个月合起来,共是 24 个节气。推算八字,要以节来推算,不能用气来推算(详见第一章第六节 24 节气表)。原则上起运时间应该从生日那天起,顺数到下一个节止计算一共有多少日,然后再除以 3,看得多少数,就是几岁起运,这就是起大运之法。推查壬午年的二月二十日酉时是清明节。三月二十二日午时是立夏节，这个命造出生在清明和立夏两个节之间，顺数是立夏，逆数是清明，该男是阳年出生，应该顺数到下一个节。从三月初八日，顺数到三月二十二日立夏节的天数共是14天。这时可将起运的时间用14除以3，得4余两天，两天等于8个月，得出的结果是4岁零8个月，也就是说，这个男命的起运时间，应该从4岁零8个月看起。

除了计算出起运岁数，还要推出大运的天干地支，大运干支是根据生月（月柱）干支而排出来的，如果起运岁数是顺排的，就从生月干支的下一个月干支依次顺着往下排。例如生月干支是甲辰，那么顺数的干支就依次是乙巳、丙午、丁未、戊申、己酉……如逆数干支，那就在甲辰干支上依次逆数癸卯、壬寅、辛丑、庚子……以下将此实例列出来以说明。

第一步，先将出生时间的四柱排好。例如：

例一：乾造　1942年三月初八日午时生（注：阴历）

壬	甲	乙	壬
午	辰	巳	午

第二步，计算起大运数。根据阳年生男顺行的原则，从生日算起，数到下一个节令看共有几天，然后用3除之，所得之数为起大运之数。这个命造从三月初八日未时顺数至三月二十二日午时，该年是三月二十二日午时立夏，共是14天，以14天除3，得4余2天，1天等于4个月，余2天等于8个月，是4岁零8个月，起大运按4舍5入的规律，也就是5岁起运。

第三步，排出此人一生的运程。根据阳年生男顺排的原则，即从出生月的下一个干支排起，顺行而排，一般都排八步大运。生月为甲辰月，甲辰后面的干支为乙巳故从五岁起运为“乙巳”，往下排，每一大运管辖十年，所以15岁为丙午……：

5岁　15岁　25岁　35岁　45岁　55岁　65岁　75岁

乙	丙	丁	戊	己	庚	辛	壬
巳	午	未	申	酉	戌	亥	子

将大运排好后，以日柱天干为标准，写上四柱天干和地支藏干之六亲，即阴干见阳干，阳干见阴干为正，阴干见阴干，阳干见阳干为偏，然后根据四柱中的排列组合，结合每一步大运的天干地支判断吉凶。

例二：坤造　1942 年三月八日未时生（注：阴历）

正	劫	日	枭
印	财	主	印
壬	甲	乙	癸
午	辰	巳	未
丁己	乙戊癸	戊丙庚	乙己丁
食偏	比正枭	正伤正	比偏食
神财	肩财印	财官官	肩财神

计算大运之数

根据阳年生女逆行原则，从生日起，逆数至上一个节令为止，看共有多少天数，然后用 3 除，所得之数为起大运之数。

这个女命从三月初八日逆数到二月二十日（酉时清明）共 17 天，用 3 除得 5 余 2，这个女命 6 岁起运。然后再写上地支藏干和十神名称，大运排法如下：

6 岁	16 岁	26 岁	36 岁	46 岁	56 岁	66 岁
偏	正	偏	正	偏	正	食
印	印	官	官	财	财	神
癸	壬	辛	庚	己	戊	丁
卯	寅	丑	子	亥	戌	酉
乙	甲丙戊	己癸辛	癸	壬甲	戊丁辛	辛
比	劫伤正	偏偏偏	偏	正劫	正食偏	偏
肩	财官财	财印官	印	印财	财神官	官

大运排好之后，以日干为标准，写上四柱中天干六亲与地支所藏之天干六亲，根据四柱的排列组合，结合每一步大运进行判断吉凶祸福。

在计算起运之数时，按照阳年生女阴年生男逆行，阴年生女，阳年生男顺到上一个或下一个节的总共天数用 3 除，余 1 天舍去不用，少 1 天可加 1 天。如上述男命，14 天用 3 除，得 4 余 2，故将 2 加 1 为 3，以 15 除 3 得整数为 5，说明这个男命 5 岁起运。

起大运的岁数，都是以实足天数计算，如上述男命是从 1942 年三月初八未时起 5 岁运，到 1952 年的三月初八未时交 15 岁运，为说明问题，我们再举一例，以示明白。

例三：乾造　出生于 1952 年壬辰年九月初一日子时（注：阴历），先列出八字：

壬	庚	戊	壬
辰	戌	戌	子

男命生在阳年是顺行运，1952 年是九月廿日戌时立冬，从九月初一子时起，顺数到九月廿日子时共 19 天，3 天算作 1 岁，即以 19÷3＝6 余 1 得出 6 岁零 4 个月，多 1 天为 4 个月。

再看立冬节是九月廿日戌时，从子时到戌时还有 10 个时辰，1 个时辰折为 10 天，10 个时辰共是 100 天，计算起来为 3 个月零 10 天。以 6 岁＋〔9 个月（出生月）＋4 个月（1 日折 4 个月）＋3 个月（100 天折成 3 个月余 10 天）÷12〕＝6 岁＋1 岁尚余 4 个月。再将 1＋10 等于 11 天，9 月 1 日的 1 和 100 天折成 4 个月所余 10 天。得出该男 7 岁起运，也就是 1959 年四月十一日子时交运。其大运排法如下：

7 岁	17 岁	27 岁	37 岁	47 岁	57 岁	67 岁
辛	壬	癸	甲	乙	丙	丁
亥	子	丑	寅	卯	辰	巳

每一步大运统管十年祸福,在这十年之中,又有十个不同的干支,这十个不同的干支对大运来说,有相生、相合、有扶有泄的不同之说。这十个干支同样对四柱中干支也会出现生扶抑克的影响。所以只推大运还不行,还要加上流年。所谓"流年",又叫行年太岁。就是从命造出生的那年开始,不论阴年和阳年,也不管男命女命,一律往下排,如某人出生于甲子年,就从甲子为一岁流年,乙丑为二岁流年,丙寅为三岁流年,依次一直排到寿终。推排流年有两种作用:第一种是给求测人预测从生至死的每一年的事情;第二种是答复求测人所问某一年的吉凶。比如一个人要问 45 岁那年的吉凶如何?就从出生年起推出 45 岁那年是什么干支,再结合命局与大运进行分析,定其吉凶祸福。分析大运时,必须注意日主与用神喜忌,喜神则吉,忌神则凶。喜忌的具体用法,请参看第五章"用神喜忌"。

2. 大运干支主要作用

看大运的通常方法是,大运的每一组干支管事十年,天干管前五年,地支管后五年,古书是这样记载。按照传统经验和同道们的验证,大运干支须以顺、逆来分析。顺行者还按照古书通用方法推算,前五年看天干,后五年看地支。而逆行运则不同,前五年先看地支,后五年再看天干。用这种推大运方法是非常验证的。例如某男生于 1963 年 12 月 4 日,年柱为癸卯、月柱为癸亥、日柱为辛巳,其所行第一步大运为壬戌。如按一般推大运的方法,前五年应该是天干壬水主事,壬水是辛金日主的伤官,后五年应该是地支戌土管事,戌土是日主辛金的正印。如果按经验逆排大运的原则来说,可大不相同,因 1963 年是癸卯年,干支属阴,男命应逆推大运,这样一来,就要先看地支,后看天干,也就是大运前五年按戌土来推,戌土是辛金的正印。大运的后五年按壬水来推,壬水是辛金的伤官。也就是在壬戌大运中,先行正印,后行伤官。此乃传统秘法,断事准确度非常高,请同道们不妨试一试，但不能忽视的是看地支也必须要看天干。

3. 大运干支对运气的影响

大运自身干支对命主影响很大，在分析大运时必须要通盘考虑。前五年和后五年是互相连贯的关系，比如大运天干地支是同一五行，如甲寅、乙卯等，因甲乙寅卯都是属木，性质又相等，这样前五年和后五年的运气就差不多相等。假如大运的地支生天干，日主是壬申，申金生壬水，壬水力量就增加，而申金为了生壬水力量就被减弱，这些情况在看大运时都要详细观察。

4. 大运与日主断法

用大运与日干之间的生克扶抑关系来断定命主的运程，如日干强，四柱中有财，宜行财运，财星越旺越好。日干弱，宜行比劫运，比劫越旺越好，因财能耗身，比劫可以制财。日干旺，命局有官星克抑，官星越旺越好。日干旺，财官弱，只要行财官运地，必然大发财源。日干弱，有官星克抑，又有印星相扶，印星越旺越贵。日干弱、食伤多，需要印绶生之，比劫助之，印绶和比劫越旺越好。如果日干极旺，走到食、伤大运，就可青云直上，步步辉煌。日干自身很强，又逢比劫助之，比劫越旺越坏。

5. 岁运十神断吉凶

推演八字时，首先要将岁和运结合起来观察，太岁好大运又好，其年必定有好事临门。如喜用神为官煞，此年可能有公职升迁，贵人提扶，有当选和扬名之好事。如果食神或伤官是喜用神，那么这年定有子女荣职，喜事临门之好事。如喜用神为印星，其年定有功名成就或晋升掌权，学业有成等好事。如喜神和用神为比肩，其年可得兄弟扶持，除病身愈之事。如果太岁和大运都好，其用神和喜神临财星，其年有创业进财，父荫妻助，婚姻成就等大好事。

反之，如大运和流年临忌神，那就在该期之内，好事变坏了。如忌神为官煞，此段时间可能出现正官和七煞负面作用，如本年作事优柔寡断，意志不坚的正官心性之事，和斗争激进与越轨等七煞心性方面的事。如正偏财是忌神，这段时间内会遇上消极、保守、好色纵欲、因小失大的正财负面作用，和贪图享受、贪酒好色、懒惰成性等偏财的负作用，其余以此类推。

6. 大运与命局吉凶断法

①八字大运为喜用神者，在该运期内主吉。

②八字大运为忌神者，在该运期主凶。

③大运不是喜神也不是忌神者，在运期为平常，不吉不凶。

④大运冲合命局中忌神者，为吉。

⑤大运被命局忌神合住，或合化为喜神者，在这个运期中逢凶化吉。

⑥大运干支为喜神或用神，但被命局中某字冲克合住，则无吉无凶。

⑦大运干支为忌神，被命局中某字冲合住，减其凶力，但不等于不凶。

⑧大运冲合用神，必有凶灾祸事。

⑨大运干支如果是一喜一忌，则吉凶参半。

⑩大运被命局中用神合住，则容易吉事变为凶事，如果化为忌神则反吉为凶，必有凶灾恶事临头。

⑪大运干支刑冲克合命局中的某一柱，主该柱干支十神的六亲，定有凶灾恶祸产生。

⑫大运天干为喜神，地支为忌神，主先吉后凶，如天干为忌神，地支为喜神，主先凶后吉，吉凶应在何时，必须与命局、流年配合起来推断，方能准确无误。

⑬大运喜神行十二运的长生、建禄、帝旺等吉运，这段行运期诸事顺利。如行衰、病、墓、绝，容易遭到凶灾困恶之事。如行沐浴，易犯桃花酒色之事，行冠带、胎、养主体健身泰，平安无事。

⑭大运走喜神运时，但又落空亡，虽走喜运也主不吉。如流

年遇喜神，落空亡，也是不吉，要谨慎破财之事出现。如走忌神大运，遇空亡时可减少凶运之力。如流年为喜神遇到用神时，仍可进财发财。

⑮大运与年柱相冲主离家出走，与父母分别，或意见不和而争吵。

⑯大运与月柱相冲，主环境变动，职位更迁，生活无定，刑伤亲人或与亲人争吵，心情不定等事出现。

⑰大运干支与日主相冲，主家庭不和，夫妻争吵或离婚，配偶有病，本人身体不健康。

⑱大运与命局天克地冲，主该运必多凶险，冲年柱主祖上不利，冲月柱不利父母，冲日柱主自己与配偶身体不佳，冲时柱对子女有害，但也察看喜忌，方能无误。

⑲大运冲时柱主子女有外出之象，与子女聚少离多，如果在运限时，主该运晚景不佳。

⑳凡是岁运冲克月支多主凶事出现，如果日主衰弱无气，用神休囚，该年相当凶险。

㉑无论岁运冲克哪柱，只要该柱为喜用神则凶，反之为仇忌神则吉，不可一概而论。

7. 交不吉之大运流年“躲星”法

凡是遇到不吉之大运或流年可以躲避，其法在换运的前一年就要用躲星法进行躲星，可以起到降低或避免大运凶性。此法以年柱纳音为准，以下述古歌诀之意，选定日时，将自己卧室门窗透明之处用红纸或红布遮挡，不要见光，本人坐在屋之中间，面向年命纳音之长生方向，不见孝服、孕妇或与自己属相相冲之人，若能带上躲星符为最好。

古歌诀：

火清前三午时中，土芒后九辰时通。

金命处暑申时整，木命大寒寅时中。

水命冬至前三亥，交运怕与属相冲。
婚丧之事也回避，霜孕婴儿孝子童。
冲穿畜类也莫见，避光静坐在家中。

比如丙寅年生人炉中火命，则在清明前三天午时躲星，土命人在芒种后，包括芒种当天起第九天辰时躲星，金命人在处暑当日申时，木命在大寒当时寅时躲星，水命人在冬至前三天亥时进行躲星。此法乃江湖行中密不外传之诀，应验率非常高。

第二节　流年断法

流年又称流年太岁，是从出生年按顺序排列而来的。如1996年的流年是丙子，丙子就是流年太岁。太岁干支不可侵犯，俗说：运为十年之凶吉，流年管一岁之休咎。说明流年在生辰八字中的地位是非常重要的。如果命局或大运的天干地支与流年的天干地支相冲相克，那就必见其凶了。如命局干支冲克流年干支其凶更重。

流年可决断一年的吉凶祸福，是八字预测的关键。但观察流年的方法很多，具体方法应用有以下几种：

1. 流年看吉凶

有人认为大运为君，流年为臣，说明大运比流年重要。还有人认为大运如臣，流年如君。那么大运与流年到底谁轻谁重呢？只有从实践中检验才能获得真知。根据本人经验看，认为流年和大运都一样重要，因为某些命造，大运并未走喜运，只因流年逢喜运，偏偏只在这一时间竟能突然发迹，主要因为命局用神和格局配合得宜，反之大运逢喜运，流年没有逢喜运，只是平平而已，往往大运虽是喜神，而流年逢到忌神时，为此盲目投资而破财者也屡见不鲜。

一个人是否有作为，当然与命运有一定关系，但家庭教育、出生环境，也有很大关系。如本人出生于富贵之家，能接受后天良好的教育，加上个人努力奋斗，再走上好的运气，那么肯定大富大贵。否则个人虽有远大的理想，如果没有良好的环境，又没有一点其它优越的条件，纵有冲天之志，也难免穷困潦倒。一个人的先天条件如何，有没有志向，是否有努力奋斗精神，从八字、大运、流年中皆可推测出来。

那么命局、大运、流年三者到底谁轻谁重呢？从实践应用经验来看，三者是一个整体观念的大家庭，只是分工不同。吉凶祸福应在何时，皆由岁运来决定。不好的命局，只要个人能有奋发图强的精神，一旦走上流年喜用神的时候，有可能走上一番好运。

流年离不开大运，大运离不开四柱，三者须要综合起来观察，缺一不可。互相之间的喜、忌、刑、冲、合化等，以这几个字推论这年的吉凶祸福。如要精确地推出细节，还要将十神、纳音十二长生及重要星煞来辅助推论，方能准确。

流年干支管一年的吉凶，年干管上半年，年支管下半年。在实践应用中，年干管事的六个月中，地支对其吉凶仍有影响，下半年年支管事的六个月中，天干对吉凶也有影响。

具体看法，有以下几点：

①以日主为中心，大运、流年是喜神，其年必有大的好事。也就是说，大运遇上喜神、用神，而流年又遇上喜神的，那么此年必定万事如意，诸事遂心。

②如果大运是喜神，流年是忌神，这不是十分不好，因大运管十年一个周期，大运吉可说这十年吉利，所以虽然流年逢凶，也不是十年皆凶，凶的年份只能是暂时，因流年只管一年之吉凶。

③如果大运凶，流年也凶，必定难逃其凶了，因为大运管十

年的吉凶,再加上流年又逢凶,这一年必然是大凶临头,灾祸难逃了。

④如果该年大运吉利,流年平常,应该以吉运判断,但不顺之处是难免的,这样的年份只能算有点不顺利而已。

⑤如果该年流年好而大运平常,此年以吉断。具体在分析大运和流年时,一定要通盘考虑,不能各有偏重,要有具体情况,具体对待的灵活性。

⑥流年干支为喜用神者,主该年吉。

⑦流年干支为仇忌神者,主该年凶。

⑧流年干支一喜一忌,吉凶参半。

⑨岁运并临,吉凶加倍(如大运甲子逢流年甲子、大运乙丑逢流年乙丑)。如临喜用神,吉年更吉;如临忌神,则凶年更凶。

⑩流年逢转趾煞(甲寅年生人,又逢甲寅流年)吉凶更甚。

⑪岁君犯日(流年天干克日干)乃为官煞之年,谨防官灾讼事,尤其身弱者,要特别注意。

⑫日犯岁君(日干克流年天干)为行财星之年,若命局财为喜神,主其年进财,如身弱财旺,注意有破财生灾,官司口舌等事发生。

⑬流年与日主相同者,谓之伏吟,与日主天克地冲者,谓之反吟。流年遇伏吟,反吟者主该年出现凶事。

⑭流年冲提纲,提纲乃是月令,如被流年冲破,名为冲犯提纲。流年为喜用神,主其年灾祸较轻或无有灾祸。如果流年为忌神,要谨防刑伤破财和血光之灾出现。特别要注意亲人的生命安危。

⑮日干与流年形成天同地冲者,名曰反吟。如甲子日逢甲午年,主该年诸事不顺,事多变化的凶年。或者是天克地冲(如甲子日逢戊午年),主该年凶灾出现。

⑯流年与大运两者形成天克地冲者,特别流年为忌神的,其

年多遇凶事，应该特别谨慎。

⑰流年干支与四柱任何一干支形成天克地冲的，不论冲克何柱，主该柱的六亲有凶灾危险。

⑱流年干支与日柱干支天地相合的名为晦气煞(如甲子年逢己丑日)，主一年办事不顺，多遇倒霉之事。如逢喜用神反吉。

⑲命局、大运、流年三者形成三刑，其年多遇凶事，注意刑罚与血光之灾出现。

⑳命局、大运、流年三者的天干地支相合者，也不是好事，主该年在感情方面会发生外遇的纠纷。又主办事迟延，多有小人暗算。如果大运或流年是喜神，则有贵人暗中相助，心想事成。

㉑命局、大运、流年三者形成三会或者三合、合会为喜用神，其年多有好事临门，如合会成忌神，主其年凶事不断。

㉒流年与柱中忌神相冲相克，主其年诸事大吉。

㉓流年与命局中喜用神相冲，主诸事大凶。

㉔流年与命局中忌神相克或合化成喜神、用神者，该年主逢凶化吉。

㉕流年与命局中用神合住，或合化成忌神，该年主吉事成凶。

㉖流年为喜用神者，如果被命局中某字合住，主喜神不喜，事态平常。

㉗流年为仇神、忌神，如果被命局中某字合住，主凶神不凶。

㉘命局中出现两项天克地冲，最忌讳流年或大运再来冲克，主该年凶事出现。

㉙日干与流年天干相合，乃是不吉之兆，主官灾讼事，有志难伸，或被财拖累，或得难愈之病。

㉚日主强旺，命逢羊刃之年或大运中见羊刃，流年与羊刃相冲，其年必有凶灾恶祸，甚则有血光之灾。

㉛流年落空亡，主吉者不吉，凶不成凶。

㉜太岁之地支怕冲克，如柱中四个地支一同冲克流年地支，或者四柱中有三个地支冲克流年地支的，也是大凶之年。

㉝看大运主要看地支，看流年着重看天干，其实无论天干或地支都很重要，天干与地支互相都有影响。

第三节　命岁运综合断法

整个推命学中，重点在于大运和流年的判断，本篇开头已有概略论述。大运每柱干支管辖十年，天干和地支各管五年，以阴男阳女逆行，阳男阴女顺行，以年干支之阴阳分其顺逆，用月柱干支分其前后。命理规定，大运的排法，只需推排七步运。推断时最主要的是先看前四步运，前四步为喜用神，此人在不惑时期，肯定会事业发达，大有成就；如果前四步运为仇神、忌神，即使原命局再好，也会错过良机，这个时期必定多灾多难，有志难伸。由于前四步不走好运，后三步再走好运也没有多大用处，因青少年时期，肯定没有好的基础条件，容易失去良好机会，待到以后年岁已大，再能发展也不会有多大的作为。

大运一柱干支每字各管事五年，天干管事地支也有三分作用，地支管事，天干也有三分影响力。比如壬午大运，地支午火会受到天干壬水的影响。因为水能克火，所以午火管事这五年中，火力至少要减去三分之一，同样壬水管事的五年，会因午火蒸发而减少三分威力。又如庚子大运，庚金管事必因子水泄而金力减少，子水则因庚金生而增加水力。又如丁卯大运，丁运管事，卯木生丁火，丁火力强三分，如果卯木管事，因卯木生丁火自损自身木力三分。又如庚申大运双方各受金助，其力倍增。

大运之吉凶，决定于命局，如命喜金水，而大运行运也是金水，此运期间一定步步顺利，事事吉祥。如命中喜金水，而大运遇火土，那么这步大运必定好事难成，事与愿违。再如命喜金水，而行运一路火土，遇到这样的命造，必定一生毫无作为，甚至贫困潦倒。相反，如是一路金水大运，必是一帆风顺，飞黄腾达。正可谓："运去黄金逊顽铁，时来弱草胜春花。"

在推命时，先以日主为主，将大运干支配上十神，以便作为论命依据，如乾命造，日主喜财星，偏偏这个大运正好是正财，可作出以下判断：这几年财运不错，虽无大财，小财不断。正财为妻，断其这五年，婚事易成，异性缘佳。已婚之人，恐逢外遇，未婚者婚姻易成。正财人个性勤俭朴实，好逸恶劳，贪图小利。学业方面，功课不好，成绩较差……十神之特性，请参看"十神性格"，这里仅介绍怎样判断大运的一些基本步骤。

大运之干支，如与原命局出现有刑、冲、合、害等情况时，须以原命为主，原命局凶星被刑、冲、合、害则吉，反之，如吉星被刑冲合害则以凶论。如大运之干支被原命局合化成凶神，则以凶论，合化成吉神，则以吉论。

关于大运的论命方法，均按以上论述来判断吉凶，如果大运的干支正好是原命局的喜用神，那么这个命造在这一段时间肯定是事业兴旺的大好时期。

1. 流年具体断命法

流年——又叫岁运。流年的推命方法，与大运大致相同。流年干支逢原命局所喜，以吉论之，逢原命局所忌则以凶论。流年与大运的两者关系是不可分开的，他们的关系中，大运和流年的比例是大运六分，流年四分。如一个命造大运吉，流年凶，该年半吉，如大运凶流年吉，则主该年次吉，但不至于倒大霉。如果大运和流年皆吉，该年必定有大好事。相反的主凶，流年亦凶，主该年必遭大祸临头，灾难重重。

流年干支和大运一样，可依日主配出十神，依照十神的特性，能推出命主该年与十神有关的心性可能发生的事情，这才是基本的断命方法。断命时必须将命、岁、运三者综合起来分析，才是真正的断命方法。例如命局喜水，命、岁、运各抽一字，形成申子辰三合水局，或亥子丑三会水局，此年必是一帆风顺，大吉之年。相反的此命造忌水，再遇以上的三合、三会水局，该年必有凶事出现。

流年的天干地支两字之间，也有生克比合的影响力，而稍有不同的是，流年干支管事，不分上半年或下半年，而相同的是，流年干支与命局八字的干支同样有生、克、刑、冲、合、害、喜、忌等，其内容的判断方法与大运的判断方法大致相同。八字命局与流年干支，两者都是喜神或忌神逢冲、克、合住则不喜不忌，合化成忌神则凶，合化成喜神则喜。这些都是传统性的流年喜忌判断方法。但是要明白，大运一运干支各管五年，而每五个流年中，就有一个大运管辖，所以称之大运为君，流年为臣，大运管辖时间较长，流年管辖时间短暂。所以大运所起的作用占到六分，流年只占四分。

大运与流年之间冲克合化的论断方法，都大同小异，不同者乃大运逢天干管事，只以天干和流年论吉凶，大运逢地支管事，也是只以地支和流年论刑冲克合，如大运干支与流年干支合化为喜神按吉断，如果合化成凶神按凶论，无论喜神、忌神，如果逢冲则无吉无凶。

关于大运与流年吉凶、喜忌的基本断法，或大运流年之间的刑冲克合等，要更进一步研究探讨。

大运干支与流年干支两者之间，只要产生合而不化的情况，不管是喜神或忌神，其吉凶不明显，皆以无凶无吉之平常运论之。如果产生合而且化的情况时，所化之神为喜神则吉，为忌神则凶。

大运与流年之间的克、冲谁输谁赢，则须详细推敲，喜神有利则吉，忌神有利则凶。

合化则依本命局中月令本气，以作为化的依据。

总而言之，流年的判断，可与大运干支配合命局一起观察，即可判断出该年的运气是吉是凶。如命局某柱与流年形成天克地冲，或其它方面，刑、冲、害、合等，即可断该年所属六亲和其它方面的灾咎。如该柱为忌神，反凶为吉，有好事出现。

要想将一个命局推得准确，最好将命、岁、运综合起来推断，方能符合推命学的实际要求。命中的喜忌，可与大运配合起来判断，命中的不足，可用大运来弥补，命局中的潜力须依靠大运来发挥。简单地说，命中所喜之五行与大运相同的名叫走运。行此步大运则吉。倘若命局中的仇神、忌神和大运相同的叫做背运，遇此则凶。所以在推命时，必须先将原命中的喜忌找准，然后再配合大运进行推断，方能正确无误。

2. 大运吉凶判断

推命时必须将大运和流年综合起来判断，根据五行生克制化进行判断，干支的自身影响力最大。如大运某一干支是甲子，则甲木管事的五年，受子水所生，故甲木的力量自然加大；子水管事之五年，因子水生甲木，故水的力量自然被削弱。又如丁酉大运，丁火克酉金，丁火的力量自然被泄，而酉金被丁火克制，自然金力也减弱(具体详解请参看上述大运的具体应用)。

大运干支经过详细推敲后，再分析其命局中的金、木、水、火、土，某行是喜神，某行是忌神，是喜用神者，必然大吉大利。是仇忌神者，定是凶而不利。利与不利的程度，只以大运的自身干支，看其生克制化的力量大小就可知道。如命中喜金水，而大运天干一路行庚辛壬癸，地支一路申酉戌，亥子丑等西北方之金水运，走到这样的大运，那就等于“时来运转命通顺，运到财源似水流”。但这步运最忌讳的是甲乙丙丁与辰巳午未的东南方火地，此乃背逆之运，遇到这种情况，必定灾难重重，困逆多阻，真乃“灾难临身多不顺，月朗云遮哪能明”。如果呈现甲申、乙酉、丙戌、丁亥……等一路干支相克等运,则一生少成多败,顺逆不定,参差不齐而不稳定的运势。

论大运的吉凶喜忌,必须要将大运干支与命局干支的生克刑冲合害分析清楚。如果大运干支将命局中的忌神合住,应照吉断。若大运干支与命局中的喜神合住应照凶看。若大运行喜神之运,被命局中的某神克合,则无凶无吉,多是平常之运。如行忌神之大运,被命局的某神合住,也没有多大吉凶,多是平常之运。若喜神、用神之运被命局中某神合化,如化为忌神则以凶看,若忌神被合化为喜神则逢凶化吉。

综观此段,大运的吉凶与大运天干地支自身生克耗泄关系很大,首先要观察干支之间的生克制化影响力有多大,再者要看其干支的五行属性是命中喜神还是忌神,是喜神则吉,是忌神则凶。最后要看大运干支与命局干支生克刑冲合化论之吉凶,为此将大运自身的生克冲合影响,与喜忌关系总结成以下几点:

天干地支皆是喜神者为吉运,忌神为凶运。

天干地支一喜神一忌神,吉凶参半,为平常运。

天干地支一喜神一是不喜不忌,稍好之运。

天干地支一忌神一是不喜不忌,稍坏之运。

天干地支两字之间的生、克、比和,能增其运吉凶。

大运逢喜用之运,乃大吉大利,行仇、忌神之运,祸从天来。

大运行不喜不忌之运,乃平常之运。

大运冲合命局中忌神为吉,冲合命中的喜神为凶。

大运行喜神,而被命局中的某神克合,乃吉凶不成。

大运行忌神,而被命局中的某神克合乃吉凶不成。

3. 命岁运综合判断

所谓综合判断,乃是将命、岁、运三者之间的关系,看它是否能构成三合、六合、五合、三会、半会、刑、冲等组合。组合的结果,按五行本性为命局所喜者则论吉,命中所忌者则论凶。特别注意的是，大运干支看是谁管事，天干管事则用天干，地支管事则用地支，流年则不分上下。例如大运为庚金，该年是丁卯流年，原命局出现乙木、壬水、亥水、戌土，与太岁、大运三个方面可组合成乙庚合，丁壬合，卯戌合，卯亥半合等，假如八字原命局的月令为申月，则乙庚合化成金，其余的丁壬，卯戌，亥未等都合而不化。若命局喜火土金时，大运乙庚合化金，论吉。亥水为忌神，被卯木半合局绊住，乃没有多大力气，壬水为忌神又被丁火合住绊住，也没有大碍，戌土虽为命中喜神，而又被卯木合住，乃不喜不忌，故看出这个流年的命、岁、运组合而成吉多凶少，可以照吉运论看。也就是说，判断命、运的喜忌，需将命、岁、运三者各抽一字，看是否构成三合、五合、六合、三会、半三合、刑、冲、害、化合等结果。构成的结果如是命中所喜，则以吉论，为命中所忌，则以凶论。推论时，先以本命局论起，后再以大运、流年详细分析，逐步将命、岁、运合起来一起参考，以便得出推命结果。

推命时需将大运、流年变成十神名称，而后再将十神的特性带入八字中，再看该十神为八字中所喜所忌，乃知吉凶如何。这样就能判断出某段时间，会出现哪些事情，如思想、心态会有什么样的变化，是吉是凶。例如命局正官是忌神，碰巧大运又逢正官，如果是做官的，则主做官失职，事业不顺，甚至有罢官削职的危险。该命的心态也会出现忌神的特性，懦弱无能，胆小怕事，死板不通等。正官为忌神的男命，则为子息操心不顺，女命则为丈夫运气不佳而操心，或因异性朋友带来不好的影响等事出现。

如果正官为喜神，而大运又逢喜神，该命造做官必然步步高升，心想事成，且十神心性也不一样，反而现出威风凛凛，光明磊落的特色，男命易有出人头地的儿女。女命则异性缘佳，也为有出类拔萃的丈夫而骄傲，或因异性缘的帮助而幸福。

十神之干支与命局、流年、大运干支逢刑、冲、害、合化，都可看出容易发生的事情，如正印代表母亲、学业等事情，如正印逢冲,则预示着母亲有不利的事情,或是学业、学术不利的事情较多。根据多年应用经验,正印旺相,如果被冲后,命主很容易反映出伤官心态,因印代表母亲,《卜筮正宗》云"父动当头克子孙",根据刑冲的喜忌程度,即是发生的情况与心态吉凶表现。又如正财被冲(正财代表妻子、财物等事情),预示着对妻子不利的事情出现,或是与财物不利的事情较多;如果正财旺相被冲动,命主很容易反映出正印方面的心态表现。其余的十神都以此类推。

命、岁、运干支与十神干支如发生相冲相克,除了会出现十神的心态吉凶表现,分析时还要看刑冲之宫位。如刑冲年柱,年柱代表祖上,又代表父母宫,冲破此宫主祖上或父母事多;如刑冲日柱,日柱乃夫妻宫,容易产生夫妻离散,家庭风波等事。其它方面以此类推。命岁运各抽一字,如构成三刑的非常不好,不论喜忌,最怕刑冲齐来,如命岁运出现六冲或相刑,则兆示容易发生疾病、灾厄、不幸等事情。如冲刑日柱,本身易有灾难,如本身没有灾难,则在六亲所示之人中将会有人生灾,如有救神者可化险为夷。

第四节 流月与命宫

流年管一年之休咎,流月论一月之吉凶。在八字预测中,流年所占的地位非常重要,而对流月来说却很少有人理会。在实践预测中发现流月对人生的影响很大,如测这个人一年的运气哪个月好,哪个月坏,应在哪些方面注意,非常重要。

流月亦称月建,是专门看一年中某一月吉凶的。如一个人大运不好,流年又不好,能不好到什么程度,事情会发生在哪个月份呢?怎样去预防呢?这就要通过流月来推测具体时间,所以推查流月是不可忽视的大事。

预测流月与预测流年的方法大致相同。首先以命局和岁运与流月干支的刑冲合化来判断流月吉凶。第二种用命宫小限配合十二神煞推算流月吉凶，最好将流月干支纳入大运、流年之中一同分析，然后参照流月干支与流年的生克关系来进行判断。

1. 传统岁运看流月

①流月干支为喜用神，该月主吉。

②流月干支为仇忌神，该月主凶。

③流月干支一喜一忌时，该月主吉凶参半。

④流月吉，流年吉，该月主大吉。

⑤流月吉，流年凶，该月吉中有凶。

⑥流月凶，流年凶，凶上加凶。

⑦流月凶，流年吉，凶中有吉。

⑧流月吉，而被命局中某一神或流年合住，以半吉断。

⑨流月吉，被流年克制，则吉中有凶。

⑩流月凶，又被命局中某一食神或流年生扶帮比，则凶。

⑪推算流月吉凶，必须参考该月的流月干支，才能正确得出结论，关于流月的吉凶参半说法，应解释为上半月吉，下半月凶，或上半月凶，下半月吉，或这个月先凶后吉，或这个月先吉后凶。

⑫流月的吉凶应期多半在交下一个节气之前应验。

⑬年柱干支与流月干支天克地冲，主长辈有病灾，或因房产破财，或其它方面不顺的事情出现。

⑭月柱干支与流月干支天克地冲，主兄弟姊妹有灾或其它破财生灾等不顺之事出现。

⑮日柱干支与流月干支天克地冲，主本人或配偶有病灾，或其它破财不顺的事情出现。

⑯时柱干支与流月干支天克地冲，主本人及子女有灾病，或其它方面不顺之事出现。

⑰大运与流月干支天克地冲，主本人有灾病破财等不顺之

事出现。

⑱大运与流月的干支相同，叫做月运并临（如甲子大运又遇甲子流月），遇此者主本人会生病、破财、工作变动，及其它方面有灾，如壬午大运遇上壬午流月，甲辰大运遇上甲辰流月。

⑲大运、命局与流月构成三刑，自刑或与凶星相见，如羊刃会聚，枭印夺食，羊刃倒戈，伤官见官等，特别是四柱，大运与流年太岁犯天克地冲之年，再与流月犯天克地冲，该月必须多加防范，不可大意。

⑳流月与命局、岁、运天克地冲，如果不见其它凶星相助的话，其威力不大，不像命局和岁运互相冲撞的威力那么大，只是破点小财，或生点小病而已。如冲入日柱主自己不顺，冲入年柱，月柱，时柱，会导致有关各柱的直系亲属有病破财，或者反应在有关其它方面的事情。

2. 命宫的作用与推法

老辈命理专家给人推命，往往能知道发生在某年某月发生何事，这种未卜先知的功夫神奇得令人吃惊，这种功夫单靠八字推测是无法达到的，他们将十二神煞与命宫用来一起进行预测吉凶应期，此法一名叫做“宫限神煞看流月”，另名叫“串宫压运法”，此法是江湖上不对外传之秘。其法是先在掌上查命宫，然后又在命宫中查出“小限”，再从小限上推排到神煞，以神煞的性质排出流月吉凶。神煞凶该月则凶，神煞吉该月则吉。此法分为三个步骤进行。

第一步掌上查命宫：查命宫方法。从子上起正月，逆数二月在亥，三月在戌，四月在酉，五月在申，申即代表五，再将出生的“辰”字，安在申字上顺数，即巳在酉，午在戌，一直顺数到卯停下，逢卯安命，这个卯字落在“未”字上，这个“未”字即是“命宫”。命宫天干起法，已知命宫地支为未，再以出生年天干用五虎遁歌诀查出天干，如1996年是“丙子”，丙辛之岁从庚上，即知命宫天干为乙，将乙配上命宫的未，知命宫干支为“乙未”。

3. 怎样飞小限

第二步已知起命宫之法，还要明白怎样飞小限：飞小限的方法，以命宫为主，先将命宫求出，然后再将出生年加在命宫上，依次逆排，如某人出生甲子年，命宫在子，求测丁巳年流月如何。已知命宫在“子”，就将子年加在命宫子位上，依次逆数丑在亥，寅在戌，卯在酉，一直数到巳，即知丁巳年小限在“未”。要知小限天干，再用五虎遁年上起月法，如流年丁巳，则依“丁壬壬寅顺行流”的歌诀将壬字加寅字上，依顺序数到未字，即知未为“丁未”。也可用公式来推算小限，以命宫度数加生年度数，其和数减去流年度数，其余数就是小限。如某人生于丙子年命宫为“丑”，求 1990 年的小限。知其 1990 年为庚午年，其公式为 11＋12＝23（从寅上起 1 数，11 为年支的“子”，12 为命宫的丑数两项相加为 23），再以 23 减去 1990 年的午的 5，即 23－12＝11－5＝6 度为未，小限就是“未”。

4. 小限与神煞

第三步已知小限的推排法，再明白十二神煞的用法：因十二神煞在传统八字推命术中流传甚广，尤其推算流月吉凶，效果奇验，是辅助推算流月吉凶的主要方法。如某人出生于丙子年命宫为“丑”，求 1990 年的流月如何，知其 1990 年的小限在“未”，就在未上起正月，正月为太岁，申上起二月为青龙，酉上起三月为丧门，戌上起四月为六合，亥上起五月为官符，子上起六月为小耗，丑上起七月为大耗，寅上起八月为朱雀，卯上起九月为白虎，辰上起十月为贵神，巳上起十一月为吊客，午上起十二月为病符。总的看来，该年 2、4、10 月最好，1、3、5、6、7、8、9、11、12 月最为不利。

十二神煞即一太岁，二青龙，三丧门，四六合，五官符，六小耗，七岁破（名为大耗），八朱雀，九白虎，十贵神，十一吊客，十二

病符。此十二神煞的顺序必须背下来,为了方便记忆,现编成七字歌诀:

一岁二龙三丧门,四合五官小耗分。

七为大耗八朱雀,九为白虎十贵人。

十一吊客十二病,依此推算必记真。

此诀的顺序应该顺数熟记,如能将用在指掌上更好,到应用时手指一掐即知。手掌查神煞,需要经常不断地练习,久而久之,自能达到熟能生巧,运用自如。

附十二神煞吉凶歌

十二神煞吉凶歌

①太岁:

太岁值年忧,事事莫强求。

口舌临门到,疾病犯忧愁。

处处要防祸,劝君莫远游。

太岁为中性星,遇吉则吉,遇凶则凶,无论见吉见凶,只要见太岁临地支则凶。

②青龙:

青龙大吉昌,谋事有人帮。

添人又进口,见喜又安祥。

官通财运好,有祸不为殃。

青龙乃吉星,若被凶星盖头则凶,中性星遇盖头则吉,若与六合、贵神配得贵人相助。

③丧门:

丧门是凶星,求财不称心。

人伤财又损,疾病苦呻吟。

又防内外孝,处处防小人。

丧门为哭星,临空则吉,吉星盖头则凶,若与吊客星相配,主有死人哭丧之事出现。

④六合：

六合大吉祥，万事喜洋洋。

亲友多扶助，钱财送门上。

婚成得贵子，添喜进财忙。

六合为财运星，若与官符同时出现主有进财之喜事。

⑤官符：

官符入命愁，口舌无止休。

财破物易损，官灾不断头。

平地风波起，犯之把泪流。

官符为中性星，又为财运星，若与六合配主见外财与凶星配主见口司口舌。

⑥小耗：

小耗是非多，平地起风波。

惹气官司起，耗财受折磨。

办事多阻挠，无事出啰嗦。

小耗为破财星，若与大耗、丧门星同时出现，主有破财之事。

⑦大耗：

大耗祸不轻，坏财损畜丁。

破财遭凶事，染病本非轻。

白虎同宫坐，凶丧到门庭。

大耗又名岁破，若与凶星配主破财、伤丁、亲友反目之事。

⑧朱雀：

朱雀口舌多，平地起风波。

名财皆不利，步步有坎坷。

如有吉星照，方能少啰嗦。

朱雀乃口舌是非之星，若与丧门同时出现，主破财生灾、口舌之事难免。

⑨白虎：

白虎最为凶，须防血光惊。

内外孝服事，天灾病来攻。

道路防车祸，一年运不通。

白虎为血光星，若与病符等其它凶星同出现，主有血光之灾。

⑩贵神：

贵神福寿长，财通身安康。

善与人交往，官禄名远扬。

贵人多帮助，凡事喜洋洋。

贵神为大吉之星，配青龙、六合称之贵人星，遇之多得贵人相助。

⑪吊客：

吊客不太平，凡事要小心。

谋求难遂意，仅防盗贼侵。

心中难安静，出外防歹人。

吊客为死人星，若与丧门星在四柱同时出现，有亲人或亲属死亡的信息，若在命宫或大运出现主有偏孝。

⑫病符：

病符入命宫，防病入家中。

诸事皆不顺，岁运不畅通。

任你英雄汉，难免挂愁容。

病符为疾病星，若与白虎、小耗、丧门同时出现主本人或亲人有病。

第五节　命宫推排法

万育吾先师所云：命宫，是人命的归宿。神无庙，无所归；人无室,无所栖;命无宫,无所主。占星之学,重在命宫,补偏救弊,重在命宫,可见命宫在八字中的重要性。除了日主以外,就是命宫,通过命宫可以推测出一个人的性格贤愚,事业成败等人生的富贵穷通,大体都可通过命宫来决定。如命宫在子丑,子与丑命化土,即以土为主。命宫在寅亥,寅与亥合化木,应以木为主,命宫在卯戌,卯与戌合火,以火为主,命宫在辰酉,辰与酉合化金,即以金为主。

十二神煞的吉凶,都围绕着命宫转动,哪一年命宫坐太岁,哪一年有喜星,哪一年有愁事等等,命宫与八字一样重要,千万不可放弃。

1.命宫推排法

起命宫有两种方法,第一种是掌上起命宫法,第二种是数字速查法。这两种方法,以下都作介绍。

先介绍一下掌上推命宫法,其法以排山掌子位为正月,也就是将正月固定在子位上,逆数亥为二月,戌为三月,酉为四月,申为五月,未为六月,午为七月,巳为八月,辰为九月,卯为十月,寅为十一月,丑为十二月,然后再把出生时间安在这个月支上,顺数至卯,卯就是命宫。如已求出命宫地支,再按"五虎遁"起月法定出命宫天干。

例如:1994年五月二十日酉时生人,在手掌子位上起正月,逆数至五月(出生月)即正月在子、二月在亥、三月在戌、四月酉、五月在申落下,再将出生时的酉字加在申字上顺数,看卯字落在何字上,何字就是命宫。戌在酉,亥在戌,一直顺行数至"卯",恰好卯字落在"寅"字上。逢卯安命,故"寅"就是命宫。

再举一例:某男于甲子年四月未时生,首先从子位开始数正月,逆数到四月,四月是酉字。这时再将未(生时)加在酉字上顺数,申落在戌上,酉落在亥上,戌落在子上……一直数到"卯"时落在"巳"字上,逢卯安命,故命宫就在"巳"上。掌上查命宫歌诀如下:

手掌查宫要记清，子起正月逆上行。

生时起于月支上，顺数直到卯上停。

命宫在卯君须记，逢卯安命记心中。

第二种方法是用命宫本数来计算命宫，现将地支按数序编出代号以便应用。

即:	寅	卯	辰	巳	午	未	申	酉	戌	亥	子	丑
	1	2	3	4	5	6	7	8	9	10	11	12

将数序编好，然后取14或26两数为扣减之基数。凡是“月支”与“时支”两个代号数相加的总数不满14者，便以14减去总数，所得的余数便为“命宫”的地支数。凡是月支与时支相加之代号总数超过14者，则以26减去其代号总数，所得之“余数”即为“命宫”的地支数。

例如：某男巳月酉时生，巳是4，酉是8，两者相加的总数为12，因不满14数，故以14－12＝2，2数代表“卯”，故此人命宫在“卯”。

又如某人申月丑时生，申数是7，丑数12，两者相加总数为19，因超过14数，故以26－19＝7，“7”数代“申”，故此人命宫在“申”。

再如某人是辰月未时生，辰数是3，未数是6，两者相加得总数是9，因不满14数者，故以14－9＝5，5代表“午”，故此人命宫在“午”，为方便记忆，现编歌诀一首：

公式查宫须要知，请你背我几句诗。

寅一卯二顺着数，月时相加君记之。

十四减去相加数，余数命宫不需疑。

十四不够用廿六，仍然再减月与时。

特别要注意的是，推命宫的月份，要以“中气”为准，凡出生月超过中气者，即以次月为计算。例如五月是芒种节——小暑之间为五月，而起命宫的月份则以节前之气为准，五月芒种之前的气是小满，芒种以后的气是夏至，这样生于小满和夏至中间的人即为五月。

现将各月交气排列于下：

正月大寒与雨水，二月雨水接春分。
三月春分并谷雨，四月谷雨小满轮。
五月小满自夏至，六月夏至大暑云。
七月大暑下处暑，八月处暑至秋分。
九月秋分后霜降，十月霜降小雪陈。
冬月小雪下冬至，腊月冬至大寒论。

要知命宫的所属天干，可用“五虎遁”月歌来推算，如丙年生人，命宫在辰，则从“丙辛之岁从庚起”的歌诀中可得知寅上加庚，卯上加辛，辰上加壬，故知其命宫的干支为“壬辰”。又如壬年生人，命宫在午，则以“丁壬壬寅顺行流”的歌诀中，可得知寅上加壬，卯上加癸，辰上加甲，巳上加乙，午上加丙，可知其命宫的干支为“丙午”。见表(1)。

命宫地支速查表(1)

节气	生时 命宫	卯宫	寅宫	丑宫	子宫	亥宫	戌宫	酉宫	申宫	未宫	午宫	巳宫	辰宫
大寒后	雨水前	子	丑	寅	卯	辰	巳	午	未	申	酉	戌	亥
雨水后	春分前	亥	子	丑	寅	卯	辰	巳	午	未	申	酉	戌
春分后	谷雨前	戌	亥	子	丑	寅	卯	辰	巳	午	未	申	酉
谷雨后	小满前	酉	戌	亥	子	丑	寅	卯	辰	巳	午	未	申
小满后	夏至前	申	酉	戌	亥	子	丑	寅	卯	辰	巳	午	未
夏至后	大暑前	未	申	酉	戌	亥	子	丑	寅	卯	辰	巳	午
大暑后	处暑前	午	未	申	酉	戌	亥	子	丑	寅	卯	辰	巳
处暑后	秋分前	巳	午	未	申	酉	戌	亥	子	丑	寅	卯	辰
秋分后	霜降前	辰	巳	午	未	申	酉	戌	亥	子	丑	寅	卯
霜降后	小雪前	卯	辰	巳	午	未	申	酉	戌	亥	子	丑	寅
小雪后	冬至前	寅	卯	辰	巳	午	未	申	酉	戌	亥	子	丑
冬至后	大寒前	丑	寅	卯	辰	巳	午	未	申	酉	戌	亥	子

命宫天干对照表(2)

命宫地支 / 年干	寅	卯	辰	巳	午	未	申	酉	戌	亥	子	丑
甲己	丙	丁	戊	己	庚	辛	壬	癸	甲	乙	丙	丁
乙庚	戊	己	庚	辛	壬	癸	甲	乙	丙	丁	戊	己
丙辛	庚	辛	壬	癸	甲	乙	丙	丁	戊	己	庚	辛
丁壬	壬	癸	甲	乙	丙	丁	戊	己	庚	辛	壬	癸
戊癸	甲	乙	丙	丁	戊	己	庚	辛	壬	癸	甲	乙

2. 命宫断法

命宫的运用,应与大运和流年等互相综合断其吉凶,实用方法如下:

命宫的吉凶,首先要看旺衰,旺衰以月令为标准,断法与四柱一样。

命宫临吉星则吉,临凶星则凶,古有“吉星照命大吉”之说。

命宫临驿马,一生环境多变,走动机会较多。

命宫地支不宜与岁运地支相冲,如冲月支更凶。

命宫地支宜旺不宜衰,临喜神则吉,临忌神则凶。

命宫干支与年干支天克地冲,可与六冲一样断法,主祖上或父母有灾。

命宫地支可弥补四柱之缺,如命局中无用神,或无贵人,均可在命宫查找。

从命宫中可以看出一生处境,这些内容繁琐难记现编成七字歌诀,以便背诵。

①子宫

子宫人的状态:态度和蔼、文雅可亲,与人有信,念旧情深。夫妻恩爱,感情永恒,头脑灵活,聪明过人,不记宿怨,宽宏大量,但不足之处有之,乃发言过激,主观性强。

子宫人的职业,宜选职农业、矿产、铁路、工程、地质、建筑等学科，可能功成名就。

健康方面，应注意血液循环，影响心脏，神经衰弱，心跳、心慌等症状。

子宫天贵志不凡，志向清高在命间。

得志国家能重用，失时贵人到近前。

平生面慈心又软，老来定然有佛缘。

②丑宫

丑宫人的状态：志向高大、愿望蓬勃、处事不贪。但自傲态度较强，好象别人应该无条件地对我尊敬、信任，为此也致信于人，能博得一时之敬仰。由于锋芒过露，过于气焰嚣张，最后易遭人怨，阻碍事业发展。

健康方面：如岁运太差，易患中风、风湿、坐骨神经痛、脚上疾病及皮肤湿疹等方面疾病。

职业选择：由于丑命宫与子命宫相合，子与丑合化出土气，选择的职业也应与土有关，具体看法，与上述子命相似。

丑宫天厄谋事迟，劳碌生涯不得时。

疾病绵绵难延寿，自力更生可维持。

初年中年一个样，晚景福禄定出奇。

③寅宫

寅宫人的状态：性情刚毅，分析力强，谈笑自如，性情活泼，使人有亲切感。有主见，料事自如，很有大仁大义风度，其人交游甚广，人缘极好，开朗的性格人所钦佩。

职业所宜：寅宫人本属木星，以木为主，宜习医学、经济、法律、适合在公方、团体工作，与学校、医院、宗教等事业有缘。

健康方面：如岁运不好，应注意风湿疼痛，容易影响腰腿部位，如肿瘤、疮毒、痰火结聚，以及血液方面的疾病。

寅宫天权最聪明，能文能武近人情。

初年就有名望在，事业蓬勃大亨通。

领导群众都敬仰，能为朋友把命扔。

④卯宫

卯宫人的状态：卯宫的人大多数运不佳，否则自小身弱，直到壮年，方能体健身强。卯宫人性情易激，神经敏锐，待人接物有过头的热情劲，每因小事争执不休，历经挫折后，性格变为严谨，以个人力量从事奋斗。由于观察力强，对人对事都能善恶分明，容易引人同情。由于对人生之了解，所以对自己今后事业的发展起了一定作用。

卯宫人的健康：如遇上岁运不好，容易引起肾功能及大肠部位不佳，如前后阴部疾病，如肾结石、痔疮、脱肛。

卯宫人的职业，应以火为主，应在理科学术方面多加研究，利于化工，机械，木火类。

卯宫天赦最直率，为人仗义又慷慨。

处事生来就抗上，虚伪之人合不来。

好打人间不平事，常为别人耗钱财。

⑤辰宫

辰宫人的状态：此宫人性格温和，仪表非常，行止有礼，思考周到，乐于为人排难分忧，遇人有难，则挺身相助，唯恐热忱过度，容易自生事端，引起是非纠缠。辰宫的男人，对女人的要求，特别迎和，事后轻易允诺，这种人缺乏果断性，这都是天性所使。

辰宫人的健康：如逢坏的岁运，应注意肾部与脾胃疾病，及腰肾软弱，脾肾两虚之疾病。

辰宫人的职业：辰与酉相合化金，所以辰宫人的职业，以金为主，由于其多才多艺，宜在文艺上加功，多练习书画、音乐、雕刻等与美术有关的行业。

辰宫天罡智谋多，处起事来好反复。

生来能言又善辨，主人婚姻有波折。

为人平生好多事，奸诈多端好机谋。

⑥巳宫

巳宫人的状态:此宫之人,态度沉着,喜欢吹毛求疵,由于性格孤癖,亲戚朋友都不敢接近,此乃一大缺憾。好在巳宫的人,手段精明,处事有条有理,如果经商,能成其大业。由于平时思虑太过,注意脑部出病。如逢不好的岁运,则注意肠胃和腹部,容易罹得便秘,泄泻、痢疾等症。

巳宫人的职业:巳与申合化成水,其宫的职业也与水有关,水主聪明才智,与文化教育事业及一般动脑筋的事业为最有利,如果格局破损,则防止易得忧郁之病。

巳宫天文命最佳,勤学苦练可发达。

女人能把贵夫配,男命贤妻主荣华。

初年不如中年好,晚景福禄更胜他。

⑦午宫

午宫人的状态:立命午宫的人,天生具有坚强意志,不怕艰险,有排除一切阻力的勇气,有野心勃勃的期待特性,也有冲动、热情、前进无阻的理想,但有时傲气非常。午宫的人,平时待人接物非常热情,笼络与取悦他人的手段高明。这种人如能戒除傲气,自能成其大业。

午宫人的健康:如岁运不好,则注意身体有病,容易影响腰部与脊部位筋骨疼痛,平常注意心脏、风湿、黄疸等方面疾病影响。

午宫人的职业:无论士农工商皆宜,如往政界方面进展,肯定是高官厚禄,并能干出一番出人头地的事业。

午宫天喜命最强,荣华富贵保安康。

遇上大事能化小,若逢小事如平常。

生来心慈面又软,平平安安过时光。

⑧未宫

未宫人的状态:未宫之人,性格外柔内刚,其人办事严密,工作谨慎,不容易接受他人意见,这些都是好的表现。未宫的人,领悟力和观察力很强,喜欢多动脑筋,想像力非常丰富,但容易会招花惹草,应该提高警惕。

健康方面:如逢坏的岁运,应注意胃病,逆呃、消化不良等症,易须注意小肠方面的疾患。

职业所宜:未宫人最宜从事商业,或从事运输业或流动工商业,或从事妇产科乃护士职业为最合适。

未宫天秘防不安,劳心费力在命间。

需离祖业家方起,自力更生创家园。

生来心胸就不大,总是人闲心不闲。

⑨申宫

申宫人的状态:申宫之人的性格非常机警,心眼灵活,对某一种问题,都能悟出很多的道理,并能提出巧妙的处理意见和方法,能用不同的言论和态度来表现出事情的未来结果,所以在社会上构成一定的地位和荣誉。常闻很多早智早慧儿童,有时提出的问题,老师都解答不了,这些儿童大多属于这个类型。此宫之人,大多具有双重性格,心理上没有平静的时候,一天到晚,不是这样事,就是那样事,有时充满自信和乐观,但有时候又考虑到悲观和失望,自我矛盾的心理,乃是本宫的天性。论此宫人的事业,大多开始顺利,但最终半途而废的多。

申宫人的健康:宜防肺与膀胱方面有病,如哮喘、咳嗽、气呃、呼吸器官之病,以及尿道,膀胱炎症、五淋白浊等疾病。

申宫人的职业:申宫人的头脑聪明,大智早熟,乃与水有关,因申宫人与巳相合,巳与申化水,所适合的职业,大多与巳宫人相似,如文科、教育、写作等等。

申宫天孤勿早婚,早婚必定配二婚。

男子离婚需再娶,女命必配二夫君。

奔波劳碌依靠少,婚后提防婚外人。

⑩酉宫

酉宫人的状态：此宫的为人，心地善良，忠实可靠，沉默宁静，深思远虑，但有固执己见，性格暴躁的弱点。酉宫人主观性较强，久而久之，难免会有任性放肆的表现。如果有人时时开导，则能有所转变。酉宫人一生对大自然有所爱好，能长途跋涉去欣赏大自然之美景，对名山大川欣喜若狂，并有隐居仙境之念头。

酉宫人的健康：如值不好的岁运，注意喉部生病，如气管炎、咽炎，有时病发于肾部与心脏部位。

酉宫人的职业：辰与酉合化为金，酉宫人的职业，应与金有关，具体看法与辰宫职业相似。

酉宫天刃有是非，争强好胜会显威。

为人生来贪心大，由于贪心吃了亏。

事业经营路子广，常因失算把钱赔。

⑪戌宫

戌宫人的状态：戌宫人举止灵敏，工作热情、勇敢无畏、速战速决，凡事绝不犹豫，这是戌命宫的长处。但不足的是缺乏忍耐性，如能控制自己，什么事都能成功。大凡天性好动之人，偶而受点刺激，则即将报复，变本加利，终究导致失败，最好能冷静头脑，闭门思过，方为上策。

戌宫人的健康：如岁运不好，应注意影响头部，如神精衰弱、思想错乱、中风、头晕牙疼等以及心包络方面的疾病。

戌宫人的职业所宜：戌宫人职业，应以火为主，由卯与戌相合化火，所以职业也应与火有关，具体看法，与卯宫的职业相似。

戌宫天艺性情和，为人生来话不多。

技艺之道有发展，一生不遇大风波。

财运平常过得去，无忧无虑渡生活。

⑫亥宫

亥宫人的状态:立命在亥宫的人,感情浓厚,精神敏锐,待人有过头的热情劲,为此事得其反,趋于理智之外,会引起人的误会,招人指责,惟其本人修养意识较好,遇事沉着,通情达理,平生不以金钱为重,与亲友共事处处关心他人,这是亥宫人本性。

亥宫人健康方面:亥宫人如果岁运不佳,身体方面会引起关节疼痛,风寒感冒,肢体麻痹等症。

亥宫人与寅宫相合,寅与亥合化木,生于此命以木为主,选择的职业,也应该与木有关,具体看法,与上述寅命宫相似。

亥宫天寿人慈心,克己奉公近人情。
走遍天下有人敬,命中是个长寿星。
福如东海长流水,寿比南山不老松。

命宫生月时辰速查表(3)

出生时辰 命宫 出生月份	子时夜 23-1	丑时 1-3	寅时 3-5	卯时 5-7	辰时 7-9	巳时 9-11	午时 11-13	未时 13-15	申时 15-17	酉时 17-19	戌时 19-21	亥时 21-23
正月寅	卯	寅	丑	子	亥	戌	酉	申	未	午	巳	辰
二月卯	寅	丑	子	亥	戌	酉	申	未	午	巳	辰	卯
三月辰	丑	子	亥	戌	酉	申	未	午	巳	辰	卯	寅
四月巳	子	亥	戌	酉	申	未	午	巳	辰	卯	寅	丑
五月午	亥	戌	酉	申	未	午	巳	辰	卯	寅	丑	子
六月未	戌	酉	申	未	午	巳	辰	卯	寅	丑	子	亥
七月申	酉	申	未	午	巳	辰	卯	寅	丑	子	亥	戌
八月酉	申	未	午	巳	辰	卯	寅	丑	子	亥	戌	酉
九月戌	未	午	巳	辰	卯	寅	丑	子	亥	戌	酉	申
十月亥	午	巳	辰	卯	寅	丑	子	亥	戌	酉	申	未
十一月子	巳	辰	卯	寅	丑	子	亥	戌	酉	申	未	午
十二月丑	辰	卯	寅	丑	子	亥	戌	酉	申	未	午	巳

3. 命宫与星煞断法

命宫的看法与八字是一样重要。老一辈的职业命理专家们,将命宫纳入八字一起分析,称为"九字推命法"(因命宫注重的是地支),准确度很高,除了能推测人生的性格状态、身体、职业等以外,另以八字的年日干支配合小限,可推断出流月流日和一些语出惊人的事情。

推算命宫,首先要明白喜忌,如果命宫是命局中的喜神和用神并带有天乙贵人者,加之格局清纯,如财官格、官印格等,定主其人相貌堂堂,清奇可贵,具有聪明头脑,德高望重,遇事自有吉人天相,平时得以贵人相助,有成其大业的光辉祥兆。

命宫临驿马,而且又入桃花之地,加之八字原局金多水滥,并且格局又不好者,定主其人意志不坚,感情不专,缺乏真诚纯洁的爱情,女子贞操观点较薄,而且因淫逸无度,使身心受到摧残,遇此者应嘱多多修心养性,方可挽回影响。

命宫临驿马,定主其人远离家乡或在异国他乡发展事业。其人一生中的变迁,移动的机会较多,如果坐支为喜用神,而又为财星者,主其人财源滚滚,事业有成,而且发展快速,获得横财而巨富者而有之。这种八字的所处之地,如果是七煞,而且八字格局结构又好,可能成为外交官员或边防将领。

命宫带有华盖和空亡者,主其人在文学艺术方面多有研究,如再带有孤神、寡宿,定主其人性格特殊,但主事业有成。这种八字的人雅洁清高,对与财利视如粪土,只重其名,不重其利。遗憾的是大多少子伤妻,这种八字的人,大多有隐居山林,烧香拜佛的念头,自以清闲为至上,积德为自高,终身寄托于沙门(佛教的出家和尚)。有这种八字的人,主性格孤癖,对亲戚朋友都冷若如冰。如格局清纯而不杂者,主其人有真诚信教的崇高思想,最后能成为佛门高僧。

命宫地支坐羊刃,原局命主又旺而无依者,定主其人性情刚烈,喜怒无常。遇事易于冲动,稍不如意,火暴脾气即发,自己控制不了自己。因此,所处的交际关系很不理想,环境容易发生变化,亲戚朋友都成为烦恼根源,这种八字的人心肠较软,每到火上加油的脾气发作过后,又恢复如常。为此,容易造成不可收拾的局面。这种八字的人,最好要注意安全,防止有意外的祸灾出现,因为每当心里失去平衡的时候,无法控制自己,将会如脱缰野马,横冲直撞。容易遭人残忍手段,给以伤害,也有可能有时由于控制不了自己导致犯罪。如遇流年与命宫相冲克的时候,应该严加防范,主有意外之灾祸发生,慎之!

通过以上长篇论述,读者已经了解命宫在推命术中所占的地位是何等重要。过去一些职业推命的老前辈们常说,推一个命,不仅是只看五行生克制化,更重要的要分清喜忌,包括日主在内,至少要用二十个字,才能将一个八字详细说明。也就是除了八个字与命宫以外,还要加上大运、流年、流月、小限和常用神煞等。命宫是推命学中的首要推选者,常会有人将八字推命称为"九字推命",因命宫的使用,注重是地支,所以称为"九字推命"。这样不仅将推命的范围扩大,而且准确度也会提高。

命宫以外还有身宫,身宫的推法和命宫推法一样,只是顺逆之分,命宫是以子上起正月逆行至本生月,再将出生时辰加在生月上顺数"逢卯安命"。而身宫的推算方法与命宫的推算方法正好相反,是以子上起正月顺数逢酉安命。先以命宫来说,某人生在午月辰时,按照子上起正月逆行,命宫在未。再以身宫来说,仍以子上起正月顺数至本生月,将生时加在生月上逆数,逢酉安命,身宫在亥。江湖推命《拦街网》有推算命宫与身宫的口诀现列于下:

命宫口诀

要知命宫在何位,子起正月逆行通。

生月地支生时起,顺推至卯是命宫。

身宫口诀

身宫口诀君记之，子起正月顺推施。
生月地支起生时，顺推到酉用莫迟。

第六节　四柱管辖分析年限

流年的运限是传统推命术的运局年限分界线。以年柱、月柱、日柱、时柱分别管辖人生四个阶段。

（一）年柱统管出生年至16岁限运。

（二）月柱统管16岁至32岁限运。

（三）日柱统管32岁至48岁限运。

（四）时柱统管48岁至晚年限运。

综观上述每柱分别管16年的时间，具体的应用，年柱天干又管1～8岁，年柱地支管9～16岁；月柱天干管17～24岁，月柱地支管25～32岁，日柱天干管33～40岁，日柱地支管41～8岁，时柱天干管49～6岁，时柱地支管57～4岁。

1. 年柱吉凶看法

年柱干支代表祖上。在此期间，如四柱中的年干支被冲被克，主其人在16岁以前，祖父母或父母死亡；如果八字中的命、岁、运形成自刑或循环三刑，则主本人的灾祸，应在此限之内。一般来说大限受冲或受克，多主死伤等凶灾恶祸出现。若为喜用神时，说明祖上有一定的威望，本身也可得到祖上恩典。从出生至16岁之幼少年时期，肯定事事如意，心想事成，这个阶段的成长过程中，可能得亲人的爱戴。如果年柱为忌神时，可能得不到祖上的疼爱，不是出生贫穷，就是环境不佳，使幼少年之运曲折不顺，或家庭遭不测之祸等等。

2. 月柱吉凶看法

月柱干支代表父母或兄弟姐妹，又代表家乡故土。若月柱被冲克，说明该命在32岁之前父母有死亡之事，如有自刑或循环三刑，在本限内则主本人有凶灾恶祸，死伤恶事出现。若为喜用神多得父母兄弟姐妹之帮助，而且感情密切，从16岁至32岁的青成年时期诸事顺利，家庭幸福，学业有进，荣耀腾达。如果月柱为忌神时，说明什么事情都要靠自己努力，得不到父母兄弟姐妹的帮助，这段时期凡事阻逆艰难，处处碰壁。

3. 日柱吉凶看法

日柱代表自己或配偶，代表32～48岁的限期。此限内如日柱被干克或支冲，主本人与配偶有生离死别之灾，如遭月支冲更加应验。若自刑或循环三刑入本限，应主本人有凶灾恶祸，主多见死伤及危险之事。月支为喜用神时，说明配偶对自己有帮助，家庭条件良好，婚姻幸福美满，32～48岁的中壮年时期的运气顺利无阻，事业发达有成。如果日支为忌神时，配偶不能称心如意，家庭穷困潦倒，或夫妻生活也不能幸福，这一阶段多是事与愿违。

4. 时柱吉凶看法

时柱干支代表子女，又代表48岁以后的晚年时期。此限内如时柱被干克或支冲，则主本人或子女将遭不利之事；如此限内遇有循环三刑或自刑，则主本人有凶险，死伤之灾。若为喜用神时，兆示子女贤孝，事业会大有成就，晚年运安祥如意。如果时柱为忌神时，不但得不到子女孝顺，说不定子女忤逆犯上，更谈不上晚年幸福。

四柱的运限，代表着一个人出生以后的四个阶段运程，每个阶段的吉凶祸福，都由该柱干支的喜神和忌神来决定的，但这只能是一般的大概论述，实际上每柱运限所管辖的16年，每年每月还有比较不同的变化，不能单靠运限的吉凶作出结论，还须将运限与大运、流年，配合流月干支之生克合刑的喜忌，综合起来参考斟酌，才能正确、精细的推算出某限运中，哪年是吉，哪年是凶。例如年柱代表16岁以前的幼少年运程，如果年柱为忌神，大多都灾祸重重，诸事难以遂愿，但不代表在16年之中年年不顺，为此必须要配合大运、流年干支综合起来分析，然后才能推算出哪几年最不顺，哪几年是比较顺利的。

推算婴幼儿的运势，在没有交到大运之前，要知流年吉凶，必须要将年柱和流年、小运的干支，按喜、忌、克、生、刑、冲、合、害等综合起来分析，以小运弥补未交大运之前的空白，才能得到该年的吉凶结论。

第七节 胎元、胎息、身宫推排法

所谓胎元，指的是受精怀胎的月份，说明一个人在怀孕的月份禀受天干地支及五行之气，以此作为预测命运的一种重要参考依据。其法是以月柱的天干向前推一位就是胎元天干；月份的地支向前推三位就是胎元之地支。例如丙子月起胎元，丙子的丙字向前进一位是丁，子字的向前进三位是卯，将和卯加在一起其胎元是“丁卯”，其余类推。

从六十花甲子的推排顺序来看，从丙子起胎元逆推至丁卯正好是十位，可见这种推法是以十月怀胎为基数而推的。

鬼谷子云：胎中如有禄，生在贵人家；若要值空亡，贫穷起怨嗟。胎元若见贵，必定受祖荫，如果与日柱，年命刑冲克害，定主此人一生艰辛。胎元与生时干支的纳音五行相生，主此人长寿，如刑冲克害，主此人短寿。胎元的纳音克出生年的纳音，为胎元克年，必主父母短寿。

1. 胎元的吉凶断法

①胎元是四柱根基，不宜与四柱相克，若与命局某一柱相冲

相克则主某一柱的六亲不吉。

②胎元最不宜与日柱相冲相穿，遇之则主此人一生辛苦劳碌。

③胎元遇吉星大吉，如与天德月德贵人相临，必得福禄护佑。

④胎元干支与年柱和时柱干支相生，得以祖上庇佑而且长寿，如与生时干支刑冲克害，主父母寿命不长。

⑤四柱纳音不宜与胎元纳音相克，如柱有三个纳音与胎元纳音相克，主此人祖上贫穷，父母早丧，本人应为孤儿，幼年家贫如洗。

2. 胎息推排法

胎息的推法是以日柱为主，与日柱干支相合者即为胎息，如丙子日生人，丙与辛合，子与丑合，即以辛丑日为胎息。

胎元属先天，胎息属后天。胎元受胎之月令对八字命局影响较大，胎息次之。

胎元与胎息互相不宜相冲相克，宜生扶为吉，相克则凶。

胎元和胎息原出于江湖算命《拦街网》"直断章"，属于算命术中铁口神断的一项"术语"。盲派推算对此非常重视，视之为"师传秘诀"。虽然对推命有一定的意义，但在传统派推命大多重视胎元而不重视胎息，江湖算命术虽然将胎元、命宫、身宫归纳为命中三桓，但对胎息很少提及，有的教弟子时甚至只字不提，为了本书的全貌，故将二星录出，以供读者参考研究。

3. 身宫推排法

命宫、胎元、身宫在传统算命述中被称之为命中"三桓"，又称之命中三柱，其作用与命局四柱同等重要，称之为"七柱推命法"，七柱推命比起四柱推命述既详细而又直接，被老前辈纳入《江湖拦街网》"直断篇"中。此法在应用时最好与用神同看，也可直接按照排好的断语直下结论，此法在江湖上称之为"铁口神断"法。

身宫的排法非常简单，其法与"命宫"推排法大体相似，只是有顺推与逆推之不同。命宫的推排法是从子上起正月逆推到本生月,然后将时支落在生月上顺数至“卯”,卯所临的地支即是命宫。而身宫和命宫的推法大致相同,也从子上起正月,顺推到本生月,再将时支安在生月上逆推至“酉”,酉所临的地支即是“身宫”。

既知身宫的地支,再推身宫的天干,起干法是以年上起月法而定,年上起月法古时叫“五虎遁月歌”。例如某男的出生八字是辛巳年、戊戌月、癸丑日、壬戌时,已知身宫地支是酉,再求身宫的天干,已知命主出生在辛巳年,查五虎遁月歌,“丙辛之岁从庚上”,辛年是从庚字顺数,接着是辛、壬、癸……一直数到酉,即知这个命主的身宫是“丁酉”,余皆以此类推。

诗曰:八字算命出江湖,秘诀未出古人书
尊师重道求易理,行规道业永莫疏
张良觅履成大道,学业追求学三芦
吃水思源教天地,报恩报德记清楚。

第五章 格局篇

第一节 格局的概念

古人推命，非常重视格局，格局是研究八字必不可少的演断程序之一。但也有的学者认为不用格局同样可以推八字，不过大多数还是主张用格局的，因为推算八字主要靠选取用神、忌神，而后再看大运流年对命局中用神、忌神的影响。而格局是选取用神的重要依据，千万不可忽视不用。可是古代论格之法多达上百种，方法繁琐，记忆颇难，有些格局在实践中根本应用不上。

为了使初学者在研读方面少走弯路，故对格局加以整理，对照五行生克的道理，以简明详实、删繁就简的思路，只选用普通八种格局、五种变格和三种从格，这样避免繁琐。

普通格局又叫正格局，凡是以正官、七煞、正财、偏财、正印、偏印、食神、伤官入局的叫做普通格局，又叫正格，正格以外叫做变格。

关于建禄与羊刃又有一种说法，如建禄落在时支上，不被官煞所伤，不被比劫所争，反而成为月禄归时，逢财主大贵。古诗云：

日禄归时格最长，怕逢官煞喜身强。

若遇比劫来争禄，格局破尽最难当。

羊刃格又称月刃格，必须月支独藏月干羊刃，即称为月刃格，如月支中藏有他柱之干(除其日干)，则化为它格，诗曰：

羊刃重叠不聚财，若要聚财妻父灾。

岁运若把财源进，得到小财失大财。

八字取格以月支为重点，配合日干、年时来判断轻重，但均以月令为根。其中逢官看财，因财能生官。逢财看煞，因财能生煞，逢煞看印，因印能化煞，逢印看官，因官印相生的道理。

本书为了使初学者了解格局的简单道理，并将师授经验一并付出，以飨读者。如正格局断命术语，六亲与格局判定等，诸书中都没有说清楚。现都逐条讲解明白，以让读者很轻松地了解格局判定及应用，将此篇读完后，可使对预测学陷入一种难进难拔、“山穷水尽疑无路”状态的读者，产生出“柳暗花明又一村”的感觉。

第二节 普通格局的判定

1. 普通格局取法

①以月支为主，先看月支中人元所藏的本气透出者，就取透出之干与日主六亲关系的十神定为格局。比如命主出生在寅月，寅字藏地支甲、丙、戊，其中“甲”字是地支本气。在年、月、时的天干中，如见到有甲字，看这个“甲”字与日主是什么称呼，就取此称定格，再说得确切一些，也就是看月支本气与四支天干哪一位相同的，就以这个天干取格，二月为卯月，卯的本气是“乙”字，这个乙字如果透出与年、月、时干某字相同的，就取这个天干定格。辰月天干透“戊”，巳月天干透“丙”……

所谓“天干透”，就是月支中所藏的人元在天干上透出之意，也就是月支中的人元与四柱天干相同的叫做透，还有一种四柱地支五行与天干五行相同的也叫做透，这种“透”叫做“通根”。判断格局的透干，指的是月支中的人元透干。再看与这位相同的天干对日主是什么关系，如果是正财，就是正财格，是偏财就是偏财格。

例如：甲子(1984)年正月十二日申时生

这个八字为：

正印		日	
甲	丙	丁	戊
子	寅	丑	申
	甲丙戊		

丁火生于寅月，寅的人元中藏有甲丙戊三个字，甲字为寅支的本气，丙与戊为寅中的杂气，月支本气的甲字透出年干，甲为日主的正印，故此造为正印格。

②如果月支本气没有透出天干，只有杂气透干，那么只有取其杂气为格。

例如：乙亥(1995)年三月廿七日酉时生

这个八字为：

偏印			
乙	庚	丁	己
亥	辰	亥	酉
	戊乙癸		

这个八字，月支辰土人元中藏戊乙癸，戊为辰月本气，但在干支中没有透出，只有杂气的乙字透出，就只有取"乙"为格，乙字乃是命主的偏印，就叫做"偏印格"。

③如果在月支藏元中一个都没有透出天干，只可取其地支本气为格，其它杂气不取。

例如：甲戌(1934)年四月十一日卯时生

这个八字为：

甲　己　甲　丁
戊　巳　午　卯
　　丙戊庚
　　食
　　神

这个八字甲木生于巳月，月支巳火藏元丙戊庚，藏支没有透出天干，乃取地支本气的丙字为格，丙字乃是日干甲字的食神，这个八字就叫做“食神格”。

④如果命局中子、卯、酉三个月支中每支只有一个天干本气，那就不论月干透与不透，可以一律以月支本气定为格局。

例如：庚子(1960)年八月十四日寅时生

这个八字为：

庚　乙　乙　戊
子　酉　丑　寅
　　辛
　　偏
　　官

月支酉金的本气没有透干，可以直接以酉中的辛金定为格局，辛金为日干乙木的偏官，所以称为“偏官格”。

命局中月支藏干和日柱之间的关系是比肩、劫财、建禄、羊刃的，一般不取为正格局，因为建禄和羊刃都是比肩和劫财关系，如甲木生于寅月，寅是甲的禄，所以叫做建禄格，甲木生于卯月，卯是甲的羊刃，所以叫做羊刃格，建禄和羊刃虽是名称不同，但大意相似。所以比肩和劫财不能取格。建禄与羊刃不在八格之内。

正格格局速查表

日干＼月支＼格局	正官	偏官	正印	偏印	正财	偏财	食神	伤官	建禄	羊刃
甲日	酉	申	子	亥	丑未	辰戌	巳	午	寅	卯
乙日	申	酉	亥	子	辰戌	丑未	午	巳	卯	○
丙日	子	亥	卯	寅	酉	申	辰戌	丑未	巳	午
丁日	亥	子	寅	卯	申	酉	丑未	辰戌	午	○
戊日	卯	寅	午	巳	子	亥	申	酉	巳	○
己日	寅	卯	巳	午	亥	子	酉	申	午	○
庚日	午	巳	丑未	辰戌	卯	寅	亥	子	申	酉
辛日	巳	午	辰戌	丑未	寅	卯	子	亥	酉	○
壬日	丑未	辰戌	酉	申	午	巳	寅	卯	亥	子
癸日	辰戌	丑未	申	酉	巳	午	卯	寅	子	○

第三节　普通格局十神术语

1.【正官格】

正官透干通根于月令者，定为正官格。

正官格的含意：

①正官为克日主之星，属阴阳配偶之克。正官透干通根于月提或得令，而且身旺能任官者，该命必能显赫荣达。

②正官为之贵星，正官旺盛者，意味着此人品质高尚，有领导才能，柱中如偏财旺盛，则表示有优异的经营才能。

③正官格逢身弱印轻，官星不重，又无财生官者，以印星为用神。

④正官格逢身旺而官轻者，须行运助官，故以正官为用神。

⑤正官格的日主弱，又官煞混杂者，须去煞留官，绝对不能去官留煞，如果以印通关也最理想。

⑥正官极旺，日主被压得太过，使命主庸懦无能，欠缺果断能力，则不宜再见食伤，因食伤耗泄日主之气，使日主更加衰弱，对其命主更为不利。

⑦正官格须要身强，因身强可以任官，但喜财来生官，逢印的大运也为最好。

⑧如果正官格遇上日主旺而又得月令者，则不喜印，因印可泄官气是忌神。

⑨正官格，只有官星一位最好，如两位以上则成为七煞凶猛强烈。

⑩属身旺的正官格八字最喜财星，因财能帮官，调和正官与日主之间态势。属身弱的八字，必须带以印星或比劫星，因印或比肩可促使正官与日主之间态势均衡。

⑪正官格柱中带旺财的称为官财两旺，谓之贵命，大运走到官星或财星时主发达显赫。

正官格行运吉凶：

①正官格带印绶者，称为官印两全，乃是贵命，逢官星及印星运主升腾发迹。

②正官格带有正官、正财、正印之三贵星者，主大吉大利，一生飞黄腾达。

③正官格的命局带有偏官不吉，名曰官煞混杂。如偏官与日干以外的他柱干（藏干也可）相合，称为留官（正官）去煞（偏官），因偏官贪合忘克日干，则对正官不构成威协。

④正官格遇偏官大运主凶，乃“官煞混杂”，主公私不利，如遇官煞混杂的情况，逢到与煞合的岁运为“去煞留官”，乃诸事无碍。

⑤正官格与伤官同柱大凶，如正官格的他柱带伤官，若逢伤

官运也不吉,其不吉程度看正官与伤官强弱可知。

⑥正官格命局中的食神(三个以上)主不吉,因食神克正官不佳,如有财星,则成接续之生,反主为吉。

⑦正官格中的印绶过多也不好,如有财制印则吉。

⑧正官格的正官十二运为墓,则名利难成,如逢冲无碍,如正官空亡,则是虚名。如与空亡地支逢同支大运,则主发达。

2.【偏官格】

偏官透干通根于月令者,定为偏官格。

偏官格的含意:

①偏官透出天干,又通根于月支而得令,而且当旺有食神者为偏官格,过旺无制者为七煞格。

②偏官一位为最佳,如果出现多位为杂,偏官要有制,无制又不宜多位,多位谓之七煞。

③偏官格身弱煞强,喜助身旺运,须要用印化煞,否则印太轻,再行煞运有亡身夭贫之祸,所以取印为用神,以生身化煞。

④偏官格身旺,七煞在月支最佳,以七煞为用,可以使日主平衡。

⑤偏官格身煞两强,需要印星通关调和,取印为用神。

⑥偏官格日主极旺,官煞不当令,谓之官煞衰弱,不仅煞不宜制,反须财生官煞,故取财为用神。

⑦偏官格日主弱而官煞旺者,切忌食伤制煞,因食伤虽能制煞反盗泄日主之气,喜用印生身耗煞。

⑧偏官格官煞太弱,逢食伤过多,因食伤乃官煞忌神,此称“鼠穷啃猫”,用神陷于穷困,主易生灾祸。

⑨偏官格的命局带正官不吉,因正官贵在纯粹,偏官遇正官者谓之“官煞混杂”两者不利。

⑩偏官格遇上正官,谓之官煞混杂主凶,宜“去官留煞”,如甲日出生,月支“庚申”,属于偏官格,他柱有“辛”之正官,谓之官

煞混杂，如他柱又有“丙”字，丙与辛合，则正官贪合，这样不仅不存在官煞混杂，反而成为上格。

⑪偏官格身弱，偏官过多而无制者，主一生多灾多难，如身旺偏官过多而有制者，反主飞黄腾达，反之身弱偏官过多而有制者也没有什么大的发展。

⑫偏官格身弱遇上财星过多者不吉，因财星生助官煞，使日主忍受不了官煞的克害。

⑬偏官格官煞旺相者怕坐墓，入墓，主灾厄立至，如遇大运，岁运再逢墓者，主必死无疑，此乃“随鬼入墓”之说也。

⑭偏官格身弱的主身体不佳，因偏官是日主的克星，故逢偏官大运时，要特别注意身体有病和其它事故出现。尤其三合会局的偏官格逢旺运时，主其灾特别凶猛。

偏官格行运吉凶：

①首先要将日主与偏官的强弱分析清楚，这对行运吉凶非常重要，如身旺而偏官弱者，逢偏官运有财星生扶主大有可为。遇身弱而偏官强逢印旺及印运也主前程似锦。

②此格天干的偏官坐空亡或未得月令或十二衰弱，又无财星所生，称为“偏官无根”，这种命式，如走到偏官旺运，则突然发迹，反之偏官有根而过旺的，逢到偏官旺运，则祸从天降，所以命与运的均衡，特别重要。

③偏官乃是劫财大敌，故偏官格对财运并不影响，柱中有财星的偏官格，一旦逢到财星运，必主大发其财。如果命局不具备财星的偏官格，就是逢到财星之运，也不起多大作用。

④遇有官煞混杂的偏官格最喜干合，因干合可解去官煞混杂。

⑤偏官格逢正官大运主凶，乃“官煞混杂”，主公私不利。如有官煞混杂的情况，逢到与干合的岁运者为去官留煞，乃诸事无碍。

⑥偏官格逢正官大运谓之“官煞混杂”，同样主凶，遇到这种情况，逢正官天干与大运天干相合者无事，此乃为“去官留煞”，诸事皆利。

3.【印绶格】

印星透干通根于月支，又得月令，即印绶格。

印绶格的含意：

①印绶格因官煞或财星太旺，或食神过旺，导致日主身弱，因这些都喜印来生扶。

②凡是身弱者皆喜印生扶，其印必须要有根，印多则好，不管是正印或偏印，皆可以取为用神。

③身弱者喜印扶身，但不宜见财来破印，如果身旺印旺，干支都见，则喜财来破印。

④身旺印旺，印为忌神，因印星能克倒食伤，儿星被克，必定无子，有亦极少(指女命而言)。

⑤以印为用的命局，大多身弱，以财星为忌，身强印旺喜财坏印。

⑥印绶为生母，偏印为继母，但印绶并非专指母亲，有时代表父母双亲，柱中印绶多，特别年柱有印绶，说明双亲也多。

⑦印绶格为日干的保护神，即代表学业、文章、才能。印绶旺盛的人，属于技能出众，学业有成的类型。

⑧印绶又为护身之神，能制伤官而保护正官，俗说官印双全，乃如此，正官为禄，正财为马，偏官带印为之好命，因偏官能生印，印生日干，故可使偏官驯服为我所用。

⑨俗语说“月逢印绶，其福必清”，这专指印绶格而言，凡月支带印的印绶格，乃大富大贵，衣食无亏之命。

⑩凡印绶格的人，大多相貌堂堂，产业丰富，多属风采翩翩之士，做官必做文官，如果从事产业经营必可成功，因资源丰富之故。但这些必须具备印绶格的命式，带有官印双全，印绶和正

官均逢旺相等条件，方可如愿。

⑪印绶格的命式中带有正官和正印的名曰官印双全，二星不论出现在何柱皆是好命，逢到官、印的大运时主飞黄腾达。

⑫印绶格日干坐绝的人，属衰弱至极之命，如逢印绶相生的大运，谓之绝中逢生，其日主定能一跃而起，成为富命。

⑬印绶格最怕遇上死绝大运，这种运程最难发达，如果逢印绶旺相的流年，主小有发展，印绶格逢上死绝运，无论如何皆主不利。

⑭印绶格，忌财星过多，主其人愚钝，或有精神抑郁症的危险，遇有这种现象时，有劫财来制正财则主吉。

⑮印绶格带有偏印者，谓之“印星混杂”不吉，印星过多者有孤独而不合群的现象。

⑯印星最好不要超过两个以上主吉，如有三个以上不利，谓之太过，为此如有财星制之，反而成为富命，因有“印绶太过，逢财则吉”之说。

印绶格行运吉凶：

①印绶格最怕走死绝大运，主灾厄立至，如恰巧岁运亦逢死绝，或地支正财的岁运，有生命危险。

②印绶格带正官的属于官印双全，如果是偏官的也好，因偏官生印，印生日主，故偏官克命的凶暴受到控制，此称“逢印化煞，这种情况下，最怕逢财星大运，因财星破印而生偏官，使偏官凶暴而克日干。

4.【偏印格】

偏印透干通根于月令者谓之偏印格。

偏印格的含意：

①偏印别名叫枭神，指其如枭鸟食母一样的残暴性，因与食神相隔在第七位，与食神互相为敌。故又称为倒食。

②印星为学业之星，相对的正印为才能之星，偏印为奇特的

才能,富有独特的创造才能,敏捷的构思。

③时柱带偏印,其人利己主义较重,性格独特而孤癖,印星过多的人,大多自高自大,所以也不大团结人。

④偏印格的命运最讨厌的是食神,尤其命式中见到偏印强旺,食神衰弱者,对求财非常不利,如果偏印过多的命式,再走食神大运,则主有灾祸降临。

⑤偏印格身弱,带有刑冲者,主经济穷困而且命短。

⑥偏印格中又带有正印者,名曰印星混杂,主不能专心工作,主事业上难以成功。

⑦偏印格中遇上食伤过多者,不宜再逢食伤大运,主事业上失败,或疾病灾难频发。

⑧偏印格的人有独特的创造性,但有做事虎头蛇尾,热度不长久的缺点。

⑨偏印过多而身弱的八字,主身体欠佳,因偏印过多克制食神之故,如偏印带有制化,不但无碍,反主身体健康。

⑩偏印坐日支,他柱再多有偏印者,男女都得不到贤夫良妻,因生日地支为配偶宫,由于偏印孤独利己的性格,故使夫妻之间不能协调,所以夫妻不和,如果得其适度制化,则无大虑。

⑪偏印过多而身弱的男命,有克妻之忧,因为身弱偏印过多易流于孤独,所以有生离死别之虑。

⑫命局中偏印过多,主与双亲缘薄,命式中偏印妨害正印,故与双亲有生离死别之苦。

⑬女命生时不宜有偏印,主与子女缘薄,因生时属于子女宫,子女星受克,为无子之兆,或虽有子女而倚靠不上。

偏印格行运吉凶:

①偏印格命运吉凶与食神的影响有直接关系,因食神是偏印之大敌。

②偏印格中带食神的,如走上食神大运,主立见灾厄。

③偏印格带食神，如逢官星运，也主祸从天降，因官星强化偏印，食神遭受克伤，不但穷困潦倒，而有死亡之危险。

④偏印格带食神逢财星大运时，食神生财星，而财星制偏印主吉利。

⑤偏印格偏印过多逢食神大运，主灾祸临头，重则有生命危险，因食神乃为福寿之星，故食神遭克必有大难。

⑥偏印格走到偏印大运时，不宜遇上食神之流年，遇之主有灾祸，如果命式中又带有食神，其灾祸更凶，如女命遇之容易出现受子女连累之灾祸。

⑦偏印格不见偏财之克制或干合，走到偏财或干合之大运乃主发福。

5.【正财格】

正财透干通根于月令者谓之正财格。

正财格的含意：

①正财属稳定之财，财星通根于月支而且身旺者，方能任财。在家庭关系方面，如正官为夫，相对的以正财为妻。

②正财格必须身旺，方能任财，如果财旺身弱，外表财多，实则穷困之人，行到财运之年，必遭身危之险。

③正财格身弱财旺，必须比肩印绶帮助，身财两旺，而后方可任财，古话“身财两旺，天下富客，身财两均，富贵之命”。

④正财格他柱也带正财者更好，尤其日干与正财合者如锦上添花，年柱正财与日干相合，说明祖产丰厚，时柱正财与日干相合者则晚运有财。

⑤他柱的正财藏伏在地支中，比显于天干更好，因为财怕露而不怕藏，现于天干的财，易于流失。

⑥身弱财旺之命式，最喜比劫帮身，使身财平衡，可取比劫为用神。

⑦命局中不见财星，地支藏干中也不见财星的称为命中无

财,这样的八字,就是身旺财星为喜用神者也发不了大财,就是行到财运之年,也是空喜一场。

⑧正财格必须身财相称,方能享受财福,如财多身弱,又行运克身,必遭祸从天降。

⑨月干支是正财方是正财格,他柱再有正财更好,但不宜太多,如超过三位以上者,其财则不易守住,所谓财星过多者,乃富家穷人也。

⑩命局中日主强正财弱者,如走财星或食神大运则主发福,反之,如正财强而日主弱者,如逢印星或比劫大运也主好事来临。

⑪正财格如得时、得地,得势者,则主大吉,如五行属木,在春天出生为得时;以正财的天干看其年、月、日、时支的长生、建禄、冠带、帝旺的地支十二运强旺者,谓之得地;四柱中带有原神、食伤者谓之得势。

⑫命局中财星不宜过多,过多者乃富家穷人,唯有身旺者,不怕财多财旺,但必须带有克财星的比劫,或带官星,因官星能使财星漏气,见之主大吉,过多的财能生官,主大富大贵之命。必须提及的是,财旺生官,可保其财,古有"财旺生官不怕露"之说。

⑬正财是印绶的忌神,如果财先印后则主富命,所谓"先"者乃指月支,"后"者指大运、流年或他柱干支,月干支带正财为正财格,如他柱带有印绶,或逢印绶之岁运,帮助生日天干,乃是得财的富命。

⑭柱中天干有正财,地支有劫财,谓之"财坐煞地"。天干有劫财,地支有正财,为正财逢煞,财虽旺也难以发财。

⑮正财格最怕空亡与绝地,如遇空亡之地有合有冲,则能解其空亡。

⑯正财格的人意味着待人诚实,勤俭节约,如正财潜藏在

辰、戌、丑、未四库的人，不但主生性吝啬，也主其妻劳苦。

⑰命局中财星过多，则克其印绶。印绶主母亲，故显示过早与母亲生死离别；如柱中出现官星，反主其母长寿。

⑱正财格的人，聪明伶俐，如正财过多，又没有比劫之制，则主性格耿直，顽固不化。如正财与劫财同柱，或天干有正财，地支比劫多者，则外表忠厚，内心奸诈。

⑲正财格身旺且财星过多者，则主生性急燥，遇事刚强果断。如果身弱财多者反而怠惰懒动，果断力欠佳。

⑳正财格的人婚姻较佳，可得贤妻内助，多数好的机遇都始于婚姻方面，尤其身旺坐于正财的八字，婚姻特别美满。正财格的女性，婚运亦佳，因正财可生正官。

㉑正财格有原神生助，则可连续生正官，为此夫妻同心协力，相敬如宾。

㉒正财格的命式，遇到年、月、日柱的印绶，因印绶为父母，柱中财星多，克伤印绶，主其父母有生离死别之虑。

正财格行运吉凶：

①正财格身旺逢财星大运，主财源滚滚，顺心如意。如身弱的正财格，逢财星大运，使其日干更加衰弱，遇此主有病灾或钱财方面的痛苦。

②财星过多的命式逢比劫运主吉，逢官煞运也主发福，最怕走偏印运，因偏印能克制财星原神食伤，故逢偏印运时，必须注意不测之灾临头。

③正财格最厌恶劫财，因劫财是正财天敌。正财格带有劫财时，如果逢食伤运主大吉，因劫财生食伤，食伤乃正财之原神，故可帮助正财。

6.【偏财格】

偏财透干通根于月令者谓之偏财格。

偏财格的含意：

①所谓偏财者,乃为流通之财,众人之财。偏财旺盛的人,不但善于理财,而在财的管理方面,也具有足够的优秀才能。偏财格的人,有轻财重义之倾向。

②偏财具有下列四种作用。一、生助官星;二、泄食神之气;三、制服偏印;四、克制印绶。

③在六亲关系中,偏财代表父亲。

④偏财属于流通之财,众人之财,正财属于稳定之财,正财格如遇身弱,则不能任财,而偏财为众人之财,如遇身旺而比肩多者,主其财易遭他人掠夺。

⑤正财藏伏地支则吉,如显于天干者易于流失,而偏财不论显藏都无妨碍。

⑥正财以劫财为敌,因劫财是正财的七煞,而偏财视比肩为大敌,正财克制正印,偏财克偏印,各具功能不一。

⑦正财的性质有诚实,正直之倾向,如正财旺相,家庭,住宅都有稳定感,而偏财则有流动倾向,故有离家出走,在外地发财之兆。

⑧偏财格最喜正官,因正官可以克制偏财之大敌的比肩,所以没有官星的偏财格,没有什么发展前途。

⑨偏财格视食伤为喜神,带有食伤的偏财格,则可得气得势,如果财星过多也并非好事,则食神变为忌神也。

⑩偏财格以比肩为大敌,如比肩在月支,偏财在他柱,主白手起家,发财致富,反之,如果偏财在月支,比肩在他柱或行运,则开始很好,到后来不但破财,而且有疾病劳苦之虑。

⑪偏财格坐于长生,建禄,冠带,帝旺,墓者主富贵之命。

⑫偏财格最怕身弱,古有"偏财带官祸自出"之说,反之,身旺之偏财格带正官者,乃富贵之命也,也就是说,正官可制偏财之大敌,关键在于身旺身弱,能悟通这一点,则可明白其理也。

⑬身弱的偏财格中有比肩者主吉,如再带官煞之制不吉,偏

财与比肩同柱主凶。

⑭偏财格最忌克冲与空亡，如果偏财入墓(地支辰戌丑未)，反而喜克冲，因为克冲可以使墓库打开，成为吉事，偏财格最讨厌的是空亡，遇此者求官不成，求财难进，诸事难以顺心。

⑮偏财格逢冲克空亡的人，主人格低贱，待人虚伪，其财来得容易，去也容易，如果偏财藏于墓库(辰戌丑未)者，逢上刑冲克害，反而主好事，因有“入墓难克”之说，偏财临空亡，如遇合，可以解除空亡的作用，这一点要特别注意。

⑯偏财格的人，富有侠义心肠，朋友有困难，胜过自己的困难，故具有“人饥胜己饥”的精神。

⑰偏财格带长生、冠带、建禄、帝旺或于贵人等吉星同柱的，主父亲健康长寿，本人也受其父亲特别爱护，如果逢上死、墓、绝、空时，主父亲不寿，而本人与其父缘份也淡薄。

偏财格行运吉凶：

①偏财格的行运与正财格相差不大，柱中日主旺而偏财弱者，逢到财星旺的大运主大吉，如果日主弱而偏财强的八字，逢到身旺的大运而发福。

②偏财格带有官星的是好命，但怕比劫过多，如比劫过多的官星运，虽富不贵。

③偏财格遇上比肩大运，要防止有失财的可能，因比肩是偏财之克星。

④食伤是偏财的原神，逢食神财旺大运主大利，印星虽能生助日主，看来是吉星，但能克制食神，因食神是财星的原神，对财星不利，所以过多也不是好现象。

7.【食神格】

食神透干通根于月令者谓之食神格。

食神格的含意：

①食神又名福星，因是财星的原神，月支带有食神的属食神

格,食神格的人主身体健康,平安无事,女命者,食伤代表子女。

②食神格最忌偏印,故以食神为主的命式或大运遇上偏印的,各种倒霉之事都能出现。

③食神通根于月支,透干,得令,而且身旺的才是真正食神格。

④食神格日主强者主身体健康,福寿有余,命中如遇偏印强而食神弱,又没有制偏印的财星,主短命。

⑤食神格不怕身旺,喜比劫,财星,最忌印星。如身旺有印,而又有财星透干者,谓之食神吐秀,此乃属于上等格局。

⑥食神格最忌偏印,若柱中财旺可不怕偏印,如果财弱又有官煞生印,则不夭则贫。

⑦食神格局日主健旺的,最喜偏财。如偏财藏支透干者主官财两旺,福禄丰厚。

⑧食神格局中带偏印者,逢到偏印的大运主立见灾厄。如果命局不见偏印,走到偏印大运也无大碍;但如大运和岁运都逢偏印者,在饮食与财运方面,还应该多加注意。

⑨食神局的命局中日主旺而无财星,食神可当财断,行到财运必发,日主旺能任食,必是富贵之命。

⑩食神旺而日主弱,泄气太重。主子孙稀少,遇到食神入墓之年运主伤子,遇到空亡也不是好事,命局中食神太重,则制煞太过,必要财星通关,如没有财星乃穷苦之命。

⑪食神格太弱,又有强旺的偏印,名曰枭印夺食,主贫穷夭折,立见灾厄。

⑫食神格的命局中无有克伤者,主天生的富贵之命。其人宽宏大度,充满和气,但食神必须带有财星,没有财星的食神局,其福运不通,人格低劣。

⑬食神局利己主义较重,因是财的原神与财缘大,所以处事方面难免有些吝啬。

⑭食神格中见伤官多者，名叫食伤混杂，因失去食神的纯粹性，其命主心胸狭窄，凡事计较，这种命福寿也不佳。

⑮食神过多的女命，因克其官星，主婚姻不好，如带财星，则可趋吉避凶。

⑯食神格的女命带有偏印者，走到偏印大运时，主与子女有生死之别，如果命局无偏印，走到偏印大运时，无有大碍。

⑰食神格的人，一般都带有自然长相与魅力，所以交际关系突出。由于食神是财的原神，在某些方面主经济富裕，并且在经营方面也可获得成功。

食神格行运吉凶：

①食神格身弱又遇财星过多的不是好事，遇此者喜逢比劫岁运为好。

②食神可以控制正官，能使正官产生有利作用，所以逢到偏官大运主大吉。

③食神局最怕刑、冲、克与空亡和偏印，如遇到这些克星时，特别走到偏印大运时，要注意患上饮食方面的疾病，重则可能发生生命危险。

④食神格走到食神旺运时主发达，例如属木的食神走到寅卯方的木地或木运或亥子丑北方水运，食神旺地主发福。

⑤食神局的命式中没有财星者，走到偏印大运主立见灾厄，如果有财星，则可制服偏印，谓之命中获救。

8.【伤官格】

伤官透干通根于月令者谓之伤官格。

伤官格的含意：

①伤官透干通根于月支并且得令方算伤官格。

②月干支带伤官的为伤官格，伤官格必须身旺，身旺的伤官格是好命。

③伤官为日干的泄气者，凡属伤官格的人，大多没有神秘

性，但是日干强弱对于命主的贤愚智慧有极大关系。身旺的伤官格主头脑极端聪明。反之，身弱伤官格主命主相当愚笨。

④伤官格的人，虚荣心都很强，反对束缚，厌恶正官，多数都不服从领导。由于自己的才能出众，故搞自由职业的居多。

⑤伤官格的人，其叛逆性特别强，如再有比劫相助，其叛逆性愈加严重，如果有印绶制之，则能缓和一些。

⑥伤官格人的性格，待人亲切热情，并富有同情心，待人心肠很热，惟一缺点是好事已经做了，自己认为给人帮了大忙，向人讨人情，却因此容易产生不良的后果，最后落得公公驮着儿媳走，挨压不讨好。

⑦伤官格的人，一般都志向高傲，有蔑视他人的个性。

⑧伤官乃日主泄气之星，古有“年带伤官父母不全，月带伤官兄弟不全，日带伤官妻子不欢，时带伤官子女凶顽”。这句话从实践经验看来，不得不使人信服，但必须要看伤官是否有合与印绶之制，如年柱带有伤官，该伤官有他干合之和印绶制之，反而主其人的父母身体安泰。所以分析八字，必须要全面分析。

⑨伤官是官星之大敌，官星为子女星，故伤官多的男命，一般享受不到子女之福。如果命中出现财星，方能受益于子女。古有“伤官有财主得子，无财伤旺主子死”之说。

⑩伤官格旺盛的女命主克夫，因正官为丈夫。如果柱中财印均都旺盛的，不但不克夫，反而主丈夫荣达，因印绶能制伤官，财星又生正官之故也。

⑪生日地支为夫妻宫，女命中带有旺盛伤官的，主夫妻之间常有争执；如果该伤官有干合，他柱再有印绶，或者走上了干合大运，或印绶大运，反而主婚姻幸福。

伤官格行运吉凶：

①伤官格中带有正官，逢财星大运或印绶大运，主大吉大利。如逢伤官大运，主立见灾祸，伤官格身旺，而命式中无正官

的，虽逢正官或伤官大运也无大碍。

②伤官格身旺有财星者，主好命，逢到财星旺运主飞黄腾达。身弱的伤官格有印星，也是好命，逢到走印星大运，则心想事成，特别阳日干出身的伤官与命式中偏印相合的，如走到偏印大运，则事事如意，喜事重重。

③伤官格身旺的，怕印绶生身，喜财星泄身；伤官格身弱的喜印绶生身，怕财星泄身，行运吉凶看法亦同。

④伤官格的伤官逢长生、冠带、建禄、帝旺的主吉，逢到衰绝之大运主诸事不顺。

⑤伤官格身弱，而且食神与伤官太过的，主体弱多病，再逢食伤之大运，须要注意身体，身弱的伤官格再逢到泄身的大运主长期身体有病。

第四节　变格局类型

专旺格乃是特殊格局的一种，所谓专旺，就是四柱的干支与日主五行一气，日主极端强旺，对日主来说，威胁极大，大有顺我者昌，逆我者亡的势态。专旺格乃是四柱中与日主同一五行特别强旺，并无有克破者，五行中的金木水火土，每行有一旺，所以称之为专旺格。

1.【曲直格】

甲木生于春天，地支寅卯辰为东方木或亥卯未合木局，又无庚辛申酉金克制。凡遇此格者必须顺其旺势为好，如木生火（食神）火生土，皆顺其旺势而行，《碧云赋》云："木全寅卯辰之方，功名自有。亥卯未逢甲乙，富贵无疑。"这种八字的人，喜水木生扶，最怕庚申、辛酉冲破。命局中如有食伤透出，则以食伤为用神，如没有食伤透出，有财星透出，也可取用，但需走到食伤大运方能有用。总的说来，必须构成以下的条件，才能成为曲直格：

①日干为甲、乙木。

②月支为寅、卯、亥、子、未、辰。

③地支构成三合、三会木局成化，干透甲、乙或干支木势强旺又得水生，而没有其它破局之字的。

曲直格的人，为人心地善良，好可怜落难之人，因五行木主仁慈之故。有古歌一首：

甲乙生于寅卯辰，会局为木助自身。

柱中无有金官破，生时逢水事业成。

2.【炎上格】

丙丁火生于夏天，地支巳午未南方火全或寅午戌火局，炎上格必须构成下列几个条件：

①日干必须为丙、丁火。

②月支必须为巳、午、未、寅、卯、戌。

③地支构成三合、三会火局成化，天干透出丙丁，四柱又无有金水破局的才能构成炎上格。

遇此格者身旺运行东方木运，南方火地皆主大富大贵。忌行金水二乡，运怕刑冲。有古歌一首：

火多炎上气逢逢，玄武无侵富贵人。

如遇东方行印运，事业发展定有成。

3.【润下格】

日干为壬癸水生于冬天，地支合成申子辰水局或地支亥子丑会局，无有戊己之气，喜行西方印地，北方水运不宜东南，最忌辰戌丑未官乡，又怕刑冲克害。

日柱壬癸生于冬，合会水局在柱中。

无制喜行西方运，如见四库乃为凶。

4.【稼穑格】

此格日干是戊己土，地支辰戌丑未四库全，不见木克。《命理正宗》云:稼穑格者盖取戊己土日干,见柱中辰戌丑未多,四柱无官煞,则用此格。喜南方火地及西方金地,用金制木,则大富大贵。如见木运克破,纵然不死,也要大遭折磨。

戊己日干是稼穑,四库皆全木乃藏。

喜见西南金火地,用金克木永无殃。

5.【从革格】

日干为庚辛金,地支合成巳酉丑金局或会成申酉戌局,即以此为从革格,平生忌南方火运,喜庚辛旺运,故《碧渊赋》所说:"庚辛金局巳酉丑,位重权高"。又歌说,金居从格贵人钦,造化清高福禄深,四柱火多相混杂,空门艺术漫经纶。因五行金主义,这种人大义凛然,见义勇为,大有秦琼救友之义气。

从革日主庚辛金,合会金局忌火侵。

此造最忌南方地,若见火多念佛经。

6.【羊刃格】

羊刃格分为羊刃比肩和羊刃七煞两种,凡柱中阳见阳,阴见阴为比肩。阴见阳,阳见阴为劫财。羊刃格,就是干上透出羊刃,干支又有比肩,劫财的就构成羊刃格。柱中羊刃与七煞同时出现称为羊刃七煞格。此格最怕羊刃受冲,如戊日生人羊刃在午,如行正财子地,子午相冲,那就破了羊刃。又如壬日生人羊刃在子,忌行午地财运,羊刃受冲,灾祸立至,可想厉害至极。

羊刃格局怕刑冲,逢冲运时莫相逢。

如若岁运逢冲地,格局破损立见凶。

7.【建禄格】

建禄格,就是日主在月上处于临官禄地又透干的就是建禄格。如甲生甲寅月,乙生乙卯月,如年支对它没有破坏,即定为建禄格。

建禄临官在月提,无冲无破方为奇。

更见生扶兼旺相,飞黄腾达诸事宜。

有些命局，日主极弱，还有些与日主异性的某一五行或几种五行比劫十分强旺，所以在取用神方面，就不能按普通格局取用，如果按普通格局取用，不但制不了强旺之五行，反而起了反作用，使强旺的五行对日主不利，在这种情况下，日主只好顺从，以保平安，这种命局就叫从格。现根据五行强旺不同，分为以下几种格局。

8.【从财格】

从财格的条件：

①日主必须是衰弱无依，天干地支无有比劫，方可列入从财格。

②月支本气为财，或地支合会成财局而成化，而且天干透财，又得食伤生财。总之，命局的强旺之气全集于财，无有其它克破，可列入从财格。

③从财格最喜走财官运，最忌见比劫之乡，有丧命破家之危险，又忌印星破格，亦有官灾破产之祸，如见官煞主大富大贵，否则只富不贵。

9.【从煞格】

从煞格的条件：

①日主衰弱无根无气，衰弱无依，官煞重重，又无有印化，又不见食伤制之，反得财生官煞，这样才能列入从煞格。

②从煞格行运以官煞为用神，财星为喜神，最忌食神、伤官克官煞。

③从煞格的地支中，必须有二个以上的得时得势之官煞，或三合，三会成为官煞局，旺煞透干，四柱不见食伤破格。

10.【从儿格】

从儿格的条件：

①从儿格即是从食伤格，因为我生者为儿，叫做从儿格。从儿格首要条件，必须是日主身弱无依，才能构成从儿格。此格四

柱如不见比劫，才能列入从儿格，而且食伤必在月支，而且必须有财星，方能入从儿格。

②四柱比肩多于食伤又见到印星，这样八字不能列入从儿格。

③从儿格必须在月支中带有食伤，并且比劫是四柱最旺之五行才能列入此格。

④从儿格最喜比劫和财星，最忌印星，次忌官星。

⑤从儿格如果是木日或是火日，须有金水来制约如柱中金水俱无，主命主一生清贫，多灾多难。水土日干之从儿格最好，金日次之，木火日之从儿格主富而短命。

在从格中，如果在四柱中有两行气势相旺，这两行都可顺不可逆，这种格局叫做两气成象格，是特殊格局中比较复杂的一种。

总的说定格方法，仍离不开以日干为主，配合月支，时支。更重要的是月支，因月为提纲并掌握逢官看财，逢财看煞，逢煞看印，逢印看财的规律。并有古歌一首：

一官二印三财位，四煞五食六伤官。

立法先辨生与死，次把贵贱吉凶看。

也就是把格局分为正格与变格两大类首先是以官、煞、财、印、食、伤来定格的叫正格，其余的统称为变格。

为了使读者认识命局的普通格局与特殊格局的不同，特将两种格局区别解释，由于两种格局的内部规律不同，选取用神的原则也就各有所异，学者务必注意，绝不能把从格看成是普通身弱八字，或把专旺格看成普通身强的八字，结果用神选错预测不准，却又找不到原因。本书只能在此将特殊格局简单地概述一下，让读者在应用时心中有数，如果遇到这类特殊格局一定要与普通格局分辨清楚，否则张冠李戴，弄巧成拙。所以先将普通格局深刻了解后，再深入了解特殊格局。

第五节 《拦街网》六亲格局

古今推命，首重格局，诸书都提到格局重要性，但都没有谈及格局的具体用法，岂不知格局中蕴藏着许多隐秘之处。我曾向一位有名的江湖盲师探讨过格局的用法，盲师曰：不少研究八字的人不注重格局，甚至连格局性质都不懂，谈何研究八字，格局乃八字的最高帅府，是判断六亲的主要依据，其作用与用神同等重要，是研究命理不可忽视的重要环节。如不将格局搞清楚，就无法断出命中的吉凶。说到此处，再朝下问，盲师便含藏不露。面对江湖上的师门保守，我无法深问，这几句话我思索了很长时间，事隔多年也没有悟透，后来还是经过为盲师领过路的李金刚先生点化，方才恍然大悟。《拦街网》格局用法与平常诸书所载的取格方法不同，不是平常我们常用以月令透干取格。而是用月支透出天干的主气，再将此主气与命局中的六亲关系取格，这种取法虽然比平常取格多绕了一道门槛，但应用起来非常简捷，可见江湖老辈们费了多少心血。现将此法录出，以供参考。

1. 以月支之气定格局

①以月支中透出的天干主气，将此干与所求的六亲与所透天干的关系取格。

乾造：生于丁酉(1957)年正月十四日午时

劫财	偏官	日主	偏印
丁	壬	丙	甲
酉	寅	辰	午

日主丙火生于寅月，寅藏甲丙戊，时干甲木为月支寅木的主

气透出时干，甲木生丙火为偏印，这个八字故取为“偏印格”。辰藏乙木为母，甲木为乙木的劫财，故其母为劫财格。辛金为丙火之妻，辛金乃甲木正官，故其妻取正官格，其余六亲的取格，均皆仿此。

②如月支的主气没有透出天干，只有余气透出天干，则以此干与所求六亲之干的生克关系取格。

坤造：生于辛丑(1961)年正月初七日子时

偏官	正官	日主	伤官
辛	**庚**	**乙**	**丙**
丑	**寅**	**酉**	**子**

日主乙木生于寅月，寅中藏甲丙戊，主气甲木没有透出，而丙火余气透出，丙火乃是日主乙木的伤官，故日主取伤官格，庚金乃乙木之丈夫，丙火乃是庚金的偏官，故其夫定为“偏官格”。其余的六样取格皆仿此。

③如月支的主气余气皆不透干，则将主气之藏干与其所求六亲之干的生克关系取其格。

坤造：生于癸丑(1973)年五月十六日申时

比肩	正官	日主	正印
癸	**戊**	**癸**	**庚**
丑	**午**	**未**	**申**

日主癸水生于午月，午中所藏的丁己二干，皆不透出，则以主气丁火取为格局，丁火为日主癸水的偏财，故日主为偏财格。戊土乃癸水日主的正官为丈夫，丁火是戊土的正印，故其夫为正印格，其余六亲都以此为例。

现看一批断实例，按此断法可以举一反三。

乾造：己酉(1969)年五月十三日卯时生

杀	印	日	食
己	庚	癸	乙
酉	午	酉	卯

大运:7岁	17岁	27岁	37岁
己	戊	丁	丙
巳	辰	卯	寅

癸水生于午月,财星临月,时上乙木泄身,乍看好象火旺金弱,岂不知年干己土坐酉金长生之地,生助月干,月干通根于年支,且紧贴日主相生,日主又自坐偏印,日主由弱变强。再者时干乙木又与月干庚金化合,只有时支卯木生助月支午火,而又被日支阻克,午火虽临月建,但孤立无依,日主不但不弱,反而偏旺。

柱中金多印旺,乃是日主的病根,根据旺则宜泄的原则,取午火为用神,卯木为喜神,金为忌神。

2. 首以月支取格

月支午中藏丁火与己土,丁火未透而己土透出,以己土与日主之生克关系定取格局,己土为癸水的七煞,故本命局定为“七煞格”。

①占妻取格法

六亲取格,先在原命中找出格局,叫做原格局。再将原格局与六亲关系设定出六亲格局。本造癸水日主以丙火为正财,故丙火是日主的妻子,丙火虽然未透未藏,但通根于月令为旺相。月支午火中丁藏己透,己土乃是癸水日主的七煞,故是“七煞格”,现将己土与丙火设定其妻的格局,己土乃丙火之伤官,故其妻的格局是“伤官格”。如断其妻的吉凶,可用伤官的十神之心性来决定其妻善恶。本造日主之妻为丙火,应用时可以把丙火当做妻子的命造来批,柱中火旺水竭,火为命主的忌神,故断其妻性如烈火,形象较差,但待人彬彬有礼。又取伤官来推断其妻的性格，伤官乃制官管夫之神，故断其妻好管制丈夫，对丈夫胡搅蛮缠，能将丈夫管得晕头转向，伤官又为克夫损官之神，故断该命造的婚姻不太顺心，难以白头偕老。

②父亲取格法

癸水日主以丁火为偏财，偏财为父亲，仍以原局七煞格己土取格，己土乃丁火之食神，故其父是食神格，仍以丁火当做父亲的命造来进行推命，柱中丁火乃月支正气，藏而未透，说明父亲身体很好，为长寿之人，且品行端正，长相很好，可惜为日主的忌神，对自己命运的前程事业作用不大，只能是一个无有多大作为的平常之人。再看食神格，食伤为聪明伶俐、产业之神，故断其父乃是有技艺在身的手艺人，并且手艺出色，命主说其父原先是铁匠，后在机械厂做钳工，一生干过很多行业，无论哪一门手艺都干得很出色。

③母亲取格法

癸水日主以庚金为正印，正印为母亲，仍以己土取格，己土乃庚金的正印，故其母亲是"正印格"。庚金在命局中力弱，(庚生午月力弱)母亲身体不好，印是得年干己土相生，且为喜神，主母亲精明能干，母缘较好。再从正印格看母亲的性格，正印性格固直，虽然有精明干练之性，然而学识不佳，但能凭智慧和悟性获得周围人信任，正印的性格有偏激、固直不通的个性，对佛道感兴趣。

④子女情况

男以官煞为子女，本命癸水生于五月身弱，官煞克身为忌，主子女不吉，断其日后子女不贤不孝，由于忌而无制，而且时支卯冲日支酉为凶，日后肯定受子女牵累。

⑤命主的性格

七煞格人的性格，应该性格暴躁，大胆冒险，扶弱欺强，做事急燥，好斗，再详细观察并非如此，官煞虽然是制身之物，然官煞本身在局中除了得以月建生之，其它都八面受敌，无有生机，已无法施展，凶恶之性，由于压抑太久，变为慵懦无能，常常受制于人，作事到处受其孤立(因制约之星太多)并且变成了胆小怕事，懒惰不勤(印星太多)之人。

此命癸水生于仲夏，年上七煞克身，财星临月，时上乙木泄身，日干不为有力，然日干坐印，受时支卯木之冲，生身力弱，月干庚金印星生于午月，受到午火截足，庚金无力，好在地支有酉金为庚金之根，庚金虽能生身，无奈力弱，故仍以弱命看。

以印比为用神最吉，逢金水岁运诸事吉利。逢木、火、土岁运最凶，诸事不顺。

本造身弱，遇官煞之岁运则防不测，会出现口舌是非、破财、生灾、生命危险。

岁干己土同年干七煞天同地冲，本造于 1999 己卯年七煞主事，行丁卯大运，太岁与年柱天同地冲，又与日柱天克地冲，与命、岁、运三卯冲去年、日支二酉，冲去年柱为祖上，冲日柱为自己，尤以岁干与七煞相同，谓之"帮凶"，故断 1999 年不利长辈，婚姻有变，口舌、破财难免，结果非常吻合，实际此年二月祖母过世，自己有病，八月离婚。

由本造可见，用格局推断六亲，确能提高在八字批命的效果，扩大预测范围，使你对预测技术有更上一层楼的感觉。

第六章　用神篇

第一节　用神的含义

什么是用神？含意是什么？用神是命造平衡所需要十神中的一种，是取义于我国中庸之道的调和药剂。五行中某一行过强（太过）就会使其它某一行受到严重的克、泄、耗，导致本身亢旺之灾；某一行过弱（不及）则自身特性的作用就不能正常发挥出来，失去了正常功能。为此太过或不及都会破坏命局的平衡，给命主带来灾咎，这种灾咎的原因就是命局的“病”。而命主的吉凶，是在原命局中体现出来的，从原命局中找到病，以后再用治病的“药”去医治，这种“药”就是我们所说的“用神”。

用神既然为药，那么选取用神必先识病。例如四柱中木多又旺，日干为土，土弱逢木，必遭倾陷，此为官煞制身太过为病；日干为金，木坚金缺，此为财星耗身太过为病；日干为火，木多火窒，印重身轻又变生为克，此为印绶生身为病。这个“木”就是上例中的“病”；其实，也就是破坏命局平衡的忌神谓之“病”，再说得确切一些，也就是四柱中某行太过或不及叫做“病”。以十神来说，身强不外乎印或比劫太过为病，身弱不外乎官煞、食伤、财星太过为病。太过为病，制其太过为药，不外乎用克、耗、泄方法。所以说，用神的作用就是除强扶弱，平衡命局，使命局五行流畅。

凡是对命局有利于平衡的五行称为用神或喜神，不利于命局平衡的五行皆为忌神。用神直接关系到命主的命运吉凶祸福,推命时必须先找准命局用神,如用神找不准,命运的吉凶就难以定准。

人的命运好坏,通过后天人为的调整,是可以在一定程度上予以改变的。如果将用神找错,很容易好事变成坏事;如果找准用神,按正确的方法推论,实属能起到趋吉避凶的作用。如某人命局中火为用神,该年又值火年,适合到南方从事与火有关的行业,而你若误认为该年其用神为金,叫他去西方从事与金有关的行业,那就等于飞蛾投火,自找苦吃。

用神是八字的枢纽,也是命造的精神。在学习研究过程中,有许多人耗费多年的苦心,都无法突破此关。

一个人的命运好坏,关键在于命局中的五行强、弱、旺、衰、寒、暖、湿、燥八个字,这个八字谓之命局中的病,有病就要用药医治,这个“药”就是用神。也就是八字中对日主天干起重要扶抑作用的五行看作用神,以抑其过旺,扶其不足,使其达到中和平衡,再说明白些,八字中最喜什么?最需要什么?就把它取为用神。

人生的先天命运是无法改变的,只能用后天的补救方法来弥补,即在先天八字中选准用神的基础上为命主指点迷津,指导命主在有利的方位和时间去生活和工作,从事与用神有关的行业。注意对用神不利的时间和方位不要去,对用神不利的事情不要做,这样就可掌握住自己的命运,起到趋吉避凶的作用。

选准用神是八字预测的关键,如能将用神选准,人生许多疑难问题,即可迎刃而解。

选取用神的方法很多,原则不外乎有四条,第一条是“扶抑”,第二条是“病药”,再者是“通关”,其次就是“调候”。

1. 扶抑

病药者即扶抑也,扶者帮扶,抑者制也,扶抑之基本法则是,如日主气势过强，需要损之抑之。如日主之气太弱，则宜扶之。如命局中日主气势很强，在不须考虑病药、调候、通关的情况下，首先就要想办法将日主的气势消减。其消减方法是：其一，用食伤耗泄；其二，用官煞抑制日主；其三，用财盗损。又如命局中日主气势很弱，在不考虑病药、调候、通关的情况下，就是设法将日主气势增强。其增强的方法是，其一；用比劫帮扶；其二，用印星生助，其三，用官煞生印星。

2. 病药

古书上说："有病方为贵，无伤不是奇。"说明了八字以中和为贵。可是八字有病也不是坏事，有病就必须用医药来补救，不要认为有病的八字就不好，往往八字有病的人，如能有药来补救，竟能干出一番惊天动地的事业来。比如一个八字日主衰弱，失令失势又不得地，显示出财多身弱或杀重身轻或食伤泄身太重，这种身弱煞重就是病，这时就要选用治其不及，扶其过弱的印绶为用神，这个印绶就是病药。八字既然有病又有医药，而用神又处在有助有力的位置上，那这个八字就会诸事如意，一生平安。

3. 通关

八字命局，除了日主之外，两行相争，势均力敌，各不相让，两强相争，必至两败俱伤，这就是病。须在两者之间给以双方调和，使命局气势流通生化不悖，这就叫"通关"。如日主强、财星轻、用食伤以通关，因食伤能泄日主强旺之气，并且又能生财。官煞旺而日主弱，用印来通关，因官煞旺，日主自身弱，首先印能生日主，使自身强旺。二者官印相生，印能泄官煞之气，使其起到调和作用。其次是局中五行对立，如金木交战，金能克木，必须要以水通关，使其金木两气得以流畅。再如木土交战，木能克土，这时应该取火通关，因火能泄木生土，两全其美。如火与金相战，以土通关，因火能生土，土能生金。土与水相战，取金通关。水与火相战，取木来通关。

研究八字必须要将喜神和忌神弄明白。但凡能克制凶神者谓之喜神。喜神能起到补救用神的作用。忌神就是凶神，也就是刑冲克害用神，损害用神或喜神的谓之忌神。

4. 调候

八字以中和为最好，所以寒暖燥湿也是以中和为贵，太过或不及都是有病，有了病就要用药来医治。如果是过于寒凉，就要用暖药来医；过于热，就用寒药来治；过于湿，就要燥药来医。过于燥就用湿药来治，必须使其适候。

确定用神更重要问题乃是病药的原则，也就是先在八字中找出“病”源，然后再以病药治之。找病源的方法是：

第一种方法强弱用扶抑。

第二种方法寒湿暖燥用调候。

第三种方法战克用通关。

如亥子丑三冬出生的人，需用火来调候；巳午未三夏出生的人，需用水来调候。战克是两个五行交战，凡两个五行交战之命局，必取被克那行的印星加以调候，如财印相战，金与木相克，就要水来通关。强弱以普通格局来说，是强者要抑，弱者需扶，这就是四种病药之法。

第二节　选取用神的类别

1. 扶抑选取用神

扶抑取用是常用取用的方法之一。为了使日主不至于太旺，太弱，达到中和的目的，用此法使日主旺则抑之，不足益之。所谓抑，即用官煞克制日主，或用食伤泄日主，或用财来耗日主。所谓扶，即日主衰弱时，用比劫帮扶日主，或印星生助日主。由此看来，扶抑又是选取用神的首要方法。扶抑取用首先判断日主旺、衰，查看日主与月令的关系，分析印、比、禄、刃与财、官、食、伤对日主旺衰的影响，将四柱干支间对日主旺衰的影响，进行全面衡量。

日干旺衰，既然已经确定，但要分清旺衰的原因。如日干旺，是因为印多而旺，还是比劫多而旺；日干弱，是因为官煞多克身而弱，还是食伤多泄身而弱？首先要将日主能不能得以中和的内在原因找出来，若能掌握住日主是衰是旺，选准用神这一关就迎刃而解了。

选取用神对研究八字来说是一道难关，特别是初学者，在没有明人指点的情况下，很难过了这一关，有些人用了好几年功夫还都不能将用神取准，还有些人已知道取用怎样取法，待到真正应用时，仍觉糊里糊涂，弄不清楚。其实八字取用并非这样困难。只要分清什么叫帮扶日主，什么叫抑制日主，这两种情况掌握后，再看帮扶是怎么帮扶法，抑制又是怎么抑制法，还要从命局中进行详细分析，看谁轻谁重，就可以断定什么为用神了。例如：

①日主强，柱中比劫多，选取官煞为用神。

日主旺，柱中比劫多，用克制的方法，选取官煞为用神。

柱中有过多而旺的比劫帮身，乃是日主旺的主要病根。要想日主中和，必须要将病根去掉，那么克制比劫的只有官煞最为有力。官煞既能克制比劫，又能护财，使日主中和。如柱中无官煞，可以取食伤为用神，因食伤可以泄日主强旺之气，如柱中没有食神，最后只可取财星为用神。

②日主旺，柱中印星多而旺，选取财星为用神。

柱中有过多且旺的印星生身，乃是日主旺的主要病根。要想日主中和，必须要将此病根去掉。那么去掉此病根者只有财星最有力量，因财星既能克制生身之印，又能生助官煞制身，财的本身又有耗身作用，能使日主中和。如柱中无有财星，就取食伤，因食伤可生财抑印，亦可泄身。

③日主弱，柱中官煞多，取印星为用神。

柱中官煞强，是导致日主衰弱的主要病根。要使日主中和，就要帮扶日主，同时也要制服克日主的官煞之威，只有印星能担起这个责任，因为印星既能生助日主，又可化官煞之气，这样能够化敌为友，又可达到日主中和，一举两得。如果命局无印星，只能用比劫作用神，比劫既可起帮身作用神，又可分担官煞制日主之力量，当然力量不如印星，如果命局中既没有印星，也不见比劫，日主孤靠无依。官煞、财星、食伤又克又泄，不能用扶抑取用，那么这个八字只可用作弃命相从之格了。

④日主弱，柱中财多而旺，取比劫帮身为用神。

柱中财多财旺，是导致日主弱的主要病根，如要去掉这个病根，只有比劫能起作用，因此比劫不但可以帮扶日主，而且又是财星的天敌，是取用神的最佳选择对象。柱中如没有比劫，可取印星为用神，印星虽无制财之能，但能生助日主，使日主由衰转旺能任财，财虽是好东西，人人皆需，但身弱之人，担不起大财，用比劫帮身，能使体壮，体壮可以胜财。如果命局中既无比劫，又无印星，那么就不能用扶抑方法取用了，只可做弃命从财格论。

⑤日主弱，柱中食伤多而旺，取印星为用神

柱中食伤是导致日主身弱的主要病因，首选印星是去掉此病的有力克星。印星不但能克制食伤，使食伤不泄日主，而且又能生身，使日主由弱转旺。柱中如没有印星，可取比劫为用神，因比劫可以帮身，使日主强旺。如命局中没有印星而又无比劫，则不能用扶抑为用了。“扶抑”是取用神的基本方法，主要是根据日主旺衰，而起到补其不足，泄其有余的作用。然而断定日主旺衰是一门高深的学问，不仅要通过十干生旺死绝来察看，而且要根据天干地支的生克制化，命局十神位置等，对判断日主旺衰都能起到很大作用。

通过上述扶抑取用之法，需要将身旺身弱确定以后，再用旺则抑之，弱则扶之，使日主达到中和。其中不难看出，无论是抑身，还是扶身，总的都是为了一个目标——将命局的病点去掉。这种取用神方法，叫做"扶抑取用"，另一种方法叫"通关取用"。乃是在命局有病之处，去掉其中之病，在病点与日主之间选取用神。

2. 通关选取用神

通关选取用神，比较繁杂一些，只是在日主衰弱受制时，起到在两方之间调解作用的叫做通关。通关的原则，多是忌神生用神，用神生日干，既可去病，又起到了通关作用。如日主与财星相战，日主旺财星弱，取食伤为用，这就是通关之义。这里也不难看出，通关取用乃是扶抑取用的一种特殊方法，也就是：

柱中水火相战，取木通关。

柱中火金相战，取土通关。

柱中金木相战，取水通关。

柱中木土相战，取火通关。

柱中土水相战，取金通关。

读者如能将扶抑取用的方法掌握住，那么对通关的要领自然会明白的。关于上述扶抑与通关两种取用方法，乃是日常常用的取用方法，必须心领神会。为了易背易记，现将二法编成七字歌诀，使读者快速领会。

取用之法仔细详，官煞多来取印帮。

无印须取比劫用，食伤多来财为祥。

身弱财多取比劫，如无比劫印帮忙。

身旺印多财为用，无财再取食与伤。

比劫多来取官煞，食伤无者财来当。

木土交加应取火，土水相战取金帮。

水火失调取木用，金木交战水帮忙。

此乃取用真口诀，五行生克细思量。

3. 调候选取用神

关于调候取用之法，大多命书都有记载介绍，“寒用暖医，热用寒治。湿用燥医，燥用湿治”。这两句话乃是调候取用的千古不变的哲理，但是好多书都没有介绍明白，寒在什么条件下才能用暖医，而热又在什么条件下才能用寒治，这样使初学者费尽心机，绞尽脑汁，学到最后还是搞不明白怎么回事。为了明白起见，现将调候取用方法进行详细介绍，以便引起读者重视，特别需要注重的是，并不是一见暖性就用寒医，见燥性就用湿治，这样就大错特错了。它必须具备一定的调候条件，才能进行调候。说得更具体一些，必须是寒暖燥湿为病的命局，才能进行调候。有些八字虽然在命局中看出寒暖，而在某一些情况下不需要调候。古书曾有“过于寒者以暖为忌，过于热者则无寒为宜”之说。如寒用暖医，必须命局中暖而有气，才能用暖来调候取用。“热用寒治”，必须命局中寒而有根，方可用寒调候取用。关于湿用燥医，燥用湿治，都要在命局中有根有气方可进行调候取用。

天有寒热，地有燥湿，这是大自然中的自然现象。然而“寒热”与“燥湿”四字乃是两对阴阳组合的代名词。这两对阴阳组合，分为水、火两体，然而水火之气在五行之中性质不同，多少不一，所以才产生寒热燥湿四种不同现象。要弄清楚这种现象，必须要明白十二地支中的藏元五行，寒与热，其中寒代表水，热代表火，然而水火又用燥与湿来代表，即火代表燥，水代表湿。再说得明白一些，也就是寒与湿代表水，热与燥代表火。

所谓寒暖燥湿者，冬天最寒，属水属湿。夏天最热，属火属燥。如在夏天出生的人，火气太旺，而四柱不见水。出生在冬天的人，水气太旺，四柱又没有火，这都反映出水少火旺，火少水旺的弊病。而寒热燥湿所代表的内涵只是水与火两种性质，这是重要的一条。学者明白四时寒热燥湿的含义，调候取用的问题就迎刃而解了。现在我们来了解一下地支藏元代表水火的规律，见表(1)：

地支藏干燥湿一览表(1)

十二地支 地支藏元 水火燥湿	子	丑	寅	卯	辰	巳	午	未	申	酉	戌	亥
藏元	癸水	辛己癸 湿湿 金土水	戊甲丙 燥燥 土木火	乙木	乙戊癸 湿湿 木土水	戊丙庚 燥燥 土火金	丁己 燥燥 火土	乙己丁 燥燥 木土火	戊庚壬 湿湿 土金水	辛金	辛戊丁 燥燥 金土火	壬甲 湿 水木
水火所属本气	纯水	湿土	燥木	纯木	湿土	燥火	燥火	燥土	湿金	纯金	燥土	水湿木

①十二地支的水火燥湿

子：子中癸水，属纯水，子水为湿。

丑：丑中己土为湿土，辛金为湿金，由于丑中含癸水，故为湿土湿金。

寅：寅中甲木为燥木，戊土为燥土，由于寅中含丙火，故为燥木燥土。

卯：卯为纯木，故无有燥湿之分。

辰：辰中戊土为湿土，乙木为湿木，由于辰土中含癸水，故为湿土湿木。

巳：巳中戊土为燥土，庚金为燥金，由于巳中含丙火，故为燥土燥金。

午：午中己土为燥土，由于午中含丁火，故为燥土。

未：未中己土为燥土，乙木为燥木，由于未藏丁火，故为燥土燥木。

申：申中庚金为湿金，戊土为湿土，由于申中藏壬水，故为湿金湿土。

酉:酉为纯金,故无有燥湿之分。

戌:戌中戊土为燥土,辛为燥金,由于戌中藏丁火,故为燥土燥金。

亥:亥中甲木为湿木,因亥中藏壬水,故为湿木。

从上述可以看出,寒与热乃是命局中水与火的两种情况,也就是命局中水与火的两种弊病,具体应用时,必须先将命局中是水是火先确定下来,然后再采用寒用热医,热用寒治的医药方法。

寒:指在亥子丑三冬出生的人,四柱中亥子水旺,或丑辰土多,又不见火来暖之,这样的八字谓之寒。属于寒性的八字需采用寒用热医,治疗方法最好用巳午火调候。

热:指在巳午未出生的人,四柱中巳午火多,或未戌土多,又不见水来调度,这种八字谓之"热"。热性的八字,用"热用寒治"的方法,最好采用丑辰土,进行泄火调候。

燥:指在未戌月出生,四柱中未戌土多,或巳午火多,又滴水皆无,这种八字谓之"燥"。燥性的八字采用湿治,最好用亥子水进行调候。

湿:指出生于亥子月,四柱中亥子多或丑辰土多,而又不见火者,这种八字谓之"湿"。湿性的八字需采用"燥"治,治疗方法最好用未戌土进行调候。

《滴天髓》云:"天道有寒暖,发育万物,人道得之,不可过也。地道有燥湿,生成品汇,人道得之不可偏也。"冬天金木皆寒,水土俱冻,夏天五行俱热,春秋天五行寒热最为适度,所以冬天生人,其命多偏寒湿,夏天生人,其命多偏燥热,偏者则需调节,使之中和适度。此乃谓之调候,冬生以火驱寒湿,夏生以水降燥热,这样谓之调候。冬天出生者,寒湿以火温,夏天出生者燥热以水降。其水火谓之"调候用神",然而需要注意的是:过于寒者热无根,反以无热最好;过于暖者寒无根,反以无寒最佳,皆不宜调候，反宜在行运时去其无根之寒热，以顺从其势最好。

4. 顺从选取用神

顺从取用之法，属于特殊格局的命局。有些八字日主过旺，或者过弱。过旺时局中抑制之五行力气太弱，抑制根本解决不了问题，不能使日主中和；过弱时，扶助日主之五行力气太弱，扶助已经不能使日主起到中和作用，这时候如果硬碰，只能是“以卵击石”，只有顺从日主旺弱的特殊作用，也就是日主旺不能抑时，不如使其更旺，取扶身之物为用，日主弱而不能扶时，只有使其更弱，取其抑身之物为用神，这种取用方法叫做顺从取用。

顺从取用分为两种，即日主很旺，使其更加强旺，以印生或比劫相助，为顺其势而发展；日主很弱，使其更弱，取食伤泄身或官煞克身的方法。

顺从取用与扶抑取用两种方法不同的是，扶抑取用，如日主旺需要抑制，日主弱需要生扶；而顺从取用恰恰相反，而日主旺需要生扶，日主弱需要抑制。

顺从取用分为两种不同的格局，即从强格与从弱格。如日主生于旺月，命局中月令为日主的印、比、禄、旺，而四柱中的他柱印、比、禄旺又多，柱中财、官、食、伤的力量衰弱，这样就使日主更加强旺。强旺的命局使日主越旺越好，取用时无非是印、比、禄、刃，视其命局的组合而决定。如命局中使日主强旺的主要原因在于印，那么，首先取印星为用神，其它比劫、禄、旺皆为喜神，如日干旺的原因在于比劫、禄、刃的，则取比劫、禄、刃为用神，印星可以作为喜神，必须视其命局而定夺。

根据实践经验来看，从强格的八字中没有一点财官食伤制身、泄身也不是好事。古人云：“有病方为贵，无伤不是奇。”而有病需有药来医治见过不少。从强格的八字没有泄身之物的无一人是大富大贵的，从强格的八字必须要有财官食伤在命局中出现，但最好是忌神衰弱无根而受制才好。如从格中没有一点忌神出现的，实践中发现，没有一个是好命的，这就是"无伤不是奇"的道理。

从强格中有一类日主极端强旺的八字，也就是四柱五行干支与日主一气的叫做专旺格，整个命局的气势与日主一致，称为一行得气格，也就是日主形成从强的一种形式，取用与应事时间大致相同。从强格的特点就是四柱中只有与日主同类的某一五行特别强旺，并不受克破的五行称为从旺格，共有五种，即从革格、曲直格、润下格、炎上格、稼穑格。此五种格局已在本书第五章第四节"变格局类型"中阐明，这里不再重赘。

从强之格选取用神，以食伤泄秀为最好，不宜行官煞之地，因为官乃克身之物，行财运也不好，因财为耗身之物。从旺之五格，行印运与比劫运最好，如果原命局中有食伤转化，行财运也吉，但不宜行官煞运，命局中有印星出现，行印运为吉，如印星未出现，也不是太好。命局中出现比劫，行比劫运大吉，如比劫不现也不好。财官伤乃是从旺格的凶神，如在命局中弱而有制则为好事，这时如行财官伤之运，则为大吉之运。从旺格行食伤运泄秀乃是好事，如果柱中根本没有食伤，如行食伤运反而泄去命局的贵气，形成诸事不吉。总之，八字行运以不破坏原命局结构为宜。

从旺格的日主生于旺月，即柱中印、比、禄、刃多，取能使日主更加强的印、比、禄、刃取为用神，但有些命局，日主极弱，柱中与日主不同的某一五行或几种五行十分强旺，如果按普通格局取用，不但制不了强旺之神，反会起到反作用，这样，旺神先损害用神，而后又会殃及日主，使日主遭祸，在这种情况下，日主只有顺其气势，以求平安，这就叫"从弱格"。如日主生于衰月，命局中财官伤多，而印比禄刃少而无力，日主必定极为衰弱，此时不能取印比禄刃扶身为用神，应取能使日主更衰之神为用神最好。而能使日主更加衰弱作用的只有财官伤三星，到底取谁作用神最合适呢？应选命局中最旺，能使日主减弱最重的五行为用神，从弱的八字在本书第四章第三节里已有阐述，这里不需重赘。从弱格分为以下几种：

①从财格：财为耗身之物，命局中月支本气为财，或地支合会化成财局，或天干透财，或旺财又得食伤生之，总之全局之最强旺之气全集于财，使日主更强更弱的内在根源全在于财，而且四柱又没有一点比劫星出现，这时应取财星为用神，食伤为喜神，比肩为忌神，官星之喜忌，按命局的组合而定。

从财格大多为富命，如财星逢生时，主大富。

②从杀格：官煞为克身之物。四柱中官煞太旺太多，既无印化，又无食伤制之，而又得财来生之，官煞削弱日主，使日主衰弱无依。总的来说，官煞是日主衰弱的主要根源，这时应该取官煞为用神，财星为喜神，印为忌神，食伤之喜忌按命局组合而定。

从杀格大多主富命，如官煞逢生时，主大富。

③从儿格：从儿格又名叫从食伤格。柱中食伤强旺，无印克制，使日主衰弱无依，食伤乃泄身之物，是日主衰弱的主要根源，此时应该取食伤为用神，官煞为喜神，印比为忌神，财星喜忌，按照命局组合而定。

从儿格主聪明智慧，名声远大。

④两行成象格：从弱格中，还有一些情况，即四柱中有两种五行气势强旺，这两行都可顺而不可逆，一般称为“两行成气格”，是比较复杂的一种格局。另外还有“两行三行成象格”，多属从格，都可按照顺其势而取用。实际上这些都属于从格的一类。

通过以上几篇论述，读者学习扶抑取用，与从格取用方法自然都会明白，日主在不太旺或不太弱的情况下，需要旺者抑之，弱者须扶之，通过扶抑，使日主达到中和的效果，此八字为扶抑取用。如果日主太旺，旺之太过者，却不能抑，日主太弱，弱得太过者却不能扶，也就是说旺之太过或弱之不及者，应该顺从日主之性取用，旺者让它旺到底，弱者任它弱个够，这种八字叫做从格。那么，哪些八字适合从强，哪些八字适合从弱呢？哪些八字适合不太旺弱呢？这里需要分析清楚。

一般情况下，日主旺，柱中财官伤有气逢生，这种八字不属从旺格而需抑制。

日主弱，柱中印比禄刃通根有气逢生，日主不属从弱格，需要扶助。

日主得月令而旺，柱中印比禄刃占二种以上，财官食伤无根无气，这种八字谓之从强。

日主在月令中为衰，柱中财官食伤占两种以上，印比禄刃无气无根，这种八字谓之从弱。

以上几条，对于是否是从格，已有具体地分析，相信对初学者会有一定的帮助。研究八字，必须边学习边实践，才能积累丰富经验；只有经验丰富，才能准确地找出用神，才能将八字推准。

5. 格局选取用神

①正官、七煞格取用神方法

日主旺，印多，取财为用神，无财取官煞或食伤为用神。

日主弱，食伤多，取财为用神。

日主弱，财星多，取比肩为用神。无比肩取印为用神。

日主弱，官煞多，取印为用神。

②偏财、正财格取用神方法

日主旺，比劫多，取官煞为用神；无官煞取食伤或财为用神。

日主弱，财多，取比劫为用神；无比劫取印为用神。

③正印、偏印格取用神方法

日主旺，比劫多，以官煞为用神；无官煞取食伤为用神。

日主弱，食伤多，取印为用神；无印取比劫为用神。

④食神、伤官格取用神方法

日主旺，财多，以官煞为用神；无官煞以食伤作用神。

日主弱，官煞多，取印作用神；无印取比劫作用神。

日主弱，食伤多，取印作用神；无印取比劫作用神。

⑤建禄格取用神方法

日主旺，取财官或食伤作用神。

日主弱，取印星或比劫作用神。

⑥月刃格取用神法

日主旺，取财官或食神为用神。

日主弱，取印星或比肩帮身为用神。

⑦特别格局取用神方法

日主专旺格，顺其旺势所聚为用神。

曲直格，以木为用神，无木以水为用神。

炎上格，以火为用神，无火以木为用神。

稼穑格，以土为用神，无土以火为用神。

从革格，以金为用神，无金以土为用神。

润下格，以水为用神，无水以金为用神。

从财格，以食、伤为用神。

从煞格，以财作用神。

从儿格，以比劫作用神。

化木格，以木作用神。

化土格，以土作用神。

化金格，以金作用神。

化水格，以水作用神。

化火格，以火作用神。

八字取用神，宜中和为原则，简单一句话，就是泄其过旺，补其不足，目的达到中和。无论是补是泄，总是力求四柱五行达到一种平衡。不论是补是泄，都是日主所喜之五行为用神。分析八字，开始就要定取格局，其次是分析日主与五行态势，这两项工作做完,接着就开始选取用神了。

第三节　用神的喜忌

八字推算是以日主为中心。用神是调合命局中和的药剂,偏旺偏衰,都会影响整个命局的吉凶。选取用神必须要有生、有助、有扶,尽量避免受到伤害。任何八字,如果与岁运干支有刑冲克合用神,使用神受伤,则灾祸难免。为此特将能生助解救用神的天干定名为喜神。对用神、喜神刑冲克合的,定名为忌神。大运和流年走到用神或喜神阶段,这段时间喜气洋洋,事事称心,如走到忌神阶段,则难遂心愿,应该事事小心。大运是一干一支合并为一运,一运十年,天干和地支前后各管五年,流年或大运逢喜神则有好事,遇忌神则灾祸频临。现来认识一下命局的用神、喜神和忌神的含意。

四柱五行以中和为贵,而命局中大多数不是中和的,不是偏旺就是偏弱,偏旺、偏弱都谓之病,有病就需用药来医,这医病的药谓之“用神”。而克制、合、冲“用神”之神,谓之“忌神”。克制、合、冲忌神之神,谓之“喜神”,或帮助用神之神谓之“喜神”。

例一:扶抑取用

乾造:1957 年闰八月二十五日亥时

丁　　庚　　癸　　癸

酉　　戌　　亥　　亥

癸水生于戌月,柱中比劫多,印绶旺,官星弱,应该用财来破印为用神,时干支比肩劫财为忌神。以官制比劫为喜神,但是官星不透,喜神没有力量,所以此人不贵,如果官星透出必然大贵。

例二:通关取用

乾造:1967 年十二月三十日子时

丁　癸　戊　壬
未　丑　戌　子

戊土生于丑月,天寒地冻,柱中三水四土,水土相战,忌火、土,喜金、水、木,命局中没有金通关,丁火成为忌神。

1. 格局运途喜忌

①正官格局运途喜忌

日主旺,四柱比劫多,以官煞为用,运逢财官最好,行印劫运则诸事不吉。

日主旺,四柱印多,以财为用,逢财食最好,遇印、比诸事不吉。

日主旺,四柱多食伤,以财为用,用财泄食伤而生官,逢财运最好,遇比劫则凶祸临门。

日主弱,四柱财多,以比劫为用,逢比劫或印带比劫则诸事顺利,逢官运则破财生灾。

日主弱,四柱食伤多,以印为用,遇印运最好,忌财破印为凶。

日主弱,柱中官煞多,以印为用,印能化煞,逢印比运最好,见财运最凶。

②正财、偏财格运途之喜忌

日主旺,四柱印多,取财为用,因财能制印,逢财运最好,财带食伤更佳,见印比官煞最凶。

日主旺,比劫重重,以食伤为用,因食伤能通关生财,逢食伤运最好,遇比劫运最凶。

日主弱,食伤多,以印克食伤为用,逢印比运最吉,遇财官煞为凶。

日主弱,四柱财多,以比劫为用,因比劫能帮身制财,逢比劫运最吉,财官煞食运凶。

日主弱,官煞多见,以印化官为用,逢财运最凶,逢比劫运好些。

③偏印、正印格运途之喜忌

日主旺，四柱财多，以官煞为用，因官煞能泄财，通关。逢官煞运最好，忌见食伤财运。

日主旺，柱中印多，以财破印为用，逢食伤财运最好，官煞印劫比最凶。

日主旺，比劫太多，有官煞则以官煞为用，无官煞则要用带财之食伤，运行官煞、食、财为好，印劫为凶。

日主弱，官煞太多，以印为用，运逢印比之地为吉，财官运为凶。

日主弱，食伤多，用印制食扶身为用神，逢印比之地为吉，食伤财运为凶。

④食神格局运途之喜忌

日主旺，四柱财多，以官煞泄财为用神，逢官煞运为美，忌印比劫运为凶。

日主旺，比劫太多，以食伤为用神，运逢食伤财地为好，逢印比劫运为凶。

日主旺，印多破食，以财制印护食为用神，喜行食伤财运为吉，行印煞为凶。

日主弱，官煞多见，以印比扶身为用神，喜印比之运吉，财官七煞运凶。

日主弱，四柱财多，以比劫为用神，行印比之运为吉，食伤财运为凶。

日主弱，食伤太多，以印制食伤扶身为用神，行印劫之地为吉，忌食伤财运为凶。

⑤七煞格局运途之喜忌

日主旺，官煞重叠，以食伤为用神，行食伤运为好，忌官印运为凶。

日主旺，柱中印多，以财扶煞破印为用神，喜财和食伤为吉，忌官印比劫为祸。

日主旺，比劫多见，取官煞制比劫为用神，运行财官煞为好，印比之地为祸。

日主弱，柱中财多，以比劫帮身为用神，运逢印比为吉，忌食伤财为凶。

日主弱，食伤太多，以印制食伤化煞为用神，喜逢印地，忌食伤财运。

日主弱，官煞重叠，以印为用，喜印比之地，忌财官之乡。

⑥伤官格局运途喜忌

日主旺，四柱多印，以财破印耗身为用神，运行食伤财为吉，忌印比之乡为凶。

日主旺，比劫多见，以七煞为用神，行财煞运为好，忌印比地为殃。

日主衰，柱中财多，以比劫印为用神，逢印比劫运为吉，忌财官运为祸。

日主弱，官煞多见，以印劫为用神，行印劫之地为吉，忌财官运为祸。

日主弱，食伤太重，以印破伤护主为用神，逢印为好，忌食伤财地为凶。

2. 用神喜忌歌诀

用之官星不可伤，不用官星尽可伤。
用之财星不可劫，不用财星尽可劫。
用之印绶不可坏，不用印绶尽可坏。
用之食神不可夺，不用食神尽可夺。
用之七煞不可制，制之太过反为凶。
身煞两停宜制煞，煞重身轻宜化煞。
若逢官煞而生殃，财多身弱宜劫财。

劫重财轻喜食伤，官旺身弱宜逢印。
阳刃重重喜食伤，若逢官煞亦相当。
财多身弱宜劫刃，劫重财轻妻父殃。
官旺身弱宜印绶，官衰印旺财最良。
莫道枭神无用处，杀多食重反贞祥。
勿谓羊刃是凶物，财多煞党喜洋洋。
此乃子平真要诀，后之学者仔细详。

综上论述，已掌握了日主旺衰，看出命局中的病源，就能诊断出命局中病的轻重，然后找出治病的方法，什么病用什么药来治疗，也就是以通关等方法选好了用神，就可以将用神取出，来进行实际操作。

一个人的富贵贫贱，吉凶祸福，都有一定的定数。要想先知先明，要借助用神来进行分析，只有预先找准用神，才能预测得准确，用神找不准，全盘一错到底。所以在分析用神时，必须对命局中各个五行进行对照，在组装大运和进入流年时，都要进行详细分析和比较，看是否平衡。如果用神在命局和岁运中都没有出现，或者太轻、太重，都不是好现象。如果五行平衡，用神得力，就可以断定这步运大吉大利，福从天来。

实际上八字预测，就是分析命局平衡不平衡，在分析岁运的同时，我们不但要知道日主旺衰，而且要比较出各个五行的旺衰，哪一个五行过旺过衰，都会给命局造成影响，也给命主带来不利。例如柱中印绶过旺，就不利食伤；食伤过旺，就不利官星；官星过旺，就会不利比劫；比劫过旺，就不利财星等等。

现在我们用五行生克制化与十神对照，来看一看命局中五行不及与太过，平衡与不平衡等几个方面的内外因素，加以分析。

八字的推排，离不开五行生克制化，也就是将相生相克的制化因素换算成六亲十神的制约规律，找到它的平衡和不平衡点。

这种错综复杂的关系，虽然千变万化，也不会超过命局大运、流年等仅仅十几个字的范围。虽然如此，对初学者来说，还是有些不知从何处下手的感觉。

现从命局中以比劫作例，比劫生食伤，食伤生财，财生官，官生印，印生比劫，如果这样生下去，永远也不会找到太过和不及、平衡与不平衡的地方。应该从比劫生食神开始，一直循环到印生比劫时为止，然后再用比劫克财顺序来查看一下财、官、印、比、食的旺衰。如果财旺官衰，则印被克被泄。由于官衰化不了财，财则越过官而制印，官无力生印，印则有克无生，因此，印代表的五行就有灾。灾轻灾重，具体要看五行旺衰而定。

如柱中财旺、官旺、印衰，比劫必定有灾。为什么呢？因为印化不了官，官就制比劫，财又生助官制比劫，使比劫有克无生，为此代表比劫的五行就有灾。见灾到什么程度，具体要看五行旺衰而定。

如柱中财、官、印都旺，比劫衰，比劫不能泄印，这时印能越过比劫制食伤，使食伤有克无生，为此食伤就要见灾。见灾到什么程度，具体要看五行旺衰而定。

如柱中官与印、比肩都旺，食伤衰弱，食伤不能泄比劫，比劫则越过食伤制财，使财有克无生，为此财星的五行就要有灾。见灾到什么程度，具体要以五行旺衰来决定。

如柱中印绶和食伤比劫都旺，财星衰弱，财星泄不了食伤，食伤乘旺而越过财来制官煞，使官煞有克无生，为此代表官煞的五行就有灾。见灾到什么程度，要看五行旺衰而定。

3. 选取用神事项

①首先要选取在月支中或天干上最为有力的作用神。因为月为提纲，月建司令，天干为十神所透，这些都是有力的，应该选取为用神。

②用神不能刑冲克破，不能逢合、逢会，如有这些破绽，就不

起作用,只有另行选择。

③用神要有生有扶有根,谓之用神的精神。精神旺而身旺,精神弱则身弱。用神要旺相,被克时要有救,这样才能选取为用神。

综上各节,分析一个八字,首先要看日主及柱中各个五行的旺衰,应用综合平衡的方法,查出命局与每个五行的过旺与不及的有病之处,将用神选好,然后再查看日主旺衰及各个五行旺衰,进行详细推敲。如果大运某一阶段为命局的忌神,还要根据五行旺衰情况,再进行衡量,定其吉凶。

分析八字时,不论大运为命局的用神,或日干的强旺都要根据日干的旺衰程度,进行循环式的详细衡量,确定日主喜忌,逢流年是吉则吉,是凶则凶。用这种方法来判定命局,既准确,速度也快。

第七章 星煞篇

星煞是一种“数”的变化。“数”是伴随着星宿而来,世间万事万物皆来自于数。数又随着气而升降,往来消长。在八字预测中,星煞的应用很重要。古人认为,人命的好坏与这些星宿神煞关系很密切,古今不少学者不重视命局大运和阴阳五行的生克制化,而更注重的是星煞。然而又有些人对星煞的作用持有完全否定看法。更有些人对星煞没有深入了解和研究,就说星煞是江湖术士捏造出来的,没有什么依据。笔者从学术立场认为,不进行学术研讨,轻易就将祖传瑰宝否决,这种态度是错误的,不符合学术研究的实际要求。最好再多读一些古人的书,多做点实践试验,向一些有识之士多加请教,等到你的知识慢慢提高了,你一定会说,对老祖宗留下来的玄秘文化不能轻易否决,不能用坐井观天的思想去抹杀你不懂的东西。

自古以来,推命术分为天星与子平两个派别。天星派注重宫度与星煞;子平派注重生克制化与星煞,两者完全以年、月、日、时的生辰八字来推算人的命运。天星派是以天上的星宿为依据,用十二宫星座与二十八宿星的时间,来推测人生吉凶祸福。据近代天文学家的研究成果,证明这些星宿的存在,十二宫有白羊、金牛、双子、巨蟹、狮子、处女、天秤、天蝎、天箭、磨羯、水瓶、双鱼等。二十八星宿有:角、亢、氐、房、心、尾、箕、斗、牛、女、虚、危、室、毕、奎、娄、胄、昴、毕、觜、参、井、鬼、柳、星、张、翼、轸。同时,研究出这些星宿,并不是固定不变的,而是在逐渐移动着的。证明在两千年以前的春分点落在白羊宫，而现在的春分点落在双鱼宫。说明春分点不是固定不变的，它沿着黄道西行，每25000年沿黄道行一周。北极的位置，每年也在改变，据天文学家研究，北极星与地轴的距离，每年大约缩短20秒钟，大约到2100年时，北极星开始真正到达地球的正北方，到公元5000年的时候，北极星将出现在地球赤道的上空，以后北极星可能变为南极星了。由于天上的星宿均在变化，故以前所设立的推命星盘，应用于现在也不能十分准确了。

我们现在所研究的推命法乃是子平术。子平八字最注重五行生克制化与神煞的研究。它根据地球对太阳的两者关系而定。在推理方面，也是随着时空的变化而来，不向五星、斗数那样固定不变的。但是子平与天星两派，有分不开的关系存在。子平派的星煞，如命宫、天德、月德、驿马、桃花等等，大多是天星派之“五星”或“斗数”演变而来的。尤其是“星煞”，更是研究子平术的一门学科，千万不可忽视。

笔者在多年的实际应用中，通过难以计数的具体事实证明，星煞在八字预测学中占有很重要的地位。如果一个人的八字很好，再遇上吉星贵神，那就必然会春风得意，福从天来。相反，命局虽好，如果遇上凶神恶煞，那就喜极生悲，乐中遇祸。如果命运不好，再遇凶星凶煞，那就“破屋又遭连阴雨，漏船又遇顶头风”了。有些命局虽然不好，但遇上吉星福神，也会吉星高照，遇难呈祥，逢凶化吉，因此笔者认为值得研究和推广。

关于星煞的应用，必须要分其旺衰喜忌。八字中所喜的吉星，大运流年逢之则是好上加好。命中所忌的凶神又逢大运流年，则凶上加凶。古人留下的吉凶星煞很多，不下一百多种，很难记忆，在应用方面，必须要从探索中取用，使用一些有价值和应验比较明显的星煞进行应用，其它留待研究。

第一节　吉星

1.【天德贵人】

天德贵人乃天地德秀之气，逢凶化吉之神。命中若有此气，会遇到很大的福德。这个吉星，能在生日上遇到最好，生时较次。古歌云："生日天德最为佳，一生安逸享荣华。免除匪难与贼盗，官刑祸患无有他。"

命中天、月二德和天乙贵人同时出现，主一生安稳，困难时自有贵人相助，不富也贵。如贵格有二德入命时，主一生功成名就，遇考试多能录取。

格中有天月二德出现，就是有冲、克、破，也可逢凶化吉，遇难呈祥。就是煞、伤、枭、劫之格局，遇到天德贵人出现，纵有凶灾恶祸，也会减轻大半。但天、月二德虽是贵命，如遇刑、冲、克、害和空亡，那也只能是虽贵不贵了。

天德贵人的查法是正月天德在丁，二月在申，三月在壬，四月在辛，五月在亥，六月在甲，七月在癸，八月寅，九月在丙，十月在乙，十一月在巳，十二月在庚。

月　　份	正	二	三	四	五	六	七	八	九	十	十一	十二
天德干支	丁	申	壬	辛	亥	甲	癸	寅	丙	乙	巳	庚

易记歌诀：

正丁二申三月壬，四辛五亥六甲逢。

七癸八寅九在丙，十乙冬巳腊在庚。

2.【月德贵人】

月乃月亮之意，称为太阴。德者就是改恶行善，救人苦难谓之德。阴者无德。所以，甲丙庚壬四干为德，乙丁辛癸四干不用。因月德是三合局帝旺关系的天干，所以不用戊己土，如寅午戌火局，火长生在寅，旺在午，午火与天的“丙”为同类，所以凡是丙日生人见寅月、午月、戌月的便是月德贵人。申子辰水局，月德在壬，壬为子水的同类。亥卯未木局，月德在甲，巳酉丑金局，月德在庚。其查法以三合局的旺处天干便是月德贵人。

月　　份	寅午戌	申子辰	亥卯未	巳酉丑
月德天干	丙	壬	甲	庚

月德贵人以生日为主，生时较次，天、月二德为解救之神，凡事均可免于灾害。命局中有天德，月德星的人，其人一生如意，荣华富贵，在社会上能获得很高的名誉地位，更无凶灾恶祸。有此二星的人，什么凶神恶煞都可制服，有逢凶化吉，遇难呈祥的作用。天德贵人和月德贵人都主一生荣华富贵。

命主有天月二德，可得到天佑神助。大运临财而得财，临官煞时能减少凶害，临到某一吉运就会有某些吉兆出现。

天、月二德的好处很多。遇此主一生安泰，不犯官刑，即使遇匪遭盗时，也会逢凶化吉。女命生日遇有月德贵人，能配个贤贵而有德的丈夫。

易记歌诀：

月德月干旺处生，三合局中去寻根。
金局在庚木逢甲，火局在丙水局壬。

3.【文昌贵人】

文昌贵人又称文曲星，古书云：文昌者乃食神之临官所在也。有文昌星的人，主天资聪明，又主逢凶化吉，命带文昌星的人，多以文化为入官之途径，对于一个读书人来说，是一件很了不起的事情。事实证明，凡是命带文昌星的人，在考试中多能随机应变，不慌不忙地考出好成绩来，但是必须处于生旺之地，方能如愿。

命带文昌星的人，举止温顺文雅，好学上进，男命注重内涵，女命颇重仪表。实践证明，命有文昌星的人，文途腾达，才华横溢，且有逢凶化吉之作用。

查文昌星的方法以日干为主，先找到食神的天干，然后找到食神长生十二宫所在的临官之位即可。现作详细分叙一下：

甲以丙火为食神，食神丙火的临官之地在巳，故甲干以“巳”为文昌。

乙以丁火为食神，食神丁火的临官为午，故乙干以“午火”为文昌。

丙以戊土为食神，故丙干以申金为文昌。其它丁、戊、己、庚、辛、壬、癸皆仿照以上方法而推。

另一查法更为易记，如甲丙戊庚壬阳日干出生的人，长生对宫就是文昌。如甲木长生在亥，亥的对宫为巳，巳就是文昌。丙火长生在寅，寅的对宫是申，申就是文昌。如阴日干的乙木长生在午，午本身就是文昌。丁火长生在酉，酉本身就是文昌。

阳日干出生的人与阴日干不同，阳干出生的人喜欢活动，进入社会以后，将会干一番惊天动地的事业；阴日干出生的人，性格喜欢清静，柔顺，事业进展较为缓慢。文昌贵人在生日上出现为最好，在月时上比较次些，都以不受刑冲克害最为理想。

年日干	甲	乙	丙	丁	戊	己	庚	辛	壬	癸
命局地支文昌贵人	巳	午	申	酉	申	酉	亥	子	寅	卯

易记歌诀：

文昌作用最出奇，手指一掐即刻知。
甲巳乙午文昌位，丙戊申宫丁己鸡。
庚猪辛鼠壬逢虎，癸人见卯上云梯。

4.【天乙贵人】

天乙贵人是由日干而起的，例如甲日、戊日或庚日出生的人，八字大运和流年地支中见到丑和未的就是天乙贵人。乙日和己日出生的人，八字大运和流年的地支有子和申的就是天乙贵人。但也有人以年干而起的，可依自己的应用习惯，看哪一种用起来最验证，就使用哪一种，凡事都不可以太死板。

在命局中，有天乙贵人出现，虽有刑冲也无有大碍，一生少病，中年发福，无有牢狱之灾。

天乙贵人与食神同宫，主一生食禄丰厚，乃有福之人。如干支相合，主福多祸少。

天乙贵人与三合六合同支，是文学优秀之人。临于华盖之上是官命。与驿马同支，其人足智多谋，容貌威严。与建禄同支，具有文学思路。与空亡同支，喜欢技艺或舞蹈音乐。

天乙贵人是最吉之星辰，命局中遇之，可使人功成名就，如得令者可名利双收。

天乙贵人在命宫上出现，不仅主一生福气，更主学识渊博，遇困难自有贵人相助。

天乙贵人在命局出现，遇之功名早达，官禄宜进，受人尊敬，有天乙贵人的人，聪明有智，正大光明，心慈好善，助人为乐，一生有贵人帮助，每遇危难之时可逢凶化吉。天乙贵人若与华盖一起出现，暗示着在艺术方面大有成就。

天乙贵人最大的优点是在遇到重大困难之时，必然有人出来帮忙，而这个帮忙的人往往与贵人所临的地支相同。比如日干为甲戊庚的人，可根据查天乙贵人方法找出属牛和属羊的人就是天乙贵人。若命主有困难时可找属牛或属羊的人帮忙，往往能逢凶化吉，遇难呈祥。

日干	甲	乙	丙	丁	戊	己	庚	辛	壬	癸
命局地支天乙贵人	丑未	子申	亥酉	亥酉	丑未	子申	丑未	午寅	卯巳	卯巳

易经歌诀：

甲戊兼牛羊，乙己鼠猴乡。

丙丁猪鸡位，壬癸蛇兔藏。

庚辛逢马虎，此是贵人方。

5.【三奇贵人】

所谓三奇，就是奇异之事，万物皆以奇为贵。三奇贵人必须要顺次而排，如甲年戊月庚日……而且要得时得地，不可生于死绝空亡之地，并且要得到其它吉星相助。

三奇贵人如临桃花，天罗地网无用。凡是命带三奇的人，主精神焕发，胸怀卓越，求大志而博学多能，得天乙相助，能成大业，带天，月二德，一切灾祸不侵。

三奇必须要与命局配合得好，并且有吉星相助才好；如果没有吉星相助，命局逆乱，必是贫穷下贱之人。三奇如落空亡，定是修行悟道之辈，或者是云游四方之客。

三奇贵人如果混乱，不但不是奇特之命，而且作事成败无常，变成下贱之命，所以不能以三奇贵人看待，必须要视其另外辅助条件。

天上三奇	地下三奇	人中三奇
年 月 日 甲 戊 庚	年 月 日 乙 丙 丁	年 月 日 壬 癸 辛

易记歌诀：

天上三奇甲戊庚，地上三奇乙丙丁。

壬癸辛为人中奇，天干顺序要认清。

6.【天厨贵人】

其人有食禄之贵，如得国家重用定有优厚的俸禄，并且能学业有成，工作晋升。常人适宜厨艺、食品、粮食贸易。命局中出现天厨贵人的，宜往农业食品、粮贸方面去谋求功名定能得其丰厚的利禄。

取天厨贵人的方法：以日主为准，甲干以丙为食神，丙建禄在巳，故以巳为甲木的天厨贵人。意思是说丙火是甲木的食神，丙火长生在寅，临官在巳，巳为丙火的建禄，所以甲木的天厨贵人是巳火。乙木的食神是丁火，丁火的建禄在午，故午为乙木的天厨贵人。丙火食神是戊土，戊土长生在寅，建禄在巳，故巳为丙火的天厨贵人。丁火食神在己，午为丁火的天厨贵人。戊土食神在庚，申为天厨贵人。庚金食神在壬，亥为庚金的天厨贵人。辛金食神在癸，子为辛金的天厨贵人。壬水食神在甲，寅为壬水的天厨贵人。癸水食神在乙，卯为癸水的天厨贵人。

由于天厨是食神建禄之宫，食神乃是福寿之神，所以食神遇禄是福寿双全的好命。此神与正官正印同宫时，功名蒸蒸日上，可得高官厚禄，富贵双全，就是普通百姓，也会过上衣食丰厚的小康生活。但不宜刑冲克害和空亡，遇之福气减半。

天　　干	甲	乙	丙	丁	戊	庚	辛	壬	癸
食　　神	丙	丁	戊	己	庚	壬	癸	甲	乙
天厨贵人	巳	午	巳	午	申	亥	子	寅	卯

易记歌诀：

天厨贵人命为奇，衣食丰足福不低。
甲丙在巳乙丁午，戊申庚亥辛在子。
壬寅癸卯有规律，食先禄后不用疑。

7.【太极贵人】

命带太极贵人者，主聪明好学，喜研究神秘文化，做事有始有终，《理愚歌》曰：四库全时为至贵，位列朝班掌权衡。命入此格，再有吉星相扶，必定侯封万户，耀祖荣宗。

太极贵人查法以日主为准。甲乙日生人占子午时。丙丁日生人，占酉卯时。戊己日主，占辰戌丑未时。庚、辛日主，占寅、卯时。壬癸日主，占巳申时。

天干(日柱)	甲乙	丙丁	戊己	庚辛	壬癸
太极贵人(时)	子午	酉卯	辰戌丑未	寅卯	巳申

易记歌诀：

甲乙生人子午中，丙丁鸡兔定亨通。
戊己两干临四季，庚辛寅卯禄丰隆。
壬癸巳申偏喜美，值此应当是富翁。
更须贵格相生合，侯封万户耀祖宗。

8.【福星贵人】

福星贵人的查法，是指在本旬中再推出食神，先查此命是哪一旬生人，然后再顺排到第三位，第十三位便是福星贵人。比如甲子旬生人，故丙寅、丙子为真食神。又如乙亥生人，顺数前三位乃丁丑，十三日丁亥，也是找到了真食神，其余都按此推算。

《鸿福齐天》云：福星贵人众所钦，命中最喜此星临。八字遇此主一生衣食无缺，如配合得当，必主多福多寿，金玉满堂，常人遇之，主三餐温饱，无忧无愁。但此星只主平安有福，不主官禄富贵。福星贵人代表祖荫保佑，一生有福，丰衣足食。

凡甲、丙生日，地支占寅、子者。凡戊、己生日，地支占申、未者。凡丙日生人，地支占戌者。凡壬日生人，地支见辰者。凡乙、癸生日，地支见丑者。凡丁日生人，地支占酉、亥者。

生年日干	甲	乙	丙	丁	戊	己	庚	辛	壬	癸
四柱地支	寅子	丑亥	子寅	亥酉	申	未	午	巳	辰	丑

易记歌诀：

甲丙相邀入虎宫，更游鼠穴最亨通。

戊猴己未丁宜亥，丙人唯喜在戌中。

庚趁马头辛到巳，壬骑背龙喜重重。

更喜丁人爱鸡酉，乙癸见牛乐无穷。

9.【金舆】

以年干与日干为主查四柱地支，见者即是。如甲日干逢年、月、日、时支中有辰即为金舆。

年、日干	甲	乙	丙	丁	戊	己	庚	辛	壬	癸
金　舆	辰	巳	未	申	未	申	戌	亥	丑	寅

金舆者又名叫做“金辇”，古时皇帝坐的车子叫做“金舆”。该星入命，主人性格柔和，心性善良，容貌端庄，举止文雅。男女遇此不富即贵，易得福荫，异性缘佳，柱中以日时见之最佳。

易记歌诀：

甲辰乙巳丙戊羊，丁己申支庚戌方。

辛亥壬丑癸逢虎，此是金舆仔细详。

根据验证，凡命带金舆星为忌神的人易遭车祸，应当在行车中谨慎。

10.【十干禄】

禄为养命之源，命中逢之，一生衣食不愁，然而最怕合冲克害或入空亡，如果这样，反而衣食不足了。

甲禄在寅，乙禄在卯，丙戊禄在巳，丁己禄在午，庚禄居申，辛禄居酉，壬禄在亥，癸禄在子。即以日干为主，十二宫态势为临官即是，仔细看一下，乃是日干十二地支中所藏干的正气也。

天干／地支	甲	乙	丙戊	丁己	庚	辛	壬	癸
十干禄	寅	卯	巳	午	申	酉	亥	子

易记歌诀：

甲寅乙卯干禄排，丙戊在巳勿疑猜。

丁己逢午庚申是，辛酉壬亥癸子来。

此乃人元寻正气，十二地支藏干排。

11.【天赦星】

天赦是吉星，命中若逢天赦，一生处世无忧，犹如皇帝大赦天下，表示天下太平，命中有犯刑的人，遇此能减灾免刑。古歌云："命遇天赦不用愁，逢凶不凶得自由，再遇吉星来相助，一生快乐永无忧。"其查法是春戊寅，夏甲午，秋戊申，冬甲子。如春月逢戊寅日出生，夏月逢甲午日出生，秋月逢戊申日出生，冬月逢甲子日出生的，都是命逢天赦星。

四季／干支／星煞	春	夏	秋	冬
天赦星	戊寅	甲午	戊申	甲子

易记歌诀：

天赦本是吉照星，秋天戊申春戊寅，

夏在甲午冬甲子。逢之平生不受刑。

12.【将星】

将星是一种权威德望之星，有组织能力，领导才干，处事冷静沉着，有一种临危不惧，遇乱不惊的气势，如果将星处于死绝之地或被刑冲克害，反而不利。

古歌有云："将星文武两相宜，禄重权高世间稀。"命带将星的人,如没有其它凶星破坏,不论在军界或政界都会显达。实践证明,凡命带将星的人,无论处于何时何地都受人尊重,对周围群众都有影响力和感召力。此星与凶星会合,则增凶气,与喜神会合则增吉气。

将星的查法以年支或日支为主,查其三合局各支。如寅午戌年日见午,巳酉丑年日见酉,申子辰年日见子,亥卯未年日见卯。其法即三合局旺处即是将星,也就是三合会局中间一字是将星。

年　日　支	寅午戌	申子辰	巳酉丑	亥卯未
命局地支将星	午	子	酉	卯

易记歌诀:

合局旺处是将星,不论文武有威名。

更得吉星来相助,官高权贵寿康宁。

13.【华盖星】

推华盖之法以年支为主,见地支三合局的最后一个字,即是华盖星,也就是三合局的最后那个字。如寅午戌年生人,日支见戌字的就是华盖,因寅午戌火局,火库在戌,所以日支见戌便是华盖星。又如日支是寅日午日或戌日,其它三支见有戌字的便是盖星。

命带华盖的人,智慧过人,如与天德、月德、天乙贵人或官印等吉星同宫出现,能获得很高的名位。

华盖是个吉星,命带此星乃是孤傲清高之人,但不宜空亡,遇则子女受克,男命僧道,女命为尼,否则就是孤寡。

命中有华盖与羊刃同时出现,定是艺术多能之人,但大多是作事有始无终,一生也难成一件大事。有空亡也是这样。

有华盖星的人,主兄弟很少,多数是独一个,女命生时和胎月都有华盖时,大多是养女或庶女,而且稍嫌浪荡。

命有华盖，主人聪明好学，如逢刑冲克害，会因学术与宗教方面的事情东奔西跑。

壬癸日出生的人，时辰上见华盖最为不利，主老年克子，夫妻离别，女命多数终身不育。

华盖是一种带有神秘感的吉星，有华盖入命的人大多信仰佛道，喜欢推测命理与神秘方面之事，故见识超群，才华横溢。有华盖的人大多性格孤僻而少动感情，有傲气凌人之势，但聪明好学，喜欢美术、书法、医学、易学等爱好。

华盖星最大优势就是凡遇见什么灾难时，只要信佛信道立即可化解，如果命中华盖星临死空亡或逢刑冲克害的话，最好能看一些有关佛道的书，这样就能将不好的事情化解。有华盖的人，一般都在二十四岁以前，不是凶灾不断，就是奇病缠身。

年　支	寅午戌	申子辰	巳酉丑	亥卯未
月日时支华盖	戌	辰	丑	未

易记歌诀：

三合墓处华盖求，水局见辰金见丑，
如见木局墓在未，合局未字详推留。

14.【驿马星】

查法以年支为主，寅午戌年生人，四柱中见有申字便是驿马，所以寅午戌马居申，申子辰马居寅，巳酉丑马居亥，亥卯未年马居巳。以三合局的第一个字所冲之神是驿马，也就是三合局中的病处是驿马星，如申子辰水局，长生在申，病在寅也。

再详细地分析一下更为明白：驿马是与三合局的长生对冲的那个字便是驿马，如火长生在寅，与寅对冲是申字便是驿马，所以，驿马逢冲必动，遇吉神动则吉，遇到凶神动则凶。查看驿马时，必须要弄明白是生旺还是死绝，如生旺有随机应变之才，为人所崇拜，相反的如遇死绝，其人性格疏懒，作事有头无尾，多败少成，是漂泊不定之人。

驿马星既可用年支来查，又可用日支来查，此星虽然为吉，但多主奔波流动，无有立场。命局中吉神为马，有高升动迁之喜事，若凶星为马，则有终身奔波之苦。逢冲就像快马加鞭一样，逢合就像把马足缚住，动不起来。大运流年遇马星也是如此，如果马星遇流年，大运遇财星，其年必财源滚滚，事业更新。有驿马星的人，一般都有旅行或出国之运，一般如购销员、记者，以及外交人员等命中多数会带有驿马。日柱临壬申或癸酉的人，名曰"马头带剑，威镇边疆"。又曰"马踏边寨，身不安闲"，边疆乃是时柱也。如果马星逢病死败绝之地，主其人流落江湖，远走他乡。驿马与贵人相并则主高升之喜，平常人多主奔波劳碌，多动多变。

年 日 支	寅午戌	申子辰	巳酉丑	亥卯未
月日时支驿马	申	寅	亥	巳

易记歌诀：

三合病处驿马星，火局在申水在寅。
木局在巳金居亥，火局冲处要分清。

15.【魁罡贵人】

日柱干支见戊戌、壬辰、庚戌、庚辰四位称之为魁罡贵人。也即日主临其中任何一位便是魁罡贵人。如在年、月、时三柱都见有魁罡者称之为魁罡格局，乃是大富大贵之命。有魁罡入命的人办事果断，决策分明。而且天性聪明，文章振发。然有魁罡星的人大多有秉性刚直，不听人劝阻的弊病。魁罡星如临旺地最好，必定大富大贵，最怕逢财官旺地又遇上刑冲克害。定主婚姻不顺。命书有云："男遇魁罡，谨防牢狱之灾，婚姻破败；女见魁罡，须虑丈夫有祸"。总体看来，身弱之人遇魁罡大多是贫寒之命，身旺的遇魁罡表示此人有先决条件，遇机即可勋业超群。

日柱——庚辰、庚戌、命局见官煞则破
日柱——壬辰、戊戌、命局见财则变贱

易记歌诀：

庚辰庚戌命中逢，壬辰壬戌是贵人。

命中遇之多富贵，身强身弱定须分。

身强见之定顺利，身弱逢之事难成。

16.【天医星】

天医星是掌管疾病生死的医神。此星生旺临二德无有刑冲克破者，在医疗事业上可功成名就。柱中天医不旺，又无贵人相助者，大多体力不佳，时常患病。天医旺相，更有其它吉星拱照，不但身体健康，而且适合研究医学、心理学等带有医疗性的工作。

天医的查法是正月见丑，二月见寅，三月见卯，四月见辰，五月见巳，六月见午，七月见未，八月见申，九月见酉，十月见戌，十一月见亥，十二月见子。再说得明白一些，也就是月建退回的上一个字即是。

查天医时只需记住出生月上一个月的月建即可。例如这个人是二月生，二月天医在寅，因为寅字是正月月建。此人是三月生，三月天医在卯，因为卯是二月月建，柱中只要见到出生月前一个月的月建便是天医。余类推。

月份 地支	正月	二月	三月	四月	五月	六月	七月	八月	九月	十月	十一月	十二月
天医星	丑	寅	卯	辰	巳	午	未	申	酉	戌	亥	子

易记歌诀：

正丑二寅是天医，月建退一干逆之。

月建之前地支是，此乃天医不用疑。

17.【十灵日】

日柱中遇着甲辰、乙亥、丙辰、丁酉、戊午、庚戌、庚寅、辛亥、壬寅、癸未等十个日柱干支谓之十灵，十灵者乃聪明伶俐之意也。以日柱为准，年、月、时柱见之不是。

日　干	甲	乙	丙	丁	戊	庚	庚	辛	壬	癸
日　支	辰	亥	辰	酉	午	寅	戌	亥	寅	未

甲辰乙亥与丙辰，丁酉戊午又庚寅。
庚戌辛亥与癸未，又加壬寅叫十灵。
命中十灵日上见，天生智慧甚聪明。

18.【学堂词馆】

《三命通会》云："夫学堂者，如人读书之学堂也。""词馆者，如古之翰林院也。"词馆乃学位之称，有词馆星的人，主其人聪明好学，学业专精，文章出众。凡命带学堂者主其人聪明智巧，学业有成。命带学堂者不仅在学业方面都有名望，而且具有专业职务，在社会上享有一定名望和地位。从日常实践应用经验来看，命带学堂词馆的人，如在流年或大运上遇之在考试方面尤其是高考，都能名登金榜。

学堂词馆查法，以日干为主，找出纳音五行长生之位即是学堂词馆。如甲乙木生人长生在亥，己亥纳音又属平地木是也。丙丁日生人，长生在寅，丙寅纳音又属"炉中火"是也。戊己日生人遇戊申，庚辛日生人遇辛巳，壬癸日生人遇甲申。

凡学堂词馆，不能犯空亡及冲破，地支天干纳音不要见克，凡遇空亡刑克者为官则贫，读书修学，空有虚名。

日干 / 年月时干	甲 乙	丙 丁	戊 己	庚 辛	壬 癸
学堂词馆	己亥	丙寅	戊申	辛巳	甲申

易记歌诀：

戊己戊申文盖世，庚辛辛巳好时光。

壬癸甲申柱中现，文才惊世把名扬。

19.【红鸾天喜】

鸾者乃是鸳鸯鸾配之意，喜者乃洋洋得意之意也，但凡命运或流年遇上红鸾、天喜入命，主谋事求财，一切顺利，所行之处都遇贵人扶持。又主婚姻得成，夫妻和顺。为此古人又有一首歌诀，“红鸾天喜入命宫，出入求财事事通，且看桃花开艳色，重重相遇贵人逢”。“红鸾天喜好事多，又是担酒又担鹅，有妻必定生贵子，无妻娶个嫩姣娥”。

红鸾的查法，以子年加在卯上，如生年支为子，红鸾在卯，生年支为丑，红鸾在寅，生年在寅，红鸾在丑……余类推。

天喜的查法就是与红鸾相冲的就是“天喜”。如生年支为“丑”字，红鸾在“寅”，与寅字相冲者是“申”字，那么“申”字就是“天喜”。又如生年为寅字，红鸾在丑，与丑相冲的乃是未字，这个未字就是“天喜”。为明白起见，兹将红鸾天喜列表以示：

年支 月日时支	子	丑	寅	卯	辰	巳	午	未	申	酉	戌	亥
红　鸾	卯	寅	丑	子	亥	戌	酉	申	未	午	巳	辰
天　喜	酉	申	未	午	巳	辰	卯	寅	丑	子	亥	戌

古人对红鸾天喜留下一首歌诀：

卯起红鸾逆数通，欲知天喜是相冲。

更有解神妙逆取，戌中到酉是真宗。

欲求天德顺从酉，月德要依巳顺逢。

有人命限逢期到，喜上加喜更无凶。

从以上表中可看出，年支从子开始，顺数至亥。红鸾从卯开始逆数至辰，不难发现其中子与卯相对，丑与寅相对，寅与丑相对,数到最后亥与辰相对。年支顺数,即子、丑、寅、卯……红鸾逆数,即卯、寅、丑、子……也就是顺数者为年支,逆数者为红鸾,红鸾对冲之字者乃是“天喜”,如卯对冲乃酉是天喜,与寅对冲是申字……余仿此。

第二节　凶星

1.【羊刃】

禄前一辰是羊刃。禄太过则生刃,意味着凡事成而则退成而不退,那就是过。越过了本份就好像肥羊在刃。世上万事万物都怕极盛,俗说物极必反。羊刃是太过恶极之煞,刚强凶狠,柱中身强见之必有惹祸招灾之患。羊刃和七煞差不多,命占羊刃主其人聪明伶俐,刚强果断,如能为我所用,凶变为吉。羊刃有护禄帮身之能。有羊刃的人,大多数脾气暴躁,要杀就杀,要砍就砍,口快心直,见义勇为。

羊刃的喜忌:

①羊刃重重见禄星,官财两旺有威名,柱中有刃得官贵,能文能武能用兵。

②羊刃不宜逢冲逢刑,逢冲灾大,逢刑灾小。

③羊刃喜七煞,有威镇边疆之才。

④羊刃最怕冲太岁,冲即祸来,又怕见反吟、伏吟、魁罡。

⑤柱中有四个羊刃,定有杀身之祸;三个羊刃,不是聋瞎就是伤残。总之,羊刃主血光。羊刃多主伤残而不善终。

⑥羊刃七煞遇伤官又有刑,防法场之祸。

⑦身旺遇羊刃,又为忌神者,易为囚犯,柱有二三羊刃,主奸妒荒淫。

⑧柱有羊刃,岁运又见羊刃,切忌见伤官财地,主有不测之

灾。

⑨女命时上有羊刃,主克夫刑子或是因生产动刀之灾。

⑩凡人行运时最嫌羊刃,主家不安人不泰,财物耗散。

⑪羊刃最怕岁运相逢,刑冲克都不利。冲太岁有凶祸立至之兆。

⑫年支有羊刃,主祖上遗产必破。月支有羊刃,有手足之损,兄弟不和。日支有羊刃主妻多疾病,性烈不贤。时支有羊刃,主子孙不孝或晚年招来灾祸。

⑬羊刃最怕岁运相冲,主有灾祸临头之恶兆。

⑭命局中有羊刃,行运与流年又逢羊刃,谓之羊刃聚会,更为凶兆,预示着意外伤害、病灾、牢狱、亲人离别等事故发生。

总而言之,羊刃是凶星,除了身弱者能帮扶抑煞之外,它是凶祸根源,与天灾横祸,交通事故等意外死亡有特大关系。所以命中遇此者必须注意,不可大意,但是羊刃有化解偏官七煞的作用。书云:煞无刃不显、刃无煞不威之说。

日干	甲	乙	丙	丁	戊	己	庚	辛	壬	癸
羊刃	卯	寅	午	巳	午	巳	酉	申	子	亥

易记歌诀:

羊刃之法不难行,手指一掐心中明。
长生之位寻帝旺,帝旺就是羊刃星。
甲日在卯乙在寅,丙午丁巳戊午行。
己巳庚酉辛在申,壬子癸亥须记清。
此乃羊刃心中记,与刃对冲飞刃名。
飞刃查法有规律,四句歌诀记心中。
甲日见酉乙日申,丙子丁亥戊子行。
己亥庚卯辛日寅,壬午癸巳仔细评。

2.【劫煞】

劫煞的查法以年支和日支为主，凡年、日支为申子辰，四柱中只要有巳字的就是劫煞。年日支为寅午戌，柱中有亥字就是劫煞。年日支为巳酉丑柱中见有寅字，年日支为亥卯未柱中见有申字的就是劫煞。

查劫煞的方法很简单，三合局五行的长生十二宫逢绝就是劫煞，例如年支或日支是寅午戌的，长生诀曰：寅午戌火局，火长生在寅绝在亥，这个“亥”字就是“劫煞”，余下仿此。

劫煞的另一种简单查法，即三合局最后一个字的下一位就是。如申子辰水局的最后一字是辰字，辰字下面一位是“巳”字，这个巳字就是劫煞。亥卯未的“未”字下面一位是“申”字，这个“申”字就是劫煞，其余类推。

劫煞吉则主其人聪明伶俐，才智过人，有远见卓识，心胸开阔。所谓吉利者，是指劫煞为喜神与建禄相并，而且生旺，为之吉利。

劫煞凶者则身体不健，昏昏沉沉，心性固执，贪多无情，甚至犯牢狱杀伐之灾。所谓凶者是指劫煞为忌神，或与死绝凶神相并谓之凶。

劫煞表

年 日 支	寅午戌	亥卯未	申子辰	巳酉丑
月日时支劫煞	亥	申	巳	寅

易记歌诀：

三合劫煞绝处行，水局见巳金见寅。

木局见申火见亥，五行绝处劫煞临。

3.【灾煞】

灾煞是极凶之星，所居之位与将星对冲，而且又是劫煞的下面一字，故称凶星。该煞又名叫做“白虎煞”。白虎主血光之灾，故该煞出现多主血光横死。如在柱中临水火之地，防止火烧水厄之灾；临金木之地，防止棍棒刀剑之灾；临于土支，防止跌打损伤，以及瘟疫之灾。如柱中有天德、月德、天乙贵人等吉星出现，不仅无灾，反主有权威武职，灾煞星喜见官星、印绶，以生旺为吉。

该煞又主灾病伤残牢狱之事，命临此星的人，千万要多加小心，要多做于民众有益之事，时时注意遵纪守法，以免受牢狱之苦。

灾煞的查法多以年支为主。先将地支配成三合局，以三合局最后一字的下面隔一个字就是“灾煞”。如亥卯未局，未字下面是申字，再下面是酉字，这个“酉”字就是灾煞。

还有一个简单查法，与三合局的帝旺对冲者即是灾煞。如寅午戌火局，火的帝旺在午，与午对冲的“子”字，就是灾煞，其余类推。

年　支	子	丑	寅	卯	辰	巳	午	未	申	酉	戌	亥
灾　煞	午	卯	子	酉	午	卯	子	酉	午	卯	子	酉

易记歌诀：

灾煞查法不为难，先将合局掌上安。

劫煞前面是灾煞，帝旺对冲记胸间。

4.【桃花煞】

命理书曰：“酒色猖狂，只为桃花带煞。”“桃花”，古代称为咸池，咸池是仙女们洗澡的池子，因此咸池又称沐浴池，所谓“煞”，就是凶猛的意思，命中出现桃花煞，命主定出现与酒色有关之事。

桃花煞的查法，即是三合局第一个字的下一地支为桃花。如巳酉丑的“巳”字下面一个字的“午”字；寅午戌的寅字下一个字是“卯”字；申子辰的申字下一个字是“酉”字；亥卯未的亥字下一字是“子”字，“子”字便是桃花。古歌有云：

易记歌诀:

寅午戌兔从东方出,巳酉丑马奔南方走。

申子辰鸡鸣乱人伦,亥卯未鼠子北方睡。

桃花煞主奸邪淫鄙,沉湎于酒色,贪淫破家,言行不一。桃花煞虽主男女淫乱之事,但也有好的一面,主其人聪明伶俐,心胸开阔大方,注重义气,交际四方。桃花以日支、年支对照年、月、日、时支查看,在日时支上的桃花为墙外桃花,年月支上的叫墙里桃花。桃花种类繁多,实践应用中有以下几种:

【墙里桃花】是指桃花在年月支上,墙里桃花,人不能采,遇之主夫妻恩爱,家庭和睦,但不宜逢冲,若逢冲逢破则凶,因子午卯酉为之门户,墙被冲破,易成淫乱之人。

【墙外桃花】是指桃花在日时支上出现的,古人认为有墙外桃花的人,人人可采。如子、午、卯、酉年日生人,凑巧又生于子、午、卯、酉时的,主其人浪漫,多有姿色,随时遇情人,如遇此应注重道德规范,莫出风头,否则引火自焚。

【遍野桃花】是指四柱中子、午、卯、酉全见的,或四柱和大运中有子午卯酉的主其人酒色风流,古歌云:“咸池四位五行中,遍野桃花满地红,男女遇之皆酒色,为其娇艳弄春风。”遇此者容易出现男女关系方面的麻烦事情。

【倒插桃花】倒插桃花是与上述之桃化大同小异,而是以子、午、卯、酉日出生的日支查三合局的桃花,如亥卯未桃花在子,而年支是子即是倒插桃花,古歌云:“倒插桃花色更鲜,日月时支反朝年,风流倜傥人奸妬,性格技巧人聪明。”

【裸体桃花】裸体桃花不仅命局里有桃花,而且天干与地支都相冲的叫做裸体桃花。如甲子日庚午时,乃时干七煞子午逢冲。有裸体桃花的人,易因色情残杀而导致死亡。

【残桃花】就是裸体桃花与七煞同时出现叫残桃花,这种桃花除了因色亡身,而更容易因色致病或带来身败名裂,如桃花与七煞相合，必定娶妻较迟，多数是“老夫少妻”。如桃花与劫煞同见，谓之残桃花，古歌云：“男犯残花作盗犯，女犯此煞入娼门。”命犯残桃花的人大多是对性的贞操观念淡薄，多有艳色外遇。

【水气桃花】如丙子日见辛卯时，辛卯日见丙子时，也就是天干丙辛化合，地支子卯相刑，有这种命局的人，易于因色而死于水中，千万注意。

【羊刃桃花】指的是日主坐子午卯酉，而时上见羊刃的。有羊刃桃花的人，很容易为色情而伤身带残，千万要注意道德修养，如甲午日柱见丁卯时辰，午见卯为桃花，甲见卯为羊刃。

【官带桃花】是指日柱和时柱占桃花，又带官星的，这种八字遇到桃花运，不但没有危险，反而因感情致富，例如：

年	月	日	时
甲	**辛**	**戊**	**乙**
子	**未**	**午**	**卯**

戊午日干见卯为正官桃花，命中又见羊刃，虽有色遇，但却因女人而致富，遇此勿贪得无厌，否则易引起是非。

【滚浪桃花】是指日支与时支相刑，日干与时干相合，如日柱丙子，时柱辛卯，因天干丙与辛合，地支子卯相刑，称之为滚浪桃花。男女犯之主酒色成灾，或因色丧身，甚至易患性病。

墙里桃花

日　支	申子辰	巳酉丑	寅午戌	亥卯未
年　月　支	酉	午	卯	子

凡是年月支见子，午，卯，酉者为墙里桃花。

墙外桃花

年　日　支	申子辰	巳酉丑	寅午戌	亥卯未
日　时　支	酉	午	卯	子

易记歌诀：

五行沐浴叫桃花，合局中间字是它。

水鸡火兔金见马，三合木局鼠上查。

凡是日时支遇子午卯酉时者乃是墙外桃花。

(1)桃花运对人生的影响

凡遇桃花运的人，主其人风流，酒色成灾，男女之间容易出现外遇、情人。犯了桃花运，直接影响社会安定，家庭破裂，及子女身心健康等一系列问题。为此不得不引起社会关注。

人犯桃花运多数是思想意识薄弱，身不由己，往往造成双方家庭妻离子散，有的甚至家破人亡，最后形成不可收拾的局面。这些现象，是目前社会上迫切需要解决的问题。为保障家庭和睦和社会安定，化解男女在此方面的误区是八字预测的关键部分。

(2)桃花运的具体开导

对八字中有桃花运的求测者，预测师首先要详细解释清楚，特别在社会道德方面要进行思想教育，从命理上帮助他们正确地处理好这些问题，用古代礼教方面进行开导，提倡良好的道德风尚。对未婚的男女青年，发现命犯桃花运时，应劝导他们恋爱结婚。对已结婚的人，要教育他们讲究社会道德和影响，注意家庭关系，特别在夫妻之间，要互相体贴、恩爱，不要因桃花运影响而导致家庭破裂。

(3)桃花运的化解法

①住宅调整法

调整家庭住宅风水，是夫妻居住的房间位置很重要，有东四命和西四命之分。如东四命住上西四宅，或西四命住上东四宅，命中带有子、午、卯、酉的人犯之，往往会触犯桃花运。遇到这种情况可以适当调整一下(详见拙著《风水》)，能收到良好效果。

②调理水口法

住宅遇上子、午、卯、酉方来水的，也多会触犯桃花运。古书云："沐浴水来犯桃花，男女淫乱不由它。"名为沐浴煞之说。遇到这种情况，建议调整水口。

③方位调理法

如八字有桃花犯子水的，建议他（她）不要到北方去，到了北方会犯上桃花。八字桃花犯午火的，劝其不要到南方。犯卯木的注意东方，犯酉金的注意西方，避免招来色情的麻烦。

④服饰调理法

发现走桃花运的人用服饰调理也很有效果。如命犯子水桃花的，不宜穿黑色衣服和使用黑色的物品，如遇酉金桃花的不宜穿白色的衣服和使用白色的物品。命犯午火桃花，忌穿红色衣服，或者红色用物。命犯卯木桃花，忌穿青色、绿色服装或物品。

⑤符法化解法

自古以来符法是预测师传统应用的化解法，此法笔者经多年应用实践证明是非常有作用的，因符咒方法诸多，请参看拙著《风水》，内有详解。

⑥时间调解法

从实践经验来看，男女犯桃花运都受一定时间的影响，发现八字中在某一阶段犯桃花，建议要多加防范，要少出门，不要向犯桃花的方向走，防止触犯桃花运。

5.【红艳煞】

所谓红艳煞是桃花煞的另一种特殊形式，专门针对女性而言。女人四柱逢红艳煞的，大多是生性风流，人见人爱，其人不但长得漂亮，大多性格温顺，处事公道，不奸不滑。

其查法以年干对时支，如生于甲年午时、乙年生于申时、丙年生于寅时、丁年生于未时、戊年生于辰时、己年生于辰时、庚年生于戌时、辛年生于酉时、壬年生于子时、癸年生于申时。

年　干	甲	乙	丙	丁	戊	己	庚	辛	壬	癸
时　支	午	申	寅	未	辰	辰	戌	酉	子	申

易记歌诀：

多情多欲少人知，六丙逢寅辛见鸡。
癸临申上丁见未，眉开眼笑乐嬉嬉。
甲乙午申庚见戌，世间定是众人妻。
戊己怕辰壬怕子，禄马相逢作路妓。
任是豪富官宦女，花前月下会佳期。

6.【亡神】

查亡神之法，以日支为主，取四柱中的三合局为用，无合局不用。亡神是三合局临官之地，如巳酉丑合金局，长生在巳，临官在申。亥卯未合木局，长生在亥，临官在寅，以此类推。亡神临财局为财旺，临官局为官旺，临印局为印旺，临伤官局为泄气。既然亡神是三合局临官之地，凶从何来，问题是亡神泄三合的原气。如寅午戌以巳为亡神，寅午戌三合火局，而巳中戊土泄火的原气。巳酉丑三合金局，以申为亡神，而申中的壬水盗泄金的原气，亥卯未三合木局，以寅为亡神，而寅中丙火盗泄木的原气，所以说亡神是个凶神，命中出现亡神，是个凶兆，刑妻伤子，穷困不堪，如果柱中有吉神帮助，反而能逢凶化吉，遇难呈祥。

亡神表

日　支	巳酉丑	寅午戌	申子辰	亥卯未
亡　神	申	巳	亥	寅

易记歌诀：

柱中亡神不难查，申子辰日亥上加。
寅午戌日怕见巳，巳酉丑日申是它。
亥卯未日寅上见，合局五行上字查。

7.【孤神寡宿】

孤神寡宿是一种孤苦伶仃的星煞，从字义上解释，即女老无夫曰寡，男少无妇为孤。命里逢上，大多孤栖独宿，伶仃凄苦。

凡人命中犯孤寡之神大多不利六亲，如与驿马并临定主放荡他乡，如与丧门吊客并座，预示父母早亡，并主一生灾祸重重，孤苦伶仃。如果有吉神相助，多入佛门，入贱格者多漂流他乡。犯此凶星，多婚姻不顺，如果有贵人出现，灾祸稍小。

男人以孤神为主要，女人以寡宿为重点。男犯孤神为外乡之客，妇犯寡宿必为多人之妻。

孤神寡宿的查法，以三会局为准。三会局地支最后一位的下一个字为孤神，三会局地支头一位的上一个字为寡宿，也就是年干地支东、南、西、北会局中顺数的最后一字的前边那个字为孤。例如：西方一气，申、酉、戌为例，申酉戌顺数下一位是亥，倒数上面第一个字的前面一位是未，那么就是申、酉、戌年生人亥是孤辰，未就是寡宿了。

孤神寡宿表

年　支	亥子丑	寅卯辰	巳午未	申酉戌	说　明
孤　辰	寅	巳	申	亥	三会局的第三字前加一位是孤辰
寡　宿	戌	丑	辰	未	三会局的第一字地支后一位是寡宿

易记歌诀：

天机孤神细推思，地支会局前一支。
会局首字退一字，便是寡神不须疑。
男命孤神克妻子，女命寡宿二家妻。

8.【元辰】

查元辰之法有男女之分，用年支相冲的地支查元辰，阳男阴女与年支相冲的前一地支为元辰，如是阴男阳女，即以年支相冲的后一位地支为元辰。

如甲子年生男，子与午相冲，午的前一位是未，未就是元辰。又如丁丑年生女，与丑相冲是未，未的前面一字是申，申就是元辰。其余类推。

元辰又名叫大耗，乃不吉之神，男命逢之主人形貌丑陋，鼻低口大，目生凶光，声音沉浊，命逢生旺者，落通大度，是非不辨，善恶不分。如临死绝之地，则穷酸薄劣，声音浑浊，破败坎坷。

如女命犯了元辰，主声雄性浊，不遵礼法，一生多灾，好欲多淫，信神信鬼，一生多灾，并且生子顽劣不孝。

元辰与劫煞灾煞等凶性相似，所临的方位也有凶气。一般出行最好不向元辰所临之方，以防不测之灾；如临天德、月德或天乙贵人，则不但不忌，反而有好事。

年　　支	子	丑	寅	卯	辰	巳	午	未	申	酉	戌	亥
阳男阴女	未	申	酉	戌	亥	子	丑	寅	卯	辰	巳	午
阴男阳女	巳	午	未	申	酉	戌	亥	子	丑	寅	卯	辰

易记歌诀：

元辰查法要当心，是男是女要分清。
年支相冲前一位，阳男阴女是元辰。
年支相冲后一位，阴男阳女定须分。

9.【流霞】

江湖推命称流霞为之“四凶之煞”。所谓四凶者，乃劫煞、孤寡、亡神与流霞。八字中如遇四大凶煞，其中两个以上者主凶死，再碰上流年与命局四凶中一个字相同的都是死亡预兆。大运也是如此，无论是哪一年流年或大运引发，主该年有死亡危险，即使不死亡，也会有病伤残疾之灾出现。古歌有："命遇流霞切需防，岁运遇之见凶光。男见四凶他乡死，女子遇之产后亡。"命局中遇此应多加防范，千万不可掉以轻心。

月　干	甲	乙	丙	丁	戊	己	庚	辛	壬	癸
流　霞	酉	戌	未	申	巳	午	辰	卯	亥	寅

易记歌诀：

甲鸡乙犬丙羊加，丁猴戊蛇己见马。

庚辰辛兔壬是亥，癸日遇虎是流霞。

10.【天罗地网】

男怕天罗，女怕地网。四柱中见有戌亥为天罗，辰巳为地网。凡是纳音火命之人见戌亥为天罗，水命土命的人见辰巳为地网，金木二命无妨。但凡火命人遇天罗，水土命遇地网皆主一生不顺；如果与恶煞相并，五行无气，必有生命之忧。行运至此，则更加严重，如戌年亥月或亥时戌日交互见之，定主灾祸不断，天罗地网重见，其灾特重。

天罗地网主牢狱之灾，命局见此者，一定要做事小心，千万不可肆意妄为触犯刑法，以免牢狱之苦。

天罗地网又主疾病伤灾，不论四柱见之，岁运临之均主对命主不利，故遇此恶煞之岁运需处处多加防范，小心谨慎，以防不测。

天罗地网的查法各有不同，有的以年纳音五行查，即是纳音火命人遇戌亥为天罗，水土命人见辰巳为地网。现在大多数人以日支，年支为主，以辰见巳，巳见辰为天罗，戌见亥，亥见戌为地网。男怕天罗，女怕地网。

纳音	火命	水土命	金木命
神煞	戌亥（天罗）	辰巳（地网）	无天罗地网

易记歌诀：

火命戌亥为天罗，水土辰巳地网多。

男怕天罗女地网，如临岁运有坎坷。

11.【披麻星、披头星】

命犯披麻星或披头星均主披麻戴孝之意。

犯此星者主幼失双亲，孝服丧事，此煞须结合四柱推断，知道与父母的缘份已尽。披头星或披麻星均主亲人中有死亡的预兆。

披麻星和披头星都是以年支为主，即子年见酉为披麻星，与酉相合的辰为披头星，丑年见戌为披麻星，与戌相合的卯为披头星。寅年见亥，卯年见子，辰年见丑，巳年见寅，午年见卯，未年见辰，申年见巳，酉年见午，戌年见未，亥年见申。与披麻星相合的地支即是披头星，如子年酉为披麻，与酉相合的辰为披头星，其余类推。

年支 神煞	子	丑	寅	卯	辰	巳	午	未	申	酉	戌	亥
披麻星	酉	戌	亥	子	丑	寅	卯	辰	巳	午	未	申
披头星	辰	卯	寅	丑	子	亥	戌	酉	申	未	午	巳

易记歌诀：

柱中若犯披麻星，孝服丧事泪淋淋。

披麻披头重重见，必主当年哭双亲。

12.【丧门、吊客】

丧门、吊客主要以年支对照流年来查，如午年生人，见命前二位申为丧门，见命后二位辰为吊客。未年生人见酉为丧门，见巳为吊客。

丧门、吊客皆为凶星，如流年逢上此星，多主亲人亡故，哭泣孝服，伤病等事出现，俗说"逢丧门星临门"大主不吉，故流年逢此凶星，须要多加小心。

年　支	子	丑	寅	卯	辰	巳	午	未	申	酉	戌	亥
丧　门	寅	卯	辰	巳	午	未	申	酉	戌	亥	子	丑
吊　客	戌	亥	子	丑	寅	卯	辰	巳	午	未	申	酉

易记歌诀：

命前二辰丧门星，命后二辰吊客临。

流年若还遇丧吊，亲人孝服泪淋淋。

13.【十恶大败】

犯十恶者重罪不赦。大败者，如两军打仗，一方全军伤残很大，比喻极凶的意思，这里指破财败家，纵有金银山也被挥霍一空。看法是以出生年份，结合生日来定，规律是年干支与日干支天克地冲，比如“庚戌”年见“甲辰”日，庚与甲天干相冲，辰与戌地支相冲。“辛亥”年见“乙巳”日，年干辛与日干乙为天克，年支亥与日支巳为地冲，凡生年太岁干支与日干支相冲者，就是十恶大败日。“壬寅”年见“丙申’日，“癸巳”年见“丁亥”日，“甲戌”年见“庚辰”日，“甲辰”年见“戊戌”日，“乙亥”年见“辛巳”日，“乙未”年见“己丑”日，“丙寅”年见“壬申”日，“丁巳”年见“癸亥”日。再说得明白一些，也就是以上之十个日干支如与年干支天克地冲者，谓之十恶大败日。

年干支 / 日干支	庚戌	辛亥	壬寅	癸巳	甲戌	甲辰	乙亥	乙未	丙寅	丁巳
十恶大败	甲辰	乙巳	丙申	丁亥	庚辰	戊戌	辛巳	己丑	壬申	癸亥

易记歌诀：

甲辰乙亥与壬寅，癸巳甲戌与甲辰。

乙亥乙未丙寅是，加上丁巳十位行。

十年干支怕冲克，如遇冲克祸不轻。

命中碰巧克此柱，仓库金银化为尘。

14.【隔角煞】

隔角乃是凶神，日支与生时同看，日支与生时隔一位者即是，如子日前面隔一位是寅字，丑日前面隔一位是卯，寅日前面隔一位是辰，也就是子日生人遇寅时，丑日生人遇卯时，寅日生遇辰时即是，余彷此。

凡八字逢隔角煞者，主有官非牢狱刑讼之灾。古书有云："隔角相逢犯岁君，官灾牢狱祸无穷，口舌风波与刑讼，仅防闲非入牢中。"

日时支	子	丑	寅	卯	辰	巳	午	未	申	酉	戌	亥
隔角煞	寅	印	辰	巳	午	未	申	酉	戌	亥	子	丑

易记歌诀：

子丑寅宫都怕龙，卯蛇辰马巳羊中
午申未鸡申忌狗，酉猪戌鼠猪牛寻
官非牢狱与刑讼，人命最怕犯岁君

15.【六厄】

《三命通会》说："厄者遭乎难，常居驿马前一辰，劫煞后二辰，死而不生谓之厄。"如申子辰水局劫煞在巳，巳后退两位乃是"卯"，驿马在寅，寅前进一位又是"卯"，故申子辰水局死在卯，指大运逢卯多灾难。寅午戌火局，死在酉位。亥卯未木局，死在午位。巳酉丑金局死在子位。就是三合局十二宫的死地。六厄为剥官之煞，不管官职大小，都有革职丢官的危险。如有扶持，逢生旺兼贵气相助则吉，否则一生蹇滞。

四柱 / 合局	申子辰（水局）	寅午戌（火局）	亥卯未（木局）	巳酉丑（金局）
六　厄	卯	酉	午	子

综上各条,吉凶神煞已大概明白。吉凶神煞是八字中多方面的吉凶标志,是显示人体某个信息的主要倾向,是推断一个人命运吉凶的重要工具。将八字组合后,参照神煞综合判断,便可深一步的断出其中详细内容。如八字组合后,可根据五行生克断出事情吉凶,但到底属于哪些方面的吉凶,具体是什么事?如单用五行生克有时是难以描述清楚的。这时候就需要神煞来大显神通了。比如,断出某人某年有吉事,但不知是什么事,如果该人命局中带有驿马星为喜用神,而又在本人年限之内,又逢岁运引发,则表示出命主该年有出国或搬迁之事,或有出国深造、工作升迁、进入新环境等好事出现。如驿马星为忌神,逢岁运引发,则主该年虽有出国搬迁等事,但好事难成,防止破财生灾之事出现,为此而大伤脑筋。又如,柱中有天德贵人和文昌星,则说明此人气质文雅、举止温和、聪明过人、才华出众。因天德贵人是最好的吉星,又可逢凶化吉,遇难呈祥,而说明此人多有贵人相助。为此,用神煞结合命局中的十神判断该命运的心态反映,则更加具体。由此看来,用五行生克制化可断命中吉凶,而神煞可推断吉凶的类别。因此,我们在应用时,可将二者有机地结合起来,进一步推断事情的精微性,具体性和准确性。但必须明确推命应以五行生克为主,神煞为辅,神煞虽然不能决定事情的成败,但可以推断事情的类别,判断人事的性质或状况。神煞的具体看法,需要参看以下几条:

①首先看命局的所值神煞,是喜神还是忌神,是否落在空亡上,如落在空亡上,则喜神不喜,忌神不凶,虽有等于无。

②看命中神煞是否受克受冲,以冲克的力量来确定作用的大小或成败如何。

③分析命局中的神煞,在月令上是生扶还是克害,如受生扶则力量增加,克害则力量减小。

④看命局神煞有没有被其它干支合化,如合化为喜用神,则

吉上加吉,好事重逢,坏事也能变成好事,凶事也成不了大凶。

神煞的种类很多,有些的确是经不住实践检验的,本书本着去伪存真的治学原则,所选入的神煞,大多是经过本人在预测实践中验证而起作用的,方才录出。请读者自己在学习的时候,最好边学边用。对验证的神煞可以取用,不十分应验的可以待以研究,千万不要轻易否决。

第八章　术语篇

第一节　命理术语解释

所谓“术语”，是某种学科中的专门用语，也是对某种学术用语中繁杂语言的一种高度概括，使其简炼、清晰、明了。命理学的术语，原来没有什么统一规定和要求。古今大量的命理书很少有专篇术语解释，许多命理同一术语而各家称法不一致，如日干一词，有的称为“日主”，有的称为“日辰”、“日元”，还有的称为命主和自身。由于没有统一规定，常常会将许多初学者引入盲目无所适从的误区，同时也耽误了学习。本书为了便于初学者不致盲从，现将常用术语，尤其是在含义上容易形成模糊的专有名词，在概念上作个明确的解释。

1.阴阳——意义广泛，万事万物都可分出阴阳，如阴为月亮、黑暗、地、夜、女、柔、弱、静、泄、耗、冬季、偶数等。阳为太阳、光明、天、昼、男、刚、强、旺、动、生、克、夏季、奇数等。阴阳之理不是一成不变的，阴中也包含着阳，阳中也包含着阴，当事物发展到极端之时，阴阳开始转换，也就是阳极必阴，阴极必阳之理。

2.五行——指金、水、木、火、土。金性主清静肃杀，水主寒冷向下，木主生发豁达，火主炎热向上，土主生长养化育等。

3.干支——十天干即甲、乙、丙、丁、戊、己……在八字推算中天干皆有阴阳之分，如甲、丙、戊、庚、壬为阳；乙、丁、己、辛、癸为阴。十二地支即子、丑、寅、卯……。为方便忆记把十二地支分配在手掌上，请参看基础篇掌诀图。

4. 生克——生指天干相生而言，如甲生丙，辛生癸，甲生丁……克指相克而言如甲克戊，乙克己，戊克壬……

5. 五合——指天干而言，如甲与己合，乙与庚合，丙与辛合，戊与癸合，丁与壬合。

6. 争合——指天干而言，如两干争合一干，三干争合一干等。

7. 合化——命局中如有两种五行相对，又有出来通关调解之五行，使两神化敌为友，使克变生。日主弱官煞旺，取印化官煞者谓之化。合者，乃三合、六合、干合、支合是也，如亥卯未合成木局，寅午戌合成火局等叫做三合局，谓之三合。地支子与丑合，寅与亥合……谓之六合。天干丙与辛合化水，丁与壬合化木……谓之天干之合。又如地支子与丑合化土，寅与亥合化木之类。

8. 月令——即正月建寅，二月建卯，三月建辰……如日主甲出生在正月，乙出生在卯月，丙出生在午月即得月令。

9. 四季——指春、夏、秋、冬四季。每季的第三个月即是：三月辰月为春季，六月未月为夏季，九月戌月为秋季，十二月丑月为冬季，这四个月统称为春夏秋冬四季之月。

10. 四仲——四季度中的第二个月，指子、午、卯、酉四个月，即二月是卯月，五月是午月，八月是酉月，十一月是子月。四仲又叫“四败”，为桃花之地，如在日时上出现谓之命犯桃花。

11. 四孟——即四孟之月，每季度的第一个月叫四孟，即正月为寅月，四月为巳月，七月为申月，十月为亥月，也就是寅、申、巳、亥四个月为四孟之月。

12. 墓库——墓指辰、戌、丑、未四墓，四墓乃天地之间的四种杂气，位居天地之四角，库者藏匿之义，乃四墓的另一种名称，四柱中墓库太多，不利十神。

13.长生诀——确定日主强弱的一种标志。以日干对照四柱地支五行，寄生十二宫的长生、沐浴、冠带、临官、帝旺，为得地，胎养的叫做中平，病、死、绝的叫失地。

14.四生——分阴生和阳生，此段论阳生。指天干十二运的四季长生位，这里指寅、申、巳、亥四字，木长生在亥，火土长生在寅，金长生在巳，水长生在申，故曰四大长生。

15.八节——即立春、立夏、立秋、立冬，春分、夏至、秋分、冬至叫做八节。

16.节气——节与气是两种概念，每个月有一个节一个气，节与气合称为节气。每年节气从立春开始，即立春正月节（建寅），雨水为正月中气。惊蛰二月节（建卯），春分为二月中气。清明为三月节（建辰），谷雨为三月中气。立夏四月节（建巳），小满为四月中气。芒种五月节（建午），夏至为五月中气。小暑六月节（建未），大暑为六月中气。立秋七月节（建申），处暑为七月中气。白露八月节（建酉），秋分为八月中气。寒露九月节（建戌），霜降为九月中气。立冬十月节（建亥），小雪为十月中气。大雪十一月节（建子），冬至为十一月中气。小寒为十二月节（建丑），大寒为十二月中气。每一年中五日为一候，三候为一气，二气为一月，一年共有七十二候，分为二十四节气，而成十二月，一年中的这个立春至第二年的立春，共三百六十五日零三时一刻，相传大桡氏定名六十甲子，分为春、夏、秋、冬四季，此乃一定之成数也。

17.四柱——即年、月、日、时称之为四柱，年干支叫年柱，月干支叫月柱，日干支叫日柱，时干支叫时柱。

18.八字——指年干支、月干支、日干支、时干支，四柱干支分开来共是八个字，称为八字。

19.命局——又叫命造乃是四柱八字的统称，亦简称为“命”或“造”。

20.五虎遁——是一种以年干推算月干的歌诀，歌诀为"甲己之年丙寅首，乙庚之岁戊寅头，丙辛之年庚寅上，丁壬壬寅顺行流，戊癸之年何方法，正月还从甲寅求"。如年干是甲年或己年，从正月起丙寅。如年干是乙年或庚年，则正月起戊寅，余皆仿此。

21.五鼠遁——乃快速推算时柱天干的歌诀，依日柱的天干再推出时柱的天干，其歌诀为"甲己还加甲，乙庚丙作初，丙辛生戊子，丁壬庚子居。戊癸何方法，壬子是真途"。如日干是甲日或己日，则为甲子时，乙日或庚日的子时则是丙子时，余皆仿此。

22.乾造——指男性的生辰八字。

23.坤造——指女性的生辰八字。

24.藏干——通常所说是地支藏干，如地支是子字，子中有癸，这个癸字就是地支藏干。地支丑字，丑支中有己、癸、辛三字，己字是丑中正气，辛与癸字是地支人元的中气和余气。

25.三元——三元者即指天、地、人三元，天元指的是天干，地元指的是地支，人元指的是地支中的正气与余气。

26.透出——又称为"通根透出"，指地支中的藏干之某字与天干相同的五行，如地支是巳，在天干中见有丙字即为透出，因丙为巳支中藏干之正气。透干是专指地支中藏干在天干中露出来的，所以又叫做透干。

27.本气——指地支本身所藏五行之气，又叫正气。如子支中本气为癸水，酉支的本气为辛金，卯支中的本气为乙木，还有午支中的丁火也叫本气，这里的本气是专指地支五行的本来之气，其它的叫做杂气。

28.杂气——是指地支本气之外的藏干谓之杂气，又称做"它气"，如寅支的人元中藏甲木、丙火、戊土，甲木是正气，丙火和戊土是杂气。

29.暗藏——即地支中本气没有在四柱天干上透出，而只是在地支人元中暗藏，这就叫做某支五行暗藏。

30.通根——是指四柱的天干与某一地支中藏干相同之字叫通根。通根是专指天干而言，如四柱中的天干见癸字而地支见子字即为通根，通根即表示根深蒂固之意，若癸水见丑，丑中也有人元癸水，也可以说是通根，但毕竟是余气，不如子水之本气有力，子中癸水强而有根，通根是杂气者，谓之暗藏。

31.通库——通库又叫墓库，三合局最后一个字叫做库。如天干是丙丁见四支中有戌字，这个戌字就是丙丁火之库，三合局中最后的一个字谓之库，也即丑是金库，辰是水库，未是木库（注：这里指的是阳干通库）。

日干通库为最好，俗说："日干虽得比劫助，不如命中得一库，命中虽然得一库，如有杂气赛过库。日干虽然有杂气，那如生旺禄相助。"

①日干得天干中的一个比劫，不如地支中的一个墓库，如甲木得未为库，庚金得丑为库，丙火得戌为库，壬水得辰为库（注：这里所指的为阳干之库）。

②日干虽然有墓库，不如得地支中的一个杂气。所谓杂气者，如甲乙木见辰为杂气，因辰中有乙木。丙丁火见未为杂气，因未中含丁火。庚辛金见戌为杂气，因戌中有辛金。壬癸水见丑为余气，因丑中含癸水。也就是十二宫中见"衰"为杂气。

③日干虽然有杂气，不如地支得长生或建禄、羊刃。如日干甲木长生在亥，见寅为建禄，见卯为羊刃……。这就是命中所说"干多不如根重"就是这个意思。

32.十神——十神者乃八字中的十种神煞，又叫通变星，即比肩，劫财，偏官，食神，伤官，正财，偏财，正官，正印，偏印。

33.日干——指出生日的天干，日干又名叫日主、日元、命主、日辰，日干又代表"我""身"，代表八字的本身，八字以日干为主，其它七字都以日干为中心。

34.六亲——其一,指生我者为父母,我生者为子孙,克我者为官鬼,我克者为妻财,比和者为兄弟。其二,又指祖父母、父母、夫妇、兄弟、姐妹、子女。

35.印星——指正印、偏印,八字中正印与偏印统称为印绶,因绶乃授权之意,故又称之印绶。印绶乃正、偏印之总称。

36.七煞(煞)——煞者乃“鬼”、“敌”之称。从比肩数起,至第七位为偏官,因属不配偶之克,属克干的强烈之星,无食伤制者,所以称之“七煞”。

37.官煞——官者管也;煞者,杀也。指正官、七煞。柱中正官太多时,也以煞论之。

38.偏官——又称七煞,指偏官无制叫七煞,有制叫偏官。

39.官星——乃正官和偏官的统称。

40.财星——为正财和偏财之统称。

41.子星——我生者为子,指食神和伤官,男命以七煞为子,女命以伤官为子。

42.父母——生我者为父母,指偏财为父,正印为母。

43.兄弟——柱中以比肩为兄弟。

44.姐妹——柱中以劫财为姊妹。

45.夫妻——女命以正官为夫,无正官则以七煞为夫,统称为官星。男命以正财论妻,无正财则以偏财论妻,简称以财星为妻。

46.子女——男命以七煞为子,正官为女。女命以伤官为子,食神为女。

47.枭印——又叫“枭神”、“倒食”,乃偏印之名称。柱中偏印而又见偏财的叫做偏印,没有偏财见食神者称做枭印。

48.败财——乃劫财的另一种称号,日干为阴,在他柱有同行五行为阳的称为劫财。劫财主克妻。反之日干为阳,在他柱同行五行属阴的称之为败财,败财主破财。

49.福星——指食神,又叫文星,爵星,又叫秀气。

50. 财库——即日主财星的墓库，如日主甲木的财星为戊土，戊土的十二宫长生在寅，戌为戊土之库，故甲日出生的人财库在戌。

51. 官库——即日主官星的库位，如甲日出生的人，辛金为甲日的官星，辛金长生在子，库在辰，故辰为甲日的官库。

52. 野马跳涧——古歌曰："野马跳涧走，从寅数到狗，一年隔一位，不用亥子丑。"用法是用排山掌查流年的一种快速方法，从流年上一岁，顺数隔一位为 11 岁，再隔一位为 21 岁，这就叫"野马跳涧"，以后再逆数以算年龄干支。（参看"时间篇"）

53. 流年赶月——用来推算日柱干支的一种快速方法。（参看"时间篇"）

54. 翻天印——又名六十四卦金口诀，用来推算日柱干支的一种快速方法（参看"时间篇"）。

55. 细分金——又名节期定法歌，是用来推算节气时间的一种快速方法（参看"时间篇"）。

56. 大运——以月柱为根，阳年生男、阴年生女，由月柱干支顺行，阴年生男、阳年生女由月柱干支逆排，如甲、丙、戊、庚、壬为阳年，乙、丁、己、辛、癸为阴年，以十年一步运而排。

57. 流年——流年指的是太岁，流年干支每年一换，依六十甲子顺序排列，比如今年甲子，明年乙丑……推排八字时，从年柱干支向下排至六十年，又从头顺起，周而复始，循环不已。

58. 太岁——简称"岁"。分为"游行太岁"和"当生太岁"。当生太岁是指出生年之干支，游行太岁是指每年的流年干支，一般称太岁就是流年干支。

59. 岁君——亦称太岁，每年的太岁都有名有姓，如 1998 年戊寅年，太岁姓曾名光；1999 年己卯年，太岁姓伍名仲。凡犯太岁之年大多有不顺之事，命书曰"太岁当头坐，无灾就有祸"，凡事多加谨慎。

60. 岁运——岁指太岁即流年，运指大运太岁与大运统称为岁运。

61. 月运——指流月所行之运，流月排法以五虎遁歌诀推排十二个月，即甲年正月为丙寅、二月为丁卯、三月为戊辰、四月为己巳……

62. 命岁运——命指四柱或命局，岁指太岁或流年，运指大运，一般排七步大运。命局、流年、大运统称为命岁运。

63. 战——如丁运辛年，谓之运伐岁，日主喜辛，原局中有己泄丁，或有癸制丁，则主吉。

64. 冲——如子运午年，谓之运冲岁，日主喜子，则要助子，又得天干，乃得制午之神则吉。反之，午之党多，天干遇丙乙甲者，主凶。

65. 合——如甲运己年，己运甲年，相合。日主喜土则吉。喜木则不吉；子运丑年，丑运子年相合，日主喜土则吉，喜水则不吉。

66. 十二神煞——即：一太岁、二青龙、三丧门、四六合、五官符、六小耗……是辅助推算流月喜忌的一种民间流传方法。

67. 命宫——起命宫主要看月支，从子起逆行，例如午月酉时生，即从子逆行数到申，然后看时支，酉时出生，酉即落在申上，然后从申上顺行数至卯，卯落在寅上，寅即是命宫。在八字预测中，命宫非常重要，从命宫即可知道人一生的贵贱。

68. 年限——指四柱而言。年柱管幼少年时期 1～16 岁，月柱管少青年时期 17～32 岁，日柱管中年时期 33～48 岁，时柱管晚年 49～64 岁。

69. 格局——即八字之命格，分为正格、变格、杂格。

70. 提纲——月柱谓提纲，又叫月建、月令、月提、月垣，统称叫做“提”。

71. 从象——此乃神趣八法之一。从象者，如壬水无根，地支全木，谓从木。地支全土谓从土，此乃选用之法。

72. 专旺——四柱某一五行构成强势，日主或从或化，惟有顺其气势为用，一般指从格或专旺格局而说，例如日主庚金，地支见申、酉、戌三会金局，金在局中专旺。

73. 从财——指四柱中财旺身弱，取财为用神即从财。

74. 从煞——日主衰弱，四柱官煞旺或透干，不见食伤制煞，只有顺官煞谓之从煞。

75. 从儿——我生者为儿，从儿即从食伤。地支构成三合、三会是日主的食神或伤官，天干不见印星，即是从儿。

76. 从旺——四柱不见官煞，比劫印绶强旺之极，必从其旺气以比劫印绶为用即从旺。

77. 羊刃——四柱中十二宫坐帝旺者称羊刃，是极端之义。

78. 建禄——四柱中十二宫坐临官称为禄。乃荣华之义。

79. 用神——即八字中有用之神，也就是八字中最需要用的一种五行谓之用神。用神具有调正命造中和，补弊救偏，扶助抑制，为药去病之用处。用神在四柱中能出现最好，若在四柱天干和地支藏元都不见用神，乃是贱命。

80. 喜神——又称喜用神，八字中对用神生助有利，保护扶救用神者即是喜神。

81. 忌神——凡侵害（克、冲、害）用神的称为忌神。如日干旺，比劫多，以正官为用神。如果正官太弱，弱者需要生扶，则生正官的财星为喜神。如遇到伤害正官的伤官则为忌神。即对用神喜神克害的不利之五行，也就是八字中最忌讳之神。

82. 仇神——生用神者为喜神，克用神者为忌神，生忌神克喜神者谓仇神。论命时要区分喜用仇忌的作用。

83. 闲神——在命局中无用之神叫闲神。它既不是喜吉之神，也不是仇忌之神，它的作用很小，命中虽有闲神，行到了凶运时，如果有破命式之神，闲神可起到预防作用。

84.扶抑——扶者帮扶也,抑者制也,此乃八字取用之法。日主弱者用印绶生扶,日主强者取官煞抑制,以求日主平衡。

85.病药——以扶为喜,则以伤其扶者为病;以抑为喜,则以去其抑者为病。除其病神,即谓之药。此以病药取用神也。

86.调候——八字命局以中和为贵,寒暖燥湿皆是太过或不及,一般取用之法,夏季之热需水来调候,冬季之寒需火来调候,也就是过于寒凉,需用暖药来医,过于热需用寒药来治,过于湿需用燥药来医,过于燥应用湿药来治,谓之调候。

87.通关——八字取用之方法,如八字出现两行相争,势均力敌的时候,须在两者之间给以双方调解,使命局气势流通的就叫通关,这个能调解通关的就是用神。

88.通气——天干见到本气三会局最后一个字的叫做通气。如天干是丙丁,地支见有未土叫做通气(巳午未的未字为三会局最后一字,因丙丁通根于巳午),天干是庚辛金,地支中见有戌土的,天干是壬癸,地支中见有丑土,天干是甲乙,地支中见到辰字的都谓之通气。通气又叫余气,又叫得气,也就是以天干起十二宫,遇到“衰”字的叫做得气。

89.比助——用神衰弱无力时,需要比肩、劫财助身,用神衰弱无力,也需同类五行来帮助,这就叫做比助。

90.中和——五行贵乎中和,即寒暖燥湿适中,不强不弱,没有冲克刑害,命局纯清为最理想之命造。

91.虚浮——即虚浮而无根,如四柱中的天干与地支人元没有关系,不属于地支本气,这就是某干“虚浮无根”。

92.得势——得势者乃党多势众,如四柱中多见比肩和印绶,使日主强旺,叫做得势。

93.得令——四柱月支中五行同我生我,谓之日干得令于出生之月。如甲乙日干生于春天,丙丁日干生于夏天,庚辛日干生于秋天,壬癸日干生于冬天都谓之得令。

94.得地——日主逢四柱中的地支临于十二宫中长生、建禄、帝旺者。其五行运走到某岁运或某柱者，谓之“得地”。

95.强旺——日主得到印星，比劫众多生助为“强”。日主生于当令之月，如甲乙木生于春天，丙丁火生于夏天……谓之旺。

96.衰弱——日主不得时令为“衰”，失势、失地谓之“弱”，在应用中凡日主五行未达到中和时，不管是失令、失势或失地，皆谓之“弱”。

97.克制——日主太强旺，取官煞为用神，谓之“克制”。

98.泄耗——日主太强旺时，可用食伤泄身，如没有食伤可用财来耗之。但用耗的方法，还不如用克泄为好。

99.盗气——指日主已经衰弱而又有食伤的谓之盗气，其实也就是日主强用食伤叫做泄气，日主弱见到食伤谓之“盗气”，不叫“泄气”。

100.偏枯——日主已经强旺至极，柱中反而又多见比劫，印星生助的叫做“偏”。日主衰弱，喜有比劫帮助，印星生扶，但柱中不见比劫和印星，或者虽有印星、比劫相扶但没有力量来生扶，这就叫做“枯”。

101.寒暖——冬季亥子丑三个月为寒，夏季巳午未三个月为暖，五行金水为寒，火土为暖。

102.燥湿——命局中水多为“湿”，火多为“燥”为“热”。如地支子支中的癸水为湿。午支中的己土为燥土。卯支为纯木，酉支为纯金，无有燥湿之分，辰支中的戊为湿土，乙为湿木。戌支中的戊为燥土，辛为燥金。丑支中的己为湿土，辛为湿金。未支中的己为燥土，乙为燥木。寅支中的甲木为燥木，戊为燥土。申支中的庚为湿金，戊为湿土，巳支中的庚为燥金，戊为燥土。亥支中的甲为湿木。

103.清浊——所谓清，即是清纯的意思，这里指女命而言，如女命中只有一官或一煞，清纯而不破局，五行均匀顺畅谓之清。所谓浊，就是混而不清，如女命出现五行失位，制化重重，冲、克、刑多见，这就是谓之浊。

104.刚柔——刚柔者，刚柔相济之义。古有当刚则刚，该柔则柔。只刚不柔，则难以相济，只柔不刚，难称其刚，君子既有阳刚之气，又有柔和之性，此即为刚柔。

105.杂——互用而两不相谋者是也。

106.纯——即纯一的意思，如官星纯一，煞星纯一，有财有印，没有刑冲的谓之纯。

107.和——即安静的意思，八字自身刚柔，只有一位正官夫星，并藏在月支之中，柱中又没有冲破之神，禀中和之气谓之和。

108.贵——所谓贵，即是尊荣之称号。对女命来说，命中独有官星，又有财的资生，四柱又无刑冲破败。古人云：女命四柱中没有官煞，只有一贵可作良人也。

109.静和——静者乃安静，和者乃和平，静和就是气静平和，既刚又和，不偏不枯。真正静和的女命，首先要具有官煞不杂，表现命局中只有一官或一煞，或官露煞藏，或者煞露官藏，五行中和，不偏不枯，均停适中者谓之静和。

110.失衡——即失去平衡的意思，女命五行和十神失去平衡，大多为克夫，例如八字有官无财、身旺夫绝、食神乘旺等，这些都是女造大忌。凡是八字失去平衡者，兆示该命一生辛苦劳碌，平平常常的蹭蹬之命。

111.清——指洁净之意，如坤造中只有一官，或者只有一煞，不相混杂。

112.宫位——指自身六亲在四柱中的位置，年柱为祖上和父母宫，月柱为兄弟姐妹宫，日柱为配偶宫，时柱为子女宫。另四柱又代表身体：年柱代表头，月柱代表胸，日柱代表腹，时柱代表腿足。

113.卦爻——在六爻预测法中常见，(参看拙著《周易应用经验学》)。

114.先天——指人未生之前,通常讲八字是先天造就的。

115.后天——指人出生以后的所作所为,也就是人的行为表现,通常讲运是靠后天人去行去做的。

116.四吉神——正官、正财、正印、食神为四吉神。如是喜用神则吉,如临仇忌神则凶。

117.四凶神——七煞、伤官、枭印、羊刃,在四柱中为仇忌神主凶,为喜用神反主吉。

118.伏吟——凡四柱中出现两柱相同干支,或大运流年与四柱任何一柱干支相同皆属伏吟。另一种情况为四柱的地支两支相同,或大运流年之地支,与四支任何一支相同的,也是伏吟。古书云:反吟相见是灭绝,伏吟相见泪淋淋。

119.反吟——反吟者主事态反复不定,凡是四柱中任何一柱干支,天克地冲的皆是反吟。像六爻卦一样,凡地支六冲,或自身化回头克皆是以反吟论之,命学中最重要的是四柱干支"天克地冲"这种情况,主痛苦呻吟,反复无常。

120.耗财——四柱中财为喜用神,遇比劫重重无官煞制,食伤泄,主耗财或损妻。

121.征太岁——凡是日柱干支,或大运干支去冲克流年干支,谓天冲地战,叫做征太岁。如流年干支冲克日柱干支也叫做"征"。该年多主出凶险之事。

122.转趾煞——又名叫真太岁,即生年干支与流年干支相同的,如年柱是甲子,又逢甲子流年是也。如果大运与流年太岁相依相顺,主其年平安无事,若值刑冲克害,互相战克,主出凶事,最好按四柱生克制化配合起来判断,才能准确。

123.晦气合——即日干、时干与流年合,犯之主一年时运不顺,甚至发生凶灾恶祸。

124.生克制化——生克制化是演断八字的主要法则,这里的生，指五行相生。克是指五行相克，制是五行制约。化是指合化，化解之意。

125.三刑六害——有吉有凶，分清喜忌，如忌神被刑害掉，反而有利，如局中喜用神被刑害，那就为凶了，具体判断可依六亲、十神判断。

126.三刑逢冲——指命局、大运、流年组合成三刑而又互相冲克，或者组成两局相克又逢冲者谓之三刑逢冲。遇此者主凶灾难免。

127.三合财乡——指三合局会成财局，又与大运流年相合，谓之三合财局。

128.盖头截脚——以天干为头，地支为脚，天干克地支为盖头，地支克天干为截脚，这里专指大运而言，指出大运干支上克下，即运干克运支。如命中喜金，即逢丙申、丁酉大运，运干克运支，从上克下。如走到丙申、丁酉大运时，申酉的力量就会减弱，这叫做“盖头”。

大运干支下克上，即运支克运干，如命中喜木，而大运干支却逢甲申、乙酉时，运支克运干，谓之下克上，甲乙木的力量就会减轻。

129.伤官吐秀——日主强旺，有伤官耗泄，谓之伤官吐秀。

130.孤官无辅——八字中正官一位，又有生官的财星，谓之财官两旺，如无有财星辅助，则为孤官无辅。

131.官星被合——指有用正官格而言，格中正官不宜被他柱冲克合破，如被合住，则主官运不通。

132.官星坐禄——即正官坐在禄地，如日干乙木以庚金为正官，庚以申为禄，如他柱中有“庚申”为官星坐禄。

133.财官相生——财是官的原神，财能生官，柱中有财又有官，谓之财官相生。

134.日犯岁君——古书云，岁伤日干有祸反轻，日犯岁君祸灾必重。岁君如国家法律一样，千万不可硬碰，碰之必有灾祸。所以，日犯岁君主灾重，岁君犯日主灾轻。

135.岁运交战——即流年干支与大运干支互相冲克，岁运天克地冲，谓之岁运交战。

136.岁运并临——指流年干支与大运干支相同，即岁运伏吟。如甲子流年逢甲子大运，遇之主病耗刑伤，如逢喜用反主吉利。

137.天克地冲——四柱中任何一柱干支与流年或大运干支天干相克，地支相冲，如甲辰与庚戌，天干甲庚相克，地支辰戌相冲，叫做天克地冲。

138.月提犯旺——其义有三种，①月提为羊刃，逢流年冲者，必有重灾。②月提为官煞，逢流年冲者，该年谨防刑罚，死伤之事出现。③月提为食神财星，逢流年冲者，主横祸、夭折之事出现。以上三条皆指逢流年羊刃而言。

139.时上七煞——时上偏官要透出，只一位为贵命。若身旺不怕煞制并且喜煞旺大运。如果煞多制少，反而为祸。

140.时上偏财——时上偏财，透干最好，并要一位为最好，不宜多逢，加之柱内有官印相助，日主健旺，便是好命。最怕比劫克破，年月冲破，遇之则不利。

141.财多身弱——此乃身弱难以任财的八字，柱中财多而旺，耗损日主的元气，主穷困之命。如大运行印比帮身之时主兴家立业。

142.身弱煞旺——日主极弱，本来就怕官煞克身，但命局中偏偏遇到煞多而旺者，谓之身弱煞旺，遇到这样的八字，要注意生命危险。

143.煞重身轻——日主本身失令，又有七煞太旺克身。

144.身强煞浅——指日主太旺，而七煞太弱，无力制身。

145.印绶护身——柱中日干弱，但有印来生助日主，故称印绶护身。

146.通根乘旺——指日干合化于月令,或通根月令而有根,称通根乘旺。

147.两局相克——如大运、命局、流年地支组成三合金局,三合木局,两组相克看其强弱喜忌断其吉凶。

148.两组三刑——在大运、命局、流年出现两组刑入某柱,某柱的六亲即有伤残、凶死等灾祸。

149.循环三刑——命局、大运和流年,犯三刑者谓循环三刑,如命局上临寅,大运上临申,流年又逢巳,犯此者该年必有刑伤之灾。

150.六亲入墓——墓者乃墓库也,坟墓也。以十二宫推算,六亲中哪一亲入墓都主该亲有死亡灾厄。如偏财入墓,行运入比劫,又是比劫生旺之年,偏财逢克,偏财是父亲,逢冲而又入墓,兆示父亲是寿终之年。母亲为印星,如行运走财旺之乡,印星逢空入墓,乃母亲寿终之年。类此正财为妻,女命食伤为儿女,男命以官煞为儿女,日主为命主本人,皆忌入墓,如身弱逢墓反来助身。

151.背禄逐马——八字伤官见官为背禄,伤官乃财之根,主生财,但见官则难以生财,故为背禄逐马。

152.官星遇贵——指正官为喜用神临天乙贵人等吉星。

153.运临险地——若命局喜行比劫大运,而偏遇官煞之大运,主运临险地。

154.犯旺逢冲——如柱中官或杀旺相为忌,逢流年之支冲起,所克之六亲即为有灾,书有“官鬼从来克兄弟”之说。

155.贪财坏印——印为用神时,忌见财星克破,财可坏印,此为贪财坏印。

156.身旺任财——日主旺相得时,得地,行运喜见财星,称身旺堪任财官。

157. 官煞混杂——命局中正官和七煞并见，谓之官煞混杂，无论正官和七煞在天干上，或在地支中，或出现于天干地支之中都叫官煞混杂。

158. 七煞逢冲——七煞旺为忌神又逢冲，又无其它支来合救，所克之六亲主有灾祸。

159. 天元坐煞——日主天干称为天元，是指天干坐下的地支是七煞叫坐煞，如丙子日，丁亥日，凡是日主坐者须要身旺，又不见他柱官煞来克，再有印来化煞，身旺财旺这样的八字最好。如果柱中煞太旺，有伤官合制，也主贵命。

160. 食神制煞——柱中七煞过旺，喜见食神制服。

161. 食神生财——财星为用神，喜食神、伤官帮扶，使财星根深蒂固，如果财星为忌神的话，再遇食伤者乃为坏事。

162. 比劫夺财——日主衰弱，财为忌神，喜比肩助身夺财。日主强旺，喜财耗身，忌比肩夺财。

163. 比劫重重——命局中比肩和劫财占三位以上者。

164. 财官相生——命局中以官星为用神，喜财生之，财星为用，喜官星护卫，谓之财官相生。

165. 官印双全——为官必须要印，官星生助印绶，印星为用神，官星可化财生印，官星为用神，印星可护卫官星，官印两全乃富贵之命。

166. 伤官见官——古书有“伤官见官，为祸多端”，又有“伤官见官最难辨”之说，伤官乃克害正官之物，从理论上讲正官怕逢伤官，但从实际应用看来，正官为喜，用神时见到伤官，必有灾祸。命局中伤官为用神，有印克制，忌逢正官生印克害伤官，如日主衰弱，有伤官泄气，忌逢正官肆虐。

伤官见官有时候反不为害，如日主旺，伤官轻，没有印星，反而喜见官星拘身制比劫，一般来说，身强者不怕伤官见官，身弱者怕伤官见官。

167. 伤官伤尽——月令透出伤官局，无冲无破，不见一点官星，谓之伤官伤尽。伤官要见财，不要见官，伤官无财主贫穷，盖食神伤官能生财，七煞官星能盗财。伤官伤尽主身隆，身旺则吉，身弱则凶。

168. 伤官损印——如日主为乙木，柱中遇丙火为伤官，壬水为正印，如柱中丙火太旺，不利自身，这时壬水正印虽能克制丙火伤官，可是在水火力量比较悬殊的情况下，作为正印壬水也受损失。

169. 羊刃倒戈——柱中羊刃逢冲而不见他支合救，即为羊刃倒戈。羊刃最怕逢冲，古有羊刃逢冲勃然祸至之说，尤其怕冲克太岁，所以称之倒戈。羊刃本是灾星，逢冲刑倒戈，主大难临头。

170. 羊刃会聚——日主临帝旺叫羊刃，柱中日主强旺，原有羊刃，大运又行羊刃运，流年又逢羊刃，这就叫羊刃会聚。羊刃是凶恶之星，怕身旺又逢羊刃会聚，遇此者办什么事都要谨慎，否则灾祸迭至难逃其凶。

171. 枭印夺食——柱中没有偏财见食神称做枭印。先辨清喜忌，如食神为忌神，喜枭印夺之。如食神为喜用神，遇枭印称枭印夺食那就是大凶之兆了。

172. 刃枭复会——羊刃乃是凶星，枭印也是凶星，羊刃与枭印复会一起有的三刃会二枭，有的一枭会二刃为忌神，都主险难多阻，九死一生。

173. 秀气——天干五行相生与地支五行透根流通不悖，可称秀气。又有四柱三合或三会构成食神局或从或化可云俊秀。

174. 贵气——官为用神而有力，且不遭克合冲者。

175. 吉命——四柱中吉星多为喜用神，如天乙贵人、天德、月德、文昌、十干禄、福星、天医等，可称为吉星照命。

176. 凶命——四柱中凶星多为仇忌神，可称为凶星照命。

如羊刃、劫煞、桃花、丧门、吊客、十恶大败、天罗地网、六厄等。

177.富命——日主旺，财星为喜用神，有力且不遭破坏。

178.贵命——日主旺，官煞为喜用神而有力，不遭破坏。

179.寿命——五行均匀，中和，寿元星不受刑冲克害等主寿。

180.夭命——日主偏旺，无泄、抑、耗为气浊，又逢印星旺扶。或日主弱，无依扶，为命主神枯，又逢官星旺抑。

181.贫命——财星无气，或财遇劫，日主强旺，偏又逢比劫旺助。

182.贱命——日主旺，财轻劫重而官藏。官轻印重，官轻劫重而无财。日主弱，官煞重，而印轻，或印轻食伤重。

183.滥——即贪婪，乃是贪得无厌、不满足的意思。指妇女来说，四柱天干中，明明有几个夫星，而地支中又暗藏财带官煞，这样的八字，会出现私暗得财的迹象，兆示着不是克夫再嫁，就是身为奴婢。

184.娼——乃是娼妓的意思，对女命来说，八字身旺夫绝，官衰食盛，四柱不见官煞，或有官煞而被伤官伤尽，或见官煞混杂而食神旺者，这种八字大多是孤独或克夫之命，甚至会淫奔而出走的命。

185.淫——淫者，乃淫乱的意思，这种八字自身虽然得地，但四柱夫星太过，明暗交加，加之四柱中官煞太多，如天干中夫星明现，地支里又暗藏夫星，这种明暗交集的八字大多淫乱不堪，谓之淫。

186.浊乱——浊乱者也指女命而言，女命以夫星为主，夫星有正有偏，正官为正夫，偏官为偏夫，命中如正夫不显，乃没有真正的丈夫，由于命局没有夫星，兆示女人作风不正，难守贞操，其次还有偏官丛杂，夫星明暗交集，这样的八字都兆示着女人明暗都有情人。

第九章　杂论篇

第一节　推排程序经验谈

八字推断，须要遵照一定的规律，抓住中心内容和主要问题，进行详细分析。

根据每一步大运的干支与命局组合，详细分析喜神与忌神的力量，大体上初步确定每一步大运的吉凶。再按各部大运进行逐年推断。从某步大运与命局组合上进行分析，如果喜神占主要地位，忌神受到控制，则说明这十年总的趋势是好的。但由于流年的介入，使整个命局又成为一种新的组合，那么这些五行的力量又产生新的变化，喜神和忌神可能发生很大的变化，所以本来是吉的十年大运，可能会出现新的流年运气，反之，凶的大运，很可能因为整个命局组合的变化，而又出现好的流年运气。

程序是八字推演和判断的过程，在推算过程中起到中枢作用，它是八字预测必修之课，也是研究八字的重要篇章。

古今命书中，都是简单片段介绍八字的作用，对于全面系统地按程序去分析一个八字还少见。很多人下了多年功夫，到真正分析八字的时候，仍然感到束手无策，这样给初学者带来很大困难。使学者知其然，而不知其所以然。为此，在本篇列出推命二十步骤，力图在具体演断中，步入系统化、规范化，在应用中可按一定的程序步骤有章可循。否则临场推算时，不知从何处着手。根据应用经验总结，演断时抓住以下二十个方面的内容，逐步地进行推断。

二十步推命如下：

第一步：首先按照命主出生年月日时，排出四柱的天干地支，男的注上乾命，女的注上坤命，同时再从年柱标出纳音五行是什么命。

第二步：查看四柱天干生克比扶关系，找出年月日时地支中所藏的天干名叫人元，再以日干为主，在柱中天干或藏元上定出十神的名称。

第三步：以年干和日干支为标准，查出年干支和月干支的空亡是何支。再推出命主的命宫胎元的纳音所属。

第四步：以日干为准，查出日干在四柱地支中五行十二长生运程。

第五步：详细分析日干是否得令，是否得势，是否得地，以便确定命主日干的强旺弱衰。同时以月柱地支五行中的藏干透出的有力五行确定正格局，如无透干，再以其它方法定出命局的格局。

第六步：以日主的强旺弱衰，确定命局的喜神和忌神。

第七步：以阳男阴女顺行，阴男阳女逆行，推算命主的交运时间，并排出大运。计算起运和交运时间。

第八步：以年、月、日、时的干支，查出命主的主要神煞。

第九步：以日干为主，查出流年，大运的吉凶，逆推小限顺排十二神煞以便推算流月吉凶。

第十步：全面观察命主的命运组合。

第十一步：先对命主的性格特征进行分析，具体分析方法，是以八字五行旺衰，参照命局强弱的五行，比较突出的十神来具体推断。

第十二步：从八字中分析命主凶险时间，其具体情况不外乎伤残事故，死亡、疾病、天灾、横祸、牢狱等。应该怎样预防这些灾祸,这是预测师普遍关注的事情。

第十三步:对命主婚姻关系,进行具体推断。推断方法,以日柱为配偶宫,依此可以分析出婚姻是否美满,其配偶是否贤慧,同时以日干为自己,以日支为配偶,男命以正财或偏财为妻子,女命以正官或偏官代表丈夫。对婚姻不顺或婚灾者指出有利化解方法,以便预防。

第十四步:对命主六亲关系的推断,具体推断方法如下:

①以月柱为父母宫,以月干为父,月支为母,兄弟与父母同在一宫,判断兄弟要将比肩、劫财结合天干地支进行论断。

②以日柱为夫妻宫,日支为配偶。

③以时柱为子女宫,时干为儿子,时支为女儿。

④男女命均以正印为母亲,以偏财为父亲。男命以正财为妻子,女命以正官为丈夫。

⑤男命以比肩为兄弟,劫财为姐妹;女命以比肩为姐妹,劫财为兄弟。

⑥男命以偏官为儿子,以正官为女儿。女命以食神为女儿,以伤官为儿子。

第十五步:对命主的官禄,财运及富贵穷通等详细推测。具体推断方法,是以官为荣禄,以财为福源。人们生活中除了寿命之外,对财官二字最为关心,因为财是养命之源,官可耀祖荣宗。《滴天髓》的何知章中说:"何知其人富,财气通门户。"意思是说财气一通门户那就是财多福旺之时,要详细分析八字中何时财多、财旺,何时破财、损财,何时进财、伤财等。官禄方面,测出何时官衰、官旺,何时升官晋职、有官无官、地位如何,都要详细分析。并且着重地指出今后在哪些年份发展事业,提供发展事业的决策参考和防灾化灾的有效措施。

第十六步:对命主的流年吉凶和岁运的吉凶祸福进行详细分析。具体方法知道什么是岁,什么是运,什么是命。其实,命、岁、运三者是密不可分的整体，相辅相成，缺一不可，从而要恰当地推出流年和大运，在哪一年发生什么事，是福是祸，并指出具体时间和方位。俗话说“君子问祸不问福”，以达到趋吉避凶，化险为夷的目的。

第十七步：对命主的职业选择，进行分析，具体方法用十神的内函来判断命主的职业和特征。如命主的八字用神是正财而又身旺，说明此人一生财运好，有挣钱的本事，也可以说财来的正当或工资待遇高。职业选择应在金融、经济、商业、文化等行业工作。如果是偏财，他的职业应适合教师、公关、药材商人、外交人员，或从事商业贸易等事业。

第十八步：对命主文化素质、学历进行详细判断。具体判断方法，如果判断学历和文化素质修养，请看文昌星、学堂、魁罡贵人，如命主在应考升学期间，主要看学堂和华盖等吉星是否出现，其次还要看正官、正印在命局中的强旺弱衰。对应考时间，流年逢喜用神再逢文昌星、学堂值事，可能把握性大，如果男逢财星之流年，女逢官星之流年，须要注意异性朋友分散精力而名落孙山。

第十九步：对流年最有利或最凶险的方位判断。具体方法，先在八字中查出用神，生用神者为喜神，喜神或用神都是有利的方位乃大吉大利。忌神方位是最为凶险。根据命局的喜忌神五行所属对命主进行后天调整，包括姓名、工作、居住方位进行调整。对办公室、办公桌、床头位置，适当摆设在有利方位，对于家庭用具，服装颜色，进行搭配，对工作行业类别，进行合适的选择。

第二十步：总结命主一生运程。具体方法是从起大运开始，按流年与日主，哪一运程最好，哪一运程最不好，怎么去趋吉避凶。帮助命主对自己的命运要正确的对待，如遇不好的八字，要鼓励通过后天五行补救和自身努力，可能化凶为吉，实现人生应有的价值。

综上推命二十大步骤，是为了初学者在演算时不知从何处着手而设，为此编出二十步歌诀，以作引导：

推命歌诀仔细排，按步取行顺序来。
第一首重排四柱，第二格局细徘徊。
第三柱中十神定，第四空亡命宫排。
第五宫中详衰旺，第六气势定旺衰。
第七顺逆排大运，第八星煞定福灾。
第九用神居何字，第十神煞流月排。
十一性格特征断，十二何时起祸灾。
十三推出婚姻事，十四六亲细安排。
十五官财推详细，十六岁运定旺衰。
十七命主职业事，十八学历推出来。
十九吉凶何方位，二十运程详细排。
推命按此二十步，胸有成竹无疑猜。

综上述各条，对初学者来说，不可能一下子就达到标准水平，一定要慢慢地研究，千万不要操之过急，要经过一定的时间精心细悟，反复考虑，在头脑开悟以后，再经过一段时间检验，将理论与实践结合起来应用是完全能达到应用的目的。如果光学理论，不搞实践，或者只重实践而不顾理论，是不可能将这门学问学好的。

研究推命学，必须要将基本功夫练好，学好基本功不外乎反复思考，多做实践，先将自家批命，以后再给亲朋好友批，以命局对照命主所经过的事情，以岁运对照出事的时间和方位，准与不准都作以记录，反复去对照，不准的原因何在，这样反复地深研下去，自然就能悟通其中奥妙，久而久之，功到自然成，将此关闯过去，那你就具备一定的批命水平了。

第二节 四柱分限断法

搞专业研究八字的人，大多先将年、月、日、时四柱排好后，然后再对八字进行一番分析，定准喜用，反复推敲，最后再排出大运、流年，进行论命。这是古今预测行业中的普通方法。江湖上有一种不用排大运、流年，也不用看任何运程，只是将四柱八个字的生克制化、刑冲合破以及十神喜忌，就可直截了当的可以将命断出来。这种断命法叫做直口神断法。

直口神断的方法，是根据四柱管辖范围，以年柱管辖 1～16 岁，月柱统管 17～32 岁，日柱统管 33～48 岁，时柱统管 48 岁以后直到终年的一生运程，用四柱分限的生克制化关系，直接断出日主与其六亲的各种状况，这种方法非常简单，现将分断如下：

1. 年柱

年柱乃出生年的天干地支，又叫当生太岁。代表祖上，天干代表祖父，地支代表祖母。如年柱干支为八字的喜用神，说明祖上是富贵名门，有钱有势，命主与祖父母缘份深厚。如果年干为喜神，年支为忌神，表示祖父比祖母健康长寿。反之，年干为忌神，年支为喜神，则祖母比祖父寿长。如年干支皆是忌神，说明祖上贫困，对命主没有帮助，甚至命主个头也不会太高。

年柱又代表父母，年柱干支相生，兆示父亲与母亲感情投合，年干生年支者，主父亲疼爱母亲，年支生年干者，母亲多爱父亲。年干支相冲相克者，父母关系不和，如天干克地支，不和的原因大多在于父亲方面；地支克天干者，责任在于母亲方面。如干支比和者，父母两方时常有语言冲撞，而只是小小意见不投合而已。

①年干与月支看法

由于月干代表兄弟,如相生相合,大多其兄弟孝顺父亲,其父多爱长子,月干生合年干,兄弟近爱父亲,年干与月干相冲相克,定主兄弟与父亲不和。其中年干克月干,主父不爱子,月干克年干,兄弟疏远父亲,年月干比和,父兄关系平常。

②年支与月支看法

年支属母亲,月支属姐妹,年支生合月支,母亲疼爱女儿,月支生年支,定是姐妹爱母亲。年月支比和,母女关系平常。年月二支相冲相克,母子关系不和,其中年支刑克月支,母亲对女过严,月支刑冲年支,姐妹对母亲过分。

③年干与日干看法

年干与日干代表命主与父亲关系,年干与日干相生相合,命主与父亲感情好,其年干生合日干,命主得父亲厚爱,日干生命年干,命主尊爱父亲,年干与日干相克,命主与父亲不和,年干克日干,父亲对子过严,日干克年干,命主对家父不尊。年日干比和,父与孙矛盾常有。

④年支与日支的看法

日支代表命主的妻子,年支与日支相生相合,婆媳关系感情很好,年支生合日支,婆婆疼爱媳妇,日支生合年支,爱人尊重慈母。日支与年支相冲刑,婆媳之间感情不投。日支克年支,媳妇不尊重婆母。年支冲克日支,肯定是婆婆对儿媳太苛刻,婆媳关系相处得不好。年日支比和,婆媳之间时常有争执。

⑤年干与时干看法

时干代表是命主的儿子,年干与时干相生相合,爷孙之间感情和谐,年干生合时干,爷爷疼爱孙子,时干生合年干,孙子尊敬爷爷。年干与时干相克,爷孙之间脾气不投,年干克时干,爷爷对孙子管教太严,孙子不喜欢爷爷,时干克年干,孙子不仅不亲近爷爷而且虐待爷爷,年干与时干比和,爷孙之间时常争执不休。

年支与时支相合，奶奶与孙女和睦，时支与年支相生相合，孙女爱其祖母。年支与时支相冲刑，其祖母与孙女不亲切，年柱刑冲时柱者，祖母对其孙女不热情，时柱刑冲年柱者，孙女对祖母有虐待行为。年支与时支比和者，其祖母与孙女感情平常。

年柱的十神假如是正官、正印、正财，而且坐下是长生、冠带、建禄、帝旺，大多能享受祖上福荫，身为长子，并且能掌握家中所有产业。

年柱管辖1～16岁的少年命运。如年柱为喜神，主16岁之前幼年生活美好，舒适快乐。反之，年柱为忌神，则主命主出生家境贫寒，诸事不顺。推测祖上的情况最好能将16岁之前的大运一起配合论断，综合起来分析方能得出准确无误的结论，所以断命必须要灵活。

例如某命年柱为忌神，而初步的大运干支为吉运，这样的八字怎样判断呢？这时应该先看年柱，说明此命造出生不是富有家庭，祖上的光沾不上，可是运好，却能度过一个平平安安的童年时期。说得具体一些，此命祖上到父母辈生活不太好过，家境多逆，困厄，但命主本身身体与学业方面都比较好，没有什么大的影响。如果年柱为喜神，而大运不吉，这样的八字祖上纵然是富贵名门，有钱有势，但命主本身不是多灾多病，就是学业不佳，接受不了祖上的福荫，反正不能度过一个很好的幼、少年时期。

2. 月柱

月柱代表父母宫，又代表兄弟宫，年柱等于是一个家主，月柱代表是一个家庭成员，论父母及兄弟姊妹都要用年柱和月柱综合起来推断，方能得出结论。月干代表父亲和兄弟，月支代表母亲和姊妹，月柱为喜用神，父母兄弟姊妹对我都有帮助。月干为喜用神，父兄多助，月支为喜用神多会得到母亲和姊妹帮助，如月柱为喜神，可断定父母或兄弟姊妹的关系密切，感情良好，是一个亲情深笃团结友爱的大家庭。月柱代表17—32岁的青中年时期，月柱为喜神，这段时间的生活，必能过得舒适愉快，如果是忌神，必是坎坷，波折多阻。但这段时期的行运吉凶，和分析年柱一样，必须要年柱、命局、大运综合论断，才能正确。

①月柱干支看法

月干与月支相生相合，兄弟姐妹的感情有序，月干生月支，兄弟对妹爱待，月支生月干，妹妹多帮助兄长。月柱干支相冲克，多主兄妹不和。月干克月支，如属旺令盖头，多主兄不靠近妹。月支克月干，大多妹不认兄，月干支比和，遇到问题团结对外，事后各干各事，不冷不热。

②月干与日干断法

月干与日干相生相合，兄弟之间非常疼爱。月干生合日干，对我情如手足，日干生合月干，日主敬兄如长辈，月干与日干相冲相刑，兄弟之间的感情如虎如狼，月干克日干，月支与日支生合，妻子与姐妹关系密切。月支生合日支，姊妹对我妻情如知己，日支生合月支，爱人与我姊妹情同一人，月支与日支互相刑冲，其妻与我姊妹视若仇敌，月支冲克日支，姊妹与我妻非常不睦，日支刑冲月支，我妻对小姑好像仇家，月支与日支比和，姑嫂虽有裂隙，但久而即平。

3. 日柱

日柱代表夫妻宫，日干代表本人，日支代表配偶，夫妻关系要以日柱论断。日干是八字中的总枢纽，以日干为基准，其余七柱干支都按五行生克制化来判断命主的吉凶祸福和人生命运过程。日支为喜用神，能得到配偶的助力，夫妻关系，大多美满幸福，日支为忌神，大多婚姻不幸福，有离异或丧偶现象。

①日干支断法

日干为命主自己，日支为我结发之妻，日干支相生相合，夫妻情意深厚，相敬如宾，干生支，丈夫对我恩爱，支生干，妻对我举案齐眉，日干支相生相克，为喜者如胶似漆，为忌者，反目成仇，男命日干克日支为喜神者，女方以财助夫，忌者因妻致祸。

4. 时柱

①时柱干支断法

时柱代表子女宫，日干与时干相生相合，主父子关系甜密。日干生时干，爱子心切，时干生日干，爱子敬父如宾，日时两干两相刑相克，父子关系如同楚汉相争。日干克时干，命主对儿子不亲，时干克日干，儿子必定欺老子，日时两干相比和，虽是父子关系，而语言常有磨擦之嫌。

日支与时支相生相合，妻子相依相靠。日支生合时支，妻子望子成龙之心切。时支生合日支，儿子必定孝顺母亲。日支与时支相冲相刑，母子之间有仇隙。日支克时支，离夫背子再嫁，时支刑冲日支，大多子孙不孝，忘母恩。日支与时支比和，母子之间争执难免。

时柱天干地支相生合，子女之间多团结，时干生时支，儿子对姊妹多亲热，时支生时干，儿女之间情同手足，时干与时支相刑克，儿女之间视如仇敌，时干克支，多是儿子欺姊妹，时支克时干，女儿视子楚汉相争。时干支相比和，子女之间常有风波即便平。

男命造时柱为忌神，子女大多对父亲不贤不孝，但对母亲不一定不孝。女命时柱为忌神，子女对母亲不孝，但对父亲却很好。这一点切勿混淆，时干支代表晚年运，看其 48 岁以后的成败如何，如时柱为喜神，晚年定能得下贤孝子孙，享天伦之乐，时干支若为忌神，大多晚年运不幸福。

5. 年干生月干

父亲爱儿与兄嫂，月支生年干，姊嫂无不敬父翁。年干生日支，家父偏重子之妻。日支生年干，吾妻唯独家翁。年干生时支，爷爷爱孙女，时支生年干，孙女爱爷爷，四柱中不论某对相生则吉,相克则凶,年支与月干相克,其母不爱长兄,年支与日干相生,慈母独爱日主,日干相生年支,命主特别喜母亲。

第三节　喜忌是断命的关键

命理学的主要作用,是预测一个人的穷夭寿通,吉凶祸福,既然能推断吉凶,就需要弄明白吉凶祸福所发生的原因与结果。人生祸福皆是命局与岁、运中的五行生克制化所引发出来的,所以要想将一个命测准,必须在五行生克制化方面动一番脑筋。能明白五行生克制化之理,就是预测师的基本功夫。那么,吉凶祸福又是怎样分辨的呢?

1. 明白喜忌

分析一个命造,首先要明白什么叫喜神,什么叫忌神。喜神和忌神在命中又起什么作用?必须明白喜神在命局中发挥的作用能占主要地位的则为吉。喜神发挥的作用在命局中受到某些五行牵制而为小吉。忌神居主要地位的则为凶,忌神力量越大,则凶灾程度越大。所以分清喜忌是推命学的主要关键。能将这个关键掌握住,对任何一个命局来说,无论生克制化怎样繁琐,所有问题都能迎刃而解。如命局中有天乙贵人,首先要看天乙贵人所临的地支是喜神还是忌神,如果所临的位置是喜用神,不用说是锦上添花,凡事有贵人相助,事业有成。相反,如天乙贵人坐临在忌神方面,那么,这个天乙贵人,就恰如其反,俗话说叫做帮倒忙,结果反而将事情弄得一团糟。再如"天克地冲"这个名词,人人见之都胆颤心寒,其实并没有这样严重。如果冲掉喜神,则为凶;那么冲掉忌神,不但无凶,则反为大吉。又如柱中有驿马星发动,说明这个人有出国或搬迁的迹象,那么出国与搬迁是凶是吉呢?首先要看这个驿马星所临的是喜神还是忌神,如临在喜神上，肯定大有好事；如坐临于忌神上，那么虽然搬迁出国，肯定好事难成，事与愿违。

再如伤官见官，一般见之都认为有灾祸来临，其实并不是这样，如果这个"官"字是喜神，那肯定不是吉兆，若是忌神，不但无祸，反而必有好事来临。必须要分清喜忌才能得出结论。例如普通格局，身强者宜泄宜耗，如逢伤官见官，用神不受损害，一般都不会有什么凶事，如柱中比劫过旺，取官为用，逢运岁伤官则主大凶。如身弱逢伤官见官，见之主凶上加凶。另外还有诸合会局如三合、三会、六合、半合、半会为喜神或生助喜神的则吉，为忌神或生助忌神者为凶。分析一个八字，必须要融汇贯通，灵活应用，这和六爻预测一样"静逢冲则动""动逢合则成"。如工作或生活长期稳定者，逢冲则有工作调动或居住变迁的事情出现，这就叫静逢冲则动。久静逢合也会使工作居地有所变动，此为久静逢合则动，但动得是好是坏，完全凭喜忌而定。《卜筮正宗》曰："动静阴阳，反复迁变，虽万象之纷纭，须一理而融贯。"人事纷繁，千变万化，八字格局是一个人的整体，而喜忌等于是人的灵魂，只要能精心准确地判断，就不会出现什么差错。

2. 灵活变通

掌握喜忌是推命学的基本原则，但凡研究推命学的人少不了都要围绕这个原则去进行操作，否则就不能将命推准。除了这个原则，灵活通变也是主要关键之一，没有灵活通变的头脑，也就无法去挖掘命局中蛛丝马迹的信息。为此就必须练出扎扎实实的基本功夫。俗话说，熟能生巧，久而久之就能灵活贯通。推命学的最高境界就是贯通，贯通全靠灵活，既要辨通五行生克制化之理，又要弄清十神广博含义，更要注重星煞的影响，而阴阳变化更不可忽视。这样首先掌握命学中各种知识，需要多读古人之书，吸取众家之长，有了丰富的知识，才能做到以上几个方面的要求，但也不是轻而易举就能做到的，这需要一定的知识经验积累，从书本知识到理论知识，再到实践真知的过程，不通过这几个阶段，就不会达到灵活贯通的要求，也就难以做到语出惊人、铁口神算的精微妙断，没有这些功夫下去登堂入室又谈何容易。所以灵活贯通的程度有多高，神奇妙断的程度就有多深，总的看来，推命灵活度直接反映出预测者实际水平。

一个高水平的预测师，他的广博知识和丰富经验，不是一时就可以造就出来的。他的每一点点成就，有可能都是经过无数次的失败，并从失败中吸取教训，分析失败的原因，找出命理中影响命运的共性和特性的东西而得来的。最好从熟人开始预测，从中详细地找出测不准的原因，精心细悟，不懂之处再向同道们虚心请教，只有这样，才能一步一步地提高预测水平，也许目前失败了，能为后来的提高奠定坚实的基础，久而久之，当你的水平达到炉火纯青的时候，你也就取得了易学中的桂冠，登上大雅之堂了。

3. 喜忌神位置看法

喜忌神在四柱中的位置可作判断命运“直口神断”的一种方法，这种方法差不多和上一节“四柱分限”断法大同小异，不同的只是先分喜忌，后下断语。

(1)喜神在年柱断法

①喜神在年柱旺而有力，命主必定祖业丰厚，16 岁之前的家庭生活条件一定很好，求学有成，读书成绩肯定不错。

②喜神在年柱休囚无力，或是喜神虽然旺相，但受伤无救，或是休囚无气，那么祖上家境虽好，但只能算做一般较好家庭。

③喜神在年干休囚无气，或者虽然旺相而被月干克伤，可断日主原来家庭状况很好，而在 16 岁之前开始变衰。

④忌神在年柱旺相有力，日主祖上破败，少不得志，或身弱多病，读书成绩不佳，诸事不顺。

(2)喜忌神在月柱断法

①喜神在月柱旺而有力者,父母必定有才有干,得以荫庇,兄弟爱待,和睦得力。本人从16～32岁时期家庭条件优越,读书有成,事业如意。

②喜神在月柱不得力,命主青年时期的家庭水平只是一般,但在同时期家庭条件也就开始衰败。

③忌神在月柱旺而有力,主命主父母,兄弟有刑伤之事,兄弟失和,读书难得成就,青年时期的事业难以称心。

(3)喜忌神在日柱断法

①喜神在日柱旺而有力者,主夫妻和睦,齐心全力,从32～48岁这段期间,家庭富裕,事业辉煌腾达。

②喜神在日柱休囚无力,在中青年时期的家业不盛,只能达到中上等水平,而且夫妻之间的感情也平常。

③喜神日柱休囚,或在日支被邻支刑冲,或被日干盖头凶克,命主原来家境很好,但在这段时间衰落。

④忌神在日柱旺相无伤,命主在中壮年时期诸事不遂,夫妻失和,或死或离,伤痛不测之事难免,事业难成,始盛终败,乃是中年败家之命。

(4)喜忌神在时柱断法

①喜神在时柱旺而有力者,命主儿女发达,享子女之福,晚年乃是悠闲自在之命。

②喜神在时干被日干所伤,或在时支被日支冲破刑伤,或被时干盖头,其命主晚景虽好,但防在这段时期出现好花凋落之兆。

③忌神在时柱得力无损,命主子女难以培育成人,多出不肖之子,运交晚年,事业蹇滞,晚景悲愁之命。

综上看来,喜神无论在那一柱,只要旺相有力,皆主该柱时期辉煌腾达,事事如意。忌神虽为凶神,无论在哪一柱只要休囚无力,或被邻干伤克,或坐支截脚,或被盖头,该段时期虽然不顺,也不会出现十分太凶,特别注意的是,忌神如被制伏,诸事逢凶化吉,因祸得福,这就叫作灵活变通。

4. 十神喜忌直断法

十神者乃比肩、劫财、食神、伤官、正财、偏财、官煞、偏印和正印,十神就是十天干与日元对应的代名词,也就是用十神将十天干的含义比喻得更加通俗易懂的一种名称,具体情况请参看本书第十章“十神篇”,这里要说的是十神的喜忌与位置参看一个人家庭状况,以及大体处境。

印星为喜神旺相,不受刑冲克破,又所坐干支不受忌神截脚盖头者,主命享受祖荫。

第四节　断命须明合化

分析一个八字,首先要明白五行强弱,而干支合化对五行强弱影响最大,所以在批命时最注重的就是了解干支合化关系。如在原命局中并未出现干支合化,可能在命、岁、运整个组合中也会遇到的。干支合化的不同因素对全命局都会产生不同反应。命局中许多吉凶变化,大都受干支合化影响,所以干支合化是分析命中吉凶的主要关键之一。学者必须要彻底理解,灵活应用,否则就不可能将命断准。

1. 什么叫合

“合”就是相合,亲合之意,单从五行角度来看,十天干中有五合,十二地支中有三合与六合。

①天干五合,即甲与己合、乙与庚合、丙与辛合、丁与壬合、戊与癸合。天干之五合完全是两干相克的组合。

②地支六合,即子与丑合、寅与亥合、卯与戌合、辰与酉合、

巳与申合、午与未合。地支六合分为两组不同的性质，如寅与亥合、辰与酉合、午与未合。这三个组合都含有本气相生，所以逢合易化。又如子与丑合、卯与戌合、巳与申合，这三组相合都含本气相克，这种相合如无助则难化。

③地支三合局，即寅午戌三合、亥卯未三合、申子辰三合、巳酉丑三合。三合局的三个地支之间各有生克不同，如亥卯未三合，其中亥水生卯木，卯木克未土。但其中也有不是完全相克的。

④干支五行中，无论天干的五合还是地支的三合、六合，内中都含有生克，那么既然是克，又为什么又能合呢？这些问题涉及到生与克的本质问题，而生与克只是五行中某一五行对另一种五行的力量作用，生与克的自身并不存在好坏吉凶，如果需要生时，当然生就为好；需要克时，克则为吉。从整体看来，生为两行相好，克为两行相战。如两行相克，双方的力量都受损耗。两行相生，主生者力量被减，受生者力量增强。生与克是两行之间的作用，合乃是干或支之间五行不同的一种组合。合与生克对比，虽然都是生克，但内在含义不同。天干五合、地支六合都是阴阳异性相合，异性相合具有相亲相吸的性质。所以天干五合、地支六合乃是阴阳与五行两种不同属性的一种亲合和吸引。地支三合，其中三个地支内的阴阳属性相同，那么同性相斥，为何又能合呢？因为三者同气相求，志同道合，三者组合形成一种强大力量。如申子辰合水局，申为水的长生之地，辰又为水的墓库，申的人元中藏壬，子的本气是癸，辰的人元藏癸，谓之异性相求，同声相应。所以三合也是五行中的某行力量的吸引，这里不难看出，合就是五行亲合和吸引。

2. 合化的性质

由上述来看，读者已经明白五行之间具有吸引、亲合的性质，那么还要知道这个五行在未合之前，自己的力量到底有多大,这个干支合化之后,自己的力量定会增强或减弱,那么合化的五行,那一行力量减弱,那一行力量增强呢?要知道合中有正化,反化之别,这是首先要明白的事情。

①正化:例如甲与己合化土为正化,当化土成功以后,使甲木的力量减弱,己土的力量增强,本来甲木可以克己土,由于合化后,甲木的力量已被己土削弱,使甲木无力去克己土,由于甲木的力量不足,反而向己土顺从,这种合化叫做夫从妻化。另有一种叫反化,也是以甲己合化为例,如甲木生在寅卯月,地支三会或三合木局,甲木的力量极强,己土太弱,甲木就不可能随己化土,太弱的己土只能随甲化木,为此甲木的力量更强,而己土的力量更弱。还有一种合而不化,仍以甲己为例,如甲与己两者力量相差不大,双方又是阴阳相吸,互相吸引、亲合、凝聚,既是对立,又是统一,使双方力量都受到制约,难以发挥各自的本领,形成了合而不化的局势。

从以上来看,无论是天干五合或是三合、六合,主要就是推算合局中的干支力量在原来基础上是增强还是减弱,或者是双方同时力量减弱,但绝不会双方力量增强,说得明白一些,无论三合、五合、六合的作用,就是增减对方五行的力量。

3. 天干合化详述

天干合化的含义有三种:指的是第一天干相合;第二天干合而成化;第三合而不化。这三种含义一般都称之为合化,又称合而成化的叫做合化成功。

天干合化:即甲己化土;乙庚化金;丙辛化水;丁壬化木;戊癸化火,这是一般最常用的叫做正化。

还有一种反化:这种反化,日常多不常用,即:甲己合化土或化木;乙庚合化木或化金;丙辛合化金或化火;丁壬合化火或化水;戊癸合化土或化水。

为了避去繁琐,有人将正化与反化称为夫从妻化和妻从夫化两种化法，这样分类，就会使人一看简单而明了。

①夫从妻化：即甲己化土，乙庚化木，丙辛化金，丁壬化火，戊癸化水，也就是阳干随阴干而化，由于阴干力量大，阳干力量小，而阳干只有顺阴干之意，改变了原来的性质，阳干顺阴干的五行，性质也变成了阴干五行。即：

甲与己合化为土，即性质变成了土。

乙与庚合化为木，即性质变成了木。

丙与辛合化为金，即性质变成了金。

丁与壬合化为火，即性质变成了火。

戊与癸合化为水，即性质变成了水。

②妻从夫化：即甲己化木，乙庚化金，丙辛化火，丁壬化水，戊癸化土。道理和上述"夫从妻化"一样，也就是阳干力量太强，阴干力量太弱，阴干为妻，阳干为夫，阴干只有顺从夫意，改变了原来的性质，阴干顺从阳干五行，性质也变为阳干五行。

无论是正化还是反化，总之归为一个原则，"从强而化"。这里所指的"强"，是对整个命局而言，并不是对于干支之间相合而言，比如丁与壬合化，首先要看命局五行中那一行最强，如命局中五行木强旺则化木，火强旺则化火，水强旺则化水。大体与命局中的从格是一个道理。

4. 天干正化基本条件

天干合化成功，必须在一定的条件下，总的说来，就是对所化之五行的力量增强，这种五行力量必须是合化五行的比劫或印绶，比劫或印绶的力量越强，就越有利于合化成功。现将天干的合化来详细的论述一下：

①甲己合化土

甲己合化土，辰戌丑未这四个月土最旺，凡甲己在这四个月内合化最易成功。如果命局中见有申子辰水局（耗土）的组合，寅卯辰木局（克土）的组合，申酉戌金局泄土的组合，寅午戌火局

(火多土焦)的组合,巳酉丑金局(泄土)的组合,巳午未火局(同三合局)的组合,亥卯未木局(克土)的组合,虽生于辰戌丑未月,但这个月的土受命局中其它五行的克制而遭严重损耗时,合化皆不能成功。

从甲己合土这个例子来看,能否合化成功,关键要观察四柱的整体组合,首先要看所化之土五行的印绶与比劫(局)在四柱中的力量强弱。不要认为甲己合土必须在辰戌丑未和巳午月才能成化,其余之月在适宜的条件下同样可以成化,但比火土之月困难得多。

②乙庚合化金

乙与庚合化金,金旺于申酉月,所以乙庚合金最适合在申酉月成化,如在辰戌丑未四季土月之中,当然也是有利,但也有成功与否的说法,必须要分清利弊。如果命局中土太强旺,而金太衰弱的话,这时乙庚合金也不能化,因土多会导至埋金。所谓土多埋金,就是上面经常提到的生多为克。如果过分衰弱,而不受其生的情况下,也不容易合化成功。如亥子寅卯月,金处于休囚之地,乙庚难以化金,若干支组合中土或金多势强,乙庚合还可以化金,这就叫法无定法,贵在灵活应用。

③丙辛合化水

丙辛合化水,水在亥子月当旺得令,申酉月为相为印,这四个月中,丙辛最易合化为水,在这四个月中,如果命局地支组合成土局的话,使水的力量减弱,那么丙辛即使是相合也不能化水。四季土月,戌月和未月都是燥土,它可直接阻制丙辛合化水,但如命局中戌未土衰弱,水势又旺而强,再得旺生助,丙辛仍可化水。丑月和辰月为湿土,丑为金之库,辰为水之库,二辰都藏水,如水的力量较强,丑辰不但不克水,反而助水。在其它情况下,如在辰丑月丙辛合化水比在戌月和未月容易得多,未月比戌月更难,因未月属夏季,是土最炎燥的季节。未月之土克水的力量最大，所以丙辛在未月最不容易合化。诸如丁壬化木，戊癸化火在各月是否能合化成功，其中的道理，也都大同小异，大家依照以上的法则仔细推敲。

以上从天干正化的条件中可以看到，天干的合化成功，必须要有地支的帮助，没有强而有力的地支帮助，就等于食水无源，根本就谈不上天干合化成功。对于天干合化有帮助的地支，以地支组合称为化神，化神的力量强旺，称为“真化神”，化神无力，合化不能成功的称为“假化神”。合而不化则称“假化”，分析干支合化，要以干支为一体去看，绝不能将干与支分割开来，否则就会大错特错了。

另外还有一种反化，天干反化与正化不同，正化是以感情感化，或以感情诱化，而反化是以强化手段，以力服人一种压制性的化法叫作反化。反化一般多不常用，大多只用正化，不用反化。这里也就不多介绍，但必须明白，反化是从强而化的道理就是了。

第五节　阴阳生死经验谈

三五同道在一起时，时常谈起阴阳生死这个问题，目下又有许多易学爱好者也时常来信来电问我这个问题，为此，不得不谈谈我的看法，与同道们共同研究，以便取正。

“阴阳生死”是我们祖先几千年来，取证于世间万事万物之规律而确定的。由于我们的祖先仰观天文，俯察地理，中通人事，从而总结出自然界万事万物的循环都是经过长生到养的这样一个规律。即十天干在十二地支中所流转的有机体状态，可用长生、沐浴……到养等十二个程序来说明，又以月令地支来衡量天干的衰弱。古人的定论，是非常实用的，也是千古难变的定理。

阴阳生死这个问题，在易学界历来争论很大，多数人主张阳生阴死，阴生阳死，认为世间万事万物既有生必有死，这是自然规律的必然反映。也有人认为：一切阴阳与宇宙间万事万物，均顺时序进行，绝不能逆时序而反行。五行阴阳只能同生同死，绝不能逆时序而反行。这些公婆之谈，令后学者无所适从，是非难辨。可见这个问题必须首先解决，尚若这个问题搞不清楚，命理学研究就无法向下进行。命理学对于阴阳生死起着重要作用，因为它是取准用神的重要依据。选取用神时，首先要以干支旺衰来衡量，如不将阴阳顺逆弄清楚，将生死旺绝弄明白，那么对初学者来说便会无所适从，也就谈不上批命了。为此将我的实践体会，坦诚谈出，供易友们参考。

古论阴阳生死者有“干动而不息，支静而有常”这样一个论点。也就是说十天干流转于十二月建，而产生十二月建的物质状态，十二月建地支中蕴藏着十天干的本气，然而阳主聚，以进为退，故主顺，阴主散，以退为进，故主逆。这就是十天干生旺死绝与阳顺阴逆的原理。又从四时五行中发现，每干流行于十二地支之月中的生旺墓绝，都有一定的规律可循，故总结出“成功者则退，待用者欲进”的千古不移之理。

以甲木为例，其木为阳木，长生于亥，而死于午，原因是甲木为参天之大木，气势雄伟壮实，亥月虽是万木枯枝落叶之时，但甲木可将一年四季之生气，都收敛于根，所以长生于亥，以待来春重现生机。而且水分吸收得越是充足，越发饱满有威，这就是“甲木长生于亥”的道理。木在午月，正是枝繁叶茂之时，那么“甲木死于午”的论点又是从何说起呢？殊不知五月夏至，阳气已尽阴气上升，甲木虽然外表繁盛，而内在生气发泄已尽，符合旺极则退的根本原理，故死于午也。

乙为阴木，乃草木之木，其生于午月，则正是枝繁叶茂之时，阴主受，受之为生，而主退，则以退为进，故乙木长生在午。乙木到亥月，枝叶已枯，则死于亥，这就是甲木与乙木不同之处。其它五行的旺衰死绝可以此类推。

世间的万事万物，只要能细心去分析研究，都能发现其中内在的规律，十天干的生旺死绝，即由长生到胎养是有一定规律性的，十二地支，划分为一年中的十二个月，内藏之本气亦十二位，由生到旺，旺极而衰，衰极而至死，死而复生，循环往复，永无止境，此十二位，古人命名为五行十二宫运程。又名曰长生十二宫，比喻人从长生到死亡过程，具体内容在本书“基础篇”中已有详细介绍。

长生如旭日将露，比喻人之初生；沐浴则比喻出生后洗澡净身，如日破晓；冠带则喻生后渐长需带衣帽，如日东升；临官喻为长大而做官，如日光照明；帝旺则比喻人壮大，辅国帝宠，大有作为，如日之中午；衰者则喻万物旺极而衰，犹日已西斜；病者喻人之衰极，必然生病，乃日之辅时；死者比作人生诸气已净；病入膏肓走向死亡，如日落已昏；墓者喻万物皆归于尽，如人死已入墓地，如日落昏黑；绝者，喻人之生气已散绝，余气将续，时已黑夜；胎者喻人后续之气结聚而又成胎，如人胎将成，时如黎明之前也；养者如气之内聚，如胎在母腹已经外露，乃至日曙之时也。

综上所述，世间万事万物，可用十天干与十二地支中所流转的物质状态即由长生到胎养来比喻，用月令来衡量各天干的旺衰，将人生的旺衰过程，用阴阳生死来比喻。说明时有冬夏，人有男女，物有阴阳。将干支用生旺墓绝来表示，是有一定规律可循的，阳之所生乃阴之所死，阴之所生乃阳之所死，彼此互换。阴长则阳消，阳长则阴消，此即为阴阳消长，用十天干生旺死绝作为依据。说明阴生阳死是正确的。

第十章　十神篇

第一节　十神的作用

人的吉凶祸福取决于命岁运五行生克制化。五行生克组合又是以天干地支来表述的，地支间的生克，就是某支中藏干与它支中的藏干，互相直接和间接的生克，而推命就是根据十干的生克进行判断吉凶的。十神就是十干与日元对应而产生的代名词，将十干比喻为十神更通俗含义。十天干代表一个人的分量，十神将一个人的分量比喻成各种人事。对于各种人事的预测，乃是推命的重点，如果不将十神所代表人事各个方面的含义弄明白，那么对命主的吉凶祸福，就无法进行详细论断。现将十神含义简单阐述一下。

十神，又叫“六神”。是命学上五行生克制化互相制约的代名词。十神共分六类，又称之为“六神”，实际上就是人生直系亲属的十个代号，即正财、偏财、正官、偏官（又称七煞）、正印、偏印（统称印绶）、食神、伤官、比肩、劫财等。

六类名称	财星	官煞	印绶	食伤	比劫
十神名称	正财、偏财	正官、偏官	正印、偏印	食神、伤官	比肩、劫财

古人将四柱中十个代名词分为六类，统称十神，又叫六神。以日柱天干为主，用来与其它十神的相生相克关系，来比较和考查人生的吉凶祸福。古人对十神的内在涵义研究得十分精细，

利用十神在命局所占的地位,分析出命主一生中的处境。

1. 正印的含义

正印又名印绶,代表古代的官府印章、权力。所谓印绶,是授权与别人的意思。如政府授权给某人,印又代表文化,深层次的教育,又代表权力,表示掌印有权,而又代表事业、技术、名誉、地位、我的长辈、工作单位、房屋、靠山、后台,又代表母亲。现来谈一谈对正印的应用经验(指格局或强旺而言)。

①正印人正面性格

正印人有慈爱心肠,重感情,富有浓厚的人情味,待人讲情义,重视人格,好名誉,讲信用,聪明智慧,思考力丰富,有随机应变的才能,平生少有灾病,其人为官清正,能掌大权。女命会找到理想的丈夫,过着幸福生活。正印人具乐善好施,崇尚宗教,能吃苦耐劳等特点。

②正印人反面性格

这种人依赖心强,天真任性,得父母宠爱,缺乏独立性,爱面子,自尊心很强。印多之人不诚实,容易弄虚作假,缺乏创造性,又主其人无主见,人云亦云,迟钝,消极,庸碌,懒惰等。

③正印人的特点

正印主文章、学业。正印的人爱好广泛,喜欢学习钻研,与书有缘。

正印代表人的事业、工作。身旺有官而又有印的人,为事业有成,走到财的大运主名利双收。

正印代表人的身体。有正印的人身体好,健康长寿。

正印为喜神在年月柱,多半是长子,对读书有利,大多出生于富贵之家。

正印代表父母。印多印旺的人不利子孙,如印多印旺没有财来制服,主无子、劳神。

正印喜逢天德、月德,主日主是大富大贵之命。

正印喜逢正官,主日主慈悲好善,诚实可靠,可获得意外成功。如是女命逢正印,乃是丈夫的最佳内助。

正印喜逢七煞,称为煞印相生,主日主能操生杀大权。

正印喜逢食神,主日主心宽体胖,受人尊敬,并且经济富裕。

正印与伤官同柱,容易发达,如逢冲欠缺果断力,心意不定。

正印逢劫财、羊刃,反而有福,如身弱逢印,遇比刃相助,能得到兄弟朋友帮助,诸事顺利,身旺反之。

正印喜逢六合,主日主有人缘,得朋友帮助,事业有成。

正印逢比肩最好,主日主常有贵人相助,诸事顺利而成功。

正印多而且旺者,命主多半能喝酒。正印被财克破,多半母亲早丧,或者母亲比父亲命短十年以上。

正印有破损,大多父母不全,而且学业也不佳。正印为喜神在时柱,主子女贤孝;在日支为人厚道,斯文有礼,得配偶相助。正印最怕刑、冲、克、害,主日主多有意外之灾,如柱中财克印,必有异母或父母多婚,若月柱克偏财,主父亲早亡。

正印忌怕财星,主谋事难遇良机,一生多灾多难,疾病劳苦,又主父母早伤。

日主旺正印多而且旺,必定子息少或无,如局中无财星显现,那么必须大运逢财运,才能有生儿育女的希望。

正印怕落空亡,主母亲体弱多病,如遇地支六合可解,能逢凶化吉。

女命正官正印俱现,而且为喜神,多半出生于富贵家庭,而且美丽。如见天月二德,乃是真正的贤妻良母。

正印忌行死墓空绝之地,在职之人,遇之有削官罢职之患。

女命正印弱,财多且旺,大多不是良妇,大忌再有伤官出现。

正印遇驿马星,主远离家乡,在外面发财。

正印怕逢枭印,遇之主其人多有色情之灾,事业常遭失败,并与子女不合,女命更甚。

女命身旺正印多而且旺，有克夫之象，丈夫多半体弱多病，或有早丧可能，而且子女少或无，如逢财大运，可生子女。

正印逢正印，主其人自尊心强，大事干不了，小事不想干，一生辛苦劳累，事业就是有成也容易失败。

正印、正财、正官名曰三宝，官旺生印较有发展，财多克印缺乏进取心。

正印不论喜忌，出现在月干，此人多半有智慧，而且心地善良，喜神更明显，如果是忌神，则与母亲合不来。

④正印坐十二宫

正印坐长生，主母亲长寿、仁慈。

正印坐冠带，发达荣显，事业大有成就。

正印坐临官，主母亲身体好，能干，慈祥，教子有方。

正印坐帝旺，诸事皆顺，能干一番出人头地的事业。

正印坐衰、墓、死、绝，主家境贫寒，出身贫苦。

⑤正印在干

正印在年干，命中喜印，生于富贵之家，学业有成，年干正印，月干正官，本人占长子之权，当家做主。

月干正印，命主心慈仁厚、正直，如柱中不见财来破印更好，乃是大富大贵之命。

日支正印，日主身弱为最好，主配偶仁慈善良。

时干正印，聪明善良，更主子女有福。

⑥正印易记歌诀

身弱必须逢印乡，五湖四海把名扬。
百般事情皆顺利，出人头地定荣昌。

身旺最怕逢印乡，一生作事费主张。
谋事东成西不就，拆了东墙补西墙。

年上正印祖不贫，父母爱如掌上珍。
正印喜官来生助，官印两停富贵人。
月上正印有文才，智高量大会安排。
官印相生主富贵，若逢空绝定有灾。

日带正印福禄盈，妻贤子贵事业成。
日弱更喜印生助，日坐官印福禄增。

时带正印是吉星，儿女有才又有名。
时干正印头胎女，刑冲空墓不安宁。

2. 偏印的含义

偏印又称枭印、枭神、倒食。四柱中见有偏财的叫做偏印。不见偏财为枭印，柱中有偏印不见食神为倒食。有食神的为枭印夺食。偏印又代表文书、继母、教师、不密切的长辈、药物、食物、房屋、艺术、服务行业、自由行业、宗教、律师等。古书记载说，枭神是东方不仁之鸟，为人忘恩负义。

①偏印人的正面性格

精明强干，头脑灵活，多才多艺，投机经营，警觉性高，大多从事特殊行业，能干出一番出人头地的事业。

②偏印人的反面性格

自私自利、多学少成、孤癖、冷漠、性格固执、恨不足愿、封闭、杀伐、妄念更是其偏印的不足之处。

③偏印人的特点

柱中有三个枭神，福浅命薄，身体衰弱。性格内向不开朗，优柔寡断，容易破财。枭印多了主克子，岁运重逢其人不是生灾就是破财。

偏印多主其人有色情之灾，做事有始无终，身带暗伤。

偏印人固执孤独，喜怒不形于色，善守秘密，主观刻薄，多学少成。

此种人疑心病多，不信任别人，真心朋友不多。其人胆怯心虚，凡事无成；小时伤母，长大伤妻。如柱中有偏印，日主健旺，又逢财星伤官，乃是财帛丰隆，有福之人。

身旺有食神泄之为好，最忌偏印出现。女命逢之，主生产时不顺，有剖腹产可能；如果见伤官泄之，又不忌偏印。

身旺逢偏印，其人依赖心强，懒惰而胸无大志，做事有始无终。

柱中偏印多，主身体不好，多灾多病，容易破财，幼时少乳，不爱吃饭。

柱中正偏印俱见，职业不安分，多半身兼数职，如果印绶为喜神，多半在事业上成功。

柱中偏印多，受他人制约；柱中正偏印同透，除工作外，还有其它爱好。

偏印逢长生、建禄，多半与生母无缘，反与继母有缘，很可能为人家养子养女。

偏印逢死、墓、绝、病而又为忌神者，多半是一生劳苦，且做事有始无终，只是三分钟热度。

女命偏印多而且旺，一般都子息少，且易克夫，如柱中又见食神者多半是福薄之人。

④偏印人的喜忌

日坐偏印，不论喜忌，多半是晚婚，而且对配偶多半不太称心，对自己帮助不大。

偏印喜逢财星，身旺为好，乃大富大贵之命。

偏印逢伤官，男命衣食丰盈，女命则克夫伤子。

偏印逢官煞，主一生多成多败。

偏印逢食神一生经济条件不好，多受长辈约束，不得自由，一生财源时成时败。

偏印三个以上者，幼年伤母，青年不得志，财运薄弱。

偏印无制者变为枭神，见到食神称为枭印夺食，多有牢狱之灾，苦不堪言。

身旺见偏印多而且旺，主终身无福，而贫困多灾与子女无缘，且个性古怪、孤僻、阴险、狡猾之人。

柱中有四个枭印，主其人多病多灾，头伤脚伤，或刀伤。

柱中枭印太旺又带煞，主其人内心狠毒，而且克子。

⑤偏印现四柱

年上偏印，破祖离家，无有产业，有异母之命，年干偏印，月干偏财，必先丧父。

月上偏印，有兄弟姐妹夭折，专横顽固，多招是非。

日支偏印，主其人婚姻不理想，多有刑克或生离死别之苦。

时支偏印，头胎生男易流产夭折，生女平安，生男多病难养。

年、月、时都占偏印，大运流年逢之主短寿，灾祸立至。

⑥偏印易记歌诀

偏印身旺最不良，一生作事无主张。
纵然有业难保守，犹如烈日照秋霜。

偏印身弱最为高，谋事诸般不操劳。
偏印过盛男儿少，岁运重遇受煎熬。

年上偏印最为难，命中身父母不安。
月干偏印先克父，支枭母进鬼门关。

月上偏印旺最良，多才多艺甚高强。
如遇刑冲加夺食，多学少成无人帮。

日带偏印性情孤，平生事业用功夫。

有权有势官位显，只是心性多嫉妒。

时带偏印最不良，头胎儿女不久长。

再遇枭印来夺食，晚景孤苦多凄凉。

3. 食神的含义

食神代表子女星，又代表人的衣、食、住处、名誉、歌舞、演说、著作、自由、爱心、女命代表女儿，又表示财禄丰厚。食神又称福星，食神旺则寿高。

①食神人正面性格

其人平淡、温和、宽厚、正统、体贴、含蓄、能言善语。

②食神人反面性格

空想虚伪、自私自利、虚浮冷漠、脱离实际、是非观点淡漠、易钻牛角尖。

③食神人的特点

为人敦厚笃实、重仁重义、讲道德、人缘好、有君子风度、孝顺父母、多福多寿，一生吃穿不愁。

食神逢偏官、羊刃，此命大好大坏，必须全盘推敲，分清喜忌方可论断。

女命食神太过乃是妾命，又是风流女郎，寡妇之命，尤其身弱更验。

食神人性格温和，头脑聪明，通情达理，富有艺术欣赏力，忍耐性特强，一生不善于争执。

日支食神无克破，配偶必定身体肥胖。

食神人性格，作事我行我素，潇洒自如，不受约束。但容易脱离实际。

食神过多，以伤官论之，反而身弱多病，父母缘薄，而且子少,遇印反能转吉,逢七煞大运方能得子女。

④食神人的特征

食神表示为人宽宏大量,财禄丰厚,日主旺必须食神泄之,因食神是财之原神,生财而大富,身弱者,食神大忌。

食神最怕偏印,不贫则夭。日主两边最怕枭食并透,如有偏财可解,不见偏印,一生平顺,没有多大灾难。

八字喜财星而没有财星,可用食神当财,最见效验。

柱中食神太旺,男主贫困,否则身体虚弱多病,女为妓女。

柱中食神多达4个以上,男克子女,女克夫,女命沦落风尘,好色贪财,无依无靠。

食神带刃坐官星,高官厚禄。

食神多而喜枭印夺之,因枭可生身制食。

食神独透,最忌伤官混杂,枭神破格。

柱中食、枭两透,幼时缺乳。

食神逢羊刃多者,乃劳苦之命。

食神坐空亡或刑冲,乃江湖术士,劳心费力。

食神不怕比劫,分夺财产,女命食逢枭,早年不利父母,中年不利丈夫,晚年不利子女。

食神逢七煞、枭神,主其贫困而又寿短。

日主旺,月柱逢食神或建禄,食能生财,食能制煞,凶能化吉。

日主弱,食神与枭神同柱,主其人贫困如洗。食多则无财。

⑤食神现四柱

年柱占食神,事业可大有发展,平安福禄。

月柱占食神,宜在政界公职发展,月支坐帝旺,主身体肥胖,待人和气。

日柱占食神不被夺,主妻子温顺随合,身体肥胖,衣食丰厚,如被夺则恰恰相反。

时支坐食神，晚年享福，不宜与偏印同柱，否则婚姻易离散（指女命）。

⑥食神易记歌诀

身弱逢食运不通，尤如浅水困蛟龙。
食神喜行生旺地，衣禄无亏财丰隆。

食神无损福寿长，枭印逢之不可挡。
若无偏财来救护，命如秋草遇冬霜。

年上食神正相当，财旺禄显福寿长。
年食最怕逢枭印，祖业破败产业光。

月上食神福绵绵，命中一生不缺钱。
如遇空破枭夺食，病魔缠身不安然。

日带食神最吉祥，穿金戴银福禄昌。
克泄太过需要忌，身弱遇之缺衣粮。

时带食神胜财官，儿女贤孝家业宽。
食神最怕被枭夺，再行枭运祸百端。

4. 伤官的含义

伤官是代表才能的星宿，代表人的聪明智慧，机智灵巧，运动、口才、艺术、著作、名誉、旅游等。女命伤官又代表儿子、祖母。

①伤官人的正面性格

伤官之人聪明伶俐，脑子灵活，口才好，领悟能力较强，有艺术天赋，多才多艺，博学多才，独立性强，有成名的愿望。为人喜欢自由，与当官的人缘分薄。

伤官之人大多喜爱神秘文化，如哲学、玄学、易学、武术、气功等。

②伤官人的反面性格

不遵礼法，任性妄为，心性反叛，侵犯性强，女人主克夫。

这种人爱管闲事，招惹是非，语言刻薄，自傲自大，主观固执，目中无人，所以招人嫉妒。八字出现伤官多者，都具有以上之特性，关于明显到什么程度，还要与命局十神综合探讨，全面分析，才能得出结论。不过大运或流年逢之，其特性更加明显。

③伤官之喜忌

聪明不过伤官，伶俐莫过七煞。

伤官伤尽为最好，怕见官星。

伤官有财有印为吉，伤官无财无印为贫困之命。无财不富，无印好投机冒险，性格偏激。

伤官格或伤官为用神者，最怕柱中有官印破格，名叫伤官见官，为祸百端，有官非牢狱或灾祸凶事出现。

伤官格之人，不论男女，大多数外表漂亮，多半有才华，不过在个性方面有些傲气。

伤官如果是忌神，多半会导致亲人有不全之预示，现于年柱为父母，月柱为兄弟，日支主配偶，时支主子女，如果逢合或为喜神无碍。

日主旺伤官伤尽，而又财旺印旺，大多数是大富大贵之命。

日主弱伤官又见七煞，主立见凶恶。日支为伤官坐死，它支又坐羊刃，为下等之命。

女命伤官又见正官，命局中又见食神，必有克夫、嫉妒、有关情夫之事发生。

伤官无财，富而不久，如没有印制，乃利欲薰心之人。

女命伤官过多而极旺，克子女，大运逢枭主伤灾、病厄。

女命四柱伤官，婚姻不幸，又主贱命。

女命伤官旺，见枭印者，好挑拨是非。

伤官夹七煞现于三柱，不是腿跛，就是眼瞎。

男命伤官多主再娶，女命伤官主再嫁。

男命伤官逢比、劫，主克子必有重婚之事。

伤官逢羊刃克日主，又逢身弱财旺，残疾之人。

身弱四柱伤官见七煞无救者主夭亡。

日主强旺，伤官见七煞，主人有心计，可以掌握大权。

伤官为喜神用神者，主儿女孝顺。

伤官多见，容易受伤，多到五个以上无制者主寿命短。

伤官身旺有比劫无财乃穷困之人。

④伤官与日主旺弱

日主旺逢伤官，身弱者四柱无财，则为贫贱命之人。

日主旺，伤官也旺，遇官司能胜，日主弱身又弱，主易犯官非，打官司屡打屡输。

日主弱逢伤官则凶，再遇官星凶灾更大。

日主弱遇印星，贵不可言。

⑤伤官现四柱

年上伤官身弱者，逢大运流年官星，主其人有官灾病痛。

年上伤官，根基有伤，祖业贫寒，福薄多灾。年干支带伤官，头面容易受伤。

月上伤官，兄弟有伤，兄弟无靠，不孝父母，夫妻分离。

生日伤官，主配偶不利，克夫克妻；女命伤官带羊刃，主夫妻生离死别，有意外凶灾。

生时伤官，女命头胎多生女，男不利子，晚年食宿无依，子女聪明傲气。

女命日支伤官，性格比丈夫凶，如临羊刃，丈夫易生灾祸或凶死。

女命最忌伤官，但有正财或正印，反而主富贵长命；如果无财无印，命必凶劣、克夫、夫妻缘份差。

⑥伤官易记歌诀

年上伤官怕见官，干透支藏均不欢。
祖业受伤财易散，岁运逢之祸百端。

月干伤官人聪明，清高傲慢少人情。
月支伤官逢身旺，运行财地财源行。

日带伤官最主凶，刃会定损配偶宫。
伤官无财人贫困，年日皆伤损面容。

时带伤官晚年孤，男命均兆克子宫。
支上无财家贫困，如临比劫财不通。

5. 正官的含义

正官为护身之煞，保护人生的安全，象征着官方、领导。正官代表的是国家官员干部，正官又代表君子、贵人、主管、总经理、总裁。又象征权力、名望、显赫地位。正官又是女命的夫星。与丈夫有缘，男命代表女儿，又代表约束力、规劝力、自制力、责任心、职位、名誉等。

①正官人的正面性格

正官之人为人清高、廉洁、公正，做事稳重，办事认真，自尊心很强，重视名誉，品格端正，奉公守法，心地善良，光明磊落，正直严肃，对事负责，重德讲义，是非分明，诚实可靠，处处受人尊敬。

②正官人的反面特性

此种人过于清高，表现高傲固执，刻板守旧，墨守陈规，优柔寡断，意志不坚，胆小怕事，缺乏开拓的精神是其弱点。

③正官人的特性

正官是六格之首，天透地藏，只有一两个最好，多了无用。月上正官为真，其他柱正官为假。月上正官发达较早，时上正官发达较迟。

④正官与五行

木为正官，即日元为戊、己（土）受甲、乙木克者，其人品质端正，性情随和，有自尊心，能适应复杂的社会生活。

火为正官，即天干为庚、辛（金）受丙、丁火克者，主其人性格激烈，脾气暴躁，但有威力，敢与目无法纪的人强战到底。

土为正官，即生日天干为壬、癸（水）受戊、己克者，其人正直有威，有敏锐的判断能力，在商业经济方面有卓越的指挥能力。

金为正官，即日主为甲、乙（木）受庚、辛金克者，主其人刚毅、果断，决策力强，有随机应变的能力。

水为正官，即日主为丙、丁（火）受壬、癸（水）克者，主其人仁慈、善良、有同情心，并且谦虚，圆滑而富有理性。

⑤正官人宜忌

日主强，喜正官克身，日主弱忌正官克身。命局正官一位最好，谓之清粹，无七煞和伤官为最好。

正官过多，家中贫穷而少子，而且灾难也多，有干合或支合的无碍，如正官超过三位以上对做官不利，从煞格除外。

月干正官为官正气，尊信重义很有做官的味道。

正官、正印、正财谓之三宝，命局中三字齐全，如日主平衡又无其损害，谓之贵命。

正官人不怕身旺，越旺越好，忌怕身弱乃是祸殃。

身旺正官一位为贵，没有刑、冲、克、害，而有财印相生，这样的命，乃是富贵双全的命。

正官人喜逢月干正官最好，年、月干相生为大富大贵之命。

正官带天乙贵人，而且地支带刑的可任法官或武将，如丙申日见癸巳时。

女命正官逢空亡，乃再婚之命，若与日主相合，则信息更明显。

正官的人，须要有印最好，有官无印，或有印无官都不是真官。

男命正官逢空亡，没有解救，子少女多，儿子必有早丧者，当官失权，学业方面也没有多大成就。

正官人喜日主坐临官本气之位，主其人文才高，受人尊敬。

正官得天时地利(天时即月令、地利即地支通根)发达早，如是女命可嫁贤夫。

正官为用神喜逢财、官、印具备，主官运发达。

正官多的人，胆小怕事，既克兄弟，又无真心朋友。

正官多的人，缺少主见，无法依照自己的主意行事，容易失去权威。

男命正官为喜神，儿子贤孝；如果是忌神，儿子难以依靠。

柱中有正官又有伤官，为破格。如见印可以生身制服伤官，能逢凶化吉。

正官合日主或与正印局并见，学业方面多有进展。

女命正官坐沐浴，主丈夫风流，官多与日主相合，主异性缘佳，但易有外遇之事。

女命最忌正、偏官在命局中齐现，主婚姻感情方面有干扰，如二者与日主相合，多半是妾命。

财官印三宝俱现，最适合做公务人员，多数出生在有教养家庭品性较好。

女命正官一位，无克无破为最好，为喜神多受丈夫疼爱，为忌神多受丈夫欺凌。于命局中伤官见正官，多与丈夫闹意见，导致丈夫挫折不顺。

如柱中正官太多，伤官可不为害，伤官可以制官，起到减轻官克身的作用，伤官可以变为喜神。

身弱官煞旺而无制，此人怀才不遇，不堪重任，行财煞运时定有灾祸，不贫则夭。

女命正官坐长生，建禄必嫁贵夫，丈夫的运气也好，若坐死墓空绝，主夫运不好，甚至有克夫之象。

女命官多乃是多情之人，如正官为用，行七煞运有婚姻离异之忧，女命官星被合，或比肩与年合也主婚姻离异。

柱中官坐帝旺之乡，没有刑、冲、空亡，官位高，若坐病、死、墓、绝之地，有官不大，如坐空亡无救(合、冲、会)之地，男命官有损失，女命婚缘较差，或离婚克夫。

女命忌逢偏财多，煞多无制，主情夫较多，容易遭凶。

日主衰弱，印星少，正官过多，其人胆小怕事，乃无能之辈。

女命正官过旺，没有比、劫主婚迟。

日主健旺，又逢官旺印也旺，乃是大富大贵之命。

正官坐财得妻子之助而升官。官坐印地有学业，名气，官坐比劫，克兄弟。官坐伤官，不利官职，有仇人相害。

⑥正官易记歌诀

年上正官功名全，祖上功德有尊严。
更喜独官居一位，后人必定做高官。

年上正官怕伤官，唯遇此运祸百端。
中年交上正官运，再遇禄旺掌大权。

月带正官最吉祥，聪明正直把名扬。
正气官星为最贵，权高禄重居官场。

日带正官福禄高，功名远扬是英豪。

男女皆得贤配偶，名利双收乐逍遥。

时带正官大吉祥，财福俱全子孙昌。

子女贤孝皆得力，后人官高把名扬。

6. 偏官(七煞)的含义

偏官表示暴力、权利、威严、刚强有胆量，聪明伶俐(偏官有制者称为偏官，无制者称为七煞)。偏官又代表副职。男命七煞代表儿子，女命偏官代表对自己丈夫或者是情夫异性缘。人事关系代表暴徒、仇敌、恶势力、不良嗜好、权力、压力、劳动、危险等。

①偏官(七煞)人的正面性格

富有进取心，待人热情、处事果断，有正义感和侠义精神，性格刚强，威严，豪爽，进取，节制，机敏，有魄力，。

②偏官人反面性格

性情急躁如火，脾气古怪，任性倔强，好胜好斗，报复心强，苛刻，激进，叛逆，越轨，是偏官人的几大怪癖。古书云："聪明不过伤官，伶俐不过七煞。"说明七煞的人脑筋灵活，有随机应变的本能，煞星如虎，如制服后反转凶为吉。

③偏官(七煞)人的喜忌

七煞有制为贵，无制为小人，为凶神。

七煞喜逢羊刃，主其人有将领之才，有威风、魄力，煞、刃两显者威镇边疆，武将之才。

七煞喜食神一位制服，以煞化权，计谋多，有勇有谋。

七煞喜逢羊刃，系威镇边疆，武将之才。

七煞若带魁罡，生日占羊刃，主其从军，是当官之人。

七煞制服太过，日主弱，反变成胆怯懦弱，无能力、胆小怕事，而且阴险奸诈，对任何人都有疑心。

七煞无制，少年多忧，易犯牢狱之灾。

七煞不怕日主健旺，越旺越好。如果羊刃合煞，主其一生荣华富贵。

日主旺官煞弱，逢财乃好命。日主弱，见七煞，又逢财，主夭贫而凶灾多。

七煞逢身旺，财星临日刃，逢大运临财星或流年临财星，主该年升官发财；如果没有财星，应该在36岁以前发达。

女命生日占七煞，又临长生之地，其人有领袖权威，称女强人。又主丈夫豪爽大方，富贵双全。

女命七煞4个以上者，主其人婚姻不幸，与丈夫无缘。

女命正官与七煞同柱，又见比劫星出现，婚姻易发生纠纷。

女命七煞坐桃花或沐浴，丈夫多半风流，并且另有色情纠纷；如果七煞、正官与日主相合，自身反而多有外遇。

身煞两停，宜食伤制煞，做官者有权；如果制煞太过反为不吉。

官煞混杂之人，多半成不了大事；如果命局中有印而且身旺，则大有改观。

七煞为忌神，现于月柱，其家境必差；如坐下羊刃，多主父母不全。

七煞不论喜忌，在日支配偶个性刚毅，暴躁；如果是喜神要好些。如支合太明显，逢支冲相当不利。

女命生日坐羊刃、七煞、食神三者具备者，其人有领导才能，严管丈夫。

女命七煞忌逢六合，多与异性纠缠。

七煞逢日主衰弱，则多灾多病。流年逢七煞，祸事更多。

年干偏官，生非长子，上有兄姊或家庭贫困。

月干偏官，年正印而有力乃贵命。

日支偏官，原命不见正官，聪明伶俐。柱中有两位偏官或两位以上者，晚运主凶，而且配偶性情刚毅，逢冲则多灾多病。

时干见偏官，其他柱又不见正官为最好，为大富大贵之命。

四柱中七煞过多，超过三位以上者，反而懦弱，胆怯无能。

男女七煞逢空亡，不以为官，儿女比自己早丧，男多女少。

③七煞易记歌诀

身旺化煞命最强，乘船顺风把名扬。
身弱化煞多不利，犹如烈日照冰霜。

煞印食神一位佳，喜财财星享荣华。
独煞扬名匡天下，煞多孤寡又破家。

年上七煞命不良，上克爹来下克娘。
父母命硬克不动，平生灾病不离床。

七煞有制为偏官，煞刃会印做高官。
身弱劫多多灾病，七煞聚众多伤残。

月带偏官犯小人，必主灾祸不离身。
煞刃两全方为喜，煞印相生是贵人。

日坐独煞是将才，煞印相生坐将台。
七煞有制方为贵，威武刚强称心怀。

日煞最喜合与冲，冲合多主病来攻。
七煞畏临劫财地，男女多主婚不利。

时上七煞一位真，日旺合刃是贵人。
时煞不怕冲与合，制煞太过不利身。

7. 正财的含义

正财代表房产、田园、资产、财物，又代表妻子、妻缘、财运、薪俸及其它为我支配使用的人或物。

①正财人的正面性格

为人正义，明辨是非，诚实可靠，礼貌热情，讲良心，脚踏实地，顾家守财，勤俭节约、重视家庭、诚信、理智、稳重、受人尊敬，爱妻子，是个值得信赖的人。

②正财人的反面性格

其人吝啬守财，甚至刻薄，深谋远虑，小心谨慎，胆小怕事，明哲保身，办事不足。保守、消极，愚顽不化，好色纵欲，因小失大是正财人最大的弊病。

这类人对家庭很忠实，善于守财，勤劳节俭，尊重妻子，是忠于家庭的好丈夫。

男子有正财为喜用神，应得贤惠的妻子；柱有两财，则有二次婚姻。女命财不宜多露，乃是穿金戴银之命。

正财为用神者，得妻之助。命中全无正财星之男命，大男人主义非常浓厚，不擅于表达内心感情。

柱中财多印破，与母亲不利。

③正财人的喜忌

身弱财多，一生为求财而劳累。

身弱多财喜比肩、劫财、羊刃和印来生之，最忌食神生财。

身弱喜大运、流年、比劫、刃、印运生助，并且宜到比、劫、印地方工作，从事比、劫、印有关的行业。

身弱财多，又有官煞，主一生多灾多病，生活贫困，并且有财也难以承担。

身弱财多，容易在女人方面出事，行财旺之年要多加注意，因财能生官，官煞克身，易出祸事。

正财多而旺之男人，嘴甜，会说话，不论身强身弱，大多惧内。或者体弱多病。

正财多而且旺，多主母寿不长，母运不佳，且为色情破财。

身旺才旺有正官者，乃富贵之命，又得贤妻持家。

正财逢沐浴坐桃花，主妻多有外遇，柱中现比肩与正财合，妻的外情特别明显。

正财坐死墓空绝，夫妻缘分差，坐墓者妻体弱多病。

正财坐墓逢冲，有意外之财，正财在时支，大多数是很小气。

命局中正财、劫财俱现，一生多遇小人而破财，正财为喜更明显。

身弱的女命，正财多而且旺，易有外遇。

女命正财、正官、正印三宝俱全，必美貌多才富贵之命。

财少身旺，柱中见有比劫 、羊刃和印旺最为不利，主破财之兆，更忌比劫、羊刃、印之大运。

财少身旺，行到财之大运，可许顺利，再到财旺之方位可发财。

正财为喜神的男女命，健康而富，若为忌神，主贫穷而身弱，逢财旺必须身旺才能担当得住，身旺财旺需有财库收藏(辰戌丑未)，但虽有财库定到冲开财库之岁运方能发财。

男命有两个正财贴身，争合日主，主妻妾同居，但容易争风吃醋，易起色情风波。

身旺财旺需要食、伤来担财，因食神能勤奋生财，伤官具有生财的聪明头脑，古书有云："身旺财旺主大富，定须财气通门户(卯为门，酉为户，这里指财通根于卯酉)。"既有储钱的本领，又有赚钱的门路。

正财多的人，不论喜忌，读书都不肯用功，贪玩好逸恶劳者居多。

正财出现在年干上，主祖上有钱发富；出现于月柱上，主兄弟姐妹富有；出现在日柱上，主妻贤。出现于时柱上，主子女富贵，自己晚年荣华。但不论出现于何柱，忌怕刑、冲、克、害或死、墓、空、绝。

④正财易记歌诀

柱中身旺喜逢财，平身营求自然来。
身弱财多为大忌，平地风波起大灾。

男命有财不怕藏，女命财露也无妨。
独财能掌千金业，官位独一方为祥。

年上正财祖业兴，平生富贵掌千金。
如得财官来相助，妻贤子孝身康宁。

月上正财有威名，如逢官食任君行。
财逢生旺再遇禄，男女穿金又戴银。

日带正财最有威，夫贵妻贤两相随。
财坐长生若逢库，高官厚禄身有威。

时上正财命中强，不受刑冲福寿长。
如得官旺来相助，堂前定有好儿郎

8. 偏财的含义

偏财代表横财、意外之财、不义之财、投机之财、浮动资产等外来之财，又称众人之财，偏财又代表父亲、妻缘、异性缘等。

①偏财人的正面性格

偏财乃是意外进财，偏财喜露而不喜藏，更宜在外地发财。男子偏财透出为之露，其人慷慨热情，重义轻财，多情善感，聪明机巧，开朗乐观，豪爽大方，会赚钱也会花钱；女命天干露财，穿金戴银之命。

②偏财人的反面性格

其人虚浮放荡，贪图享受，嗜酒好色，懒惰成性，学问空虚，乃是不思进取的贫穷儒士。

③偏财人的特征

为人重义气，淡泊名利，待人热情善于交际，见人主动，说话巧言好语。男人风流多情，不爱正妻爱偏妻，颇有商业头脑，用钱大方，能赢得女人欢心。若女命则善于交际，有照顾他人的热心肠，引起男人喜欢，但爱情不专，容易离婚或分居，有出外创业的机会。

偏财出现于月干最佳，不论命中喜忌，其人大多很够朋友，很讲义气。

④偏财人的喜忌

偏财喜逢身旺，无有刑冲克合，逢财运发家致富，逢食伤事业有成，遇正官富贵双全。

时干出现偏财，其人风流慷慨多情。但是偏财透干逢比肩近贴而又克破者，大多早年丧父，否则父寿不长或与本人不合。

偏财忌怕比肩、劫财，主一生钱财耗损。

偏财多，财旺人丁不旺，财多耗身，又不利子息。

偏财落空，主父母离别，克妻，对本人不利。

偏财旺而身旺，逢官运、财运好事来临，逢比劫运则名利俱空。

偏财多，其人酒色风流，在外寻欢觅情，但轻财重义气。

偏财忌怕身弱，如临死绝之地，虽然偶尔发财，但时间不久，多因财丧生。

身旺之人，命中有偏财无克破者，该造多数有钱，或是商人实业家。如逢官运更是大有成就。

⑤偏财现四柱

年柱有偏财，与月刑冲，日主弱主克父亲与祖父母，偏财旺，日主旺，主父高寿。

天干出现两位偏财的男命，多半是贪酒好色，轻财重义，并且阔绰大方，但易成败家之子。

月柱有偏财，主父母有财，月干偏财，年上劫财，主长辈先贫后富。

偏财坐长生，建禄最好，主父运势旺且父子情深，如坐死墓最坏，主父亲病弱早亡。

日主弱偏财旺，一生财来财去难聚财，不但贫穷而且有怕妻惧内的现象，容易因妻或与其他女人之事而导致破财惹祸。

偏财为用神，多得父亲之力，兄弟姊妹不得力，母寿短父寿长，诸事不宜合伙，对妻子不体贴。

日柱坐偏财，为人好酒色，有情人，主得妻子之财。偏财受刑、冲，主夫妻分离，妻子短寿。女命易有外遇，宜嫁外乡人。

时柱坐偏财，主子女慷慨大方，善于理财。如遇比劫岁运，主破财伤妻，不利子息。偏财逢空亡，主父寿不长，父运势不好，再婚，妻妾寿命不长。

⑥偏财日主旺弱关系

身旺逢财，一生财源丰厚，运行财旺之乡，必然发财。

身弱逢财，最怕刑冲克害，遇比肩劫财，百事可顺。

日主弱财星太衰，或财多生煞，为劳苦之命。

⑦偏财易记歌诀

身旺财旺财兴隆，无冲无克财运通。
运走财乡更发富，外财定发富家翁。

偏财最怕逢劫财，克妻克父又生灾。
财来财去财难聚，运逢比劫易破财。

日主衰弱忌逢财，刑祖克母不离灾。
年时若逢比劫现，先贫后富命安排。

月上偏财是外财，最喜官食一齐来。
若得印星来护卫，能作国家栋梁材。

时上偏财自己财，身旺儿孙称心怀。
时上偏财怕比劫，刑妻克子防狱灾。

9. 比肩的含义

比肩代表朋友、同事、同学、股东、合伙人、同行、竞争者，男命代表兄弟，女命代表姐妹。八字为喜用神或建禄格者，性格刚毅，好打抱不平，轻财懒惰，勇而无谋，善于交友，花钱如流水，又主克妻克父。

①比肩人的正面性格

比肩旺主义气、刚健、主动、自主、自信、自尊、果断、积极进取。

比肩人最大的不足，为人固执，主观意识浓，自尊心强，独行独断，施展权威，争强好胜，缺乏交际关系，不愿受拘束，崇尚自由，且好高鹜远。但具有关心他人，受朋友拥护和敬佩的优点。

②比肩人的反面性格

比肩太过，流于固执、刻板、劳苦、孤僻、爱管闲事。如若不及则显得软弱、胆小、怕事、无有主见，不论男女，皆主婚姻不顺。

③比肩的喜忌

日主弱喜比肩、劫财帮身，比肩过多过旺，主财轻财少，为好吃懒做之人。

比肩出现在年柱、月柱，多半不是老大，大多数上有兄弟。

比肩多而逢印，为穷困潦倒之人，宜外出创业。如日主弱，比肩为用神，多得朋友或兄弟帮助。

天干比肩、劫财多见，不论男女，多有三角恋爱，嫉妒争风吃醋之事。

比肩多，兄弟姐妹多，早岁克父，祖业耗散，家境贫困。

比肩为忌神者，一生小人多，并主兄弟姐妹不和睦。欲问小人在何位，看比劫临什么地支，临水多在北方，临火多在南方，临金多在西方，临木多在东方，临土多在本地。

女命比肩劫财多而旺者，主夫妻感情不和，而且是非较多，子女少，如逢羊刃，多有不测之祸。

比肩不宜过多，如过多，宜官煞制服。

比肩逢墓绝之地，与兄弟无缘，甚则生离死别。

年月比肩在死、墓、空、绝之地，上面有兄姐夭折之象。

身强逢比肩、劫财，主伤妻损财。

比肩、劫财坐十二宫之死、墓、绝、沐浴，主兄弟姐妹无缘，而且不全又有早丧者。

年上比肩逢空入墓者，有异母兄弟。

比肩、劫财逢空亡，与兄弟姐妹无缘，月柱比肩空亡更明显。

④比肩易记歌诀

身旺不宜比肩邦，有了比肩反为殃。
如若伤官来救护，官灾祸患病离床。

身弱须用比肩帮，作事营求大吉祥。
身旺最忌比肩运，生灾破财妻遭殃。

年上比肩祖业贫，祖上财产必凋零。
比劫会聚更不利，克妻损父灾祸侵。

月上比肩最不祥,最怕死绝坐空亡。
入墓兄弟有异母,运逢伤官兄弟殃。

日上劫财无外财,夫妻不久两分开。
日旺比劫坐羊刃,牢狱灾祸自天来。

时带比肩最不良,命弱多病有灾殃。
比劫更怕伤官见,儿女兄弟不安康。

10. 劫财的应用

劫财有财产被人抢夺的意思,劫财代表姐妹、兄弟,又表示争斗,协调不好。劫财代表小人,见财则想争。

①劫财人的正面性格

劫财的人雄心壮志,待人耿直大方,富有斗争和进取精神,会挣钱也会花钱,出手大方,无有积蓄,如临用神反而富贵。

②劫财人的反面性格

八字中劫财太旺,显示着双重个性,反面性格如奸诈,狡猾之类,对妻不利。太弱表示孤僻,不合群,人际关系不佳。

③劫财人的特点

劫财太多的人,一生劳碌,易惹事生非,常遇口舌诽谤之事。

年柱与月柱有劫财者,不管是喜是忌,多半不是老大,为人弟妹较多。

劫财遇身旺者,好酒贪色,好投机取巧,吹牛好赌,样样具全,且反应灵活,随机应变,有口才能力,社交力强。

柱中劫财多而旺者,父亲比母亲寿短,劫财近克偏财无解救,大多父易早丧。

劫财人性格乐观,喜欢关心别人,但喜自由,不服从领导,骄傲自信，顽固不化。

劫财不论喜忌，若与羊刃同柱，主外华内虚，如出现二柱者容易婚变。

劫财过多，没有官星制伏，岁运再遇劫财者，须防大祸临头，甚至丧命。

伤官为忌神，与劫财同柱者，多数不是好人，易流于黑社会、流氓、盗贼，而且好赌。

劫财逢伤官、羊刃，男命有两次婚姻，女命主克夫刑子。

④劫财的喜忌

劫财与伤官、羊刃同一柱者，易犯牢狱、仇杀或短命、意外、横死、贫厄者居多。

正财为喜神，被劫财克破，主破财贫穷，而又主其妻命短或体弱。劫财虽是凶神，喜正官制服，反凶为吉，日主弱，喜逢印助为大吉。

柱中劫财旺相，主缺衣少食，又主克父损妻，兄弟之间情薄寡义。

劫财为喜神，如逢官来破，大多主子女忤逆不孝，或子女易有灾祸之事。

柱中劫财为忌神太过而又无制，再逢劫财岁运者，有破产丧命之忧。

柱中劫财过旺，最宜远方营求。在家乡求财不利，不是破财生灾，就是与兄弟朋友不和。

年上劫财者，主祖业破败，又有克父之嫌和兄弟姐妹夺财之忧。

月上劫财，一生逢财而不聚，经营方面，不宜与人合作。

日支劫财，主婚姻不顺，男命克妻，女命克夫，并且不善料理家务。

时上劫财，子女缘分不佳。临忌神，子女不孝，并且破祖业，父兴子败。

⑤劫财易记歌诀

劫财男子最不良，身旺比劫损妻房。
女命若逢比劫重，必主父母早伤亡。

身弱遇劫最相宜，比肩帮主运不低。
旺宜正官来制伏，平生富贵乐嘻嘻。

年上劫财兄弟多，祖业耗散家不和。
日旺遇劫父早死，日衰遇劫乐呵呵。

身旺比劫最不良，平生作事无主张。
月遇劫财克兄弟，时上子女不吉祥。

时上不宜占劫财，命主晚年不安泰。
时干劫财逢羊刃，子女不顺家业衰。

十神的含意很广，凡是与命运中有关的人和事都可划归在十神范畴，应用时可根据十神的本质和含义进行类推。要想从一个八字中找出更多更细的信息，必须要掌握住十神含义与正负的特性，再根据命局中五行强弱和喜忌来确定命主吉凶祸福。进一步再将十神中的断语熟记于心，到应用时才能作出语出惊人的判断。

特别需要注意的是，应用十神时必须要悟通生克制化之理，由于十神的组合是随着岁运的变化，而十神自身也就发生变化，并且变化得也非常复杂。由于十神组合的变化而致使某一神的特性与力量也就增加或减弱。同时可以变出阴阳互相转化的特性，或其它新的特性。但是无论如何变化，十神的人事含义是始终不变的，但十神的正星与偏星所主的人事在一定的条件下是可以互相转化的。特别注意的是，每当十神中的某一五行比较中和而且不是忌神时，一般都表现为正面反映，如果十神中某一五行出现太强或太弱，或为命中忌神时，则会表现出负面的反映。要知道偏正星的人事含义与特性，在强弱喜忌的条件下，方会互相转化，如印太旺，要以枭神断之，食神旺要以伤官断之，正官太旺要以七煞断之，身弱逢枭为印，身强逢杀为官等等。《拦街网》中有一首歌曰：

术者推命仔细详，十神变化多思量。
日干为主看强弱，喜忌分明不可忘。
印多为枭互转化，食神旺极变为伤。
枭多为印君须记，伤多为食是同样。
杀多为官是易理，官多为杀分阴阳。
身弱逢枭变为印，身弱逢杀为官方。
此乃十神变化诀，奥妙易理玄机藏。

第十一章　性格篇

第一节　预测人生性格

所谓“性格”就是人的品性和脾气。人秉阴阳二气而生，不论日主属金、木、水、火、土任何一种五行，也不论旺相、太过或不及，都具有某种五行的性质。反映出人的喜、怒、悲、哀、善、恶。人的性格是随着后天环境变化而改变的，如受出生地点，家庭教育等等的影响，导致人的性格、志向都有一定差异，无论出生地点远近、家庭环境优劣，都绝对离不开五行所属的特征。分析性格的方法有多种多样，大多数是从五行生克制化而演变出来的，即使不是绝对的，也有一定的参考价值。分类如下：以日主五行看性格；以十神喜用看性格；以月支十二运星看性格；以十神多现看性格，以十神杂断看性格，还有以十神的四凶星出现，看出人的性格、品德好坏。具体判断如下。

1. 日主五行看性格

甲木日主，其个性主仁，重感情，刚直随和，上进心强。

乙木日主，其性温柔，戒备心强，内向含蓄，忍耐性强。

但凡日主属木的人，木主仁，其性直，其性和，适中则慷慨大方，仁慈忠厚；太旺则性情固执，嫉妒不仁；太弱则优柔寡断。

丙火日主，其人性急，性情温和，热情豪爽，爱说话，但情绪不稳定。

丁火日主，其人忠厚朴实，仁义守信，但办事有头无尾，缺乏持久精神。

但凡日主属火的人，火主礼，其性急，其情恭；适中则是非明辨，文武双全；太旺则性格暴躁，自高自大；太弱则胆小无谋，反复无常。

戊土日主，其人敦厚朴实，办事热诚，上进心强，但性急而逞强。

己土日主，其人性情和蔼，谦虚谨慎，心眼灵活，但多猜多疑，果断性欠差。

但凡日主属土的人，土主信，其性重，其情厚；适中则忠诚至信，稳重无欺；太旺则顽固不化，迷蒙不开；太弱则不明事理，不讲信誉。

庚金日主，其人性情刚烈，有才能，善交朋友，办事果断，做事爱弄权术。

辛金日主，其人豪迈直爽，大公无私，诚实忠厚，自信心强，终生劳碌。

但凡日主属金的人，金主义，其性刚，其情烈，做事果断，义重情深；太旺则好勇好斗，太弱则有始无终，好事难成。

壬水日主，其人聪明善良，机智灵敏，心胸开阔，做事随波逐流，但性情不定。

癸水日主，其人个性逞强，顽固不化，聪明伶俐，但心胸狭窄，难以容人。

但凡日主属水的人，水主智，其性聪，其情善；适中则秉性聪明，博学多才；太旺则荒唐淫乱，搬弄是非；太弱则言行不一，胆小怕事。

2. 十神喜用看性格

十神看性格，以四柱中起主导作用的十神，也就是八字中的用神来分析一个人的性格。八字的十神，就是正官、偏官、正印、偏印、正财、偏财、伤官、食神、比肩、劫财等，八字中每一个十神，都反映着它的性格倾向。在应用时,看那个十神旺度最强,那一个十神靠近日主,以此即知该命造在社会的交际能力,和与人处事的手腕。

①正官人的性格

为人厚道,做事稳重,廉洁公正,自尊心强,为人品性端正,心地善良,讲道德礼义,处处为人尊敬,但过于清高自信,有明哲保身的思想。正官人的交际能力及手腕,只是平常,但给人之印象极好,总是给人有和蔼可亲、平易近人,感情非常融洽之感觉。

②偏官人的性格

待人果断热情,性格刚强,做事有魄力,有正义和侠义心肠,但性格倔强。命书曰:"聪明不过伤官,伶俐不过七煞。"为人头脑灵活,有随机应变的本能。偏官人由于威严固执,多半给人望而生畏,有不敢去亲近之感觉,所以交际能力及手腕谈不上灵活。

③正印人的性格

其人重情重义,心地慈悲,思考力丰富,内含不露,有随机应变的才能,为官清正,能掌大权,一生没有大的凶险,进取心不强。正印人不善于表达言词,或虚浮做作,交际能力与手腕都较差,但给人之印象,都比较不错。

④偏印人的性格

性格内向,疑心较大,不信别人,精明干练,多才多艺,做事往往半途而废。偏印人不善于用语言去与人处事,在交际能力方面,不会用手腕,所以给人印象不好,甚至对人一片好心,反而让人以为恶意。

⑤正财人的性格

为人勤劳节俭,治家有方,待人诚恳,做事踏实,一生财运较好,富态安祥,清闲自在,但一生吝惜钱财。正财人多会甜言蜜语,以达到目的。故交际能力与手腕高超,但多引起他人反感与排斥。

⑥偏财人的性格

为人豪爽，慷慨大方，聪明机敏，见义勇为，为人善于交际，人缘较好，但风流多情，寡义好色。偏财人不惜钱财，乐善好施，对人处事真诚，故社会交际的手腕较高，多数受人欢迎，人事关系亲和力强。

⑦食神人的性格

为人宽宏大量，注重人情，性情温和，敦厚笃实，君子风度，人缘极佳，一生衣食不愁，清闲自在。食神人待人真诚客气，口才的表达能力强而实在，给人的感觉亲近可敬，一见面就有好感。

⑧伤官人的性格

为人头脑聪明，知识丰富，志向高远，多才多艺，自信心强，自傲不凡，爱管闲事，受世人误解。伤官人口才好，表达能力强，反应力较快，应对恰当，且善策略，乃是一流交际人才，但其性格易变，给人有善变，不太好相处，不守信用的感觉。

⑨比肩人的性格

为人自尊心强，独断专行，坚持己见，施展权威，争强好胜，但能关心下属，受朋友的拥护敬佩。比肩人处事直爽，不会圆滑与通融，不懂怎样与人交往，交际方面不会玩手段，无意中得罪人还不知道，给人的印象是坦直没有心计。

⑩劫财人的性格

骄傲自信，自尊心强，独行独断，争强好斗，但志向高远，耿直大方，富有斗争精神，热情坦率，有坚持己见，顽固不通，孤僻蛮横的缺点。劫财人处事，大多自以为是，固执莽进，行动性急，容易到处树敌，给人的印象乃是有勇无谋之人，根本谈不上交际手腕与人际关系。

3. 月支十二宫星看性格

月提十二宫，就是以日干为主查看月支所坐之十二宫定其性格。由于月为提纲，影响力较大，适用性也较强。

〔长生〕性格温顺，虚荣心强，品德端正，宽宏大量。

〔沐浴〕坦直任性，形体脆弱，思想懒散，不务正业，男女均易走桃花运。

〔冠带〕性格成熟，自尊心强，敢想敢干，独立权威，如妻凌夫上，婚缘易变。

〔临官〕善于交往，勇进不退，办事有成，败之无悔。性格刚劲，夫妻反目。

〔帝旺〕为人正直，性格不稳，情趣不定，喜怒无常，妻凌夫上，导致离婚。

〔衰〕钻研性强，智力发达，头脑聪明，性格保守，事业成败各半，逐渐退落。

〔病〕多思多疑，性格不定，爱憎分明，正义刚直。

〔死〕多才多艺，内刚外柔，学业有成，工作积极，婚姻不满，情缘易变。

〔墓〕性格顽固，气量狭小，善多猜疑，晚景不利。

〔绝〕性格孤独，交际欠差，不守信用，反复不定。

〔胎〕性格沉默，心地善良，交际无缘，亲缘淡薄。

〔养〕性格温顺，沉默寡言，作事认真，婚缘淡薄。

4. 十神多现看性格

正印太多，一生庸碌少成。

枭印太多，为人贪鄙吝啬。

正官太多，其人意志不坚。

七煞太多，精神萎靡不振。

伤官太多，其性骄傲刚直。

食神太多，性格固执偏见。

比肩太多,处事乖僻寡合。

劫财太多,遇事鲁莽紊乱。

偏财太多,一生偷安寻乐。

正财太多,其性懦弱无能。

5. 十神杂断看性格

①正官为用神而无破损者,主其人性情诚实可靠,重视名誉,做事稳重,办事认真。

②正官轻而伤官重者,主人懦弱不能任大事。

③财生煞者,其人胆大性暴,凡事无忌,有制者减轻,合煞者可免。

④偏财旺或多者,其人喜奉承,爱虚荣。如日主旺者主人慷慨大方,乐善好施。

⑤日主弱而财多主其人重财轻义,性格吝啬又不聚财。

⑥柱中食,伤太多,其人喜奉承,藐视他人,傲慢心理特强。

⑦官煞混杂者,主其人性情不稳,反复无常。

⑧正财入墓者(如丙火日主,辛金正财入丑墓),其人性格吝啬。

⑨柱中出现印克伤官,使伤官不能克官,主其人品德严肃,循规蹈矩,但主观意志不坚。

⑩枭印夺食,使食神不能制煞,主其人豪爽侠义,威严机智,但易偏激主观。

⑪柱中伤官克官,使官不制劫,主其人热诚坦率,做事坚定,但易冲动无理。

⑫柱中出现食神制煞,使煞不制比,主其人稳健刚强,勇往直前,但性格孤僻。

⑬劫财争财,使财不损印,主其人聪明有智,仁慈大方,但缺乏进取之心。

⑭比肩夺财,使财不克枭,主其人精明干练,聪明灵活,但性

格冷漠,缺少朋友。

⑮财能损印,使印不克伤,其人聪明活跃,才华横溢,但性格高傲,好胜逞强。

⑯财能制枭,使枭不夺食,其人性格随和,待人宽厚,但虚伪懦弱。

⑰官能克劫,使劫不伤财,主其人办事节俭,脚踏实地,但懦弱无能。

⑱煞能制比,使比不克财,其人慷慨大方,乐观开朗,但缺乏涵养,风流浮华。

6. 十神评断性格好坏

自古有云:做人难,识人亦难,知人知性更难。这就是说世上最难猜测的,就是人的心理和性格。如果能知其人的性格,那么这个人是善是恶也就不难识别了。人之善恶乃是见仁见智,主观客观的自由心证。在人们的心目中,只要不做坏事,不触犯刑法,就是好人。如做坏事触犯刑法,就是坏人。相信这都是实实在在的话。但是做坏事与不做坏事有谁能知道呢?况且世上没有一个人会承认自己是坏人的,大多会掩盖自己的缺点或罪行。曾经有位作家说过:“人类是最善于伪装的高级动物。”内心活动很难识别,那么怎样能看透人心,识别人呢?人是群居动物,在社会生活中,必须靠人际关系方能生存,于是在交际中与好人交往定会得到幸福和快乐,与坏人共事,那就一定会倒大霉。那么好人与坏人用什么方法去分辨呢?本书给人们提供识别好人与坏人的方法。用命理辨别出一个人的思想心态与各种行为。

在日常应用中,发现坏人之行径有十多种情况,现录出便于读者参考。但在推论时,必须要慎重的考虑,看其本性是否真正是“坏”,坏又坏到什么程度。但必须注意的是:替人论命时,说话要有分寸。有些话千万不可直言,说话时必须婉转,给于提醒与建议的口气，劝人改恶从善，为社会多做好事。如其人的八字中，伤官、七煞、劫财都出现，而且很旺，又为忌神者，说明其人有犯罪、不守国法的倾向，就要告诉他，遇事要三思而后行，一旦犯罪，法律无情，造成后果不可收拾。如看出其人好投机取巧，则告知一定要遵纪守法，做事要踏实，君子爱财，取之有道，凡事必须深谋远虑等等。

①撒谎不实，正财与伤官为忌

正财与伤官都在八字中出现，贴近日主，在八字中强旺，而且都是忌神，没有刑、冲、合、害或空亡者，此人爱说谎话，对人不诚实。

柱中偏印是忌神，贴近日主，又未遭任何损破，而且在柱中独旺，也有上述的特性，但比较稍好一些。

②固执刁蛮，四凶在柱中聚齐

柱中伤官、七煞、劫财俱现，是忌神而又独旺，且又贴近日主，未遭任何损害或空亡者，这种人性格固执，而且蛮横无理，不易交往。

比肩和偏印在柱中俱现，不论是喜神还是忌神，只要靠近日主，又没有其它破损与空亡者，也会出现上述的相似坏脾气。

③霸道无理，煞伤旺而近日主

柱中七煞为忌神，又贴近日主，没有刑、冲、合、害及空亡者，这种人有蛮横不讲理的特性。

伤官与劫财同时出现，贴近日主，而且是忌神，旺相无损者，此人也有与上述相似怪脾气。

④拨弄生非，伤煞劫财都为忌

伤官与劫财，或伤官与七煞为忌神，又旺相而贴近日主，没有刑、冲、合、害、空者，此人唯恐天下不乱，喜欢说空撒谎，挑拨是非，造谣生事。

柱中伤官独旺，贴近日主为忌神，未见其它破损者，也有上述的怪毛病。

柱中偏印独旺，为忌神，而且贴近日主，没有其它空亡破损者，其人也具有上述的坏脾气。

⑤作事盲目，比劫为忌不受伤

柱中劫财旺相为忌神，而且贴近日主，不见刑、冲、合、害、空亡，为命中忌神，这种八字的人性格鲁莽，行动盲目，如果要是喜神，稍好一些。

柱中比肩如为忌神，即旺相又贴近日主，不见刑、冲、破损者，这种人的性格也与劫财差不多。

柱中七煞旺相且为忌神，又贴近日主而不见破损空亡，其性皆于上述劫财相似。

⑥冷酷阴险，刻薄无情看枭印

柱中偏印贴近日主、旺相，为忌神而且不遭破损或空亡者，其人冷酷无情，阴险刻薄有与人难处的倾向。

偏印与伤官或偏印与七煞，如果在命中俱现，都为忌神，如见有他柱冲损空亡的，其性格比上述之情形稍好一些。

柱中偏印与伤官，或者偏印与七煞再有劫财同时出现者，不但有上述性格，而且具有有仇必报的尖酸性格。

⑦自私自利，财枭印比太无情

柱中正财旺相，贴近日主，为忌神，不遭刑、冲、合、害、空亡者，主人有自私自利的倾向。

柱中伤官、偏印较旺，贴近日主，且为忌神者，也有上述特性，但稍好一些。

柱中比劫较旺，近日主，且为忌神者，也有上述特性。

⑧好逸恶劳，贪图享乐财为忌

柱中正财旺而靠近日主，未遭刑、冲、合、害、空亡，而且为忌神者，乃贪图享受，好逸恶劳之人。若为喜神，反为勤快之人。

柱中劫财为喜用，被官星靠近刑冲、破损，又没有其它吉星解救者，也有以上恶习，如果逢空亡，更加明显。

⑨好色风流，财伤日合有情心

柱中正财旺，与日主近合，没有刑、冲、合、害、空亡者，乃好色、风流成性之人物，喜神比忌神更厉害。

柱中正财及伤官同现，都是旺相又没有其它破损者，不仅风流，好色，更是偷情寻找外遇的老手，无论男女是喜是忌，如女命日时带桃花更是明显。

⑩迷恋嗜好，皆因财星近日主

柱中正财靠近日主旺相，没有刑、克、冲、合或空亡者，不论喜忌，皆有迷恋一种事物或嗜好之倾向。

伤官、劫财、七煞、比肩，只要未遭空亡及损破者，不论喜忌，皆有上述迷恋之僻，但比较轻些。

⑪伤害他人，财伤为忌星旺相

柱中正财或伤官俱旺，又贴近日主为忌神，又无其它破损或空亡者，其命遇事不敢自己承当，容易拖累别人。

劫财与偏印近日主而旺相，如没有刑、冲、合、害、破损者，也会有上述性格，但比较好一些。

⑫阴险叛逆，煞伤财枭凶神现

四柱中七煞、伤官、正财、枭神（偏印）全见，忌神得位，不遭空亡与其它破损者，其人残酷无情，阴险狡猾，最容易叛逆而出卖朋友，而且手段相当毒辣。

如果正财与伤官在命中全现，而且旺相贴近日主为忌神，又不见刑、冲、合、害、空亡者，具有上述的性格，但比较稍好一些。

柱中劫财或偏印靠近日主，而且旺相为忌神，又不见破损、空亡，这种八字，也有上述相似的毛病。

⑬坏事有余，皆因四凶柱中全

柱中七煞、伤官、劫财完全出现，旺度极强，而且又没有刑、冲、合害、空亡、破损者，这种八字的人，有相当的破坏力，而且成事不足,坏事有余。

如果只是七煞和伤官,或者七煞和劫财,或者伤官和劫财,命中出现一项,为忌神靠近日主,而且不见空亡或其它破损者,其性格也有上述倾向,但稍好一些。

柱中的七煞、伤官、劫财,如果在命中单独出现,而且特别旺相,只要靠近日主,又为八字忌神,不见其它空亡破损者,也有上述的特性。

⑭目无法纪,伤煞劫财防牢狱

柱中七煞、伤官、劫财一起出现,都具旺相,而且为命中忌神,又靠近日主,不遭任何破损空亡者,这种八字,易有目无法纪,容易犯罪的倾向。

伤官与七煞同现,或伤官与劫财同现,皆在命中旺相,为忌神者,皆会具有以上特性,但比前述稍好一些。

⑮投机冒险,全在正财与伤官

柱中正财与伤官在柱中同时出现,皆都旺相为忌神,且不空亡、破损,又贴近日主者,此命易有投机取巧,不怕冒险的心性。

偏财与伤官,或者偏财与食神,在柱中完全出现,而且贴近日主,又为忌神,这种八字不遭刑、冲、合、害、空亡者,其心性也与上述相似,不过要稍好些。

⑯见义勇为,伤煞为命中喜神

柱中七煞与伤官俱现,为命中喜用之神,且靠近日主,又未遭刑、冲、合、害、空亡者,其人敢于冒险拼命,有明知山有虎,偏向虎山行的特性。

柱中比肩旺相,靠近日主,为命中喜神,且不遭刑、冲、破损、空亡者,也具有以上倾向。

⑰胆小无能,官印旺而为忌神

柱中正官、正印太旺,靠近日主,为忌神,又没有其它破损或空亡者,主其人懦弱无能,胆小怕事。

柱中官煞混煞，为忌神，又没有其它解救者，也具有上述特性。

⑱性情不定，食伤与官煞混杂

柱中见有食伤混杂，官煞混杂，正偏混杂或地支近冲，或地支三刑，这几种八字主命主性格易变，性情与心意不定。

断性格方法有多种多样，除了上述几种，还有以年干支纳音五行(见第一章)来判断性格，也有的以人的属相来分析人的性格，也有以命中所属的十二生肖本性与人性格连为一体来阐述人的性格。性格只能说明一个人行为的表现若预测准确，可加深命主对预测学的信任。总的说来，运用上述几种方法，能将命主性格大概说明白。

第二节　五行性格断命条口

《拦街网》中的“江湖断命条口”，是老辈江湖术士按阴阳之性编排出来的，内容通俗易懂，顺口好记，非常容易接受，属于“铁口直断”的一种。

玄观秘诀《拦街网》

江湖五行断命条口

阳金

五行金多有权威，仗义疏才有作为

软的不欺硬不怕，不论贫富你都陪。

五湖四海交朋友，雄心壮志众人随。

宁叫自己受委曲，不让别人吃点亏。

阴金

阴金生来心最诚，义气情深有几分。
聪明善良心胸大，从来不会小看人。
如若投心对你意，花钱多少心不疼。
假如对你不投意，对你说话不答声。

阳木

阳木生来肚量宽，大仁大义讨人欢。
待人和气人敬佩，刚直随和不一般。
以柔制刚心有数，困难再大也乐观。
不论贫富一样待，自己错处从不瞒。

阴木

木多生来有几般，男称善人女魁元。
家事外事都爱管，大事小事都一般。
虽然是生女人命，男人做事你不欢。
生来就是张罗命，忙忙碌碌事不完。

阳水

水多生来带外财，东西借出要不来。
在家发下天大狠，到了人家口难开。
坐在一旁不言语，三句好话就回来。
回到家中生闷气，别人说话不自在。

阴水

阴水生来笑呵呵，声音宏亮话也多。
东邻西舍有点事，里里外外好张罗。
干净利索讲穿戴，大事小事有主谋。
自己有错自己领，生来不让旁人说。

阳火

阳火生来性子刚，做事喜顺不喜呛。
脾气上来如猛虎，发过脾气如绵羊。
顺着吃亏也去做，呛着一点都不让。
如若一时对了劲，花钱多少心不慌。

阴火

阴火生来性子娇，好为别人把心操。
抱打不平是好事，得罪小人有高招。
有人对你心不顺，不是摔碗就掼瓢。
大闹一场就拉倒，事后自己把气消。

阳土

土多生来老实人，为人处事心最诚。
拐弯抹角你不会，直来直去对直奔。
能为别人出力气，不图回报白打工。
虽然心好吃点苦，寿比南山不老松。

阴土

阴土生来苦处多，自己吃苦不爱说。
三句好话心就软，吃亏让人不罗嗦。
人都说你心肠好，早年期间把病魔。
最后落个记性差，手拿东西到处摸。

第十二章　六亲篇

第一节　六亲与含义

在预测过程中，对六亲的判断是非常重要的，其判断的准确度如何，直接关系到预测师的水平和声誉。在古今命书中，对六亲的预测虽方法各说不一，论点都大同小异，从整体看来，有些是精华与糟粕并存的，过去一些古书都是这样，除了《滴天随》、《穷通宝鉴》等一些经典以外，有些书文词古涩，咬文嚼字，使初学者很难看明白。而有些书上断语与命理却无法联系得上，因断语是预测师的经验总结，必须要以命局五行来进行论证，否则会使人看起来有一种无所适从的感觉。不同的命局有不同的断语，应用时完全不一样，如“比劫太多必克父”之说，千万不能一看比劫多，就断其克父，必须要查看命局中其它干支有无调解之神，如命局出现官煞制伏比劫，或者有食伤泄比劫之气而生助财星，而比劫多必克父这句断语就不会成立的。所以在应用断语时千万不可一概而论。必须要学会不同的断语，要用于不同的命局，务必使断语与命局联系起来，才能与事实对上号。

1. 什么是六亲

在预测六亲时，首先要弄清楚什么叫六亲，六亲所指的是哪些关系，六亲在四柱中所占的位置，以及十神所代表的六亲含义，这些都是预测六亲最关键的基础知识。

所谓六亲者实则是五亲，指的是祖父母、父母、兄弟姐妹、夫妻、儿女等直系关系之统称，另一亲指的是命主自己。其依据主要是指近亲的血缘关系。有些命书，将伯叔、姑父、侄儿、外孙、弟媳、嫂子、妹夫都列入六亲之内，从学术上说，将四柱的信息量范围扩大，是件好事。但从命理内涵来说却不尽合理，因为命理六亲指的是血缘近亲。从命理应用来看，命主与六亲血缘越近，其应验的事情准确度越高，从实用经验看来，预测父母儿女的信息比较明显，兄弟姐妹也是。而祖父、祖母、孙子、孙女等的信息就比较差些。你细细想一想，直系亲属关系都是如此，何况其他血缘关系，甚者一些姻亲关系如岳父、岳母、岳伯父、岳伯母更不可能从命局中判断出来。

2. 六亲与宫位

六亲在八字中都占有固定位置，这些位置定名叫宫位，哪些六亲属于哪些宫位，是不容混淆的，在应用时首先就要从宫位进行判断，其次再看六亲宜忌。

年柱为祖上宫，也称为父母宫，属于祖妣，父母的位置。如看父母及祖上的吉凶须从年柱这个宫来进行判断，其中年干代表祖父、父亲的位置，年支代表祖母或母亲的位置。

月柱称兄弟宫，又代表父母宫，看父母或兄弟姐妹的事都要结合月柱来论断，其中月干代表父亲又代表与自己同性的兄弟，月支代表母亲，又看作与自己异性的姐妹。

日柱称为配偶宫，又叫做夫妻宫，其中日干代表命主自己，日支代表命主的丈夫或妻子。看夫妻之间的一切事宜都要从日柱这个宫来着手。

时柱称为子女宫，时干代表儿子，时支代表女儿。预测子女如何，必须要用时柱这个宫来进行判断。

所谓宫位，说得明白些就是命主的六亲所居的位置。其命主所有的六亲都居住于四柱的宫位，宫位就是六亲的家。其中惟有年柱被称为祖上和父母宫，是因为年柱为生命之起源，父母不能离开祖上,臣子离不开君王。关于月柱又被称为父母宫,是因月柱为万象之提纲,日主的旺衰都是取决于月令,说明子女与父母遗传基因有很大关系,因此命理学把父母和兄弟姐妹都寄藏月柱中。日柱称为夫妻宫,也说明日柱是代表自己的家庭,以日干代表命主自己,日支代表配偶是因与日干最近的是日支,所以称日柱为配偶宫或夫妻宫。

四柱宫位六亲示意表(1)

四柱 宫位 六亲	年柱	月柱	日柱	时柱
宫　位	祖上宫	父母亲 即:(兄弟宫)	配偶宫 即:(夫妻宫)	子女宫
六　亲	年干为祖父 年支为祖母	月干为父亲 月支为母亲	日干为自己 日支为配偶	时干为儿子 时支为女儿

3. 六亲与十神

十神的名称是根据六亲之五行与日主生克关系来确定的,也就是将六亲与日主生克关系又重新定出了一个容易辨记的代号。以日干为我,其生我者为父母,称为正印、偏印。我生者为子孙,称为食神、伤官。与我同辈者为兄弟姐妹称为比肩、劫财。克我者为官鬼,称为正官、偏官。我克者称为正财、偏财。

正印、偏印:正印与偏印为生我者,所以用父母代替正印、偏印;其中阳干生阳我,阴干生阴我,称为偏印。阳干生阴我,阴干生阳我,称为正印。

食神、伤官:食神与伤官乃是我生者,故称食神伤官为子女:其中阳我生阳干,阴我生阴干为之食神。阳我生阴干,阴我生阳干为之伤官。

比肩、劫财:比肩与劫财为与我同辈故称之为兄弟姐妹。其中与我同性者为比肩,与我异性者称做劫财。

正财、偏财:正财与偏财为我克者,故称之为妻财,其中阳我克阴干,阴我克阳干为之正财。阳我克阳干,阴我克阴干为偏财。

正官、七煞:正官与七煞为克我者,官煞乃生印之神,印为父母,故官煞代表祖父母,官煞为财所生,财为我之妻,故男称官煞为子女。

男命与女命的十神之代表大体相同,其不同地方是男命以财为妻,因财为我克之物,女命以官煞为夫,因官煞为克身之物,所以女命以克己为夫。

在十神所代表的六亲,历代命理学家都有所争议,出现反对与赞同两派,其中主要问题有两点:第一,以财为父,为妻;第二,男命以官煞为子女。其反对派学者认为,以财为妻,因财为我克我用,这是合情合理之事。而又偏财为父,好像不太合理。因财之偏正仅是阴阳之别,而并无它气,这样,父亲与儿媳变成同辈好像是有失伦常,再从五行生克的角度上看,以财为父,不仅看出儿子是不是父生,而且父亲反受其子所克,其理应该说不过去。对于男命以官为子之说,似乎也不近情理。官为财所生此理也有不通之处,这里看出不仅父与儿媳同亲,更显示出祖去生孙,其不人伦灭绝吗?认为以财论父有不妥之处。坚持赞同派学者认为:以财为父合情合理,其理由是因为命主以印为母,财能克印,父为母之夫,合乎母为父之妻的常理。如甲木以戊土为偏财,以癸水为正印,戊土克癸水,戊土为癸水的丈夫,这不正合夫妻之道吗?再以官煞为子女来说,男命以正财为妻,财能生官,官煞既是财生,这不正合儿子乃是妻生之理吗?所以财为父,官为子之说是名正言顺之理。

从日常应用经验来看,两派之间的意见都有一定道理,其不同点都归在一个"财"字上做文章,世间无论什么事都不能简简单单从一方面去衡量,如阳日干的甲木,甲以己为正财,丙以辛为正财,戊以癸为正财等等,都是正财与日干阴阳双方相合。又如女命以正官为夫,阴干日主的乙木以庚金为正官,丁火以壬水为正官,这样的阴阳交合,男女婚配生男育女是一个道理。因此,十神与六亲的含义是符合人间伦常的自然哲理,我们不能以简单道理去定论,最好还是五行生克制化之哲理确认,用实际理论将以上两种观点结合起来。然而男女阴阳不同,故其生克合化关系也随着阴阳变化不同。所以男女阴阳之别,对六亲十神的确定也就产生区别,现将具体区别用图表示:

男女六亲与十神明示表(2)

十神	正官	七煞	正印	偏印	比肩	劫财	食神	伤官	正财	偏财
社会关系	贵人领导上司	奸险上司凶恶小人	生助我的长辈	对我不利的长辈	对我有利的朋友	对我损害的朋友	对我有利的晚辈	对我有损的晚辈	业务伙伴	外财投机之人
男命六亲关系	女儿	儿子	母亲	祖父继母	兄弟	姐妹	女婿	祖母	妻子	父亲小妾
女命六亲关系	丈夫	情人	祖父	母亲	姐妹	兄弟公爹	女儿	儿子	父亲	父亲婆婆

通过以上六亲的详细介绍,我们对于六亲的范围和六亲所临的宫位,以及十神所代表的六亲,都有了一定的认识。要知道男女六亲与十神都是由日主五行衍化而来的。例如:一个男命的日干是丙火,丙火代表命主自已,生丙火的乙木乃是命主的正印,正印代表是日主的母亲,母亲与日主性别不同,故男命以正印为母亲。女命以偏印为母,生丙火的甲木为偏印,偏印为丙火的母亲,为同性相生。母亲的丈夫就是日主的父亲,女命以正官为丈夫,乙木的正官为庚金,庚金是丙火的偏财,由此可以推断出偏财为父亲,其余的可以类推。关于爷爷、奶奶、公公、婆婆都可用此理推断。

初学者通过这些详述,只要能将此理弄明白,即可对六亲之间的生克制化作简单的分析与判断。其法不外乎以下几条：

(1)以宫位的六亲所代表的十神看年龄之分限，再看此宫临何十神，对宫位有何影响。

(2)分析六亲之十神临于命局中的哪一位置，离日主远近对命局的影响如何。

(3)看命局生合制化，刑冲克害，以及十神的旺衰判断六亲的具体事宜。

(4)判断六亲对日主的喜忌，看十神所代表的六亲在命局中起何作用，与日主的关系疏密和影响如何。即可判断该六亲的具体事宜。

在日常应用中，我们经常会遇到有些命局六亲不出现的情况，这时候不要认为六亲不出现就没有六亲，如命局中某一六亲不现，须在岁运所临喜用神之年必能应事，如命局中子女不现，则以喜用神为子女星，如命局夫妻星都不现，则以喜神为夫妻星，例如命局中子女星或者夫妻星不现，必要待到岁运临喜用之年方能结婚生子，这些情况，在实践应用中是非常实用的。

第二节 祖业和父母

人的出生家庭环境和父母，是不由人自行选择的，有的出生于富贵家庭，有的出生于贫困之家，这些事情可以从命局看出来的，命局中的十神与人际关系都是有一定规律的。

命局中的偏财代表父亲，正印代表母亲，偏印代表生母和继母。如命局中没有正印、偏印可以代表母亲。如果你要预测命主的父母亲吉凶，就可直接寻找命局中的年柱和月柱。接着再看印星和偏财。其理由已在前面有所详述，不再重复。看命局中的正印和偏财是强是弱，其对于日主是喜是忌。就可直接看出命主和父母的关系。所以命局中宫位、偏财、和印星是推断父母吉凶的主要依据。判断父母和日主的关系如何主要看以下几条。

一、日常对父母的预测，首先看年、月二柱，因年月二柱属父母宫。注意年月干支的旺衰组合情况，判断二柱干支相互的生克关系。依此方法，即可得如下结论：

1. 年干是命主父亲偏财所属之地。如果临劫财，说明父亲所居住的位置被克星所占，主父亲有早亡或远离家乡。

2. 年柱坐长生帝旺之乡，如命局不受刑克，再得月令生之，命主父母健康长寿。

3. 年柱干支上下相生，主父母和睦，干生支父亲疼爱母亲，支生干母亲疼爱父亲，干支比和，主父母之间有事互不相让。

4. 年柱生合日主，得父母宠爱，日主生合年柱，命主是孝顺之人。

5. 月柱克年，父母不全。

6. 月令提纲被冲克，主损父母及亲人。

二、年柱与月柱被命局他柱刑冲克害，以及与岁运产生刑冲克害，可用以下方法推断。

1. 日支冲克年支，父母不死则离。

2. 时柱冲克年柱，不仅主克父母，又主父母临终时不在跟前。

3. 年、月支相冲，大多会有异母。

4. 生年干被流年干克，生年支又入流年支之墓者，必有丧亲之忧。

三、日常应用中发现，凡预测父母吉凶以及死亡之期，必须在财、印二星上着手，可照以下论断：

1. 财多破印定主幼年克母，比劫多者主父亲寿短。

2. 大运冲克提纲，流年太岁与当生太岁天克地冲者，该年不丧父则丧母。

3.印星在月柱坐衰,加之七煞,羊刃会集,命主有父无母。

4.年柱财被劫或不见财星,必先丧父或父远离家乡。

5.印授为母,印星被冲,或印衰财旺先丧母。

6.财多印少,父强母弱,印旺财衰,母强父弱。

7.偏印临空亡死绝之地,早年与父母分离,偏财衰而印旺,早年亡父。

8.柱中枭食并临主克母。

9.命局正、偏印同透出干,必主此人有生母、养母或继母。

10.年干出现伤官,不论喜忌,大多祖业破产,年支为印星,又是喜用神者,其父必是文墨之人。

11.年干为壬,时干为乙,或年干为乙时干为壬,自己母亲多数是偏房,如果为戌亥又是正偏印者,主祖上有爱好玄学或者有宗教信仰。

12.四柱纯阳,印星太旺或太弱,主早年丧母,时干克年干者主早年丧父。

13.柱中年、月、时三支与胎元皆克月干者,主早年克丧父母,月干克年干也主父母不全。

14.月支五行克年干支纳音者主父母不全。

15.四柱有三柱纳音克胎者,主早年父母双亡。

以上都是判断父母吉凶的断语,是直观而简单的判断方法,在应用时还是要结合命局中十神变化,配合十神与日主喜忌来综合分析。在应用此法时,只要记住凡断父母吉凶,切不可离开宫位这句话,只要你掌握六亲宫位,你即可大胆去应用,准确度是非常高的,这就是判断父母吉凶的第二种方法,其次你如预测父母对日主疏密如何,最好还是依十神变化与日主喜忌进行推测,其法大体从两个方面着手。

1.首先要看日干喜忌,如印星或偏财都是日主的喜用神,说明父母与日主关系好，命主能得到父母的帮助，如果印星或偏财是日主的忌神，则说明父母与命的关系不好，甚至为父母所拖累。

2.查看印星或偏财对日主的距离远近，则说明日主与父母关系远近，关于距离远近，指的是印星或偏财出现在年柱上叫做远，如出现在月干或时干上叫近，如印星出现在年柱，肯定日主与母亲缘薄，不论日主之喜忌，日主都不得母力，甚则有母子分离之忧。但在批断时最好要将日主旺衰喜忌及其他柱的生克关系进行综合分析。如年柱为财，月柱为官，财可生官，官是日主的喜神，这时日主会得到财的帮助。判断必须要灵活看待，千万不可呆板用事。

判断父母对日主的关系如何，不仅是看日主远近，还要看对日主是否有不利的影响。这时主要看印星或偏财对命局中其它六亲刑冲克化如何，其被刑冲克害之神如果是日主的喜神，那么这个父财二星则为命主的忌神，如被刑冲克害的是日主忌神，这个父财二星便是命的喜神，例如食伤是日主的喜神，而受到印星冲克，印星是日主的喜神而遭财星冲克，此皆说明父母对日主不利，甚至有些事反受父母牵连。但凡预测父母之事首先要看父母星是日主的喜神忌神，详察其中刑冲克害关系，这就是克父克母的重要依据。如克害得轻，只不过是父母之间的关系不融洽，如克害得重，则主父母有灾难，如离异病痛甚则主父母死亡。

预测父母吉凶，必须先看父母宫位，然后再结合十神旺衰结合日主喜忌和冲克关系来综合性进行推敲，现将古人总结出来的断语归纳一下，以供在应用时作为参考。

1.岁运冲克年柱者，主父母有灾。

2.年柱逢岁运天克冲者，主父母有伤。

3.年柱与日时刑伤冲克，则破败祖业败坏门风。

4.年财、月印、日主喜印，时日逢官者，帮父兴家。

5. 年伤、月印、日主喜印，时日逢官者，知其父母创业。

6. 年印、月财、日主喜财，时上再遇官者，父业大多破败，日时遇印者，多是自力更生，白手成家。

7. 年上逢杀刃，岁运遇刑冲克害者损伤父母。

8. 甲乙日逢寅卯运，耗印劫财克父母。

9. 偏财逢岁运天克地冲者，父亲有灾。

10. 年劫月伤，日主喜官，日时逢官必兴家业，日时逢劫家业必破。

这些断语都是用综合论证的方法来预测父母吉凶，虽然不能说是预测父母之精髓部分，但至少能给读者一些提示。如果再能用五行生克制化，刑冲合害配合断语含意综合判断，则准确性更高。对于六亲判断的准确度如何，对一个预测师来说很为重要，关系到求测者对您信任的程度。要想过了这一关，需要从实践中细细去摸索和探讨，方能运用自如。

八字命局中都潜藏着克父、克母的信息，但绝对不能一见到偏财受克，就断定克父，正印受克就说克母，必须要结合命局中旺衰喜忌进行全面分析，才能下定论。比如八字中比肩，羊刃太多，偏财太弱受其重克，这是克父的标志，又如八字财星乘旺，并且干支双透，印绶太弱，这是克母的象征。遇着这种情况，要用大运流年与比肩、劫财进行一起分析，看还有哪些是克父，克母的信号，然后再作具体结论。

1. 现举以下命例供参考

①幼年丧父命例

乾造：1949 年五月初四日卯时出生

己　己　辛　辛

丑　巳　酉　卯

大运：

8 岁　18 岁　28 岁　38 岁

戊　　丁　　丙　　乙

辰　　卯　　寅　　丑

这个命造,12 岁克父,看父母先看偏财,本命的乙木是日主的偏财,偏财代表父亲,再查偏财在天干上不透,藏在时支卯木之中,年支丑土为乙木父星的衰地(因乙木长生在午,帝旺在寅,墓在戌,衰在丑)。月支为乙木父星的败地,时支卯木是乙木父星的禄地。而日主比肩辛金坐禄地、通根而透,月支巳火中的戊土正印生助辛金,同时日主辛金又有月干己土偏印贴身生助,更有年干己土偏印生助,再加上时干辛金比肩相助,以此看日主势不可挡;再从柱中地支来看,日主辛金生于巳月虽不得令,而柱中年支丑土,月支巳火,日支酉金,合成巳酉丑金局助身,还作得令看待,柱中三印二比助身,偏财父星的乙木,藏在时支的卯木之中,实为财轻印重,克父的信息非常明显。再看命主的行运,8 岁初运行戊辰正印之地,对日主来说是助纣为虐,因此命主在逢正印大运时,12 岁流年庚子逢劫财之年其父死亡。

②少年克母的命例

乾造:1978 年六月十七日辰时生

戊　　己　　甲　　戊

午死　　未墓　　申绝　　辰衰

大运:

6 岁	16 岁	26 岁	36 岁	46 岁	56 岁	66 岁
庚	辛	壬	癸	甲	乙	丙
申	酉	戌	亥	子	丑	寅

这个命造 13 岁母亲病逝,财重印轻。应其首先看日主旺衰,日主甲木生于未月,木性虚焦,谓之失令,柱中 5 土 1 火泄木之气。日主甲木年支坐死地,月支坐墓地,日支坐绝地,时支坐衰地,综观全局日主太弱。再看母亲的印星癸水藏在时支辰土之中,天干不透,癸水无根,年支是母星绝地,月支是母星的墓

地，日支是母星的死地，时支是母星的养地，癸水正印太弱，柱中财星迭迭相见，印衰财重必克母。况且柱中五土克制癸水，点滴癸水不能存在？克母的信息非明显。再看行运六岁交入庚申七煞大运，13岁流年庚午又进官煞之乡，极弱的印星癸水遇岁运强金，无承受能力，正应水赖金生、金多水浊，使生变为克，又逢流年支午火为癸水之绝地，该年太岁庚午与日干支天克地克，大运庚申与流年庚午形成二庚克一甲，又午午相刑，刑入父母宫，多方面形成冲克，其母于庚午年病逝。

③判断父、母先亡命例

乾造：1978年六月十三日丑时生

戊	己	庚	丁
午	未	辰	丑

大运：

7岁	17岁	27岁	37岁
庚	辛	壬	癸
申	酉	戌	亥

凡是判断某一六亲的吉凶，必须先找出其六亲的具体位置，是藏是透，然后再根据命局五行的生克制化判断吉凶。这个命造日主庚金，甲木为我克的偏财，父星天干不透，地支不藏。年支午火为甲木死地，月支未土为甲木墓地，日支辰土为甲木衰地，时支丑土为甲木的冠带之地，可见偏财不得一点天地之气，衰弱至极。柱中己土为日主庚金的正印，冠带于月支，通根于月干，乃极旺之象。可以断定父亲先亡。在确定父亡后，要知道什么时候父亡，还要结合月柱大运、比劫、羊刃来一起分析。此男命生于戊午年，戊为阳干，顺行7岁起运，7岁起庚申，17岁起辛酉……初运行庚申比肩大运。再看流年比肩和羊刃与父星关系，交比肩大运庚午年其父患肾脏病，进入羊刃辛未年其父死亡。

推断父母的寿命长短，特别是父先亡还是母先亡，预测方法多不一样。有些命书以生时的初、中、末来断定谁先谁后，这只能作为参考，因人的出生时辰受地域限制，所以区别时辰的初、中、末，不是简单的事情，不能凭初、中、末定下先克父先克母的结论，应该根据命主的大运、流年、五行、制化和刑、冲、合、害等情况作以详细判断。

第三节　判断父母断语的应用

在应用父母的断语时，首先要抓住日主喜忌与父母星这个中心，父母的一切穷夭寿通，都是从这个中心产生出来的。

判断父母的富贵贫贱与自己的关系如何，除了看年柱干支，还要参看月柱，因年柱是祖上之位，月柱为父母兄弟之宫，因此判断父母吉凶月柱是主要关键。

命局中如月柱是日主的喜用神时，说明父母财产丰富，但这些喜用神不能受到其它干支的刑冲破害。如果受到刑冲破害，其力量就会减弱，说明其父母的原有财产也会随之而破耗，日主难得父母的帮助。

月柱可直接以父母看待，如月干支是日主的忌神，说明命主得不到父母的荫庇或财产上的帮助。如月柱天干是日主的喜用神，而月支又是日主的忌神，要详细分析天干与地支谁的力量大，自然就能分辨出月柱干支对日主喜忌的作用力大小。

分析克父母的应期：

判断克父母的应期，必须在大运与流年中寻找信息。有人将命局比喻是一辆汽车，岁运就是驾驶员，如果没有驾驶员，汽车不会自己启动的，所以说分析父母情况岁运和命局是分不开的，命局和岁运须要紧密的配合，才能判断出事情的结果。

在实践应用中，首先要在命局中看其父母星旺衰，看父母与其它干支五行的生克如何，然后再结合岁运看父母星是否受到克制或耗泄。如果能将这一条思路掌握住，对父母的吉凶应期即可了如指掌。

现举一例：

坤造：1975 年十一月初九日申时出生

才	印	日	官
乙	戊	辛	丙
卯	子	卯	申

大运：	8 岁	18 岁	28 岁	38 岁
	己	庚	辛	壬
	丑	寅	卯	辰
流年：	82	92	2002	2012

日主辛金生于冬月失令，命局中虽有月干印星戊土助身，然而戊土一点根气皆无，没有生扶日主的能力，再看父星，年干乙木偏财自坐强根而有力，又得月支强水生助，说明父星身体很强，不是早亡之命。继而再看母星，月干戊土正印为母星，戊土在命局中，虽有时干丙火与时支申金生助中(藏干戊土)，而丙火与申中戊土都处于寒冬之际，不但自身无力，而且远水不解近渴，虽有等于无，况且丙辛一合，将戊土印星的这一点生助都断绝，印星戊土左右都被克泄，在这种情况下，克母的信息非常明显。

既然看出命主有克母的信息，那么在哪一年克母，现在就来分析一下具体克母的时间，已知命局中的戊土印星没有强根，又在左右克泄的状态下戊土没有一点反抗能力，在这种没有能力反抗的情况下，就不形成什么克制，待到大运助起印星之时，命主的母亲恐怕大劫难逃。

1984 年甲子，太岁助起财星，猛烈地克制印星戊土，该年命主有丧母之忧。事实上1984年命主母亲去世。

第四节　预测兄弟姐妹

年柱为父母宫，月柱兄弟宫，月干为父、兄，月支为母、姐。男女以比肩为兄弟，因兄弟姐妹寄附于月柱父母宫，比劫与我乃是同辈，如看兄弟、姐妹、朋友之事，可以以比劫为主。

①以月柱之喜忌，可以看出兄弟、姐妹之素质与条件怎样。如命中财星为喜神，而月柱干支的十神也为财星，说明兄弟姐妹素质与财运都很好，可得兄弟姐妹的帮助。若命中忌神为财星，那么肯定兄弟姐妹素质条件都不好，命主不但得不到兄弟姐妹的帮助，反而受兄弟姐妹的拖累。如果月柱干支的十神为命中一喜一忌，说明兄弟、姐妹的条件乃平常而已。

②以比劫星代表兄弟、姐妹，如比劫为喜神，说明同胞手足对我有帮助，若为忌神则无有帮助。如果比劫星克害柱中用神自己反而受兄弟姐妹的拖累；如果比劫被用神所克，说明同胞兄弟姐妹不如自己。

③命局中比劫星不现，但为喜神，则自己的兄弟姐妹对日主无有帮助，反而能得到朋友的帮助。比肩星可以作为兄弟、朋友、同事、合伙人论之。

④比肩坐天德、月德、天乙、将星等吉神，主兄弟姐妹荣华富贵，如坐凶神，则无所作为。如比肩坐羊刃，多主兄弟姐妹脾气暴躁，坐沐浴或红艳等凶煞，多是风流人物；如比肩坐驿马，兄弟姐妹多半是奔波走动，远离家乡，创业之人。

⑤比肩为喜、用神者，命主能得到兄弟、姐妹、朋友的帮助，对自己有利。

⑥比肩为忌神，易受兄弟、姐妹和朋友的拖累，也容易受小

人陷害。

⑦柱中比劫太弱，被官星克制，或比劫伏藏不现者，兄弟、姐妹必少；如比劫多者，兄弟姐妹必多。

⑧柱中日主强旺，比劫太旺太多，容易出现物极必反，兄弟姐妹反而少，甚至无有兄弟姐妹的现象；如身弱，月柱印旺，主兄弟姐妹多，并且对自己帮助很大。

⑨比劫为喜用神，与日柱相合，主兄弟同心合力；如月干支为比劫，再生扶日主，不但主兄弟姐妹多，而且可得到兄弟姐妹帮助。

⑩柱中比劫坐长生、临官、帝旺者主兄弟、姐妹有出息；如月柱为比劫临喜神，再有吉神相助，主兄弟姐妹大富大贵。

⑪月柱比劫落空亡，主兄弟姐妹不全，或有夭折者；如月柱为忌神、仇神，再与日柱冲克者，主兄弟不和睦。

⑫柱中比劫贴近日主而强旺，又为喜神，主兄弟姐妹关系密切，感情深厚，自己的前途事业，都能受到同胞手足的影响。

⑬比肩不宜入墓，如入墓、逢冲、逢刑，主同胞手足早夭有损。

⑭柱中比劫为喜神，与同胞手足或朋友做合伙事业最好；若为忌神，则不宜与朋友或兄弟、姐妹合伙。

⑮论兄弟之数，先看日主旺衰，如日主衰弱而失令，没有比劫，可以印星论兄弟之数；如日主弱，月令为印，主兄弟多。

⑯命局中比肩和劫财全见，以比肩论兄弟，劫财论姐妹，八字不见比劫者，主不得兄弟、姐妹之助。

⑰八字身弱的，月柱若为官煞者，行官煞之大运，主兄弟姐妹有劫难，注意官非口舌，自己谨防血光之灾，或其它意外之事。

⑱身强忌比肩，如行比肩岁运，请谨防被兄弟、朋友拖累，或破财损妻之事。

⑲柱中官煞重叠，说明兄弟不多，否则与兄弟不合，或远离

分居生活。

⑳生月上有刑冲也代表兄弟不合,因为刑冲乃是战斗状态,不仅与兄弟不合,反会有斗打现象出现。

㉑四柱中有比劫,代表有兄弟姐妹,可根据衰、旺、死、绝,来决定兄弟多少。

㉒柱中比劫临驿马,代表兄弟要远离家乡;如果逢岁运羊刃冲克,防止兄弟姐妹有客死他乡之厄运。

㉓凡命行比肩劫财大运,而又有刑、冲、克、害,容易引发兄弟斗争;如果没有兄弟姐妹,也容易与朋友不合,重者会发生破财、口舌等事。

㉔比肩透天干者,兄弟必多。年柱为煞,月为伤官,兄弟难有。

㉕比肩现于年柱、月柱者,大多数不是长子,不是上面有兄,就是上面有姐。

㉖古书云:月上刑冲损兄弟,最后兄弟不成双。除非双方都命硬,否则动刀又动枪。

㉗三合六合相合者,此人善于广交朋友,如身弱,比劫坐禄,兄弟姐妹能兴家立业,并且居家能和睦共处。

㉘月柱伤官旺相,此人定克兄弟姐妹,也就是其身上身下的兄弟姐妹有夭折或病残现象。

㉙八字的本气为官煞,而其中余气有比劫的,在兄弟姐妹中肯定有夭折或先天残疾之象。

㉚月干支为官煞者,兄弟姐妹必有受克之象。

㉛凡是日月两柱之干相同而地支又相冲者,大多无有兄弟。

㉜凡是戊寅,己卯日生人,兄弟姐妹必克,日柱是丁丑或丁未或时柱是丁丑、丁未,大多数无有兄弟,有也伤残。

㉝凡年干为七煞,自己不是头胎,月干为七煞也是如此。如果月干是七煞,自己肯定是长子、长女或独子独女,否则有也伤

残。

㉞但凡年干是比劫，自己也非长子，如年月比劫被合，兄弟姐妹中必有送给他人扶养的，或者有义父义母、干爹干娘之事。

㉟凡是年干为正官者自己定为长子，可继承家业，如正官在月干，自己又非长子。

㊱柱中正官、正印，正财一齐透干，此人一定是长子，年干支皆是偏财者，其人初年很可能是养子。

㊲柱偏官、偏印、偏财重叠者，此人一定过继出房。

兄弟姐妹的多少，也是八字预测项目之一，虽然当今实行计划生育，但对老人预测也不可不备。兄弟多少的信息，用四柱推，比较准确，但难度也不小。必须要细分五行，详察生克制化。男以比肩为兄弟，以劫财为姐妹，女命以比肩为姐妹，以劫财为兄弟，详察比肩，劫财及月柱，因月柱是父母宫，又寄附兄弟姐妹宫。所以在预测时，除了对月柱进行详察最好将大运和流年也一起分析。

民间传统预测方法也非常实用，从实践应用方面来看，主要掌握以下几个程序：

首先要分析日干在月支中所临的十二长生诀中占哪个位置，如长生、沐浴、冠带、临官……等。依此再借用书中查子息的歌诀来详细分析，两者不同的是，从时上查子息多少，因时上是子女宫，但查兄弟姐妹是从月上看，因月为兄弟宫。从月上看五行寄生的十二长生诀所临哪一宫。如果临长生、冠带、临官、帝旺、兄弟就多，临衰、病、死、墓、绝、胎、养就少了(子息歌诀，请见第五节)。

根据经验总结，这首歌诀用于时辰上，适合预测儿女几位，用在月支上，则能判断兄弟多少。然后再以时支的地支来分析兄弟姐妹多少，如时支是子午卯酉的兄弟就多，一般多在四个以上，寅申巳亥是不多不少，多是两至三人，辰戌丑未的兄弟就少，因辰戌丑未是四个墓库，所以断定是兄弟一人。古书有“辰戌丑未四时孤”之说。古歌有：

子午卯酉兄弟多，寅申巳亥两三个。

辰戌丑未独一人，诸事自己去张罗。

最后再查八字中的比、劫、禄、刃以及正、偏印来断兄弟姐妹具体多少。下面举例以示：

乾造：1964 年二月初三日卯时生

比	伤	日	伤
肩	官	主	官
甲	丁	甲	丁
辰衰	卯旺	子沐	卯旺
戊乙癸	乙	癸	乙
偏劫正	劫	正	劫
财财印	财	印	财

八字日主甲木生卯月为旺，月柱为兄弟宫，参照五行十二长生歌诀“旺中五子自成行”，所以这个八字很旺，他的兄弟姐妹肯定不少。其次再按他的出生时辰来看，按民间算命秘传有“子午卯酉兄弟多”的口诀，这个命造兄弟宫上的卯字临帝旺，可以说明兄弟姐妹偏多。下一步再查一查八字中的比肩、劫财、羊刃、正印、偏印，因除了正，偏印是生我的，其它和日主关系是同类的，而正、偏印也作一个依据计算。具体的计算方法是以日主本身的甲木做为第一个依据，日支子水是生我的正印，是第二个依据，年干甲木比肩是第三个依据。月支卯木是甲木的劫财，是第四个依据。时支卯木劫财是第五个依据，年支辰土暗藏乙木为劫财是第六个依据，在辰土中又暗藏癸水正印是第七个依据。纵观这个命造的全局，兄弟姐妹应该是七人，但八字中子卯相刑，刑必有克，内有夭折难免，所以推断为五至六个左右。以上判断，兄弟姐妹有几位的方法，在实践应用中多数是验证的，但

这些推断方法仅能提供参考，不是绝对的，在推算过程中应详细分析方能无误。

《拦街网》中的“排雁歌”是《玄观秘诀》中的一节，是江湖推算兄弟有无的经验之传，有一定的参考价值，最好能与命局中的比劫星配合起来论断，才能准确无误。歌诀为：

排雁歌诀会者稀，全凭年日定根基。
排出日干看年月，兄弟有无即刻知。
日干与彼相冲克，纵然不死也分离。
甲申庚申怕逢甲，手足无缘不须疑。
乙日乙酉并辛酉，丙怕丙子与壬子。
丁日丁亥与癸亥，戊日戊寅甲寅期。
己怕己卯与乙卯，庚寅丙寅庚忌之。
辛日辛卯共丁卯，癸未丙午壬怕欺。
丙午癸未也怕癸，纵有兄弟也分离。
五行极旺手足破，月上伤官更不宜。
身弱干中无比劫，比劫刑冲怕藏支。
日月干支相冲克，丁丑丁未怕日时。
比劫死墓与空绝，纵有手足也不齐。
此是师传拦街网，无缘之人不用提。

在批八字时，求测者一般都要求看父母有无冲克，兄弟几位，如果测不准确，求测者就会失去信心，因此对预测师的声誉也带来影响。其实，现今实行计划生育，兄弟的数目就是测出来也无有大用。但是对于一个易学研究者来说，提高多方面的准确率也不是坏事，研究一下也是可以的。

第五节　预测子女

预测子女，是本章所关注的主要环节，看子女的方法：

男命以七煞为儿子，以正官为女儿。

女命以食神为女儿，以伤官为儿子。

男女均以时柱为子息宫，食伤为子女星。

1. 预测子女多少

每个求测者在求测中最关心的问题是关于后代的情况，如孩子多少，有无孩子，有无男孩，有无女孩，先生子还是先生女，子女聪不聪明，能不能有所作为等等。

预测子女多少，首先要看子息宫（时柱）旺衰及子女星是否受冲受克。从古至今民间传统预测子女多少，都是依《渊海子平》看子息的口诀，但在验证方面，也不是十分满意的，所以看子女多少，还是要从命局中子女星与子女宫结合五行生克制化全盘考虑。子息歌诀只能供作参考。

从古至今，推算子女的方法不一，有些人只用日主与时柱的关系推断，以“长生四子中旬半”如时上坐长生，就说这人要有四个儿子。时上临沐浴，以“沐浴一双保吉祥”就说这个人有两个儿子，还有些人不是单用五行十二宫配子星，而用子星在时上的五行十二宫的生旺来推，其实这才是民间正式传统推子女方法，男命以偏官为子星，女命以食神为子星。例如某男命日干是乙卯日生人，时柱为辛巳，时干的“辛”字，乃是日主“乙”的偏官（七煞）男命以偏官七煞为子星。再按五行十二宫推算，时支的“巳”乃是日主乙木的沐浴，乙木长生在午，沐浴在巳，“沐浴一双保吉祥”，说明了这个男命有两个儿子。再举一例：女命戊辰日出生，时柱是壬申时，预测有几个儿子，庚金是戊土的子星（因庚金是戊土的食神)，从庚上起长生顺数到时支的申上是临官，因时支是子息宫。故子息歌中云“冠带临官三子位”，那么这个女命就可推断为有三个儿子。

“子息歌”歌诀

长生四子贪狼位，沐浴一双保吉祥。

冠带临官三子位，旺中五子自成行。

衰中二子病中一，死中至老没儿郎。

除非养取他人子，入墓之时命夭亡。

受气为绝一个子，胎中头女有姑娘。

养中三子只留一，男女宫中仔细详。

看子女之法，男命以偏官为儿子，以正官为女儿；女命以食神为女儿，以伤官为儿子。不论男女皆以时柱为子息宫，这是推命术留下的不易改动之理，准确率很高。学者需将“子息歌”背熟，到时自能应用自如。现再举例以供读者参考：

①多子刑子命例分析

坤造：1932 年十月十五日巳时出生(注：阴历)

壬	辛	丁	乙
申	亥	丑	巳

女性预测子女以食神为女儿，预测时首先应找出食神是何字，以阴日主我生之阴干为食神，此造己土是丁火的食神，己土是阴干，长生在酉，从酉上起长生逆数到时支巳字(因时柱是子息宫)，得帝旺，再查子息歌中的口诀是“旺中五子自成行”，有五个子女的信息，但柱中年支申与时支巳有相刑之象，如遇寅年形成寅巳申三刑，对子息不利。

②无子之命例：

坤造：1947 年九月十七日午时(注：阴历)

丁	庚	壬	丙
亥	戌	午	午

此命日主生于戌月，身弱，地支午戌合火局，丙丁并透为财多身弱，无子之信息明显，午午自刑，子女宫被刑，但这还不能决定。再看子息宫，女性占子以食神为女儿，伤官为儿子，甲木是日主的食神，午火是子息宫，甲木长生在亥，从亥数至午（子息宫）临在死字上，查子息歌诀，“死中至老没儿郎”。综观全局，是无子之命造。

2. 预测生男生女

推算头胎生男生女，这也是许多人比较关注的事情。推算的方法很多，但准确率始终不高。过去有些命理高人推算得非常准确，可是大多保秘而不传。笔者曾走访过不少易界高人，但都说法不一，为此多年来苦心钻研，经过反复验证，得出一些经验，提供给同道们在预测时做参考，希望能找出比较可行的实用方法。

推算头一胎生男生女，有以下几种方法：

第一男女以十神预测头胎生男生女：

①男性时干占食神，头胎大多生女。

②女性时干占食神，头胎大多生男。

③男女命时干逢正财头胎生男，时干逢正印，头胎生女。

④男女命时干逢枭印头胎生女。

第二以男女命生日，时柱的干支阴阳预测头胎生男生女。

①夫妻俩的日柱都是阳，时柱都是阴，先生男。夫妻俩的日柱都是阴，时柱也是阴，先生女。

②男命日干阴，时支阳，头胎生男，日干阳，时支阴头胎生女。

③女命日干阴，时支阴头胎生男，日干阳，时支阳头胎生女。

④不论男女，日干阳，时干阳，头胎生男。日干阴，时干阴先生女。日干阳、时干阴、头胎生女。日干阴，时干阳头胎生男。

⑤男命时干克日干头胎生男，女命日干克时干头胎生男

以上预测头胎生男生女，但也要分析日主强弱，五行生克制化，然后再结合大运，流年一起分析，找出内在规律，自然能运用自如。

3. 卦爻预测生子法

父母年龄分阴阳，受胎之月安中央。

组成卦象分男女，是男是女卦中详。

乾坎艮震定是男，巽离坤兑是女郎。

此法名曰八卦推算生男生女法，用法是将父母的年龄总和，按阴阳（单数为阳，双数为阴）分置为上下的位置，再将受胎的月数安在中间的位置，组合成卦象，如果是乾、坎，艮、震等卦是生男孩。巽、离、坤、兑等卦定是女儿。比如父母的年龄合起来是双数，作为阴▬ ▬分置上下两个位置，再看受胎月份是阴是阳，如受胎的月数是单，作阳爻放在▬▬（注：阳爻）中间，这样上下两头阴爻，中间是阳爻组成"坎卦"，多数生男；父母年龄合起来是单，作为阳爻▬▬分置上下，受胎月份是双，作阴爻▬ ▬安在中间，组成"离卦"，大多生女。其它依此类推。

4. 大衍之数预测生子法

这个方法是研究《铁板神数》用的，准确性高，本来不属八字预测范围，因本书是以实用为宗旨，不拘小节，录出供同道们研究。有一首歌诀：

七七四十九，问孕何月有，

除去母年龄，男女找根由。

如果是闰年，外加一十九。

遇单是生男，逢双必是女。

这种方法是用大衍之数 49 为基数，加上受胎的月份，减去受胎时的岁数，得出来单数或双数，单数生男，双数生女。用笔先写下 49，加上受胎月份，如果受胎月份是 3 月，则加上 3，总数为 52，减去孕时的岁数 33，余 19，属单数，应生男儿；如果余数是双,那就是生个女孩。例如某女 32 岁,9 月受孕,计算如下:49＋9－32＝26,为双数则生女;又如某女 29 岁,闰 3 月受孕,49＋3－29＋19＝42,42 也为双数则生女;再如是闰 4 月受孕,算式则为 49＋4－29＋19＝43,43 为单数则为男。

闰月推法原书没有,在日常应用中发现,如该年是闰月受孕,应加 19 数,其验证率较高。

5. 预测有子、无子

预测命中有子无子,要看八字中有无子星,命局有子星的就是有子,无子星的就判断无子。判断时要结合命局、旺、相、休、囚、死、墓、空、绝一起观察,方能下其结论。

①日主旺有克,有泄必有子。

②日主弱有生,有扶必有子。

③日主弱,伤官、印绶、财星多,又没有印来生扶无子。

④男命四柱全阴主无子,女命四柱全阳主无子。

⑤日主旺、食神、伤官或官煞落空主无子。

⑥时柱有华盖主孤独及克子。

⑦四柱无食伤,而遇官煞之运可能得子。

⑧女命食伤或时柱落空亡主有子夭折。

⑨子女星入墓,再逢刑冲克害主克子。

⑩时柱子女星坐羊刃为忌神者,主子女多灾。

⑪女命食伤不受刑克者,不但有子,而且子多;如果命局中满盘皆是食伤者,反而无子。

⑫日主衰弱,行到用神的岁运,是生子之年。如果行运不生扶日主者,主难以生子。

⑬命局中食伤与枭印皆现,名叫枭印夺食;如果食伤太弱,轻则刑克子孙,重者绝嗣,或生子中途夭折。

⑭命局不见子女星,行到官煞、食伤、用神之岁运可得子。

⑮时柱逢华盖,又加刑、冲、克、破,主晚年孤独,或临死前子

女不在跟前。

⑯男命局中七煞过多或旺，反而是伤子之兆，甚至少子或无子。

⑰女命日柱时柱多见刑、冲或墓、绝者，不但伤夫而且克子女。

⑱女命局中的印星多而旺，或者印星近克食伤，财星生官煞太旺，皆是损子或无子之象，也可能出现生女不生男，或终生不孕、难产、流产、子女早夭、体弱多病等现象。

⑲男命命局中的食伤多而旺，或食伤近克官星，或印太旺，或比劫太旺，皆主损子或无子，或生女不生男、子女夭折、体弱多病等厄运。

⑳女命日主衰弱，印轻食旺者，或印克食伤，皆主子少。

㉑男命日主强旺，食伤轻而有财者，主子多而有出息。

㉒日主衰弱，官煞旺，虽有印星，但见财星，就是有子也不孝（此仅供参考）。

㉓如要判断子女有无，只看男、女一方之子息宫，是不够正确的，必须以男命和女命二者共同结合起来参看，否则就不能准确判断出子女有无或子女多少。

㉔女子怀孕后，如遇上太岁或大运与时支相冲或相合，要慎防有流产之厄。

㉕男命时柱逢官煞而有力，又为喜用神者，子孙多而显耀。

㉖时上伤官，虽有子而主子迟，大多先女后男。

㉗官煞旺而食伤重者，需待行印星之年，或官煞之年，方可得子。

㉘时柱临败绝之地，主晚岁无儿，乃绝嗣之命。日、时煞刃逢枭，主半路抛妻克子。

㉙时柱与日柱相冲者，主伤妻克子。

㉚时柱遭破者，也主晚岁凄凉。

㉛伤官逢财而有子，七煞有制有子，羊刃重重刑妻子少。

㉜女命印绶本是伤子之神，如果逢财则平安无事。

㉝男命伤官多而克子，女命伤官多而克夫，男命官旺子必多，女命枭重必绝儿。

㉞女命食神受伤，乃主旺夫伤子，偏财重叠，多生女而少生男。

㉟女命食重官轻，乃夫衰子旺之命。

㊱时柱与年柱空亡，重者主绝子之兆。

㊲时带自刑，主子多疾病，如坐日破空亡与食、刃刑冲者，主早子受克。

㊳命局日柱和时柱两柱两刑主克子。

㊴女命食伤受扶太过或满盘食伤皆主无子。

㊵日主旺，印绶重无财星，必无子。

6. 预测何年生子

①何年生子，首先要看八字中有无子星，再结合大运、流年，看哪年子星旺，哪年身旺，如果命有子的，大多数在流年生扶日主，子星处于旺地的年份得子。

②八字子女星未现，逢行官煞、食伤、用神之岁运可得子。

③男命以七煞为子，女命以伤官为儿。男命大运或流年透出七煞，女命地支藏煞，而煞的强弱不偏不旺，是喜添贵子的时候。

④男命逢岁运透煞之年份，干支逢天合地合之年，都是添儿添女的年份。

⑤女命的大运流年逢旺相，而柱中又有食神子星，都是生子之年。

⑥关于生儿生女是人生一大喜事，何年生子，何年生女都有定律，千万不能强求，也不要违犯政策。

7. 预测子女才能

民间有句成语，叫做“望子成龙”。儿女成材乃是做父母的夙愿，也是人之常情。父母都希望儿女聪明伶俐，长大后能德才出众，耀祖荣宗，成为国家栋梁人才。从八字命局的组合中，可以判断出子女贤愚和道德才能。

①命局中官星得位坐禄，七煞有制，定生权贵之子，长大后能成为国家栋梁之材。

②喜神、用神居子女宫（时柱），若时柱都为喜神、用神必得贵子。

③时柱若为忌神，子女愚钝平庸，资质条件差，本人老年运也不佳，晚景凄凉。

④干支皆为忌神，晚运坎坷，如若时支一喜一忌，乃吉凶相等，晚运平平。

⑤男命局中财官生旺，子女有贵，聪明俊俏。

⑥时干为喜用神，第一个子女贤孝，若为忌神，第一个子女不贤孝。

⑦时支为喜用神，第二个子女贤孝，如果为忌神，第二个子女不贤孝。

⑧柱中的官煞、食伤为喜用者，不但子女贤孝，有助于自己，而且子女本身也富贵发达，是事业成功者。若为忌神，子女不孝，忤逆反上，一生为子女烦恼。

⑨子女星或时柱坐下长生、冠带、临官者，主子女在社会上能有成就，并主命造子女也多；若坐衰、病、死、墓、绝、胎者，主子女运气不好；若坐凶煞，主子女难有成就，诸事破败。

⑩时柱或子女星为喜用神或坐贵人、天德、月德等吉星者，主子女的成长顺利，很少遇到凶险意外等事故，将来在事业上，多会名利双收。

⑪时柱或子女星不宜落空亡，主子女中必有早夭者，或容易

流产，发生意外凶险之事，或多生女而少生男现象。

⑫时遇财旺生官，主生兴家治国之儿。

⑬身旺时柱为七煞，有食伤制煞，主多子，而且子女也富贵。

⑭时上干支带天、月二德者，主子女慈孝，有贵。

⑮女命食神一位生旺，又临长生之地，生子必然大贵。

⑯男命七煞在时，命局中又有食伤者，主子女有大贵。

⑰官星坐于时上为喜用，主子女官禄亨通。

⑱时上遇贵，命局中又有驿马，多生贤孝子女，并有出国创业之能。

⑲女命命局中食伤遇贵人，主子女显贵。

⑳命局中子星（时柱）坐于长生、帝旺、冠带、临官之地，主子女贤而富贵。

㉑女命命局食神，枭神两现，枭轻克子，枭重绝嗣（枭乃是偏印）。

㉒男命七煞为喜用神，或官煞旺，主早得贵子，并且主子女能助父运。

第六节　选择吉利的生产时间

“命运”是“命”和“运”的合体，命和运是两种概念，命是先天的，运是后天的。人的出生时间就是所说的“命”。命中隐藏着各种各样的奥秘是终生无法改变的。人一旦出生，一切的富贵穷夭和吉凶祸福就会成为自身命运运行的轨迹，如果要用人为措施去改变命运的话，那是可能的。“命”代表一粒种子，而种子优劣是先天的，什么种子长什么苗，结什么果，如种下去的是玉米，永远不会长成高粱。后天的改良只能使禾苗长得壮实一些。科学家用一种科学方法对种子进行研究，目的是对种子进行优化改良，发现其中时间对种子影响最大，例如清明前一天种下的玉米和清明第二天种下的玉米其本质就不一样，而且成熟期也有出入。清明前一天种下的玉米，在成熟的时候，外面的皮叶还是黄绿色，里面已经成熟；而清明第二天种下的玉米，到成熟时外面的皮叶已经老黄了，扒开里面还是嫩乎乎的。证明时间对自然界中的任何事物都有很大影响。

然而选择一个理想的出生时间，不是一件容易的事情，因世界上出生不同时间的八字，就多达50多万种，如果想在一年中的某一月份找到一个好的出生时间是很困难的。研究命理的人都知道，有些年的某些月份，是根本没有好时间可选的，如果这个胎儿出生产期凑巧就在这个时间的话，不客气的说，你本事再高也不会找出一个理想的八字。因胎儿在母腹中要有足够的孕期，提早产出，不是不健康就是不容易成活，如果超出预产期，那么也就没有多大意义。

选择一个好的产期，必须要先将怀孕期把握住，才能准确地确定预产期。为了使婴儿在理想的时间内出生，首先要在怀孕之前作出初步预测，然后再在年月日时上进行逐一详细推算。最好在怀孕之前，把握一个较为准确的孕期，让产期正好处在一个非常理想的大吉大利时间。也就是说，在怀孕之前，就要确定出某一个月的某一阶段出生。这项工作预测师需要花费大量时间的，比批上多少个的八字还要费事。为了选择一个好的命运，为后一代提供可靠的命理保证，不但预测师要付出一番苦功和能量，而对未来的父母来说，可能也要花上一定的费用。

要想选择一个十全十美的八字，必须要做到对命局全面分析，尽可能做到六亲圆满，体健心康，要想达到全面合格，八方不漏又谈何容易，但至少要做到以下几点：

1. 命局组合适当

①首先要求四柱五行流通，相生有情，气势顺畅，整体平衡。

②四柱最好不冲击,不动荡,尽量避免十神负面心性出现。

③对用神的份量要反复推敲,因用神在命局中起到医药作用,其作用最好能恰到好处,尽量使命局处于最佳的平衡状态。

④在选择出生时间时,不但要找大吉大利的八字,从道德品质上来讲,最好能含有德才兼备的成分才好。

2. 行运配合得当

"命好运不好,辛苦只到老"。就是说命局再好,如果大运配合不好,这个人本事再大,也无法施展自身才能,叫做生不逢时。如果命好运也好,肯定就会马走平川,步步称心,既能施展本身才华,也能得到应有回报。所以,在选择四柱时,最好能将命局和大运结合起来全盘分析,做到孩子还未出生,就知道将来事业前景如何。最困难的是,男命与女命大不相同,必须要详细分析清楚。

3. 尽量使六亲不受刑冲克害

人生最痛苦的莫过于少年丧失父母,中年丧妻,老年丧子。过去有首古歌说"幼丧父母最不幸,中年又怕克妻星,晚年最怕丧子女,鳏寡孤独最伤心"。这就叫人生三大不幸。自古以来很多大富大贵的人,不是幼失双亲,就是中年丧偶,更为严重的是,越是大富大贵的人,大多不是少子,就是绝嗣。这样的命,再大富大贵也无法使心态平衡。选择八字,首先要注重这些问题,尽量避免对六亲刑冲克害的弊病。要达到不但使命主好,更要使全家都好。在选择八字的同时,争取每一个六亲关系都要兼顾,最好使五行相生有情,尽量避免偏枯。然而岁运总是在不断变化,总会在一定时间内构成六亲死亡的事情,当然生离死别对任何一人来说都是避免不了的,而在选择八字时要尽量往后延迟。所以选择产期,必须要注意到以下几点:

①父母方面:首先注重年柱干支;年柱干支如临长生、帝旺,不受冲、刑、克、害,又能得月令相生为好,柱中财旺父长寿,印旺

母长寿，如能选择财印两旺更好，年柱管辖1～16岁运程，这样不仅避免幼失双亲之苦，而且主父母事业有成。如果再遇上月令生之有情定主父母均都高寿。

②配偶方面：男命尽量选择日坐财星临长生之地，如能为喜用神更好，尽量避免出现羊刃比劫且为忌神。女命选择官煞坐长生之地，如能为喜用神最好，避免伤官旺而为忌，官煞混杂等，这样可免去丧偶之悲了。

③子女方面：男以七煞为子，正官为女；女命以伤官为子，食神为女。最好临生旺之地，尽量能选择时柱为喜用神、天月二德、天乙等贵星居时上，不但主儿女长寿而且能荣宗耀祖，出入近贵。尽量避免子星衰弱而处死墓空绝之地。这样就可避免痛失麟儿之祸事了。

以上仅作提示，详细情况最好参照本书的有关章节，逐句推敲，避免前述的三种不幸的大事发生。

4. 要将功名事业前程兼顾

“望子成龙”是每一个作父母的夙愿，这一句话虽是过去的成语，而在改革开放的当今时代也不过时。谁都想自己的孩子长大后成为一个大有作为、荣宗耀祖、出人头地的人才。所以大学门槛人人争挤，功名利禄谁都想求。但这些事决非空想，人工造命，已成为事实。只要能为孩子选择一个组合好的八字，绝对会成为事实的。但这些不是一般人都能做到的，必须要有高超命理学知识方能做到。最起码要做到以下几条：

①功名事业是人生的一项大事，八字五行以中和为贵（特殊格局除外），争取财官印齐全，这样最利于读书用功，考试得中，事业有成，最好能配一个印绶临贵人，驿马、文昌、学堂、词馆等吉星照助，再为喜用神者，必定能文章盖世。

②身印两强，官星通透为喜用神。正官或偏官为喜用神无有其它煞混杂等等，这些都是在仕途上发展的八字，具体详情参

看有关章节。另有身强财旺，财为喜用神，身强财弱食伤为喜用，正偏财透干为喜用神，无有其它干支克制的，都是发财的八字。

5. 五行环境对八字的影响

预测产期时，遇上五行中某一行不足，在命局上不能找出平衡时，可用五行生态环境来弥补，如命中缺水或水少，可以用水的生态来增加平衡，如住水边或船上；或在生产时取一些水在旁边；或将服装颜色，用具、玩具皆宜黑色或浅灰色（因黑色和浅灰色都属水）。总的说来，凡是八字中某一行不足，都可以用颜色或出生地点，或某一行的生态用来作以辅助，这样既可补其五行不足，又能使其命运变好。

综上各节，选择一个理想的八字，是一件相当复杂的事情，而且也是一件十分精细的工作。但是，这件工作又不是一般命理师可以做好的，必须要具备过硬而深厚的命理学术基础和有实际经验，才能完成这项细致的工作。否则，选出来的命造，自己认为不错，实际上漏洞百出，根本经不住推敲，那就耽误这个命主一辈子大事。所以选择一理想的八字，预测师的选择也是一个重要关键，这不是一件简单的事情，必须要慎重对待。必须要找一个有名有实的预测师，否则就会飞蛾投火，耽误大事，千万不能马虎。

第十三章　婚姻篇

男女婚配问题，《系辞》中说：“有天地然后才有万物，有万物然后才有男女，有男女然后才有夫妻，男女精媾，万物化生。”

婚姻生活是人生中相当漫长而又相当重要的里程碑，如果能找到一个好的伴侣，共赴人生旅途，那是十分幸福的事。在实际生活中，有的夫妻情深似海，相敬如宾，白头偕老；有的先好后坏，各奔东西；有的夫妻相亲相爱，却中途发生丧偶的悲剧，这是受命局中阴阳五行相生相克的结果。

本篇将详细讲述生克制化分析命主配偶和子女事宜。

婚姻的判断，主要看妻星和妻宫或夫星、夫宫。正财代表妻星，没有正财，取偏财为用神。

妻宫是指日支，也就是日干的坐支；夫星是指正官，没有正官，取偏官(七煞)也可以。夫宫和妻宫一样，皆指日支而言。

有些八字中，正财和偏财或正官和偏官，只字不见，就得根据《滴天髓》所示的方法，以用神为子，生用神者论妻或论夫。

论夫，要看正官。八字中如见到正官明现，日主旺相，以正官为喜用神，将会嫁到一个好丈夫，夫唱妇随，相敬如宾，有依有靠。

论妻，以正财为准。八字中正财明现，只要日主旺而不衰，必定能娶到个好老婆。如果是日主旺，正财明现，以财为喜用神，而其它干支又没有冲克者，则主妻美而贤慧。婚后定然家庭和睦，美满幸福。

相反来说,财星为忌神(是指身弱的八字,需要印星生扶,比劫相助,而财能克印,又泄比劫之气),不但不易发财,反而一辈子也找不到个好老婆。

女命的官星如为忌神,则很难得到一个稳定婚姻,更不容易得一个好丈夫。

八字预测婚姻,准确度极高,虽不能百分之百,却也不会相差太远。因而每个人都应该为自己的婚姻,郑重其事地推算一下,以便少走弯路。

第一节 预测婚姻

1.男命看妻子

日柱为夫妻宫,财为妻星,如无妻星,以用神为子,生用神者为妻。妻宫固定在日支上,乃千古不变之理。看日主属于那种五行,根据日支五行对日主是帮扶还是抑制,来决定夫妻的关系,这种方法是相当科学而又实用的。此法就是用命局中的喜忌,以及行运情况来进行综合分析,其验证效果是非常高的。八字的喜用神多数出现在日、时,则忌神多数在年月上出现。由于岁运干支都由年月来决定的,如果初行的岁运不是喜用之地,待到若干年岁以后,走入喜用大运时,这时候已经成婚生子,所以娶到一个好妻子,中年享福,皆由岁运走到好的运程,自然不会有刑妻克子之嫌。

如果八字的喜用神在年柱或月柱,忌神则在日柱或时柱,初运就是喜庆的运程。少年时受父母阴庇,一定是自由自在地度过幸福的童年。走完幸福的童年大运,开始进入不吉的逆运,这时候忌神开始得逞,喜神被忌神破坏,不但妻子难保,而且财产、地位与生命都要遭受重大的损失。如果得原神救护,则无大碍。

八字中如有好的夫妻宫，男可娶到贤妻，女可嫁到贵夫，如果夫妻宫不好，不可能有圆满的婚姻。

推论妻子的原则，首先要看命局中的喜用之神得力不得力，然后再将太岁和大运配合起来推断，如喜用神没受破坏的话，那就必定能娶到贤妻，早得贵子。

其次，凡日支（妻宫）为喜用神者，主妻子有能力。如日支为忌神，主其妻无能，也不可能成为有力助手。要知妻子之贤愚，首先观察日柱旺衰，凡是日主强而财星旺者，大多娶个好妻子，如日支为财，为喜用，又有食伤相助，则娶妻不但漂亮且又贤慧。若财星为忌神，日支是喜神，其妻必然丑恶，或者其被刑克是也。若柱中以印为用神，被财破印，又没有官煞或其它吉神相救者，仅防因妻带来祸殃。如柱中劫财太重，财星太弱，又没有其它吉神救护者，必有克妻之祸，轻者离异，重者死亡，少者一至两个，多者三到五房。柱中日主弱而财星多，又没有比肩解救者，也是克妻之兆。柱中劫财与羊刃重重，而财星太少太弱，有食伤和偏印同时出现者，名叫“劫重财轻”与“枭印夺食”，主妻有横逆之虞。柱中不见财星，而比劫旺，有食伤出现者，主其妻漂亮，但有被克之嫌。柱中财星为喜神，而与他柱相合，又化为忌神者主其妻易有外遇。柱中财星为忌神，又与闲神化合为财者，主夫妻不和。

现将男命看妻的有关事项列出，以供读者参考：

①日干坐正财、偏财、逢贵人不遭克破，主妻子漂亮，贤惠，更因得妻而发财。

②日支坐正财、偏财、正印、偏印或日支为用神，其妻必是一位贤内助。

③日柱干支相生，主夫妻恩爱，干生支我爱她，支生干，她爱我。不生不克主感情平常。

④日支、时支坐禄马，主妻贤子贵。

⑤财星自坐长生，不受冲克，主妻子长寿。

⑥财星与用神不冲不刑，主妻子美丽持家有方。

⑦柱中财多身弱，主妻不从夫。

⑧日主旺，而羊刃又坐日支者，主妻凶悍好斗，由于羊刃有叛逆及破坏性，重者因妻破产亡身，轻者其妻多病。如果日主很弱而又坐刃，反又主妻子机敏聪明，应主美满婚姻。

⑨八字财星太弱，如行比劫运冲财，其妻轻则有灾，重者生离死别。

⑩日干与妻星相合太多，妻缘恐变。身旺刃多者，主夫妻容易中途离别。

⑪柱中煞重，又有财来生煞或是官多用印，有财星破印，主妻不得力，因妻坏事。

⑫日主太旺，日支坐比肩者，主妻子多惹口舌纠纷，重则引起破产，特别是身旺财弱最验。

⑬八字以印为用神，被财破印而又没有官煞来解救，必因妻致祸。

⑭柱中劫重财太轻，无有解神，必克妻，轻则一两个，重则三四个。

⑮柱中财重身轻，有食伤者，妻遭横死。

⑯财星衰，官煞旺，无食伤，有印绶，妻弱多病。

⑰比劫旺而无财，有食神，妻贤受克，如妻陋则无碍。

⑱身旺见财星，逢比劫者妻美，但克妻。

⑲八字中喜财而被合者，主夫妻不和。

⑳日支为喜用神，妻必贤淑，对自己有助，若是忌神，不但无助，反而连累自己。

㉑柱中财星不现，此人乃大男子主义，异性缘较差，夫妻意见不统一，遇事不易沟通。

㉒柱中财星弱，被比劫克破，或藏而不现者，主刑妻克子，夫

妻失和或妻子体弱多病。

㉓日干坐正财,其人以妻为重,处处听取妻子意见。日干坐偏财易生三角恋爱,婚姻出现感情风波。

㉔财星坐长生,禄冠带者主妻运较佳,若坐衰、弱、死、墓、绝者,多半主妻运不佳或短寿。

㉕日支生扶日干,主妻和睦,正财与日主相合,主家庭富裕,夫妻情深。

㉖财星临天乙,天德,月德,或其它吉星者,家庭条件好,妻子精干贤慧,如坐凶星恶煞,主其妻悍泼而大多数为贫困之家。

㉗日坐空亡,主夫妻生离死别,或分居再娶,妻缘不佳,中年运气也不好。

㉘财星离日主越近越好,夫妻感情密切,反之越远越不好,主妻缘越差。

㉙日柱与月柱相同者,婚姻大多有波折,婚期较迟,或感情不和。

㉚日坐正财,不遭克破主其妻贤慧漂亮,持家有方。

㉛日坐食神,不见枭印再坐禄地者主其妻贤慧持家。

㉜日坐羊刃,主其妻凶悍不贤,又主身体不好。

㉝妻星坐驿马,大多于外乡娶妻,或其妻死于外地。

㉞命中有二个财星,其中有一空亡者,大多有婚变,或丧偶、再婚之兆。

㉟查四柱天干、见有两甲、两庚、三辛、三癸者,男主克妻,女主克夫。

㊱《拦街网》中说,两庚两甲妻命短,三庚夫妻缘不长,三丁必定再续娶,三癸三丁火烧光。

㊲日坐孤神,寡宿、主妻缘不投,六亲疏远,不得助力。

㊳财星多透多惧内,财坐绝地损儿郎,妻星失令多离异,最忌人墓妻有丧。

㊴柱中比劫重重透干,有多次婚姻之预兆。

㊵日坐沐浴,主妻子漂亮,但容易引起外情风波。

㊶月干与年干相同,主婚事不顺,感情不合。

㊷柱中比劫太多定主克妻,日支被月支时支刑冲者也是。

㊸日支与运支、财支相冲者,主其妻有病,重者克妻。

㊹财官空亡,主中途克妻,否则远走他乡。

㊺日坐伤官,主其妻聪明,但心神不定。

㊻柱中有伤官,羊刃旺而无制者,男主克妻,女主克夫。

㊼财星受比劫克而无救,防妻遭横死。

㊽年日柱犯天克地冲,夫妻有生离死别之忧。

㊾日干坐食神为用又不见偏印者,主其妻肥胖,自己弱小。

㊿财星坐桃花沐浴或财星被合化成忌神者,主其妻多有私通。

�51男命日干弱,日支为七煞其妻愚笨而险恶。

�52男命局中,比劫合住正财,主妻有外遇。

�53月干弱七煞重,其人怕老婆。

�54月干坐正财,其妻是贤妻良母,不但能侍奉丈夫有方,而且孝顺公婆。如果劫财太旺,恰恰相反。

2. 女命看丈夫

①四柱中没有官煞混杂,主丈夫身体健康,性情敦厚,夫妻情缘深。官煞不混者,乃四柱有正官,无偏官,或有偏官无正官的叫做官煞不混。

②正官坐禄主丈夫身体健康,性格温和,忠实敦厚。正官坐禄者,即坐建禄之意。如甲木为正官,坐寅或逢寅即是,乙木为正官坐卯或者逢卯即是。遇此者为最好夫妻。

③柱中无论正官或者偏官,只要官煞不混,能与天乙贵人同宫时,必主丈夫清秀贤明,而且人品好,遇到好运时,定能发财致富。

④官煞得长生，主丈夫寿长，加上日干有气没有损克，夫妻能白头偕老。

⑤日坐夫星为用神，主夫妻感情和睦，富贵双全。

⑥官煞过旺有食神克制官煞，主丈夫富贵。

⑦日主过旺，过刚，多为离婚再嫁之命。日主坐羊刃也是离婚之象。

⑧官星不旺而伤官重重或伤官天透地藏主克夫。

⑨官煞混杂，天干透，地支藏，皆主二夫之象。

⑩日主坐魁罡，主夫遭横祸或暴疾死亡，轻者不合或离异。

⑪日干弱，食伤旺，有印克食伤，主丈夫富贵。

⑫柱中官煞太旺，食、伤与印绶无力主夫妻意见不统一，丈夫不成器。

⑬柱中官煞星太弱，食伤旺而财星无力，主丈夫懦弱而不成大器。

⑭日主弱，食伤旺，印星无力者，一生不能帮助丈夫。

⑮日主旺，食伤多，财星无力，主丈夫贫困多病。

⑯日主太弱，日支为七煞或官煞旺而无制主丈夫凶暴。

⑰日支为七煞或七煞旺而无制主夫妻不和。

⑱日时辰戌相冲者，主丈夫有外情。

⑲官煞或日支遭受冲克者主克夫。

⑳日主强官煞太弱，且坐死绝之地主克夫。

㉑官星或日支被冲时，有克夫之兆，如大运来冲时，主丈夫的身体容易变化，严重时有死亡的象征。

㉒日坐偏官而无制或化合时，主丈夫性情粗暴。如果再逢冲星太多，主夫妻如仇敌一样，甚至出现凶亡之事。

㉓正官健旺，如遇伤官之克，不但福减，而走到伤官之大运时，有克夫之兆。如果正官弱而伤官旺，行到官运之时，也是克夫之兆。

㉔柱中有正官而又有偏官者，主丈夫性情不定，自己易有色情之事出现，造成夫妻不和；丈夫就是一个好人，也会造成一定的误会，带来夫妻不和。

㉕日主强，官星力薄而且伤官多者，有克夫再嫁之险。

㉖身旺官星无力，又没有财星相助，而且官星多者，主克夫。

㉗比肩劫财多而无官星时，容易克夫。

㉘食伤多，而且财星太过，这都是克夫之象征。

㉙四柱中官星太多，官星代表丈夫，表示丈夫太多，必是再嫁之妇，如不然则是结婚很迟。

㉚官星与桃花同宫时，主丈夫风流，关于婚事也是自由恋爱。

㉛生日坐伤官且旺者，是克夫之命。如伤官衰弱，虽然丈夫不死，也有离婚之忧。尤其行伤官大运或比劫之运时，须特别注意。但是入正财格之人，不必担心。

㉜生日坐比肩、劫财，乃克夫之命，如果本命是正官、七煞、食神、伤官格者，则不用担心。

㉝生日坐正印，主丈夫聪明，如果是正财格，则主丈夫愚笨，否则辛苦劳碌。

㉞柱中日坐正官者，乃官星得位，主自由恋爱，但不宜冲克伤破，否则婚缘较迟，早婚者有离婚之忧。

㉟生日坐倒食偏印者，主丈夫聪明好学，但是懒惰，如果柱中出现偏财，来制服倒食，主丈夫不但聪明好学，而且能勤俭持家。

㊱生日坐食神，柱中没有偏印，主其人非常会处事，而且人缘极佳，如果他柱食、伤多者，乃克夫再嫁之命。

㊲女命地支合会成官星局者，其丈夫在社会上有威望，能创建一番事业，婚姻很美满。

㊳日主强而正官弱者，而且没有财星相助，主找不到理想之

丈夫。

㊴日主旺，印绶太强，主克夫之命。

㊵生日太弱，而柱中有比肩劫财且逢旺地，则主丈夫有外遇。

㊶四柱官星太多而又逢合，又出生在十恶大败日时，会因感情方面是非之事而受灾。

㊷七煞重而无克者，好色克夫。

㊸预测婚姻，以正官为丈夫，如果八字中正官明显，日主旺相平和，以正官为喜用，将找到一个好丈夫。

㊹日干坐正官、偏官为用神，主丈夫富贵，夫妻感情和睦。

㊺官煞坐长生之地或官煞不受冲克，必嫁贵夫。

㊻官星生旺临贵人、驿马、得贤贵之夫，并有出国之机会。

㊼局中有财又行财运，财旺生官，主丈夫荣显。

㊽柱中官煞星为用神，旺相或坐支是夫星，主丈夫富贵。

㊾柱中官煞强旺，有印星泄官煞而生日主，且印又旺而有力，主丈夫贵命。

㊿日支为喜用神者，主夫妻和睦、融洽。

51七煞坐地支为用神，而又为长生之地，因夫而富贵。命局官旺而财又旺，必嫁贵夫。

52柱中有天、月二德逢印，贵为高官之妻。

53官煞不杂又有印来生扶，嫁夫定有荣升之机。

54官煞弱有财生官，能助夫创事业。

55日干逢伤官坐伤官或伤官坐七煞，坐正官，均是生离死别之兆。

56四柱干支不见财星，伤官旺，夫妻容易分离。

57八字纯阳纯阴，主孤寡之命。有孤阴不生，独阳不长之说。

58官星入墓绝，伤官之地主重婚再嫁。

⑲命局正官落空亡，主中途丧偶或终身不婚，如空亡临贵人，主丈夫伤残。

⑳年柱与日柱是伏吟又逢冲克，主夫死再嫁。

㉑八字中有两个以上官煞旺相，其中有一个正官落空亡，主离婚或亡夫重嫁。

㉒八字中有官星藏干墓中主克夫。

㉓八字中见四个食神，主婚迟，也主婚恋不顺。

㉔八字中正官七煞双透，日支与时支比合，主再次婚姻。

㉕日主犯伤官，不远嫁定克夫，偏印与邻支相冲，必有生离死别之悲。

㉖八字中比肩重重或天干媾合，有夺夫之兆。

㉗逢官煞混杂，伤夫再嫁。

㉘官星遇伤官，不见印定主克夫。

㉙七煞透年干，正官不坐夫宫，而且日支与年支比合，定主再次婚姻。

㉚柱中逢临官、帝旺双全，主夫妻相伤，重婚再嫁。

㉛生年生日相同者主重婚再嫁。

㉜柱中见一己两甲，一乙两庚，一辛两丙，一丁两壬，一癸两戊，谓之媾合，主克夫淫乱。

㉝柱中伤官见官，不仅克夫，而且主终身劳碌，否则多病。

㉞伤官克夫再嫁，如见多合，则卑贱淫盗。

㉟柱中官星一位为佳，多则重婚再嫁。

㊱日主癸逢戊为正官，少年定嫁白头老翁。

综此一节，是男命预测妻子贵贱，女命预测丈夫贤愚的应用方法。关于如何分析男命克妻，女命克夫，怎样才能避免这些问题，虽然有些书中也有论述，大多数是隔靴搔痒，甚至概念模糊，因而使很多初学者不明白。为此，本书专列“婚姻篇”加以专题分析，详细介绍。

3. 伤夫克子命造详解

坤造：1915年七月初九子时（注：阴历）

伤官	食神	日主	偏印
乙	甲	壬	庚
卯死	申长生	午胎	子旺
乙	庚戊壬	丁己	癸
伤官	偏印 偏官 比肩	正财 正官	劫财

大运：

3岁	13岁	23岁	33岁	43岁	53岁	63岁
乙	丙	丁	戊	己	庚	辛
酉	戌	亥	子	丑	寅	卯

此命造壬水长生申月谓之得令，柱中2金2水，1火3木，日主壬水为得势，月坐长生，日主坐胎，时柱坐帝旺又为得地，观其全局，日主得令、得势、得地、日主强旺坐胎，时支又临羊刃，女命首先要看夫子二星，女命以正官为夫星，壬水日主的正官是己土，先将己土正官拉到月支申金上看旺衰，申为正官的沐浴，再将己土拉到时支子水为绝地，最后又将己土拉到年柱卯木上看为病地，乙卯是克己土夫星的偏官，月干甲木是夫星的正官，但月支申金，时干庚金，都是夫星的伤官，总的看来夫星不旺。再来找找子星，女命以食神为子星，甲木是日主壬水的食神、子星，甲木坐在月提申金上，申金是甲木的绝地，对时支子中癸水来说为死地，看来子星弱不得时，大体看来，此造夫衰子弱。

再将大运，流年来分析一下，命主28岁时是壬午年，流年壬午与日主相同为之伏吟，“伏吟”乃是哼声不止之意，命书上有“伏吟相见泪淋淋”一说，该年流年的“午”字与日柱的“午”二个午字与时支相冲，时支子水为日主羊刃，羊刃受冲，这年丈夫有大病。33 岁走戊子大运,34 岁流年又是戊子,与命局时柱的庚子,形成三子冲一午,子又是羊刃,也就是羊刃聚会,向配偶宫冲进,这一年大运戊子与日柱的壬午形成天克地冲,同时与流年戊子是伏吟,形成多方的冲战,这年丈夫病逝。

分析八字中伤夫克子的方法很多,古书多有记载,过去批八字,一见妻星多现,多结论为妻妾多,现在推算命运,如果仍按过去那种陈章旧路就不对了。现在社会只能谈妻,不能论妾。如遇八字中妻星多现,大多是以伤妻再娶,或是克夫再嫁,外遇、外恋等概念来代替。所以研究八字的人们,对此要有新的认识和新的判断。下面分析一个伤夫克子的实例。

坤造:1936 年十一月初六子时

伤官	正官	日主	伤官
丙	庚	乙	丙
子	子	亥	子
癸	癸	壬甲	癸
偏印	偏印	正印 劫财	偏印

大运:

4 岁	14 岁	24 岁	34 岁	44 岁	54 岁	64 岁
己	戊	丁	丙	乙	甲	癸
亥	戌	酉	申	未	午	巳

流年:

1 岁	11 岁	21 岁	31 岁	41 岁	51 岁	61 岁
丙	丙	丙	丙	丙	丙	丙
子	戌	申	午	辰	寅	子

此造日主乙木生于子月,庚金为乙木的官星,庚金坐于子月,金寒水冷,坐下的月支子水又是庚金的死地,再加上命局中

地支亥子半会为水局，一齐来盗泄官星庚金之气，庚金无有生气，年时伤官克官，四柱中又不见土来生金，克夫之信息非常明显。再来看看子息如何？女命以食伤为儿女，乙木日主以丁火为子女，柱中丁火不透不藏，以丙火代之，丙子时柱为子息宫，冬月之火坐于子水，为水火冲激，水旺火灭，虽然年干丙火能助时干丙火，无奈相隔遥远，加之四柱中地支乃一片汪洋，汹涌之水难容星星之火，所以子息也厄运难逃。

第二节　婚姻不顺的生日

婚姻的顺逆，与生日的关系很大。出生的日子不好，轻则感情不合，重则横祸频生，生离死别。致使婚姻不顺的生日很多，诸书论说各不相同。现将平时应用的经验，将婚姻特别不顺的生日加以总结，以供读者参考研究。

1. 阴差阳错

阴差阳错的生日是婚姻不顺最明显的信号。这些信号在生日上出现，同时又在他柱出现者，主婚姻有生离死别的危险，有一首古歌：

阴差阳错会者稀，六干加上十二支。
丙丁戊与辛壬癸，丙子丁丑向前移。
悟透玄机知妙理，婚姻顺逆即刻知。

按歌诀含义，可归纳成下表：

阴差阳错日

天干	丙	丁	戊	辛	壬	癸
地支	子 午	丑 未	寅 申	卯 酉	辰 戌	巳 亥

先将歌诀中的丙、丁、戊、辛、壬、癸这六个天干顺序记熟，然后将这六个天干加在十二地支上向前排列，将天干第一个字的“丙”字，加在地支第一个字的“子”字上，再将天干第二个字的“丁”字加在地支第二个字的“丑”上，顺着戊加寅上，辛加卯上，壬加辰上，癸加巳上，又重将丙加午上，丁加未上一直至癸加亥上。也就是丙子、丁丑、戊寅、辛卯，壬辰、癸巳、丙午、丁未、戊申、辛酉、壬戌、癸亥，凡是这十二天出生的日子，都是阴差阳错日。

2. 日坐羊刃

日坐羊刃，就是日主坐在羊刃上。日坐羊刃最为不吉，女性临之更凶，主性情刚烈，使丈夫易遭横祸，又主生离死别之忧。

命犯日刃最不宜，须从日柱找根基。

十二宫中寻帝旺，便是羊刃不用疑。

命主若还逢此日，婚姻不利须防之。

日刃就四位：壬子、丙午、戊午、癸亥。

子午卯酉为阳刃，而五阳干只能坐子午。

日刃的查法非常简单，命主日干五行寄生十二宫的帝旺即是。如命主甲日出生，甲木长生在亥，帝旺在卯，丙火长生在寅，帝旺在午，戊土长生在寅，帝旺在午，庚金长生在巳，帝旺在酉，壬水长生在申，帝旺长生在子等。特别注意的是甲、丙、戊、庚、壬五阳干坐子午卯酉的叫日刃，阴干乙丁已辛，没有日刃，虽有刃但不作婚姻不顺论之。

3. 晚婚之命

男命以财为妻星，女命以官为夫星。不论男、女命，如果八字中有四个正官，包括天干地支本气是正官的，或者四个偏官，或四个正财，或偏财，或男命中财星过旺，女命中官星过旺，而身弱用神不得力，或者没有用神，大多数要在 36 岁或 40 岁以后，方能有婚姻对象，甚至终身不婚。

不论男女，柱中伤官多而明显者，说明在选择配偶方面非常挑剔，因要求条件过高，容易造成晚婚。男命财官不现是晚婚信息；女命枭神明显，不但婚晚，而且容易造成婚变；如果伤、劫、枭一齐明显出现者，很容易错过婚姻机会，造成晚婚。

①无论男女夫妻宫有克，婚姻都是迟晚，过去有句古话，妻宫有克无早娶，夫宫受克无早嫁。

②夫妻宫逢空破或冲克皆主结婚晚。

③夫妻星在流年大运中出现婚晚。

④女命食神伤官太旺或者大运逢伤官婚迟。

晚婚易记歌诀：

晚婚之人莫叹悲，八字之中可细推。
华盖重重婚不早，四柱无财不必催。
男命纯阳魁罡日，阴差阳错无人追。
时柱财官无藏透，晚婚之命莫懊悔。
伤官过多婚宜晚，官财不现婚无媒。
枭显伤劫齐出现，婚姻容易错机会。

第三节 结婚时间预测法

男女婚配以日柱为婚姻宫，以日支为配偶，依此不但能判断出婚姻是否美满，而且能预测出配偶是否温柔贤慧，还可以预测出结婚的时间。何年婚恋，何年嫁娶，这是每个人都很关注的事情。古人总结出婚恋嫁娶的时间都是有一定安排的。《鸿福齐天》运通歌上说“三合财官得运时，绮罗香里会佳期。洋洋已达青云志，财禄婚姻喜气宜”。此歌说明，凡是预测婚姻，多以财官为基准，来判断结婚和恋爱时间。

①男命以偏正财星出现的某柱为准，如财居月柱为用神，主

25 岁前婚姻动，这时候应有恋爱或嫁娶的事情出现。如日干自坐的日支财星是用神，在 25 岁到 30 岁之间婚姻发动。如果财星现于时柱，婚姻更会延迟，可能要在此人功成名就以后，才能组合家庭。

②柱中有三合财局或三合官局，定是红鸾星发动之年。

③不论男女，大运、流年的天干地支形成天合地合，必定是嫁娶之年。

④男命大运，流年都遇财地，多数是结婚信息出现。

⑤不论男女的日柱，大运、太岁，能组成三合财官局或三会财官局的，此年是婚姻嫁娶之年。

⑥男命的大运，流年，逢正、偏财与日干相合者，定主其年姻缘发动。

⑦女命的大运，流年逢正、偏官与日干相合是婚恋嫁娶之期。

⑧男女八字流年遇红鸾、天喜的定是花烛喜庆之年。

⑨不论男女，大运、流年干支与日主干支形成天合地合的，谓之天地鸳鸯合，此年是结婚的征兆。

⑩不论男女，用神所临之年，再加上男命财星出现，女命官星出现，此年是成婚或订婚之年。

⑪女命日主坐支与流年相冲破者，该年易有破身之事，如庚申日逢寅年，或寅日遇申年。

⑫流年逢桃花或沐浴之时。

⑬夫妻星用神出现之流年或大运。

⑭逢兄弟逢比劫之岁运结婚。

⑮日柱与流年犯天克地冲者乃结婚之年。

总的看来，按佳期婚配的夫妻大多数感情好，互敬互爱。

动婚时间易记歌诀：

结婚时间有安排，女看官星男看财。

命中财官名配偶，以此推算莫疑猜。
最忌财官太极旺，更忌身弱用太衰。
配偶合多又明现，必是早婚命里该。
何年结婚看岁运，与命干支一起排。
五合六合三合会，如临用神喜事来。
岁运桃花又逢合，天生姻缘婚运开。
岁运日柱鸳鸯合，亲友共聚贺喜来。
流年日柱干支合，花烛之年喜开怀。
命局太岁与大运，组成合会看官财。
财官大运如入墓，逢冲之时把墓开。
流年命宫与大运，天合地合喜事来。
日月支合结婚早，年月财官婚安排。
岁运命局若逢此，不论男女喜事来。

第四节 传统婚配宜忌

婚配宜忌，古人对此最为重视，历代的命理学家在男女婚配上动了不少脑筋，总结出很多为世人所尊崇的宝贵经验。但这些经验方法，用现代科学分析起来，不免有许多唯心的成分，但也有参考和实用价值，在应用时剔除糟粕，取其精华为更好。

传统的婚配宜忌方法很多，下边仅将民间常用的合婚方法选择几种，以供参考。

1. 属相配婚方法

属相配婚方法，是以男女属相，看是否有相生相合，或者相冲相克而做决定的。属相相生相合为喜，相冲相克为忌。如地支六合，子与丑合，即属鼠与属牛的相合；寅与亥合，即属虎与属猪的相合；卯与戌合，即属兔与属狗的相合；辰与酉合，即属龙的与属鸡的相合；巳与申合，即属蛇的与属猴的相合；午与未合，即属马的与属羊的相合。但凡男女属相相合的都可配婚。

2. 属相相害不宜配婚

属相相害的配婚口诀是："从来白马怕青牛，羊鼠相逢一旦休，蛇虎相见如刀绞，龙兔配之泪交流，金鸡从来怕玉犬，猪见猿猴不到头。"歌诀中说："从来白马怕青牛"，白马指的是"庚午"年生人，青牛指的是乙丑年生人；庚午天干的"庚"与乙丑天干的"乙"相克，地支庚午的午，又与乙丑的丑相害，所以列为婚忌。柱中凡是子与未相遇者，谓之相害，寅与巳相害，辰与卯相害，酉与戌相害，申与亥相害，都是不利婚配的。古人多用"如刀绞"，"泪交流"，"不到头"，"一旦休"等不好的词语来形容。为此在这些歌诀的影响下，不知拆散多少青年男女。近代以来，很多人不讲究属相相冲或相克、相害，而婚后夫妻恩爱，白头到老，为数也还不少。为此我们研究男女婚配问题，一定要与实践配合，判断千万不可沉陷一种形式之中，绝不能一见冲、克、相害就妄下定语。

3. 纳音五行配婚法

纳音五行的配婚方法，是用男女出生年的纳音五行归纳起来，用相生相克，来决定婚配的。民间习俗在儿女订婚之前，老人们预先要请在行内人推一推，看看是否能结亲，也就是人们常说的他俩婚命合不合。如男命是甲子年出生，纳音五行是"海中金"命，女命是辛未年出生，纳音五行是路旁土命。路旁土生助海中金，说明婚配得很好。此是民间合婚的常用方法。推算时将命主的属相与纳音五行统一起来进行分析，如果属相相合，纳音五行又相生，则为完美之婚。反之，属相不合纳音五行又相克，则为不吉利之婚姻。根据多年的实践经验看来，属相与纳音年命相冲相克的婚姻，婚后相处得情投意合还为数不少。预测时最好能将四柱年运综合起来一起分析，将范围扩大一些才好。

古人认为相冲、相刑、相害的局限范围太小,多有不便之处,为了使其婚配扩大范围,又将三合局运用进来。即寅午戌年出生的人婚姻相合,也就是属虎、属马、属狗的人婚姻相配最好。亥卯未年出生的人婚姻相合,即是属猪、属兔、属羊的人婚姻相配最好。申子辰年出生的人婚姻相合,即是属猴、属鼠、属龙的三种属相婚姻配合最好。巳酉丑年出生的人婚姻相合,亦即属蛇、属鸡、属牛的三种命运相配,婚姻最好,这种婚配方法叫三合局婚配法。这样,选择范围扩大得多了,为男女在选择配偶方面开了许多方便之门。最好的方法还是用“五行互补的合婚法”。这种方法很简单,是将男、女的八字统一起来分析,用互相补偏救弊来弥补,使其双方阴阳平衡。如自身日干是甲木,而八字中比肩、劫财较旺,但女方的八字自身碰巧是戊己土较多,这样木能克土,使过多过旺之土,得以疏通,如果女方戊己土不旺,再受甲木强克,那就难以接受了。如果女方八字中庚辛金的食神生旺,也可抵抗男方命中的甲乙木,这样仍然促成双方阴阳平衡。从实践应用经验来看,这种方法,实用性很强。

4. 日干配婚法

男女双方的八字如能中和叫做阴阳得配。往往这对夫妻,同心协力,相亲相助,令人羡慕。

甲日出生的人和己日出生的人相配,乙日出生的人与庚日出生的人相配,丙日出生与辛日出生的相配,丁日出生与壬日出生相配,戊日出生与癸日出生相配,这是配婚的首要选题,因符合阴阳有情,结合为一体,能成一对幸福夫妻。

5. 生日地支配婚法

日支为夫妻宫,如能互相配合,不发生刑、冲、破、害为最好;如能会合成命中的喜神或用神当然更好;如支中有刑冲破害,柱中又出现另一种五行结合,竟能逢凶化吉,使凶不成凶。

由于篇幅所限,暂且讲到这里。最后还有几句要紧话,请每位读者，特别是以预测为业的同道们务必留意，在操作时，凡是遇到夫妻相冲相克的命造必须解释清楚利弊，有些人的八字中确有克夫、克妻婚变的信息存在，如果对方的婚姻已经破碎的话，直接告诉他，这样可以平衡他们的心里创伤；但对未婚或已接近婚姻破碎的人来说，必须要作策略性的解释，否则易引起某些意外的作用。一个克妻、克夫命造不是绝对的，这涉及到很多方面问题，必要时需将大运和配偶的八字一起配合起来论断，千万不能妄下结论。例如两个独立的恋人，命中都有克夫克妻的标志，这时绝对不能妄下不好的结论，因为两个人的婚姻结合，如两种化学元素拌在一起，就会产生另一种元素。如一个女命，八字中伤官过旺，自然有克官煞(丈夫)现象；如果配的丈夫八字中日主旺比劫多，财多不但不克，反而相亲相爱。又如一个男命，日主很旺，柱中比劫多现而争财，男命以财为妻，妻星遇比劫多，那自然出现克妻之象。如果配一个官煞或食伤为用神的女性作妻子，互相中和一下，就能逢凶化吉。男女之命各取所需，如果一方的忌神，正好是对方的用神，那就再好不过了。所以食伤重克夫的女命，配一个比劫重克妻的男命，那就谈不上克夫克妻了。

关于克夫、克妻的八字是可以弥补的。本书除了上述多种弥补方法，还有专门为合婚而设的补救法。对于相冲一事，务必要将各种因素说清楚，尽量避免双方怨憎，导致夫妻失和，最好遇到好的命运多说点好话，意在策马加鞭，使其更有信心的生活。对于凶命凶造，说话留点余地，旨在安定团结，维护社会安宁。

综上所述，婚姻是人生重要大事，一个人如果能找到好的伴侣，共赴人生旅途，确实是一件十分幸福的事。预测婚姻，最主要看妻星和妻宫或夫星夫宫。所谓妻星，上面已经作过详细的介绍，指的是正财，如果正财不见，可看偏财。妻宫是指日支，也就是日主所坐的坐支，夫星指的是正官，如果柱中不见正官，可取偏官为夫，夫宫也和妻宫一样指的都是日支。

论其娶妻，是以正财为准，柱中日主旺，正财明现，将会找到好妻子。

论其嫁夫，应以正官为准，如柱中日主旺相，以正官为用神，一定能嫁个好丈夫。

相对如男命财星为忌神，不但一生财源不旺，而且一生一世也不会找个好妻子；如女命八字官星为忌神，则得不到一个稳定婚姻，更说不上能找一个称心如意的郎君。

第十四章　凶祸篇

第一节　死亡夭折

关于死亡夭折的看法，首先要分清类别，是凶死还是病死，断法各不相同。凶死是怎么凶死？死在什么时候？病死又是因何病而死，死在何时，这些都是预测者必须研究的首要课题。根据本人的实践应用经验来看，断法各不相同。凶灾病死中包括伤残、死亡、牢狱、横祸之灾等。对这些灾难是否可以预防，有无趋吉避凶的方法，这是从古至今命理学家首先关注的问题。《周易·系辞》上讲："原始及终，故知生死之说。"阴阳交合物之始，阴阳分离物之终。合则生，离则死。人体之疾病、死亡，以及其它的凶灾横祸与阴阳五行生克制化有很大关系。八字是根据阴阳五行生克制化的有机体系，来预测人生各种灾祸和死亡时间。人在什么时候生病，生的是什么病？什么时间有灾祸？通过八字可提前预测出来，这样可预防凶祸的发生，不但对人生有利，而且能减少很多不必要的损失。当今社会上，一些不学无术之人，抓住人们对凶险问题的心理压力，利用各种手段来骗财坑人。了解有关知识，可以避免上当受骗。本篇就是旨在探索人生八字中潜藏的各种信息，寻求更有效趋吉避凶的方法，使八字预测这门玄奥的学问，更好地为人类造福。

世间没有比死亡夭折这几个字更令人胆惧的，推测八字首先要注重这个可怕的信号，无论是否怕死，人类最后终归要死。

寿元多大？何年寿终？这是历代命理学家普遍关注的问题，为此研究命理学的前辈们，对八字中有关死亡夭折的凶险信号进行研究，总结出一些预测方法，使人们对命中不幸的信息可以提前预知。

1. 身弱无依，寿短无疑

推测命长命短的信息，首先注重用神，用神厚而有根说明此人寿高，反之用神浅薄而忌神深重或遇忌神与用神混杂而互相冲克，这皆是短命之预兆。日主过旺，柱中不见官财克泄。日主过弱，柱中财煞太旺，致使日主无依者。如果身弱有印来生扶，而又出现财来坏印，日主身弱，柱中不但不见印来生扶，反见食伤重叠，这皆是短命信号。

身弱无依最不良，恰似婴儿失了娘。
用神混杂忌神旺，弱者无扶病夭亡。

2. 天克地冲，其祸无穷

天克地冲，是一个令人可怕的名词，有些人批命，只要一见天克地冲，马上就认为灾难来临，好像是一成不变的规律，其实这都是一种片面的看法，每一个人八字在一生中都会遇上天克地冲，但有人遇上天克地冲不但没有发生凶事，相反还有好事来临，因为命局、大运、流年有喜忌之分，如喜用神遇上天克地冲肯定不好，如忌神遇冲有好无坏，断命时必须分清喜忌。绝对不能一见天克地冲，就断必出凶死，这样片面的看法是不对的。所谓"天克地冲"，是流年干支与出生年的干支，干与干克，支与支冲，天克地冲又名叫太岁相冲。如流年是甲子年，与出生年的庚午或戊午天干相克，地支相冲，谓之"年岁天克地冲"。又有流年干支与大运干支天克地冲者为"岁运交战"，又叫征太岁。岁运交战比年岁天克地冲灾重。还有流年干支与出生年的干支相同者叫做犯太岁，又称年上伏吟。无论天克地冲还是岁运交战或年柱伏吟都是不吉之兆，诸事不顺。特别是天克地冲的年份不利父母,岁运交战之年不利自身,年上伏吟,不利祖上,时上伏吟不利儿女。

出生年的天干被流年天干冲克,出生年的地支又为流年地支之墓,如某人乙丑年出生,遇庚申太岁,该年必有丧父克母之兆。如大运干支与月柱干支冲克,又遇上流年干支与年柱干支天克地冲,主该年不是父死就是母亡,甚至父母双亡。再遇上用神衰弱,其年凶灾更大,不仅父母死亡,自己或兄弟姐妹都会受到损伤。

如大运和流年与日支冲克,对妻子或丈夫不利。

如大运、流年与时柱干支冲克,主子女有伤。

上述天克地冲,是极其危险的信号,不论年月日时某一柱受其冲克,都是大凶之兆。如遇大运是吉神,多数厄中有救,不至于有生命危险。

岁运冲克遇偏财,此年克父有大灾。
岁运冲克逢印绶,母亲后事早安排。
日柱防妻与自己,时柱枭食子女哀。

3. 岁运并临,伤亡祸侵

所谓岁运并临,即是流年干支与大运干支相同的叫做岁运并临。如流年是甲子,正好遇大运也是甲子。岁运并临,又叫岁运伏吟,岁运伏吟是非常危险的信号,轻者重伤,重者死亡。有的命书说:“岁运并临,不死自己也死他人。”《渊海子平》中指出:“财弱身轻,官煞混杂,刃、岁、运见之必死,活则伤残。”正官、七煞、伤官重见,刑冲克害,岁运相并必死。可见古人对岁运并临是相当重视。但是在实践应用中发现,岁运并临的情况太多,凡是60岁以上的人,都会遇上至少一至两次岁运并临,有的甚至会遇到两次以上,60岁以内的人,差不多有半数会遇上岁运并临,而社会上60岁的人太多了,其中很多人在岁运并临的年代平安无事,而发财致富的更不少见。可见绝对不能一看岁运并临就断为灾年。

例如:乾造　出生于1964年六月三十日(注:阴历)子时,其八字为:

	甲	辛	戊	壬	
	辰	未	子	子	
大运:	壬	癸	甲	乙	丙	丁
	申	酉	戌	亥	子	丑

戊土生于未月得令,虽然通根于年月,然而失势失地,日干乃衰,年干、月干,时干支与坐下支子水皆为忌神,甲戌大运,甲戌流年,谓之岁运并临。年干甲木虽然遥隔,然而甲木岁运时仍能引发为凶,甲木为车为头,命主骑摩托车撞伤头部,十分危险,好在戌土大运,戌土流年制水,忌神受制,未至死亡,留下一大疤痕。

岁运并临是非常危险的信号,而在实践应用中的确出现过不少有关凶伤之事,但也不是绝对的,绝对的事是没有的。所以古人又提出,岁运并临如遇正财、正官、正印等吉星出现无碍,如岁运并临之年是喜用神或流年值用神,不但无凶,反而有喜事临门。如岁运值忌神,使用神受制,岁运受刑冲克害,遇到岁运并临的年份,思想上要做好充分的防灾准备。不过,还是要全面分析,看用神是否受制,八字五行能否有救,然后方能作出决定。否则,遇岁运并临,又是天克地冲,岁运交战等恶煞齐至,灾祸是难以避免的。

岁运并临最为凶,死亡伤残运不通。

最忌三刑并交战,更怕枭刃天地冲。

如遇吉神来解救,用神有力免灾凶。

4. 羊刃冲聚,凶祸必遇

羊刃是个凶恶之星,最怕逢冲,名为羊刃倒戈,更可怕者是冲克太岁,古有"羊刃逢冲,勃然祸至"之说。羊刃本来是个凶星，如逢冲刑，必有大祸临头。如命局中日主强旺，大小运又逢羊刃，此为羊刃会聚，都是凶兆。遇此年月，要格外小心，谨防意想不到的灾祸降临。

羊刃凶星怕岁冲，年时逢冲更为凶。
身强岁运同聚会，大祸临头运不通。

5. 枭印夺食，灾祸莫测

枭印就是偏印，八字中既有偏印而又有偏财谓之偏印，柱中虽有偏印没有偏财，这种偏印就不叫偏印而叫枭印。如果柱中只有偏印没有偏财，又出现食神的，谓之枭印夺食。命局中见枭印夺食者主克父。

枭印夺食，名称较多，分以下几种：

命局枭印夺食、大运枭印夺食、流年遇枭、流年遇食、大运遇食等的枭印夺食。凡遇枭印夺食的年份如果身旺又逢枭印夺食，大为不利，有死亡、伤残、六亲刑克、身体多病等凶灾恶祸。

偏印无财名为枭，遇食克父灾难逃。
岁运遇枭又夺食，凶灾频频祸不消。

6. 枭刃聚齐，定死无疑

枭刃聚齐即是枭印与羊刃两个凶星聚会在一起，谓之枭刃聚齐，又叫枭刃复会，是最可怕的凶险信号。命局中已有羊刃与枭印，而又在大运、流年中又出现两个枭印遇三个羊刃，三个枭印会两个羊刃都叫枭刃复会，遇此主诸事不顺，灾祸临头甚至有生命危险。切勿等闲视之。

枭刃聚齐最凶惨，灾祸临身不平安。
如遇二枭会三刃，九死一生难过关。

7. 伤刃空亡，凶祸须防

伤官乃是不吉之神，如日主身弱遇伤官就更为不吉。命局中伤官、羊刃或空亡一齐出现，更是火上加油，必有不堪设想的灾祸临头。因伤官泄身,遇身弱更是为忌。空亡临身会使五气崩溃,空亡易遭水灾、火灾等多种凶事。

羊刃本来是凶星,如再逢冲、合与空亡重聚,那就危险性更大,会与亲人生离死别,甚至有横祸与死亡之危险,应严加防范。

伤官羊刃与空亡,三大凶星切需防。

最怕重叠来聚会,亲人离别与死亡。

8. 三刑逢冲,凶上加凶

三刑,基础篇已有介绍,即子卯相刑、寅巳申三刑、丑戌相刑、戌未相刑、未丑相刑、辰午酉亥为自刑。三刑是凶险之兆,如再受冲,那就凶上加凶了。如大运、流年、命局出现两组相刑,又没有其它干支相合相助,更无天德、月德、天乙、贵人或三奇贵人等吉星保护,很可能出现死亡、伤灾等凶事降临。如刑入本限无救(限:指大限,每限管一柱,每柱管 15 年。年柱管 1～15 岁,月柱管 16～31 岁,日柱管 32～47 岁,时柱管 48～63 岁),无论刑入哪一柱逢冲者,皆主凶祸立至,但是要详察刑入何宫何支。如刑入年支而逢冲无救者,主祖上父母有灾;刑入月支逢冲而无救者,主兄弟姐妹有灾;刑入日支逢冲者,主妻子或丈夫有灾;刑入时支逢冲,主子女有灾。

根据经验之谈,命局中大运、流年出现三刑中的任何两组相刑,如刑入命局的正印有丧母之厄;刑入偏财,有丧父之险;刑入正财有丧妻之忧;刑入食伤有丧子丧女之痛。

刑者,刑罚也,多主刑事之事,也主伤灾病祸之事。有的八字中无刑,如大运、流年逢刑或循环二刑、三刑都主不吉。如遇上述吉星临宫,虽凶而不凶。

命中四柱怕三刑,刑入某宫祸不轻。

年柱祖上带父母,兄弟姐妹月上行。

日柱夫妻时儿女,凶险时限看年龄。

9. 二局相克，灾祸莫测

推八字时首先观察命局、大运、流年这六个地支，是否组成两个三合局。如合成两个三合局相克，如巳酉丑三合金局，与亥卯未三合木局，金能克木，又如申子辰水局与寅午戌火局，水能克火，都是大凶之兆，很可能有死亡与横祸临头。命局岁、运组成亥子丑三会水局与巳午未火局，是水来克火，或申酉戌三个字会成金局与寅卯辰三会成为木局，金克木，都是灾祸临身，死亡之信号，遇此须多加防范。

命中四柱岁运排，两局相克有大灾。

遇此诸君多防范，免得到时哭哀哀。

10. 反吟伏吟，凶祸当心

伏者，乃是潜伏的意思，吟者乃是呻吟之意，内藏悲叹忧愁之事。《金锁赋》上说："反吟见之是灭绝，伏吟相见泪淋啼。"所谓伏吟，即是岁运与命局地支相同叫做伏吟，相冲的叫做反吟，天干地支天克地冲为反吟。干支相同的伏吟和天克地冲的反吟对比起来，害处更重。

伏吟，有年柱伏吟、月柱伏吟、日柱伏吟、时柱伏吟。从伏吟的宫位上看，年上伏吟主祖辈或父母辈有呻吟哀叹，忧愁之事。月上伏吟，主父母或兄弟姐妹有哀叹忧愁之事。日上伏吟为自己配偶有呻吟、哀叹危难之事。时上伏吟，主子女有长期隐患难言之事。凡遇伏吟的岁运，都是吉少凶多，不是久病不愈，就是有生离死别之痛。在预测时必须仔细观察。

反吟伏吟最不佳，呻吟悲哀莫过它。

年柱父母月兄妹，自身配偶日上查。

时上见之防子女，详细推敲定不差。

11. 诸亲入墓，定有凶祸

墓乃是坟墓之墓，诸事入墓皆不吉之兆，如八字中出现凶灾的信号，随之某一直系亲属入墓，皆主灾祸临头。如柱中岁运并临或羊刃会聚，都是不幸的预兆。例如日主是丁火，甲木是丁火正印，遇上未流年，未乃甲木之墓库，甲木正印入未年墓，主其年有克母之忧。又如流年逢官星入墓，男克子，女主克夫，因男以官星为子，女以官星为夫。逢正财入墓，主妻子有凶。偏财入墓，主父亲有凶灾。正印入墓主母亲有祸。食神入墓主子女有灾。日主入墓，主自己有祸。如一人庚午日柱，大运、流年、命局犯三刑，该年是戌年，乙木妻星入戌年墓，此年其妻亡故。六亲中任何一星入墓，皆主凶兆，轻者亲人离别，重则死亡。

墓库之年有祸灾，最怕凶星一起来。
六亲十神谁入墓，皆主该亲有悲哀。
正印为母偏财父，正财为妻官是儿。
女官为夫食儿女，日干为己防祸灾。

12. 一支对三，六亲不安

大运流年，命局中遇上一支冲三支，一干克三干，一支刑三支，三支刑一支，都有意外或生命危亡之灾。凡是以一支对三者不论入哪宫，都有凶灾：入父母宫，主父母有凶灾；冲入子女宫，主子女有灾；冲入日柱主自己或妻子有灾。

一支对三最主凶，最怕冲入六亲宫。
冲入年柱克父母，冲进月柱防父兄。
进入日支防妻子，时柱儿女有灾凶。

13. 日柱冲岁，父母命归

日柱冲岁，也就是日主干支冲克流年太岁，为灾不小。如流年太岁是官煞之年，其灾更重。因在古代帝王制时期，太岁是皇帝，平民与皇帝作对，惹起天子怒，定斩不饶。况且官煞乃凶煞之星，煞气凌人，所以称“冲煞之年灾更重”，遇到日柱冲克太岁之年，主其年有灾，逢官煞罪有不赦，遇此年大多数有父母死亡之忧。

日柱冲岁主刑伤，如临官煞更遭殃。
若无吉星来救护，其年父母有伤亡。

第二节 牢狱伤残

“牢狱”是指因触犯法律而被关押的地方。“伤残”，是指灾难突然降临，使人来不及防备，造成肢体或其它方面伤害。“牢狱伤残”都是可怕而又不可抗拒的危险信号，一旦降临，轻则一时苦恼，重则终身遗憾。其实这些事情害怕是没有用的，人在出生时生辰八字中就含有特殊信息，只要认真的提前防范，灾难是完全可以避免的。不可避免的原因是，明知八字中有这些危险信号而不听劝告，仍然为非作歹，视国法而不顾，这样就自作自受了。若能加以提防，平时遵纪守法，谨言慎行，思想上提高警觉，行动要以善为本，积德为先，莫为非作歹，灾祸是完全可以避免的。下面运用星煞及五行生克来分析带有牢狱伤残人的八字。

1. 魁罡在命，狱灾降临

凡日主是戊戌、庚戌的叫天魁；庚辰、壬辰的称做魁罡。魁罡本属贵星，但其中有凶有吉；命中有魁罡星的人，天性聪明，临事果断，秉性好杀。魁罡入命，喜忌略有不同，庚辰、庚戌二星柱中愈多愈好，但最怕见到财、官运地，往往主大祸临头。戊戌喜见财星，不利见官星，见官有祸；壬辰不喜见财官，见财官主凶。命有魁罡的人，诸事要多加谨慎，尤其行财旺之地，柱中再出现比劫重重，必有牢狱之灾。由于命带魁罡的人，生来就胆大心粗，做事敢作敢为，很容易引来大祸临头，所以要特别谨慎。女命有魁罡者，谨防丈夫出横祸。

日主戊戌与庚戌，庚辰壬辰曰魁罡。

凶神秉性好厮杀，比劫重叠牢狱防。

2. 羊刃冲岁，注意犯罪

羊刃是个凶恶之星，如身旺又逢羊刃会聚，不仅是死亡信号显示，也躲不开牢狱之灾的危险。书中有羊刃冲岁，凶祸即至之说。如见羊刃与流年相同的，名曰羊刃逢岁。羊刃无论出现在命局或大运流年中都是可怕的，而且最可怕的是冲克出生年的干支，名曰羊刃断根，有死无生之说。如年刃与岁运相冲，再见财官，则主牢狱杀身之祸。所以，凡是逢上述羊刃在流年巡回的年份更要特别小心，谨防灾祸在你头上盘旋，不时降临。

羊刃本是凶恶星，冲岁逢岁祸不轻。

如遇流年与刃并，牢狱之灾需当心。

3. 枭印夺食，灾祸重叠

枭印夺食，是牢狱之灾的明显标志。枭印夺食之命，本来是克父象征，如再逢凶星并遇大运或流年相遇，要特别注意灾难象磁铁一样吸附着你。如命局中已有枭印夺食，而岁运又逢食枭在旺地相聚会，则难免灾祸意想不到的出现。

枭印夺食切需防，年运凶星不可当。

最忌旺地来聚会，谨防平地起祸殃。

4. 天罗地网，注意法网

天罗地网，自古以来说法不一。古时皆以年柱为主，而现在多以日辰纳音，配以八字生克制化，及用神等综合分析。男怕天罗，女忌地网，凡命局中有天罗的人，主有触犯刑法之事，是牢狱之灾的危险信号，也就是火命人见戌亥为天罗，水土命人见辰巳为地网。天罗地网是命中一大凶煞，值此者应小心防范，特别岁运相逢之年更应引起高度警惕，时时要注意灾祸临身，切莫触犯法律，带来牢狱之灾。

例如：坤造　1953 年八月十五日辰时出生

癸　　辛　　丙　　壬

巳　　酉　　子　　辰

本造丙火生于酉月为失令，地支子辰半合官局，巳酉半合财局，天干财官双透，官煞混杂，克身太过。命主身弱，以巳火为用神，忌见财官，本造长流水命，见辰巳为地网。1995 年逢丁巳大运，乙亥流年，巳火虽是喜神，但与太岁相冲，用神巳火与太岁相冲，触犯罗网，命主因财而入狱。

天罗地网入命来，凶星出现是祸胎。

火人戌亥水辰巳，时刻注意牢狱灾。

5. 火炎稼穑，注意血光

火炎稼穑，即稼穑成格或是土格，此格不宜巳午火太多，火多则土燥，使土不能滋生万物。遇到这种八字，命主多不得善终，仅防血光或得恶病，在动手术时身亡。

例如：乾造　1937 年六月初三辰时

丁　　丁　　戊　　丙

丑　　未　　戌　　辰

地支辰戌丑未土，柱中五土三火，五行中只有火土二行，燥土极旺又得火生，命主得胃癌，手术后身亡。

稼穑之格是凶兆，最忌火多炎土燥。

八字遇此防血光，注意车祸在路道。

6. 伤官见官，为祸百端

伤官见官这个词令人闻之生畏，就像见了老虎一样害怕。不少初学者一见“伤官见官”便马上就想到“大祸临头”，其实不是这么回事，必须要分清喜忌以后，方能下此断语。

伤官见官，即命局中正官、偏官全见，又叫官煞混杂，这种八字不宜行伤官之运，名叫：“伤官见官，为祸百端”，特别是命局以伤官为用神，又有七煞出现，以正官为用神，又出现伤官的则为大忌。其次，遇命局中伤官透旺又逢大运是官或流年是官，又逢伤官岁运，遇这种八字的人，要特别谨慎，命主不仅有牢狱之苦，而且有百祸齐出之嫌。但要一分为二来看，如果日主是身强的话，身强不怕克泄，如遇“伤官见官”反为好事。例如八字为：

乾造：1947年九月廿九日酉时

丁	辛	甲	癸
亥	亥	午	酉

甲木生于亥月，月坐长生日主身强，喜金火而忌水、木，柱中伤官正官俱全，丁未大运，辛酉流年，伤官被官星引发，这年命主升官，丙寅年食伤共现，食神丙火与官星辛金相合，年干丁火与大运丁火为伤官伤尽，这年又继续升官。

以此看来，批断八字必须分清喜忌，一般来说，身强者不怕伤官见官，身弱者最怕伤官见官。

伤官见官最不良，官煞混杂凶灾藏。
最怕岁运都遇此，为祸百端狱灾防。

7. 时克日干，谨防狱关

命局中遇生时刑克本命者，名曰天刑煞。犯者有刑狱危险，更主身有重疾。如己丑日生人遇乙时，甲寅日生人遇庚时，乙卯日生人遇辛时，丙午日生人遇壬时，丁未日生人遇癸时，庚申日生人遇丙时，辛酉日生人遇丁时，癸亥日生人遇戊时。

命犯天刑少人知，时克日主有刑期。
遇此名曰天刑煞，切须早防不宜迟。

命局中伤官、七煞、羊刃全部出现，主肢体伤残；如果伤官，七煞全现，没有印生，须防打斗而致伤残。

命中财生煞为忌神而无制或八字驳杂太混者，主遭凶灾恶祸。

命中七煞逢冲无救(即七煞无合),主性情暴虐,有凶死之兆。

柱中伤官重重,又遇长生之地,防腰腿筋骨伤残。

柱中煞太重而又制太重,主遭遇凶事。

柱中官煞混杂又行官运,有牢狱之灾。

关于凶灾牢狱的看法,上述一些常规断语说得非常明白。

第十五章 职运篇

很多人在工作中勤奋努力，力求得到升迁。当官本是好事，一个好官，脚踏实地，工作卓有成效，得到群众拥护，领导赏识，能为群众挑起更重的担子，不但能证明自己能力，而且对于社会个人都有好处，同时也能达到耀祖荣身的夙愿，这样的官是人民公仆，也会受到人民敬重。

一个人能不能获得升迁，能当多大官，除了自身努力争取，还要看八字中有无当官之命。那么什么样的命是当官的命呢？重点要看官星（正官、偏官）如何。身旺官旺是做官的首要条件。但官星不宜旺极，否则物极必反，反而成为无官之命。如官星太弱，也同此论。论官职大小成败，重点决定于命局的好坏，影响能有多大，即可决断出其职运如何。官为命主的喜用神，对命局有利的，不论官星之强弱，做官时必然顺利，步步高升，反之，必然不顺。

何知章在《滴天髓》中说："何知其人贵？官星有理会。"

第一节 职运亨通的基本条件

命中有无职运应该与日主强弱有很大关系，能不能胜任官职必须具备以下两个条件：

1. 日主要强旺

日主强旺，就像有强壮身体一样，只要有强壮身体，就能克服一切困难使日主旺，命局组合的好，将来定可为官。

2. 强日逢生

更强调一句，也不能一定认为身强就好，身弱就没有当官的命，如果一些命局身强无制的话，必须就会体现出比劫的心性，这种命局容易出现盲目冲动、蛮横无理，根本就不能担任领导工作。如果日主衰弱，命局中出现印绶生助，日主绝处逢生，命局再组合得好，说明这个命主有很好的发展性潜力，将来一定能当官。

预测官运首先察看官星。如官星出现在月支，官为喜用神，官旺或逢生，乃是官运亨通之命；又如官星为忌神，弱而受制，这样的八字官运也是非常亨通，如透干当然更好，但必须不遭刑、冲、合、化，且不遇旬空，这样的八字为官必然顺利。

官星有助于用神，且不遭刑、冲、合、化，又不遇空亡为官必贵。

问官运柱中没有官星，或官星藏而不现，但柱中出现财星旺相，这叫财来暗中生官，遇此者，也是官运亨达之命。

柱中身旺比劫多，如逢官星大运制比劫，也是升官之命。

官为喜用神，官旺或逢生，这样的八字为有官之命。相反，如官为忌神或官弱而受制，是没有官之命。

其次以格局断其官命。如在扶抑格取用，官为喜用神，或官在月干或时干逢生，或者官星坐下得长生，这样的八字为有官之命，反过来说，如果官星为忌神，但忌神受制，或柱中连一点官星皆没有的八字，也都是有官之命。

如果从格观察官命却大有不同，从格中以财为用神而无官，或局中稍微有点官星而逢制，这样的八字，也是有官之命，如从格中官星逢生，也是有官之命。

以上几条乃是当官的主要条件，不论你是怎么变化，凡是预测官命，皆不能超出这几条范围。

预测官运，最好参看《滴天髓》中的有关断语：如书中写道：“何知其人贵？官星有理会。何知其人贱？官星全不见。”

这里所说的“理会”是指官星与日主有情，如果官星与日主有情，命主就可以当官，反之，官星与日主无情，命主则难以为官。

《滴天髓》论官星有理会的论点，其中有任铁樵先生的几种论点

3. 身旺官弱，财能生官

这句话说明日主旺相，即有能力任官。如果命局中官星衰弱，就无法达到日主平衡的要求，这时如在命局或大运中出现财星，因财能生官，使官星增加力量，以达到平衡。当然，官星如果太弱，弱到生扶不起的状态也不行。从这种情况看来，日主强旺需要官星来克制，如果官星力量不足，还须财来生官，同时财也可耗泄日主的旺度，使命局达到身与官平衡状态。

4. 官旺身弱，官能生印

上面所说的是身旺官弱，官星需要生扶：而这句是官旺身弱，又需生扶日主。那么生扶日主只有印绶与劫两种十神。命局中官星太旺用比劫去抵制旺官，但只能解燃眉之急，决不能和平而彻底解决平衡问题。要想彻底化解旺官克的毛病，还是用印绶通关，即可化旺官动，又可生扶日主，使日主和官星达到平衡，命主自然就可升官晋职。

5. 印旺官衰、财能坏印

求官必以官星为用神，如果命局中印星太旺，官星的贵气定会盗泄，官星会变弱。由于官能生印，印星太旺，官被泄得太过，即成一种毛病。要想治这种因泄而成病者，就需要财星来调解。因财一可生官，二可制印，这样使官星的力量有增无减。日主的

力量也有增无减,使官身两种力量接近平衡。这就是官星能理会日之意思。

6. 印衰官旺,财星不现

柱印星衰弱,日主必然不旺。日主不旺,理当生扶。官能生印,又可克制日主,如日主太旺,官能克制,当日主衰弱,官又可通过印星付给日主的力量。这就是官星理会日主之意。但是这种生制化,必须柱中没有出现财星的情况下方能起作用。如果命中有财星出现,虽然财能生官,但同时也能坏印。印星本来很衰,如在出现财星克制,印星就失去了受生的能力,印星没有受生的力量,说明日主就失去了根源。同时财星能耗身生官,能使官星力量增强而日主的力量减弱,身财自然就不会平衡了。所以说,命局印衰官旺,不可再见财星。

7. 劫重财轻,官可制劫

命局比劫多,日主肯定旺相,如财星衰弱,众劫夺财,所以劫财太多更是一种毛病,那么去此病者官星是最好不过的良方。因官星能制劫,可使日主平衡,这就是"官星有理会"的主要内容。

8. 财能破印,官可生印

这句话的意思是针对日主身弱而言,因日主衰弱需印星生扶,方能增强日主之力。为此,印星就成了日主的用神,这时候切忌财星出现,因财能破印,印星被破,使日主无依无靠,只有靠官星通关,化财星生扶印星,使印不受克而生扶日主。因此,官星在命局中对日主有利起主要作用。

所谓官星有理会,是指官星是日主的喜用神,先找出命局的毛病,然后再用某一五行将命局平衡,这就是"官星有理会"之意思。如达到识别和应用"官星有理会"之意,就必须弄清生克制化的基本原理。运用合冲刑害的基本规律,明白命局中各五行的力量,才能知道官星在命局中所起到的作用。

第二节　详释官星还不见

“何知其人贱，官星还不见”。这在《滴天髓》上是指地位低下的命局而言，所谓官星还不见，不是说命局没有官星出现，而是指其官星对日主起不良的作用，甚至官星成为日主的仇神或忌神。即使官星是日主的喜用神，其官星的力量不足或被其它干支破坏，其官星虽有和没有一样。

“官星还不见”有以下几种情况：

1. 第一种官轻印重而身旺，官重印轻而身弱，官印两平而日主休囚者皆为官星不见，也就是说官星和日主相差太大，其官星不能为日主所用，虽有等于没有。

①日主旺需要官星克制，但官星衰弱不但不能克制日主，而命局中又出现印星盗泄日主气，连续相生，使官星更弱，日主变成强旺无制，这样的命局，官星不但无益，反而有害。虽有官星等于没有一样。

②日主衰弱以生扶为好，而生扶日主的印星衰弱，弱到无有力量生扶日主，其官星强旺有力，官星与日主不平衡，这种命局叫做官重身轻，本来印绶可以化煞生身，起通关作用。使印绶衰弱，不能起通关作用，其官星变成日主忌神，这种官星等于没有一样。

③第三种情况，命中官印两平而日主休囚，日主衰弱不受生扶，容易出现反生为克的结果，其官星反成了日主的忌神，这种官有等于无。

2. 官轻劫重，官煞重无印，财轻劫重官藏，此为中等官星不见也。

首先要抓住这几句话的涵义。要了解命局中官星与日主是否平衡,如果两方失去平衡,这个官星对日主来说就失去有利价值。如命局劫财重,日主自然就旺。应该用官煞制劫为用神,可是官星在命局中衰弱无力,不能克制旺劫,就会变成旺劫欺官。

相反来说,命中官煞太重,日主就自然衰弱,应该用印绶来通关,因为印绶可制煞生身,偏偏命局不见印绶,致使官煞旺日主更弱,身煞不平,像这种官星克身太过,这种官星有如无。又如命中财弱而比肩强旺,就会出现比劫夺财的局面,这时就需要官星来制约比劫。可是官星不现,伏藏于地支中,不能制约比劫,这种情况乃是实实在在的"官星还不见"的现象。

3.官旺喜印,财星坏印。官煞重无印,食神强制。官多忌财,财星得局,喜官星而官星合,凶神化伤者忌官星,他神合官星又化官,此为官星不见也。

这几句话是指官星与日主的喜忌之分,如命局中喜官星而官星被其它干支合化变成另一种十神,这种官星有等于无。

以上各条论述,"官星有理会"和官星还不见,可制断出命主有官无官,命局有官星,首先要判断出官星与日主的喜忌,再分析官星的力量如何,如官星是喜用神,其力量又和日主接近平衡。这官星称做"官星有理会",如果官星虽然是日主的喜神,但是力量不足,又被其它干支破坏。这种官星对日主种命局没有利益,这种情况称为官星还不现。

预测官运,必须要掌握"官星有理会"和"官星不见"的全部内容,首先要弄清五行生克制化,合冲刑害与命局组合,能掌握住这一点断卦技巧,你的预测水平就提高了。为了使读者更好更准确的提高预测准确度,现将江湖《拦街网》中的杂断条口录出,并且加以经验解释,以便到时应用。

重要权威的八字

辰戌丑未顺而行,官居一品定国情。

子午卯酉详上下,官为元首把令行。

注解:辰、戌、丑、未乃是财、官、印之库,先贤们将此命划归为大富大贵,高官厚禄之命,但须顺序而行。命局中遇子、午、卯、酉之时,即日干旺于月令,如身旺而得四支全备者,有威镇四方之力,文能安邦,武可定国。

寅申巳亥官位显,文武将相定民心。
七煞有制为将相,羊刃无冲管万民。

注解:命局遇寅、申、巳、亥四字全备并且顺数而行者,乃高官厚禄,权威显达之命。七煞有制,羊刃无冲乃有将相之才,能掌生杀之权,是因有食神制煞,自有下属护其权威,故七煞有制,再有羊刃配合,乃借刃显威,如果羊刃被冲,则无威力,故有羊刃无冲掌大权之说。

三奇三合入命中,官高一品入朝中。
三奇贵人天乙带,为官清白镇乾坤。

注解:命局中天干有三奇贵人,地支又值三合者必是官高一品,如再有天乙贵人出现,定然为官清白,国家良臣。三奇者乃甲戊庚为天三奇,乙丙丁为人三奇,壬癸辛为地三奇,三奇必须顺行,错位不是三奇。

丙合辛生宜官位,得禄合禄官超群。
煞刃两显官为相,官星带刃领万军。

注解:丙合辛生,可作镇掌权威之将,如丙申日见辛酉月,为丙辛合化水,遇此者可作军中之大将。

带官运的八字

日上魁罡运中行,为官为将把令行。
命中官星又带刃,掌兵为将有威名。

注解:庚辰、庚戌、壬辰、戊戌为四大魁罡,命局和大运遇上四个魁罡，叫做魁罡聚会，主富贵掌大权。如日上见魁罡，运行身旺之地，发福百端，文章振发。如不见财官，只能任作文职。柱中有官星又得刃来护身，主威显边疆，执掌大权。

日坐官印无破绽，定国安邦把令行。
官遇亡劫兼七煞，身为武将称豪英。

注解：日坐官印，重在有成无破，谓之真官真印。如丙子、丁亥、辛巳、庚午等日为真官。甲子、乙亥等日时为真印。柱中无破有助为大贵。“官遇亡劫兼七煞，身为武将把令行”。亡神劫煞，身旺遇贵人不为坏事。亡神遇官星，主执掌兵权，保护明主。亡神临官为官旺。亡神、劫煞、七煞并遇，当为武将，执掌兵权。

官带桃花福寿长，为官必显震四方。
官煞太重身更旺，如逢制伏威名扬。

注解：桃花和咸池是一种意思，两种名称。临天乙贵人和临官为有官职，临印主文章喜事，临财主荣华富贵。煞旺身强，行制运，荣封边陲将领。

有官无刃而有印，威风凛凛镇边疆。
官位若还临二德，高官厚禄把名扬。

注解：官无刃不混，印无刃不泄，官印相生，位重权高。官位若临天、月二德或透财藏官，必任高官之职。

月逢印绶喜官星，运入官乡有威名。
正官一位官必显，财旺生官福不轻。

注解：岁月为根基，印得官生，运入官乡，必有威名，正官必须一位为贵，再遇财旺生官更好。

日坐官星已荣耀，时上子女福禄高。
官印相生临岁运，该年必主官运行。

注解:日主旺坐官星,再遇财星旺来生官主一世荣华,时干坐官星,主子女得福。如若官印相生临岁运,该年必主升官。

带七煞的八字

七煞有制刃无冲,为官将相有威风。

日主身强月上煞,能掌国家百万兵。

注解:柱中七煞有制带刃,又有食神来制煞,是借小人之势力,保护君子,七煞既有制服,再有羊刃配合,是权威之命,如果羊刃被冲则威力全无,故有"羊刃无冲掌煞权,威达疆场天下传"之说。再者日主身旺,又有七煞临月制之,有带兵点将,掌握大权之命。

月上七煞身强旺,官居一品称豪英。

煞刃两显官亨达,威镇乾坤有声名。

注解:月上七煞,日主强旺,时上有食神制之,必有将相之才。煞刃双显,官运亨达,古书云:刃为兵器,无煞无用,煞为军令,无刃没有军威,煞刃双显,则威镇乾坤,逢煞有刃,方能显其权威。

四柱纯煞而有制,官居高位天下行。

身旺煞旺官清贵,身弱煞浅煞化权。

注解:身强方能抗煞,比劫能抗官煞,食伤也能制煞,不论官煞怎样凶强,都不能逞凶,身旺煞旺为贵,身弱不宜煞旺。

七煞有制身为贵,金神带煞清官员。

煞旺身强行制运,职任边疆把令传。

注解:"七煞有制化为权",七煞有制乃是有食神为制,七煞比喻是小人,而且凶暴,如不惩戒,必伤其主,故七煞有制为偏官,无制为七煞。如七煞旺相,日主强,而再行制煞之运者,乃是威镇疆域，扬名四海之命。

煞旺印轻居武职，金神夹贵掌兵权。
偏官有制又有生，威镇边疆有威风。

注解：七煞乃是武职，须居旺地为贵。煞为金，如军人带刀枪，七煞与羊刃同性。如夹贵人，其官重实权，能掌万人之权，能为首领之命 。

煞官拱印身为贵，显赫威名震四方。
七煞有制无枭印，生煞大权把名扬。

注解：煞为克身之物，印为生身之物，柱中官印双全，威显四方。柱中官煞两露，如遇天月二德主官高位显，能作国家栋梁之才。

官煞两露遇二德，官高位显作栋梁。
命中生日逢七煞，将相之才施妙囊。

注解：官煞不混杂，如逢二德，不以贱论，身旺有制也好，无制成印局也可以，如丙午、丙辰，身煞俱旺，曰“德秀兼备则为贵”。

带羊刃的八字

劫财羊刃有官煞，位禄高显震四方。
金神带刃并坐官，官居一品拜金銮。

注解：劫财和羊刃同样帮扶身强，可胜任官煞，如组合得当，可做内务高参之职。

金神带刃遇火地，官居内阁掌大权。
羊刃持权边庭帅，一身正气为清官。

注解：金神带刃居火地，乃金刃格。柱中有羊刃行火地，主官居内阁高参之命，羊刃为兵器，有煞方能显贵。

官星带刃官遭险，必作边疆大官员。
羊刃逢刑带魁罡，为官发迹镇边疆。

注解：羊刃遇三刑或自刑，再遇魁罡定主在外发迹。羊刃主劫夺，如身弱力不胜财不忌羊刃。有羊刃的人性情刚直，无恻隐之心。故三刑或自刑带魁罡而发迹边疆，如日支坐刃更好。

柱中羊刃带七煞，职守边陲保家乡。
柱中羊刃重见刃，有计有谋能安邦。

注解：羊刃与七煞相见，为煞刃相并，互相制约，有职守边陲之命。柱中羊刃重见，主四海扬名。

带伤官的八字

伤官透出不见官，煞印相逢执大权。
命中伤官逢劫刃，身为将相大官员。

注解：柱中年月时干透出伤官、正官隐于地支，如遇才印和七煞全者，主贵命。如遇伤官有羊刃帮身，乃官居极品。

伤官带印又逢财，若逢生旺拜金銮。
伤官有制边疆帅，伤官伤尽掌高权。

注解：伤官带印逢财，须财印旺相为好，为官可以制法。伤官遇印为制，名叫伤官佩印，主威镇边疆。

带禄的八字

禄多有印来相扶，职高位显官特殊。
禄到长生原有印，为官清白镇京都。

注解：禄岁有印，官位必高，禄怕冲克，如有印来相扶，可以力敌冲克。禄又带印,必主官压群僚。

建禄遇官官则贵,为官胜似包龙图。
拱禄拱贵为将相,官居一品天下呼。

注解:建禄为月令之禄,禄遇官则贵,所以为官清白。禄乃临官之禄,贵是官星之贵,或指天乙贵人,拱的是临官贵人和天乙贵人。如柱中禄贵清纯,乃是将相之命,所以称为官居一品。

第三节　升职与罢职的判断

古代先贤给我们累积了很多断命经验,但古人大多是用断语提示,没有详细说明,令初学者难以看明白。为了使读者明白,笔者将江湖《拦衔网》中升职罢职的断语,用简单的语言进行解释,以便初学者理解和应用。

1. 有利于升职

①岁运会禄最喜官,升官晋级把名传

注解:柱中的日主强旺,逢岁运合会,财官有力,命主必有升迁晋级之事,如果局中日主衰弱,官星旺相,则要逢岁运会禄之年才有升官机会。因禄神是命主的强根,助起日主,使日主与官星平衡,有利于升官。

②身旺煞弱不平衡,见煞之年把官升

注解:命主身旺以官煞为用神,但命局中官煞衰弱,身煞悬殊太大,逢岁运助起煞星,使身煞两停。该年必定升官。

③财化伤官又升官,升官发财合家欢

注解:命中伤官与正官同现,伤官容易伤正官之贵气,使正官不能为日主所用,但需到逢财的岁运之时,方能升官发财,因财能化伤官,增加正官之力,使官星能为日主所用,这条断语是指日主强旺而言。日主衰主弱而不宜。

④身弱禄马万事欢，喜气洋洋必升官

所谓禄马运，是指日主得比肩相助，日主有力，马星象征着跑动，关键要分析命局与岁运五行是否制化适当。

2. 有利于当官

①官星被合作官难，为官难以把官攀

注解：命中日主旺相，以官星为用神，逢岁运进入财地利于升官，如用神正官被合住，或合化后正官失去力量，为官迟迟不前难以上升。

②官星不宜二三重，见之削官有观凶

注解：官星又见官星，不用说会增加官的力量，但官星不宜见煞，谓之官煞混杂，反有克身之灾。

③官多遇财最为凶，身旺是财反为荣

注解：官星过多或旺相，定然日主衰弱，如大运走到财地，财又来生官，无疑地就会增加官星的力量，官星过旺，肯定会克定自身日主难免灾祸临身。

④伤官最怕又见官，身旺无财祸百端

“伤官又见官，定为祸百端”。这句话读者是知道的，但这里必须要将喜忌分清楚，否则谬之万里，如果日主旺相有财通关不但不怕伤官见官，反而有好事。因为日主旺相喜官，现有财星通关，财化伤官，使官星有力，日主旺，自然有好事。这里所说的是，伤官旺相，不见财来通关，伤了官星之贵气，自然有祸事出现。又如日主强，喜见官星，以官星为用，再遇伤官岁运克制官星，命局中用神被破，命主定要出事。

3. 官运不佳的八字

现将江湖《拦街网》中断升官和罢官的条口，用通俗语言解释以便初学者临时查用。

柱无官星难得官，无官无财更无官。

官入墓库无官位，官星被合难有官。

注解：柱中没有官星或者有官而无财，也不利于官，因财能生官，如果柱中既无官星又无财星，可断终身无官。官星最怕入墓，不是丢官罢职，就生其它灾咎。如官星被合，也同样有凶。

有官又行伤官运，不是罢官就弃官。
贪合定是官不显，伤官见官祸百端。

注解：伤官忌见官星，伤官见官为祸百端，必然受小人伤害，不罢官也有灾病，伤官贪合，官不显耀，所以无有官命。

伤官多者无官位，有官无印官无权。
官逢刑冲遇破害，命局遇此不利官。

注解：伤官是克制官星之神，有伤官者不利官位，如见财星，可化伤生官。柱中有官，必须要有相扶，如官印皆无，乃无权威，如官运被刑伤克害，更不利官。

官旺不宜见双官，官煞混杂无有官。
官旺遇财不利官，官居煞地难保官。

注解：官星只宜一位为贵，如多了反为不吉，官多为煞，煞有克身之灾，柱中有官有煞，谓之官煞混煞，是无官之象。

削官免职的八字

财官二星入墓凶，官星坐刃终逢凶。
命中正官逢比劫，官禄逢伤不善终。

注解：财入墓不是克妻就是克父，官入墓不是丢官就是罢职，官星忌坐刃地，终遭刑害。如甲木生于辛卯月，甲以辛为官，卯为羊刃，此为官星坐刃，辛生于卯月为官遇绝地，因此官星坐刃终逢凶。命中官星逢比劫也是不利，再逢伤官之年运，则大为不利。

贪财坏印无比救，削官罢职回家中。

身弱逢官官不久，四柱休囚官不荣。

注解：财能克印，比劫可救；若无比劫相救，官不长久。身弱忌逢官运，如四柱休囚不利于求官。

印绶生月与岁时，切忌财星又逢之。

运入财乡宜退避，官祸临头悔已迟。

注解：印绶是生月，是指坐提纲，岁是指太岁，切忌大运见财，如大运见财，印绶被伤，容易招惹祸灾，奉劝在职之官，主动隐退为好，否则轻则罢官削职，重则有官司牢狱，如为官清廉方可免灾。

伤官旺相又无财，伤官见官有祸灾。

七煞聚齐官遭谪，印逢财地官祸来。

注解：柱中伤官见官，不见财星乃无官之命，伤官是克官之神，柱中有财可化解，因伤官生财，财能生官。柱中七煞多，为七煞聚齐，如岁运逢之为官有祸。印为生身之本，印星最忌行财地，行财伤印，不是罢官削职，就是易带来其它祸灾。

官星被合不利官，已官最怕遇伤官。

遇者弃官又罢职，伤官见官祸百端。

注解：官星被合，或柱无官，皆不利当官。柱中有官或身已任官职者，最怕行伤官之运，遇到这种情况，不是罢官削职，就是有其它凶事出现。

官星不宜见多官，多见削职又罢官。

官星多现官有祸，官多见财有祸端。

注解：柱中不宜两官相见，见者罢官削职或有其它凶灾。柱中官星不宜多现，官乃克身之物，两官相见主有灾祸。

印居岁月忌财星，运入财乡要当心。

遇此居官皆退避，马死财藏祸不轻。

注解：印绶居在月、岁时，忌逢运入财乡，这时须退职，如禄星临死绝之地，再遇财星伏藏，定见官祸。

有官最怕入官乡，官坐刃头有灾殃。

伤官伤尽官星见，小人相害切需防。

注解：四柱有官，再运走官地，易有官灾。官坐刃头，如甲日见卯之类，终有刑伤之苦，柱中伤官伤尽，忌见官星，防止有仇人暗算。

综上各节，一个人有无职运，命局中都蕴藏着一定的信息，我们首先要抓住潜伏在命局的重要信息。例如：这个人命有职运信息，等到某一岁运引发时，那么不是升官就是发财，相反说，命局中没有当官信息，即使碰到再好岁运也不会有官的。所以，在分析岁运时，一定要结合命局详细去推敲。

如命局中有升官晋级的标志，首先要重视正官与七煞，因正官的性质是克己奉公，尊纪守法，品行端正，正官人的性格又是为人处事公直良平，做事应尽责职，作为单位领导谁都想提拔这种人。七煞的人是威严公正，具有领导才能。每当流年干支介入后，看官煞的力量与日主强弱的力量，是否平衡，相差力有多大，看其官煞是否为日主所用。再进一步分析，命局与岁运组合后，经过生克制化，合冲刑害后，逐字推敲。如果日主旺相，可以胜官，而官煞也有根气，两者达到平衡在这种情况下，命主就有升官机会。

以上这些论断，无论那一层人物，只要符合以上这点要求都会有好事临门，如某一公司的老板来测命，命主遇到官煞有根，官身两平，遇到岁运介入时，也可断他业务范围扩大，人员增多，这些都属升迁，升官不一定专指在公方担任领导职务，只要是领导群众、管理范围扩大如法人代表、董事长、总经理都属当官范围。这些都是升级的信息，下面再总结一下削官降职的信息。

与官不利的信息，首先要看命局中的官星与用神，如果官星或用神受到大运或流年破坏，使命局失去平衡，这就是休官罢职的信息。首先要从命局中分析一下，看命主是否有官，如命主不是当官的，就不存在削官罢职的道理。如命中有官，看看官星是否有力。如果官煞有力，又为日主所用就说明命主是当官有地位之人。如命主官煞是日主的忌神，其中又出现印绶化煞生身，再有好的岁运配合也容易当官。如果官煞是忌神，日主再衰弱无助，那就不能言其当官，即使命主当官，也是依靠岁运相助，待到岁运一过，不但罢官，还要防止官灾。

命局中如果以印绶为用神，遇到岁运破坏，很可能职位有变，或者调换岗位，因为印绶是代表文书和工作单位。命主身弱，印星是命主的后台老板，一旦印星被岁运刑冲破坏，命主必须要注意灾祸临身，不可轻心大意。

第十六章　财运篇

人的一生中，除了寿命之外，没有比财运更为重要的，因财是养命之源，无财就难以养命，所以有财则家安人泰，无财则万事难安。一个人财有多少，什么时间有财，哪些方面有财，都与八字有直接关系，这些信息都在人的四柱中储存着，这就是八字预测研究的重要课题。只要能掌握住其中的固定规律，使命主顺应天时，把握时机，向好的方面去努力，都可以做到趋吉避凶。

预测财运方法很多，但都有一定的规律，不能单以命局中有财就认为财多，不见财就认为没有财。先将八字全面的组合，进行分析，再以日主强弱与财星的生克制化来进行全面推敲，方能定其结论。论命中有财无财，先看日主之旺衰，身旺财旺乃财运亨通，身弱财旺，富屋穷人。身旺财全，定是富命。身旺是发财致富的基础，但需具备以下几项条件：

日主旺相，财星为用神，而且通根当令透干，不逢冲、克、合、刑、空、害者，谓之用神有利，见财即发。

财星为喜神，有助于用神，不逢空亡、不受刑、冲、害、化合等损害者。

柱中如果不见财星，但见身旺而食神有力，且食神为喜为用，谓之暗中生财。财宜藏，藏则丰厚，财有库，发则能存。

柱中财官印俱全，主有财有官有名望，遇之主富贵荣华，高官厚禄。

为了易背好记，现将日常应用经验编成歌诀形式阐述，以便初学者早日明白。

第一节　财运亨通八字

正财坐墓库逢冲，必定发财致富翁。

身旺财多终为福，身弱有财运不通。

注解：正财坐墓名叫入库，遇到冲墓之流年必定发财致富，柱中日主旺相财又多，是发财之命，如日主太弱，再遇财多，不但无财而且是贫困之命。

时上偏财一位佳，易得外财享荣华。

偏财最喜逢伤食，食伤生财富贵家。

注解：在时柱上出现偏财而且四柱中一位，主其人在他乡发财致富机遇较多，所以是大富大贵之命。如身旺财弱，需要食伤生财，遇上食伤流年，则春风得意事业有成。

日主强而财官衰，运行财官名利来。

财官旺而日主弱，运行身旺发大财。

注解：日主身强最需官来制之，财来泄之，遇上日主强而财官太弱，必须在行财官之年运之时则发福。如果日主太弱，财官太旺，待大运行入岁运身旺之时，则财源广进。

命中财官印俱全，定是富豪不虚传。

偏财见官兼有食，堆金积玉家境宽。

注解：柱中财、官、印俱全者定是豪富之家，偏财生官乃泄气，遇有食神可以生财，又能制官，双方调解一下即成家境宽裕的富贵之命。

身旺财多方为贵，身弱财多反不良。

身弱财多须逢印，运逢比劫大吉昌。

注解：命主身旺而财多，乃是富贵之命，如身弱财多，不但不富而是贫命，因财是泄身之物，必须要有印来护身或有比劫助身，因比劫能助身担财，遇此者乃是大富大贵之命。

财在旺地财丰厚，财星入墓待冲开。

财星见煞终富贵，财值三合财自来。

注解：身旺喜财胜财，身旺财多，有钱无灾，如财星入墓，必待冲墓库之岁运发财。凡遇财格，喜见官星，更喜食神生财，或印来生身，如日干健旺，干支见煞为逢财看煞，乃是大富大贵之命，柱中如见财星值三合，更为发福。

日上坐财行财运，再行财地定发财。

马奔财乡发如虎，食神见禄富不衰。

注解：日主坐财，大运行财地则发财，如春天生于庚辰、辛卯日，甲乙木为财，又有戊己印生身，壬癸食伤生财，忌庚辛金劫夺，切不可岁逢官煞，因春月金弱，反为不吉。马奔财乡发财，因马为财星，马主走动，财乡是指财运和发财之地与发财方向。食神可生财，如得禄助，为原神有根，主大发之命。

财星宜藏且丰厚，财逢长生富命孩。

财星透出人慷慨，身旺财旺更妙哉。

注解：财星藏伏，人不易知，可免去争财盗财之祸，如财逢长生，乃是大富之命。如财星透出，其人慷慨大方，乐善好施，因财露为人知晓，肯要面子之人。

以上是财运亨通的八字，总的看来，有财之命定然身旺，柱中有财星或食伤星透出，而且对命局又能起到中和作用，这样的八字当然是好命。但也须参看行运之顺逆如何，如行顺助之运，必定财源滚滚。如果行背逆之运，虽然有财则也会出现种种阻力，可能为了钱财之事，而弄得昼夜发愁。

身弱之人同样也可发财致富，但须行到助身之运，方可发福，如日主甲木生于秋天，柱中财星重重，如行到比劫之运可发富，但过了这步运，仍然无财。所以身弱之人，一般都不易聚财，大多数财来财去，最后落得两手空空。同时发现身弱之人，常会因财而引发灾难的为数不少，这一点在断命时务必注意。

第二节　财运不通八字

财为养命之源，有财则心想事成，无财则寸步难行。财运亨通乃富贵之命，反之，如财运不通则为贫命。在日常应用中发现，发财之人，大多身旺而运顺，无财之人则多数身弱而运逆。身强而财旺，大多是外华内虚。身弱之人，大多不容易发财，其原因是由于财为泄身之物，所以身弱之人难以任财。必须行到印比助身之时方可担财，但发财的时间也不会长久的。从实际应用经验看来，无论是身旺或身弱，财星是命中喜神或用神，皆是好命。若柱中财星不现，或为仇忌神，对日主不能起到好的帮助，纵有而等于无，这样谓之财运不通，乃贫命也。现将命中无财或财运不通的八字，综合论述如下：

柱中以财星为喜用神，但被刑、冲、克、合、空亡，而没有一点力量，遇到这种八字主财运不通。

柱中财星为忌神，对喜用神起到破坏作用的，这种八字也为贫命。

柱中身弱财多，或身弱食伤星过多，财星得不到中和，无法发生有效作用，也为财运不通的八字。

总的看来，但凡财星被破坏或在柱中引起不好的种种因素，大多数属于无财之命，甚至又走背逆之运，乃是真正的贫穷之命，这种八字就是走顺助之大运，有财是暂时而不会长久。为了容易背记，现将日常应用经验，以歌诀形式阐述，以便初学者学习。

日主衰弱遇官星，无气遇劫财不宁。
日主强旺比劫助，破财之兆须小心。

注解：“仅知其人贫，财星反不真。”柱中财星无气遇劫财，日主强旺，而又遇比劫相助，或日主弱，又遭官星旺极，这都是明显的破财标志。

身弱官旺行官乡，弱行比劫财遭殃。
甲乙日行寅卯运，破财信息切须防。

注解：身弱财多，见财为祸，财弱行比劫运有破财象征，如甲、乙木日主行寅卯大运，再见劫财，定主破财。

运行羊刃克妻财，不仅破财又有灾。
羊刃劫财同一柱，谨防破财又悲哀。

注解：劫财羊刃，主伤妻破财，男命逢羊刃主克妻，劫财也主克妻破财，两凶并临，不仅破财伤妻，又主出悲哀之事。

财落空亡最不宜，又主贫困又损妻。
身旺比劫又多见，见财谨防祸来欺。

注解：财星最怕临六甲空亡，谓之财落空亡，空则无财，主贫困又主损妻。身旺为之得令得助，得生得地，如运行比劫而更旺，柱中有财争财，无财致祸。

日主衰弱财星多，如行财运有坎坷。
身弱官旺行官运，破财遭灾病来磨。

注解：身弱财多见财不吉，因财是泄身之神。财为马，官为禄，二者缺一不可，财多身弱，行官旺之地，见财盗气，官来克身，定有灾祸。

财星最怕与岁冲，败财破财运不通。

枭印夺食财耗散，官灾病祸一齐攻。

注解：财星最怕与太岁相冲，如日支旺而坐财，遇上劫财大运或流年，主财运不通，柱中有偏印又有食神，谓之枭印夺食，主财耗散，并主官灾病祸齐来。

时上偏财怕弟兄，运行比劫破财凶。

财轻莫逢劫财地，月上劫财聚财空。

注解：时上偏财怕兄弟，如大运行比劫，主有破财和争财之事，因偏财是众人之财，最怕比劫透出。身旺怕行比劫之地，有因财致祸之殃。

财轻逢劫最主凶，财落空亡主贫穷。

甲乙日行寅卯运，劫财破财病来攻。

注解：四柱比劫太多，又行比劫之地主凶。如财落在六甲空亡之地，乃贫穷之命，如甲乙日行寅卯之地，为逢比劫，见财则起祸，故主破财灾病齐攻。

官旺身弱行官乡，破财生灾最不祥。

身旺劫刃逢岁运，因财败业离家乡。

注解：官乃克身之物，如果身弱，再行官地，克身更凶，其害无穷，为官则主降官失职，破财生灾。如身旺怕见羊刃和劫财，这些都是财的祸根，如岁运遇上劫财，争夺更凶，必因财致祸，最后家业俱败。

财官最怕遇财官，做官贪财而罢官。

财宜藏而不宜露，露则防止起祸端。

注解:财多身弱,又行官乡财旺之地,官克身因财生祸,丢官罢职,命中财多,衣食不缺,但不宜露,露则引起争财事端。

> 四柱最怕劫财多,行至劫运防病疴。
> 身旺再行比劫运,破财败业起风波。

注解:四柱比劫多,又行比劫运,定主灾祸缠绵不断,如身旺行比劫运,须防有财争财,无财克妻、父的危险。

> 柱中无财莫求财,小心求财惹祸灾。
> 食神逢枭财耗散,劫多行劫运气衰。

注解:柱中无财而身弱,又无印比助身,乃是无财之命,容易因求财惹祸。柱中有偏印而又有食神,名曰枭印夺食,主财耗散,再遇劫财又行劫运,定破财生灾,对妻、父均不利。

> 十恶大败柱中逢,仓库金银化灰尘。
> 八字有财君方取,无财何必拼命挣。

注解:命犯十恶大败日,仓库金银化为尘,柱中遇甲辰、乙巳、壬申、丙申、丁亥、庚辰、戊戌、癸亥、辛巳、己丑十个干支即是,禄入空而败,命中逢之,纵有金山银山也被挥霍干净。命中有财可取,如无财挣也得不到,就是得到,也是日照冰霜。

纵观上述,命中有财无财,是富命是穷命,决定于财星喜忌。财星给命局带来的好处越多,命主的财运就越旺,其命就越富。反之,财星给命局带来的坏处越大,命主的财运就越少,说明其命也就越贫。食伤是财之根源,在断命时,须将食伤用来一起参论,最后再将行运的顺逆,综合分析,到底是发财之命还是穷困之命,即可一目了然。

第三节　善于理财八字

食神生财为喜神，命主必是理财人，
经营有方行财运，平生事业定有成。

注解：食神可以生财，如临喜用神或贵神生禄，为之财有根源，财得食生，为善于理财之人，平生财源滚滚，大业可成。

七煞有冲人勤俭，其人礼智出人先。
待客如宾有礼貌，能将小钱攒大钱。

注解：伶俐不过七煞。七煞之人礼智出众，待人热情，彬彬有礼，头脑思维敏捷，并且勤快节俭，如七煞逢冲，其人是富翁之命。

日主强旺柱中排，内有正官与正财，
兆示财源多丰厚，此人赚钱有胸怀。

注解：柱中强旺，再有正官和正财克泄，兆示其人财源丰厚，有赚钱的本领。

日主左右坐偏财，企业赚钱有安排，
工作理财有条理，善于外地求大财。

注解：人无外财不发，马无夜草不肥。偏财乃是外财，日主左右坐偏财，乃是善于赚钱，工作有条理之人，故有"偏财夹身，财源有根"之说。

柱中伤官最聪明，敢想敢干近人情，
伤官生财有智慧，创业赚钱有大名。

注解："聪明不过伤官。"以伤官为用神的人，敢想敢干，而且有赚钱的头脑，这种人在生财之道上，定会大有成功而享有名望。

一个人的财有多大，是富命还是穷命，很难划一个明确分界线。有人认为百万就是富翁，有人认为赚一千万还不满足。不管怎么说，天上是不能掉下馅饼的，世上没有不劳而获之财。依通常之理，其人能拼肯干，努力进取，这是发财致富的原因；或者其人能言善道，善于运用谋略手段，或者善于投机冒险，利用关系捕捉机会；或深谋远虑，和蔼可亲，诚恳踏实，高超的办事能力，卓越的工作效率，或精打细算，勤而俭朴的实在精神，都能赚取或储存或多或少的财富。有些人由于好逸恶劳，行动缓慢，反应力差，思考欠周，不善于把握时机，不注重人际关系，胆小无能等等，这样就无法赚取钱财，一天到晚为钱奔波，最后还落得贫病交加，两手空空。

基于以上这些常理，在八字中都有信息可循。凡事都有前因，而后造成结果，我们可以运用命理来进行分析探讨，先以十神的特性，来探讨命造的性格与特征，来决定命主的赚钱能力，再以四柱组合与岁运关系来决定其有无聚钱之行为与结果。现将十神的性质与有无赚钱能力录出，以供参考：

正印：乃学术之星，其人性格善良，不计较名利，不适于商场竞争，既不是富翁之命，也不是赚钱高手。

偏印：其人特性精明能干，喜爱发明创造，但性格孤僻，且不善与人交际，有苛刻阴沉的表现，不利于赚钱，所以也难以发财。

正官：其人光明磊落，奉公守法，墨守成规，由于不善于变通，不玩手段，不去策划经营，故不是赚钱高手，也不是好财之人，所以也不是发大财之命。

偏官：性格豪爽好胜，有偏激倾向，对于财富之取，可冒天下之不韪，故有肯拼、肯干、肯吃苦，有下定决心不怕牺牲的赚钱勇气，有这些赚钱之重要条件，所以成为百万巨富，而并不是难事。

正财:正财是财富稳定,不流动之财。与财富有缘,但财富不大,正财有好财、贪财、吝啬的倾向,故迷恋眼前的小财、小利,贪小便宜而因小失大,其性较贪图享乐,不肯苦干,没有雄心大志,故虽然与财有缘,但不是赚钱的高手,故只能发点小财,成不了巨富。

偏财:偏财的特性乃聪明伶俐,机巧而慷慨大方,而且善于赚钱但不贪婪。偏财乃是外财,流动性大,效率也高,故与财富有缘,也是赚钱之高手,是发大财的首要条件。

伤官:乃正官的天敌,其特性有投机、冒险、谋略,有活泼的赚钱能力,且有说服能力,由于表达能力很强,适合在商场上扮演角色,是生财赚钱第一号高手。伤官之人野心较大,敢于冒险投机,因此也是大成大败的主要原因,亦是成为巨富的可能条件。

食神:食神的性格待人和气,谦恭温良,一见面就使人信服,产生良好印象,这就是赚钱的首要条件,食神本身就是财的根源,是赚取钱财的优越条件。

比肩:乃是财星的天然之敌,故与财无缘,比肩的性格为刚毅稳重,有操作能力,坦率直实,不善于理财,所以缺乏理财思维,更没有赚钱的计划,故不是赚钱之高手,也不可能发财致富。

劫财:其性比比肩更为明显,固执自以为是,得罪人而不知觉,更谈不上考虑生财之路,有时常陷于盲目行事而导致破财,就是有赚钱理财的观念,也不能赚钱,而且也不可能致富。

综上各条,看出八字中具有偏财、食神、伤官、七煞四星,是赚钱的最好条件。正财、正官为次,有正印、偏印最为不好,但须参看十神在四柱所占的位置。

如食神、伤官、偏财、七煞四星出现并且靠近日主,说明该命主有赚钱的心性,非常明显,具备赚钱取财的条件,适合从商或从钱财方面去发挥,其余诸星正好相反。

从十神的特性推论，知其命造是否有赚钱的本领，条件如何，例如此人的八字是穷命，遇上食伤、财、煞靠近日主，可以断其命主有赚钱能力，但由于是穷命，或因种种原因，而聚财不易，最终还是穷命。其余的均以此类推。

第十七章 学业篇

“学业”不外乎考学与升学两个问题。一是高考或考大学、研究生之类；二是自学报考职称，如企管、财会、律师等。能否进行深造，在八字中都有标志可寻。如柱中官印俱全，再行官印岁运，这些对考学特别有利，因正印为学术之星，主管文章、考卷。正官是正印的原神，一则可以生印，二者又是有官职之星，命中正印、正官俱现，是读书的首要条件。尤其正印、正官为喜用神，不临空亡，不遭破损而又贴近日主者，对考学最为有利。再者，如正印或正官与日主相生相合者，乃为天生的读书之命。预测学业是否有成，能否获取高学历文凭，最好还要配合命中神煞。如命中有文昌、学堂词馆、学士或华盖等吉星，乃是学业有成的最佳条件。总的来说，命中的正印、正官无有破损与空亡，又有上述吉星高照等条件出现，往往学业上有成。

判断学业成败的其次条件，还要与大运和流年一起进行分析，除了命造中的官、印俱全，再加上一些有关的吉星照命，还要看命造的 18～21 岁这几年大运和流年，这几年的岁运对命造中的印、官有助，则上大学的机会就高，如果这几年的岁运为忌神，使命造中的印官受损，则对升学必然不利。因为 18～21 岁这三年正是高考时间。最后再看年柱与月柱，因年柱统管 1～16 岁之间运程，如年柱受到空亡破损而无解救者，说明该命造在 16 岁之前，读书的基础条件不好，造成学业荒废。月柱管辖 17～32 岁运程，这 16 年中正是高考与学业进展的大好时机，如果月柱逢空亡破损,又没有解空和填破者,对升学必然不利。如年月二柱,特别是月柱不逢空亡,而且又无其它破损,在升学考试的前后几年,大运与流年对命造都有利,也就是说,既有读书之命又有升学的条件,这两项完全俱备了,则是上高校、获文凭的大好时机,可以说十拿九稳的榜上有名。如身弱财多,食伤重叠,再行食伤之流年运气,都不利考试。八字预测,可以看出哪些年对考学有利,哪些年对考学不利。不利的年份应嘱其怎样去对待,这样对国家或个人都是有利益的。

第一节　易获高学历

大学之门,人人争挤;高等学历,个个想夺。现将有上大学之命和易获高学历的八字总括归纳如下:

①命局中正印、正官俱现,不受破损,无有空亡,而且旺而有力为喜用神者,乃是天生读书之命,很容易荣获高学历文凭。

②命局中与日柱相合,正印旺而无损,二者不化为忌神,而且为喜用神,也是读书之命,易获高等学历。

③命局中的神煞见有文昌、学堂词馆、学士、华盖,而且不遭破损,不临月破者,不但有读书之命,而且头脑特别聪明。

④命局中用神不逢空亡,无破无损,旺而有力,五行均匀,而且无有冲克、害者,也易获高等学历。

⑤在升学考试期间,大运和流年为喜用神,男命不是财星管事,女命不是官星管事,大都对考试有缘。

⑥命局中印星旺相,月柱不临空亡,说明得到父母的正确指导,考高校的把握较大。

为了使初学者易记,现摘录《拦衔网》中学业有无的歌诀进行详细批解,学者只要抓住此条的断事纲领,只要四柱一排出,学业成功与否，就可一目了然。

柱中财官印俱行，官星无破必成名。

正官不见伤与杀，再行旺运定称心。

注解：官为名，印为文，财能生官，官能生印，柱中财官印全见，最利考试或功名；如官星无破，正官不见伤官七煞，行到旺运，必功成名就。

羊刃见杀利高考，七煞化印利于行。

日干逢贵见禄马，此年考试定称心。

注解：羊刃与七煞名叫杀刃两停，刃杀双显，故金榜题名。七煞化印名杀印相生，故考试名列前茅。

印逢禄地利高考，最喜印旺杀要轻。

印旺又行帝旺运，录取榜上定有名。

注解：印逢禄地，能入高等学府，因禄能护印，使印无损伤，印旺主文章上有喜事，所以利于考学，如无印有杀，文笔再好欠文彩，没有杀则没有威风，指文章欠缺震撼之力。柱中有印，利于考学，又行帝旺之运，定是锦上添花，考试称心。

天月二德遇将星，先印后财定有名。

学堂多合登录榜，岁德逢财是豪英。

注解：天月二德遇将星，对于高考最有利，因天德乃是五行福德之神，月德乃是阴德，将星是文武之星，与天月二德相会，聪明过人，先印后财，先行印运为早年读书有利之运，所以对考学有利；后行财运，因读书已有成就，再行财运，谓之“官财两得”为平生富贵之命。

伤官佩印用为财，文章技艺列名排。

印多生旺聪明士，考试必能称胸怀。

注解:伤官佩印,财为用神,文章技艺定然超群;由于财能生官,官得财生,印得官生,伤官又主聪明过人;印代表文章艺术,所以考试定能称心。

马星相会于学堂,必定锦绣好文章。
年月官星早出仕,如见魁星世无双。

注解:学堂星和驿马星聚会,最有利于考试。因学堂星是文明之神,学堂与驿马交驰,一冲一合,主临场头脑敏捷。年柱和月柱又遇官星,为早入仕途。再遇魁罡星,魁星能独占鳌头,所以学问盖世无双。

壬癸戊己入命中,聪明饱学百艺通。
壬癸遇得申子辰,文章过人技超群。

注解:壬癸日得庚辛金为印,如得月令生之为旺,定主文章出色,乃是录取之象。柱中天干透戊或透己,遇上辰戌丑未四库皆全,财官印全,冲之则起,必定文笔超群,一举成名。

金水文章得令时,食伤泄透定出奇。
学堂带马文章显,智慧聪明世间稀。

注解:金水文章得令,是指庚辛日生于亥子月,为伤官得令,伤官为聪明绝顶,伤官得令,主文章优越,再遇上食神透干,特别透出时干,时支藏驿马,遇之功名唾手可得。

羊刃敌杀甚聪明,录取榜上定标名。
柱内金水来相照,文章超群称奇英。

注解:羊刃敌杀谓之杀刃两停,刃杀双显,定主金榜有名,再遇金水相照,金水为伤官得令,伤官得令,聪明过人,文章出众,考试称心。

财印透干妙无穷,支有禄马学运通。

少年必定登金榜，中岁官名有始终。

注解：财印透干，名曰财印双全，必须印绶有根，喜财运，逢财则发，支中有禄马，禄马与财官双全，官得财化，主大有名望。

魁罡聚会福非常，性格聪明好文章。
时上食神骑禄马，锦绣前程把名扬。

注解：魁罡乃是魁罡贵人，柱中有戊戌、庚戌叫天罡。庚辰、壬辰的叫地魁。有的书中注出魁罡者乃甲辰旬中至癸丑十日是也，若遇木命官星位，逢官贵学堂，加魁罡聚会，乃性格聪明，文章出众。食神透时干，时支藏禄马，如甲日丙寅时出生，柱中有子午，丙为食神，寅为甲之禄，遇之榜上有名。

七煞有制化为权，俊秀文章发少年。
月提有印无财见，文章必定占人先。

注解：偏官无制，谓之七煞。遇食神又逢印，主文章好，少年成名。月上有印无财星破坏，又谓之印绶得令当旺，如果不遇财克，定主榜上有名。

驿马学堂遇旺乡，为人聪明好文章。
火库戌土冲开后，文章盛发世无双。

注解：驿马又称驿马星，命中遇马有出国远走之事。学堂又称学堂贵人，主人聪明智巧，高科文翰，在学业上大有名望，柱中驿马和学堂相遇，再临帝旺之乡，主为人聪明好学。戌为火库，火是文明之象，入火库，库待冲开后，文章思维敏捷，出口成章。

第二节 不易获高学历

印星受刑冲克害，月柱又逢空亡而又无解救者，这种八字不易获得高学历。

日主强，印星太多太旺，行运又逢忌神者，不利于考试。

命局、大运和用神太差者，不利于考试。

财为印星的克星，柱中财为用神者不利于考试，特别男命财星太旺更为不宜，女命次之。

男命用神为财星，女命用神为官星，都不利于考试。

在考试和升学期间，大运和流年不宜背逆，遇之对升学不利。

不论男女，命局纵然具备各种读书条件，但在升学期间，男遇财星管事，女遇官星管事，都不利高考，因为财星为男命之妻，官星为女命之夫，此二星出现，很可能会导致异性恋爱方面的事情出现，使学业荒废，根据笔者的多年应用经验，大部分不易上大学。

四柱不见官星，印星又逢空亡损破者，都不利于考试。

四柱印轻怕财多，多学少成有坎坷。
财多身弱无比劫，虽然读书难登科。

注解：印为文章，要旺相，对考试有利，最怕财来冲破，柱中财星过旺，又无比肩帮身，考试难以如愿。

偏印当权最不良，多学少成运不祥。
日主衰弱食伤重，命中不是读书郎。

注解：偏印乃是制我之尊长，使我不得自由，作事有始无终，故有枭印当权，使我心机始勤终懒，学业多学而少成。食神生旺则有财官，最喜日主强，财官才能当权。如日主衰弱，不胜财官乃不是读书之命。

身弱财多印少生，博学之士无职称。
有杀无印欠文彩，有印无杀少威风。

注解:日干衰弱须印扶,怕财多泄身,虽有饱学,而难以得志,没有印,文章不显,或不是大雅之作,没有杀,没有威望,纵有文才,也是有志难伸,有才难展。

乙丙丁旺遇旬空,满腹文章运不通。

月旺时支临死绝,一生饱学难得时。

注解:乙、丙、丁为地下三奇,得贵神相助而贵,不宜空亡,空亡不出则怀才不遇,终成看破红尘的出家隐士。月为印绶,时为食神,如临死、墓、空、绝,代表文章无气,所以一生饱学,难以得志。

日德魁罡遇刑冲,一生贫寒难得中。

羊刃刑冲无学识,纵有文章枉费功。

注解:日德坐魁罡,主天性聪明,文章振发,柱有魁罡,具有领导能力。但好胜心特强,怕遇刑、冲,冲则性起,主凶。羊刃本身性刚而恶,更怕刑、冲,遇之主性情粗鲁,喜斗殴,不爱读书,所以纵有聪明头脑也枉费功夫。

柱中印多主聪明,水土混杂是愚民。

比劫重重难进取,身弱印衰枉费心。

注解:印主文章,印主聪明,水见土为浊,水浊为混,故为无学识之辈。柱中日主衰弱,需要旺印来扶,如身弱印衰,则难进取功名,身旺忌印多,再加比劫重重,若想进取则枉费心机。

日强印旺又逢官,得生文化定有源。

伤官制伏如太过,仕途蹇滞运不欢。

注解:日主强印又旺再遇正官,印主文化得生,主其人有学识,一般人遇之,大多酷爱学习。印弱不能生衰身,身印两衰,有气无力,心有余而力不足,所以考试劳而无功。

批断八字时，必须要将命局与大运综合起来进行分析。有读书之命而没有读书之运的人，虽然难获高等学历，但实际知识却超过有学历者，因此卓越的工作能力而往往会使人翘指相看。没有读书之命而有读书之运者，虽能取得高等学历文凭，但却大多无法表现出真才实学。这些事例是我们日常批命中常遇之事。如果命中既无读书之命又无读书之运，如想获得高等学历，恐怕比登天还难，除非自己后天努力，改变气质，努力进取，或许也能干出一番出人头地的事业，但毕竟为数不多。

总的说来，命中喜用神的条件较好，大运和流年对命造都有帮扶，那么荣获高学历的把握就大，但最好是正印和正官为喜用神。虽说男命考试以财为忌，女命以官为忌，如果柱中出现文昌、学堂词馆等吉星照命，而同样可以获得高等学历，而并不是完全依靠正官及正印才能获中，只是这两种星辰条件较佳，把握较大而已。

研究八字必须要多求实践，对于考证获取升学的实验非常容易，因亲朋间的子女每年考试升学的很多，都可以用来求证。每预测一个命造都作以记录，看当时的结论与过后验证结果如何，追求反馈实例，实事求是的作出总结，看其验证率有多高，久而久之即能产生心得。开始求证时，不必要求过高，能达到百分之六七十的验证效果就比较不错了，天长日久，自然准确度就逐渐提高了。

第三节　有名气八字

本节论述有名气的八字。所谓的“名气”，顾名思义就是四海扬名之意。关于预测名气应以食神、伤官为主题，详细论述，已在以上十神断法中录出，本节不再赘述。不论是记者，还是明星、实业家等各类人物，如果八字中食、伤不旺，或有刑、冲、克、害、空亡、破损的，再加上行运不畅，则一生也不会有多大名气。因为食神为文章秀气，笔墨才华，四海扬名，文章传世。伤官代表思维敏捷，革新创造，容易冲动，傲气凌人。食伤在天干主名气在外，在地支(月支)主在国内扬名，各支皆同，其力量以月支为最大。为了易背易记，现将经验编成歌诀如下：

伤官用印去了财，四海驰名步金阶。
伤官遇财又带合，既有声名又有财。

注解：伤官主聪明好学，印主文才名气。伤官能生财损印，印无比肩而畏财，故求功名必须去财，方能成功。如伤官遇财而化，官得财生不受伤克，功名可成。伤官遇合，化为他象，不伤官星，与功名无损，那么既有名声而又有财。

伤官伤尽福滔滔，名重权高是英豪。
伤官带印有财略，一举声名列前茅。

注解：伤官伤尽，名重权高，柱中没有官星，为无官可伤。伤官伤尽复能生财，财能生官，故伤官伤尽为好。伤官主头脑聪明，多成艺术家、发明家。故伤官伤尽乃是贵人。伤官人有胆有识，喜欢钻研和创造，在艺术方面有真本领，但其性格一生傲气，喜自由不喜欢束缚，故有怀才不遇之叹。印主文章、文才，又主智慧名气，伤官逢印，有雄才大略的志向，是受压制而不服输之人，所以一旦机会来临，青云直上，一举成名。

伤官合杀有名声，名扬四海是贵人。
伤官若还逢财运，官财两旺有才能。

注解：伤官与杀合，可以化印生身，日主旺又遇上杀印相助，故其大业有成，名震九州。如果伤官伤尽，生财生官又生印，可以名上金榜，一举成名。

伤官有财逢财运，功成名就有声名。

伤官羊刃如带杀，金榜题名事业成。

注解：柱中伤官逢财运，又行财地，财旺生官，定主功成名就。伤官羊刃带七煞，定主四海扬名；伤官合杀为功为名，如果月干有羊刃帮身扶持，必然名震四方。

身旺逢官福不轻，黄金榜上有声名。

财弱官弱日主旺，运入财官称豪英。

注解：日主旺，柱中有财有官，运行财官旺地，则利财利官又利名。如日主旺，柱中财弱，运入财官之地，功名可成。

身旺财露印又藏，功名荣显震四方。

禄逢七煞声名震，金神遇火天下扬。

注解：柱中身旺财露能担财，印藏不被财伤，名曰："印藏财露身自旺，功名荣显震四方。"官星逢七煞透出，年月时干有印者乃大吉。金神遇火，如果太旺，则须旺火炼之成器，遇此八字向南行，定主功成名就。

命中若逢乙丙丁，博学多才称奇英。

戊己如若逢四季，更值三奇有功名。

注解：乙丙丁为地三奇，如临贵神，乃大吉之兆，辰戌丑未为财官印食之库，又名为四季。如戊己土三奇会聚，定能勋业远播，声震九州。

月提七煞羊刃逢，如临旺地是名人。

时遇贵人骑禄马，有助有生事业成。

注解：月上七煞与羊刃同柱，必主其名声大震，如戊日甲午月干透杀，午为月刃、杀刃互相制约，临相之地必定四海扬名。时遇贵人禄马，如甲日生人，时上见禄和贵人，如生在申子辰日，寅又为马星，此谓贵人骑禄马，能耀祖荣宗。

日主衰弱旺财官，运行身旺有威权。
壬癸生于申亥子，运到火地名利全。

注解：日主衰弱，经不住财官克泄，运行生助扶身之地，名声大震，如壬癸日干生于申亥子日，运到火土之地，得名利，因壬日或癸日，申子辰地支全为旺日，所以运到火土之地，财官双旺。

时上一位有偏官，名扬万里天下传。
马星生财扬天下，财星得位正当权。

注解：时上偏官格，必须要时干上透出为最好，如果年月日上重见，反主辛苦劳累。《三命通会》云："时上偏官不怕冲"之说，马星生财，如子年癸日生人，以丙丁火为财，天干得马星，寅为马星，寅中自有财官相生，故其成名且独占鳌头。

年月日时一旬中，四海扬名显威风。
无官有财声名显，行至财运事业成。

注解：年月日时一旬中，指的是天干地支同在一旬之内，如甲子旬或甲午旬中，柱中有官星有财星，再遇财运必主升官，为事业有成而得官之象征。

身旺财露印宜藏，功名显耀福禄全。
命逢印绶身富贵，为官必定美名扬。

注解：印藏不怕财伤，身旺财露能担当得住，印是生我之物，柱中喜用神临之，为官清白，但须身弱为妙。

偏财时上见正官，早岁官场是一员。
如得食神相辅助，少年有志做高官。

注解：财能生官，又得食神生财，为财官食三奇，为早年发达之命。

柱中食神遇财乡，早岁声名震四方。
柱中财星冲禄马，官财两旺把名扬。

注解：日主旺喜遇财乡，再有食神生财，主早岁名扬。如甲日生人见丙寅时上之食，甲禄在寅，生于申子辰年，寅又为马星，禄马为食神，得吉星相助，故官财两旺扬名。

伤官佩印柱中行，印星逢禄早成名。
干透食神骑禄马，早登金榜是豪英。

注解：伤官佩印财为用神，伤官生财，官得财生，印得官生，伤官主聪明艺术，印主名气，故艺术文章振发。官贵印相逢，又有吉星相助，必能文章盖世。干透食神骑禄马，定能青云得路，名利高强。

归禄逢财遇文昌，艺术行列把名扬。
印星逢官遇禄位，文科盖世大吉祥。

注解：在时支上遇禄叫归禄，如甲日丙寅时之类。文昌乃食神之临官，如甲木的食神是丙火，丙火长生在寅，临官在巳，即巳是文昌，也就是乙木文昌在午，丙戊在申，丁己见酉，庚见亥，辛见子，壬见寅，癸见卯。见文昌入命者，主人气质雅秀，好学新知，最喜食神建禄，“归禄逢财遇文昌，气质雅秀好文章”。官贵印相逢，又有吉星相扶助，考试定能名列前茅。

第十八章　职业篇

将职业比作人生第二生命，一点也不为过，它关系到人类的生存和社会发展。人一落地父母就打算，孩子将来干点什么，选择哪一行最好。望子成龙之心，人皆有之。谁都想自己的孩子能干出一番出人头地的事业，不但家庭幸福，而且促进社会的快速发展。为此选择职业是人们普遍关注的事情，很值得重视。

社会上的职业范围非常广泛，过去称为三教九流，仕、农、工、商等七十二行，现在这些名词仍然适用。所谓三教，指儒教、佛教、道教。所谓“仕”即指政治家、做官之人，现在称为公务员。所谓“九流”，指儒家、道家、阴阳家、法家、名家、墨家、纵横家、杂家、农家。现泛指宗教、学术中各种流派或社会上各种行业等。笔者把现在的行业，主要归为以下几大类：仕、农、工、商、军、学、艺、宗教、自由职业等，但在这些行业中又分为静态职业和动态职业两大类。到底选择哪一行，可根据每个人的生辰八字、五行和用神的喜忌，以及十神的组合来决定。既能快捷地找到自己的合适位置，又可以发挥自己的特长；既能维持家庭和社会的稳定，也可为社会的发展奉献出自己最大的力量。

本篇根据人生八字五行用神喜忌和十神组合的这一原则，来研究每个人的职业学位，为选择职业的人们提供有效而快捷的方法。

第一节 用神选择行业

①以正官为用神者，宜从事行政、公职、公务人员等工作，适合在政府行政机关、司法界、新闻界、企业管理等部门任领导职务。并适合在行政管理部门任职、领导性质之行业或公职人员等薪水阶层任职。

②以七煞为用神者，宜从事军界、警界、职业军人、公安、司法或带有激烈动作性工作，如开采、爆破、武术、运动员、指挥员、登山冒险、外科医生以及别人不敢做的行业等。

③以正印为用神者，宜从事文化事业，如教育界、宗教、文学家、作家、秘书、图书管理、学术研究等工作。

④以偏印作为用神者，宜从事研究、发明、设计、创造等专门性行业，如美容师、参谋、副职等，以及医疗、艺术、医、卜、星、相等职业。

⑤以比肩为用神者，宜从事无拘无束、自由操作行业，以及律师、会计、教师、合伙经营等行业。

⑥以劫财为用神者，宜从事自由职业，如对外推销、旅游、招待，以及舞厅、酒吧、旅馆、凭劳力而自由自主、任意行动等行业。

⑦以正财为用神者，宜从事财政、金融、工商、税务、门市、店铺、会计、经理、厂长、董事长等安分守己之职业。

⑧以偏财为用神者，宜从事经商贸易等行业，如生意买卖、工厂投资、股票、证券、房产开发以及外资引进等大型商业活动。

⑨以食神为用神者，宜从事服务行业、外交、接待、销售、保险、口才演说，以及文艺技术如音乐、艺术、美学、经济学等职业，也适合经商做生意。

⑩以伤官作用神者，宜从事艺术性行业，如文艺、书法、美

术、歌唱、音乐、舞蹈等演艺工作，以及文学、编辑、律师、出版商等。

综上看来，用神为印星者，宜教育、研究、宗教等慈善工作。用神为官煞者，宜从事政界、行政管理等薪水阶层工作。用神为财星者，宜从事财政、金融、工商等工作。用神为比劫者，宜从事合伙、流动等自由职业为宜。用神为食伤者，宜从事服务、外交等艺术性职业为合适。

第二节　五行喜忌选职业

1. 日主五行喜金

日主五行喜金者，宜选择与金有关的行业，如五金器材、工厂机械、坚硬物品、交通、汽车、珠宝、开矿、电器、金融、刀具、炉具、灯具、燃料、光学、电力、工程、矿业等。

2. 日主五行喜木

日主五行喜木者，宜选择与木有关的行业或职业，如农林种植、花草、树木、木材、家俱、装璜、木器、手工艺品，由木引发的行业还有文化教育、教员、书店、出版社、司法、政治、医疗药物、中草药等，经过多年经验验证，凡从事药物事业的医务人员，大多数命中喜木。笔者命中喜木，平生学习中医，从事中草药行业多年，大概就是因为这个原因吧。

3. 日主五行喜水

日主五行喜水者，宜选择与水有关的行业或职业，如水利、航海、渔业、饮料、酒类、浴场、澡堂、流动摊贩、旅游业、采访、记者、服务业、不安定的自由职业或易流动职业、旅社、演唱艺人等。

4. 日主五行喜火

日主五行喜火者，宜选择与火有关的行业或职业。如工厂、砖瓦、热度性、光亮性、易燃品、光学、电力、饭店、宾馆、美容、理发、印刷、手工艺品等,经营电器、食品、百货等,凡是一切与火有关的行业,都适合命中喜火。

5. 日主五行喜土

日主五行喜土者,宜选择与土有关的行业或职业。如农业、畜牧业、土产、土地开发、建筑业、房地产开发、畜牧饲料、中介人、企业顾问、设计、农作物经销商、代理商、葬墓业、水泥、矿产、陶瓷等。

根据五行喜用来选取职业,依论命之原理来看,如命主五行中有一行太旺,而命主的心理偏偏爱上这一行,一心要从事这一行业。除了命局是专旺格,其他成功者很少,因为专旺格较少,普通格局占大多数。普通格局以五行中的某一行太旺为大病大忌,这是导致失败的主要因素。命局中五行某行偏旺者,命主的心理总会受这一行影响,引发他去选择这一行的职业,即对这行十分感兴趣,导致命主对这行失败,这是笔者的多年应用经验。这一点非常重要,希多加重视,一则自己少走弯路,另可引导人们走上人生正确行业,为社会家庭多作贡献。

第三节　按十神组合选职业

①八字五行中和又无有刑、冲、克、合化者,所从事的行业应该有始有终,不但精心专一,而且事业平稳,无有其它风波。

②八字五行偏枯或又出现刑、冲、克、合者,从事的行业容易经常变更,而又易起风波或更换位置,职位调动,多数在外地工作。

③正官为喜用神,逢财生助,宜往行政方面发展。如财、官、印全,宜向行政领导层次争取。

④食神吐秀带文昌，宜往文学方面发展，或向创造方面发展。

⑤比肩劫财多者，宜向自由方面的职业发展。

⑥比肩劫财多者，经商求财不利，合伙投资容易破财。

⑦财官有力，日主健旺，可以自立为主。

⑧身旺无依，或身弱无助者，只能依靠他人成事。

⑨八字见有多冲多合者，主事业经常变迁，少冲少合者反之。

⑩八字中食伤多现，又遇旺财泄之，宜往商务、金融、财政、贸易方面发展多能成功。

⑪八字喜水，而又有驿马者，宜从事流动职业，或到远洋就业。

⑫八字伤官或偏印齐现者，头脑聪明，但性情孤傲，不宜做官，宜从事医师、会计、教师等自由职业为宜。

第四节　格局动静选择职业

根据八字格局来决定命主的职业适合静态，还是动态。静态的八字格局，财印相涵，正官配印，财官两清，食神吐秀，独官清秀，杀印相生，食神生财等都适合静态职业。

静态属于文职，如文化、教育、宗教、文书、作家、自由撰稿人、书店、店辅、门市、慈善、游乐、会计、律师、公职、行政、公务员、设计师、广告、艺术、学术、医师、作家、音乐家、书法家以及文艺一类的职业。

动态的八字格局：用印化煞，食神制煞，用财化伤，羊刃驾杀，用食化劫，独煞有制，财煞相生等，这些格局皆适合动态职业。

动态属于武职，如军人、警卫、运动员、检察官、军人、侦探、武术、冒险行业、运输、交通、航运、渔业、自由业、旅游业、外交贸易、贩卖、摊贩以及服务劳工等职业。

第五节　以喜忌选择居住和事业方位

凡八字喜木火，忌金水者，大利东南，不利西北。一生事业宜向出身地的东南方发展，为最有利，不宜向西北方进行。

凡八字喜金水，忌火土者，大利西北方，不利东南方，这种八字不宜在家发展，宜向出生地的西北方可得到名利双收。如果在家乡或南方发展，不容易发达起来。

凡八字喜水木，忌土金者，为大利东北，不利中西，这种八字如在东北方发展，可有名有利，如在家乡或南方，不易发展起来。

凡八字喜土金，忌木火者，发展方向大利中西，不利东南，如往中西方或家乡发展，肯定大有前途；如在东南方发展，可能是事业惨败的结局。

凡八字喜火土，忌水木者，发展方向，大利中南，不利东北，一切事业宜往中南发展有利；如往东北方发展，大多无有起色。

综上各条，以命局用神、五行喜忌、十神组合以及格局动静之态、五行喜忌，选择有利与不利方位，提供给人们选择行业时做参考依据。依此可以选取与自己命运相符的职业。与命局相符，事业很容易发展成功，如不相符，往往导致失败，这一点可关系到人的一生成败，尤其刚毕业的学生，即将步入社会工作，特别要报考大学专科者，更需要谨慎选择，这关系到将来的前途大业，为此笔者顺便提供一些浅薄的经验谈，在应用以上职业选职的同时，还要注重大运行运之五行，这对命局五行有时也会有相当的影响。尤其命中带有驿马的八字，或地支有刑冲克害者，这些八字因受大运五行之影响，而会引发职业经常更变，这些都可提供给人作为推命的参考。

第十九章 迁旅篇

第一节 迁旅之含义

迁旅者乃迁居、迁移、迁动之意；旅者，乃旅行、旅游、走动的意思。“迁旅”包含职业变动、住所迁移、远途创业、出国观光、出国定居等等。近些年来，随着改革开放，人民生活水平提高，出国旅游、上学、创业、探亲、访友以及出国定居的人很多。在国外发财致富的人数不胜数，而有些人在外面闯荡多年，最终仍两手空空。这些到底为什么呢？命局组合得好，带有出国之命和迁旅之信息者，迁旅后肯定能春风得意；如果不带迁旅之命运，加之命局再组合不好者，千万不要离家，如果强而行之，等于飞蛾投火，后悔莫及。所以迁旅之事，是当今社会人们所关注的重要大事。

命中是否有迁旅之运，根据传统的方法，查看命中有无驿马星。有驿马星的人，走动机会就多；没有驿马星的人，走动机会就少。有的人一生没有走动的机遇如果强行走动，肯定不会如意的。驿马星乃是主管迁旅及移动之事的一颗星辰，命带驿马星的人，一生中常会遇到迁动机会。驿马星又称为野马星，象征着乱跑乱撞，安静不下之喻。过去有句古歌：“命带驿马遭辛苦，马奔财乡发如虎，得时平生多声望，马被鞭策离乡土。”只要命中带有驿马星的人，其人大多有出国、旅行、迁居或调换职业之事。有驿马星的人，大多有不安定之心态出现。

驿马星的查法是由命局中的地支而决定的，其查法是：

①寅午戌日出生的人，四柱中有冲寅的申字为驿马。

②申子辰日出生的人，四柱中有冲申的寅字为驿马。

③巳酉丑日出生的人，四柱中有冲巳的亥字为驿马。

④亥卯未日出生的人，四柱中有冲亥的巳字为驿马。

这里不难看出，用日支组合成三合局，与三合局第一个字相冲的就是驿马星，也就是与三合局的长生字对冲的便是驿马。再说明白一些，也就是三合局的病处是驿马。关于驿马星论述如寅午戌日出生的人，火长生在寅，病在申，这个申字就是驿马。关于驿马星论述已在第六章之神煞篇中有详细说明，现不再重述。

第二节 驿马星吉凶看法

①查看柱中有驿马时，必须要分析清楚，是生旺还是死绝。如生旺，其人有随机应变之才，在交际方面，受人尊重，与禄同柱（用日干查建禄，如甲禄在寅，申子辰日马在寅）主其人发福；如遇死绝之地，或八字结构不佳，主其人性格易变，做事没有恒心，见异思迁，不能固守岗位，作事有头无尾，事业少成，漂泊不定。与凶神恶煞相冲，主背井离乡，远外谋生，或为僧道之人。

②年柱上出现驿马星者，主 1～16 岁，会出现变动、迁移、远走之事。大多在这个时期内变动，与父母因素有关，也有可能因父母或兄弟姐妹的工作或出国、搬迁，而跟着变动。这个时期的变动，还可能影响学业，如行运走得好，则因父母或兄弟升职就业，而跟随高就，而这些都属于好的方面，如行不好的运，多因父母离异而随父或随母离家，或因其它的因素变动、迁移而远离家乡。

③月柱出现驿马星者，主17～32岁，出现变迁之事。这段时期，如果行运不好，除了有上述与父母兄妹因素变迁外，还可能由于自己心情而产生不安定，如就业不顺而变换工作地点，本人心态不定或与现状不满，产生变动之念头。这段时期，如果大运走得好，大多因工作需要而经常在外，或因被上级调换地点、出外或出国搞外勤工作，也可能由于本人经济巨富，而到异国他乡，长住、定居，发展自己的事业。如行运不佳，则可能因为不可抗拒的事情，迫使自己到他乡谋生等等。

④日柱出现驿马星者，主32～48岁，这段时间的变迁，大多是为了家庭、婚姻、事业、工作住所等事。这时如果行运不好，则大多因家庭婚姻之事而变动，或因在工作、事业上遇到麻烦而更换新的单位，或住宅经常搬迁、变迁，最后都不会理想。如行好运，职业上大有成就，地位高升，调到好的地方工作，这段时期所引起的变更、动迁之事，都是春风得意的好事。

⑤时柱出现驿马星，主48岁以后的晚年运气。这段时期的更动、变迁，多数人因子女事业有成，被子女接到国外或远方去安度晚年，而使自己的生活上起了很大的变化；也有因自己事业腾达而到远方发展，这些都属晚运大吉，而带来的幸福。若走坏运，很可能因子女之事，造成在事业上失败而移居他方；或为子女不孝依靠不上而迁居他方。这段时期的更迁，大多为子女方面的事造成风波而不安定等等。都属晚运不好而奔波、劳碌的变迁。

⑥古书云："马逢鞭策，身不安闲。"所谓加鞭者，即驿马逢刑冲谓之加鞭，主人一生劳碌，流浪四方职业不定。若刑冲之神遇三合或六合，则不为加鞭，凡驿马逢冲者多主奔波、劳碌、移居、职业变化之事；如果驿马逢合者，则意为驿马被拴住，谓之驿马受制而不动矣。

⑦查看驿马时，首先要看与驿马同柱的地支，是日主的喜神

还是忌神，以此来定出吉凶。如驿马与吉神同是一个地支，说明这个人活动力很大。与凶神同一个地支，乃是奔波劳碌之命。

⑧驿马乃是奔走的马，是过去的运输交通工具，命带驿马星的人，大多与交通运输的事业有缘，如开车、长途贩运等职业有关；如驿马与财星同在一支，再行到驿马大运时，很快就可以发财。

⑨女命四柱有驿马星，这个驿马所临地支人元中，有日干之官煞者，定主在远地方或异国结婚。男人四柱中有驿马，这个驿马地支的人元中有日干之财星者，应与异国或他乡之女结婚。

⑩驿马与吉神同在一柱时，应该从事外交事业或运输、交通、通信等事业为宜，在这些方面上发展，可得到名利双收。

⑪在十二地支中，只有寅申巳亥四个字为驿马，这四个字含阴阳循环之气，乃是往来迎送之神，在任何情况下主动不主静，如果动则有利，静则无利。

⑫驿马所临的地支与日柱七煞相冲克，或者与凶神同在一柱时，命主要被迫远走他方，背离乡亲。

⑬驿马遇禄，谓之禄马交驰，定主大发财源。如寅午戌驿马在申，时干得庚。亥卯未驿马在巳，时干得丙。申子辰驿马在寅，时干得甲。巳酉丑驿马在亥，时干得壬。这里不难看出，驿马乃是寅申巳亥四字，这四字中的正气透出在时干上即是，以日支求时干，又以时干求日支，互相转换，谓之禄马交驰。遇到这些八字，可以在异国他乡发财。

⑭驿马为喜庆迁动之神，最喜生旺，所临之支是吉神者，主为官在外长居荣位，平常人遇之，财禄具丰。大运走到驿马运时为官有升迁之喜，常有迁移之福。行运的地支与驿马相合时，为官定有上调之喜。常人定发外地之财。

⑮干支与驿马相合者，谓之干支合马。如申子辰马在寅，四柱中见甲寅又见己亥两者两合，遇此者定主高官厚禄。关于福

气大小，要由驿马同支的喜忌，来决定他的生旺衰绝，有气势者福大财厚，无气势者，财薄福轻。

⑯驿马与倒食同在一个地支，命主适合做外交业务，但为人吝啬，人格不好，与人处事只是三分钟热度。驿马与食神同在一位上，能在外地得到有声有色的地位，但必须活动，越动越能得利。驿马与官煞同在一柱又为忌神时，外出时千万要注意，恐怕要经常受官灾之苦，而且时常会出现口舌风波。

⑰驿马所克之神入墓，谓之马入财库。如申子辰驿马在寅，木能克土，土库在辰，辰为土之库。巳酉丑驿马在亥，水能克火，火库在戌，戌为火之库。亥卯未驿马在巳，火能克金，金库在丑，丑为金之库。寅午戌驿马在申，金能克木，木库在未，见未为木之库，见此者主游历四方，广得财源。

⑱驿马与食神、天乙贵人、长生或建禄同柱时，乃富贵之命。如与空亡、病、绝在一起，再遇上刑冲克害时，谓之混浊之命，在外为官只能侍候别人，到底也没有多大作为。

⑲特别老年或幼年，都害怕过驿马岁运，不但居住不定而且心性不安，身体也会多病。老年人岁运乘马主气虚，容易罹患腰脚疼痛之病。幼年人岁运乘驿马主易得吐食、惊疯、癫痫之病。

综上看来，驿马星乃是命中旅行，出差、更换工作、搬家、迁居和出国等不稳定的信息标志，这些信息的吉凶，都取决于喜神和忌神。而吉凶喜忌又决定于行运之好坏。如果大运或流年逢驿马运，或大运、流年冲起驿马，在这段时间容易出现迁移，变动的事情，此时命主的心态也会不安定而容易产生变化。如果柱中驿马逢合，不但无有上述的迁变之事，而且心态也不会往这些方面考虑。

人的心态变化、迁移、异动之事，除了驿马星可以推断，还可以用八字的地支来探讨。如四柱地支出现刑、冲、克、害、合或混杂多见者，也主命造心态不定，劳碌、奔波的事较多。又如八字的合局、太岁、大运而形成循环三刑，或三刑逢冲，或变刑，变冲等，都容易出现变迁不安的事情。而且大多是凶多吉少，不敢想象的坏事出现。

一个人的命局组合得好，又带有驿马星，行运又吉又顺，一生中很容易会有出国旅游或定居考查、留学、深造的机会；而迁旅时间，再用流年流月来确定，如流年或流月逢驿马，或冲起驿马，这段时间可以断定是行动时间，其准确率很高。

最后再补充几句，学生在求学、考试、升学期间，如逢上驿马星行运，再遇上流年太岁相助，大多数学业不好，这段时间不能专心学习，可能会抛弃学业，而到其它方面工作。这些情况在探讨人之学历的时候，须列入参考，以提高准确度。

驿马本身即是动神。“三命通会”上说，气归如一，气动为马。驿马的吉凶祸福，皆取决于动。岁运临驿马，或冲或合皆为动，只有冲动后才能决定吉凶。如果见到驿马就断出国、搬迁，这样就大错特错了。判断驿马吉凶主要看命中的喜忌，如柱中喜木喜火，而驿马临在寅巳上，就是吉马；反之如驿马临在申亥上，就是凶马；又如用神喜金水，而驿马临申亥上，也是好马。断命时须详察命中喜忌，如驿马临在贵神上而又是命中喜神，那么该命有升官、动迁之喜；若为命中忌神，就会出现一些倒霉之事。所以同一种星煞有吉有凶，驿马有为财为官之别。如财官为喜神，见发动则为得官进财之喜；若财官为忌，有丢官破财之殃。

第二十章　疾病篇

唐代名医孙思邈先生，在他著的《千金方》中说："不知易者非良医也。""易"乃指的是《易经》，说明习医必须先学《易经》，如不知《易经》，则不是好的医生。《易经》乃是我们祖先留下的一部善知未来过去，无所不包的一部宝典，堪称为"群经之首"，世界上称之为"东方灿烂明珠"。中国医、卜、星、相的理论都来源于《易经》，它是阴阳五行运算的总法则，一切自然现象都可以用《易经》来推论，特别对于人体疾病病因病理甚至治疗等都可用易经的高超理论来作导航。

中医界流传一句俗语："用药容易识症难"，说明辨别病症不是一件容易的事。阴阳五行是人体内一种精微物质，古人用阴阳五行表示人体五脏六腑，用来推测疾病，以知生死，根据阴阳五行的生克制化，而知五脏六腑的盛衰，能达到知病、防病、治病的目的。

本篇是利用八字五行中过旺与不及来推断命主可能发生的疾病。它主要依据八字天干地支阴阳五行的变化和相生相克，以及岁运的空间，结合人体五脏六腑的盛衰，总结出所患疾病的部位和时间，它符合祖国传统医学的理论，虽然是一种玄机奥秘，但在科学发展的今天，仍然实用。有些用科学仪器难以测出和不愈的疾病，用五行生克制化的理论得以治愈。所以作为命理研究者，应该掌握中国古代文化的奥秘，利用现代科学辨证思想和方法，加以启迪，得出新的鉴证。

第一节 测病基础知识

八字预测疾病，最好能掌握一下中医基础理论知识，如能将古医书中的一些主要内容熟背，当然更好，这需要下一定功夫。笔者幼习中医，曾在这方面下过不少功夫，将一些有关方面的歌诀死背硬记，每在为人诊病时都将命理与病理结合起来推测，理论与实践双方结合。得到的效果有时都超过想象。预测疾病是人生最为关注的一件大事，希望读者精心细悟，大胆的在实践中应用，天长日久定能从中有所新的发现，到那时候你会高兴得手舞足蹈，会赞叹老祖先留下的古老文化真伟大。

先来背这首祖国传统医学中的五脏六腑古歌诀，这首歌诀，是历代命理学家测病、诊病的主要依据：

甲胆乙肝丙小肠　丁心戊胃己脾乡。
庚属大肠辛属肺，壬属膀胱癸肾脏。
三焦并向壬中寄，包络从来入癸方。
若依此方推人命，方显中华古岐黄。

由于八字的组合方式各有所主，我们必须明白八字结构，与人体中的器官部位配合，否则到应用时，不知从那里下手。

①八字以日干代表命主的“自身”又代表命主的精神和身体。

②以天干代表人的外表，地支代表人的内脏。

③以年柱代表头、月柱代表胸、日柱代表腹，时柱代表腿足。

④年、月柱代表身体的左边，日、时柱代表身体的右边。

⑤年干支代表幼年，月干支代表青年，日干支代表中年，时干支代表晚年。

现将四柱干支配合日干的五行，能预测出五行中某一行代表哪些疾病，列出速查表，以便于查对。

日干五行四支疾病部位

<table>
<tr><th>五行</th><th>日干</th><th>病源</th><th>四柱干支</th><th>易患疾病</th></tr>
<tr><td rowspan="2">木</td><td>甲木</td><td>胆</td><td rowspan="2">甲乙寅卯太过或遭克泄太弱。</td><td rowspan="2">肝、胆、头、神经、关节、忧郁、失眠、筋脉、皮肤、中风、胃。</td></tr>
<tr><td>乙木</td><td>肝</td></tr>
<tr><td rowspan="2">火</td><td>丙火</td><td>小肠</td><td rowspan="2">丙丁巳午太过或遭克泄太弱。</td><td rowspan="2">小肠、心脏、眼、耳、胸、咽、败血症、脊、热症、下部疼痛、近视、脊椎、淋巴、心神不安。</td></tr>
<tr><td>丁火</td><td>心脏</td></tr>
<tr><td rowspan="2">土</td><td>戊土</td><td>胃</td><td rowspan="2">戊己辰戌丑未太过或遭克泄太弱</td><td rowspan="2">胃、脾、肠胃病、呕气、便泌、皮肤、足腕、脑、血液、膀胱、消化系统、痔、关节疾病。</td></tr>
<tr><td>己土</td><td>脾</td></tr>
<tr><td rowspan="2">金</td><td>庚金</td><td>大肠</td><td rowspan="2">庚辛申酉太过或遭克泄太弱。</td><td rowspan="2">大肠、肺、鼻、皮肤、气管、神经、直肠、肾、脑、下肢部、咽喉、心悸、忧郁、皮肤过敏。</td></tr>
<tr><td>辛金</td><td>肺</td></tr>
<tr><td rowspan="2">水</td><td>壬水</td><td>膀胱</td><td rowspan="2">壬癸亥子太过或遭克泄太弱。</td><td rowspan="2">膀胱、肾、子宫、泌尿系统、近视、中风、糖尿病、妇科病、下部出血、性病、便秘、脑病。</td></tr>
<tr><td>癸水</td><td>肾脏</td></tr>
</table>

第二节 日主克泄测病法

过去学习中医，都先学五行的生克制化，以后将纳音五行背熟，在诊病时，什么命易患什么病，再用患者八字中的过衰与亢极仔细推敲，然后再用中医理论一锤定音的结论出是患什么病即可治疗，知其患者是什么命，然后才开处方。嘱其用什么药物做引子，还是大枣多少枚，生姜多少片，芦根几尺，什么时候煎药，煎药朝什么方向，服药又朝什么方向都有一定讲究。病人服药后往往药到病除，到底为什么？刨根问底，主要以日干为主，结合柱中五行生克制化，太过或不及均可作为判断疾病的依据。以日干配合其它五行的强旺衰弱，用中医理论来判断疾病的阴、阳、表、里、虚、实、寒、热来进行治疗。

根据多年应用经验看凡是八字中日主强者，一般不易生病；如果生病大多是用神受到克泄，患的多数是实症。

日主衰弱者易患虚症，看日主是什么五行，应该患的是什么五行之病，再用什么五行的药来治什么五行的病。如甲木受克泄大多是胆病；乙木受克泄，多数是肝病。也有用神受克泄而得病的，但毕竟少数。推命时首先看日主旺衰，次看用神是否有力，因日干强旺大多身体健康。反之，日主衰弱而无扶，则一生多灾多病。

以日主干支，对照四柱五行生克，看其太过还是不及，以此判断其疾病的表现。如日干是甲乙木生于正、二月旺相，八字中出现庚、辛、申、酉金多的，或者是大运流年中遇上庚辛金旺之年的，由于金能克木，可能会出现肝胆疾病、惊悸、手足麻木、筋骨疼痛、头目眩晕，严重的能患疯疾残症，胆结石症等。

又如天干仍是甲乙木，八字出现丙丁巳午火多，又没有水来相济，木气被泄太过，则会出现内热口干，女人气血失调，小儿惊疯等病。

①大凡日主强弱以及受克或被泄而罹患的疾病，不外乎以下几点。

日主属木：若被金克太过，或被火土泄耗太过或遇过多的水生（水多木浮），在体内会出现肝胆方面的疾病。如肝炎、胆囊炎、胆结石、惊悸、心神不宁、筋骨疼痛、手足麻痹等。在体外会出现头目眩晕，肢体瘫痪等疾病。

②日主属火：若被水克太过，或被金土泄耗太过，或遇过多的木生（木多火炽）命主会出现血液循环方面的病症，如心脏虚弱、心肌梗塞、心律不齐等方面的心脏病。

③日主属土：若被木克太过或被金水泄耗太过而衰，说明命主易患胃肠消化方面的疾病，如脾胃不和、气噎蛊胀、胃溃疡、胃癌、胃出血等方面的疾病。平时要注意脾胃方面的保养。

④日主属金：若被火克或被水木泄耗太过，主此人会出现肺部呼吸系统的疾病，易患气管炎、肺结核、咳嗽喘息、脱肛、便秘、妇女主痰咳、血症等疾病。遇上这种八字，平时多注意肺与大肠等呼吸系统方面保养。

⑤日主属水：若被土克或被木火泄耗太过容易会出现生殖、泌尿系统方面的疾病，如行运不佳的话，易患遗精白浊、腰疼膝痛，男子肾虚、偏坠疝气，女人月经失调，并有白带，小孩容易耳中生疮，小肠疼痛，平时要注意肾脏方面的保养。

以上是传统中国医学论病方法。根据本人多年用八字测病的临床经验来看，发现日干五行旺衰所易得的病症，与传统中医学的病源相对照，所发现有一定的规律，现录如下：

甲木：病源在胆，常见症状多数在头，如头疼、头晕、脑神经衰弱或其它更严重的症状出现。如其它干中出现“己”字，形成甲与己合，则又没有这些症状。

乙木：易得疾病，大多数在肝部。常见症状多在于牙齿、喉咙、关节炎、风湿等，并且容易引起咽炎、扁桃腺炎、淋巴腺炎，特别是牙齿方面疾病比较明显。如他柱天干出现“庚”字，则乙与庚合，反而牙齿又特别好。

丙火：易得小肠方面疾病，大多数有肠胃不舒的症状，便溏、便秘较多，少数出现痢疾疾病，如其它天干出现“辛”字，丙与辛合者，反而肠胃特别好，但便秘方面的疾病依然存在。如柱中水旺，又会出现眼目方面的疾病。

丁火：病根多数在心脏上，肺心病症状居多，一般在青年时代就会出现气不够喘，心律不齐的症状比较明显，丁日出生的人，蹲厕所时间也较长。因排泄系统和循环系统不好之故。

戊土:易患胃部疾病,大多胃溃疡、胃下垂、胃酸过多等胃部不舒症状,但也有患上三消(糖尿病)病的,因传统中医学三消属脾,脾与胃相表里之原因。

己土:己日出生的人,病源在脾,但在日常临床中发现,凡己日出生者,大多肠胃不好,易患肠炎、十二脂肠溃疡等病,尤其在青少年时期会出现不想吃饭,或出现爱吃食物以外的其它异物,如泥土、棉花等癖病。如其它天干出现"甲"字的,不但没有其它怪病,反而肠胃特别好。

庚金:庚属大肠,病源亦在大肠。除了易患肠胃疾病,且皮肤也不好,易患过敏性血液之毛病,如皮肤疤痕,脸上出现疮疙等。日主庚金的人,会出现牙齿不固,如有天干出现"乙"字的,反而牙齿特别好。

辛金:辛金病源在肺,易患肺部疾病,肺部功能差,容易感冒、咳嗽、气喘、神经痛、风湿性关节酸疼等症。

壬水:病在膀胱,易患泌尿系统病症,易患糖尿病、肾脏炎、脑溢血等,而肾脏病与膀胱病居多。

癸水:病源在肾,易患肾脏方面和泌尿系统疾病、糖尿病、膀胱炎等,但有患上扁桃腺炎及便秘之症状,也比较常见。

第三节　纳音五行测病法

过去学习中医,首先问其患者的生辰八字,看属何命,以后再根据八字中的五行旺衰与纳音五行,看得的何病,再思考处方。药方开好后,嘱咐何时煎药,何日服药,服药朝什么方向。到底为什么?归根结底一句话,还是依照患者是什么命,易得什么病,应该用什么药,什么方向最为有利。如某男患头晕目眩,其人年柱纳音为金命,日主为辛亥,纳音也属金,金多为盛,易患肝胆疾病，以后再根据病症用药，再依照五行生克制化利用煎药时间，服药方向，这样就能大大的提高治病效果。

纳音五行被克而产生的疾病，如命主是“海中金”命，柱中见巳午火多而旺，由于“金”在五行中属肺，容易引起肺经有病，不外乎咳嗽痰喘，气管炎、痨病等病出现。肺与大肠相表里，又会出现肠风痔漏，直肠癌等病。肺又主皮毛，外则主皮肤枯燥，鼻疯赤疽，流脓出血等病。经曰：金遇火炎之地，血疾无疑。

纳音属木的人，柱中见庚辛申酉金多而旺者，容易引起肝胆有病、头晕、目眩、头风脚气、左瘫右痪、口眼歪斜、筋骨疼痛、中风等一系列疾病。外则皮肤燥痒，眼目之疾，小儿急慢惊风，夜啼咳嗽等病。经曰：筋骨疼痛，盖因木被金伤。

纳音五行属火的人，柱中见壬癸亥子水多而旺者，在内易引起心口疼痛，急慢惊疯和心脏循环系统等毛病；在外则主眼病失明，小肠疝气，妇女则月经失调。经曰：眼目昏暗多是火遭水克。

纳音属土的人，见甲乙寅卯木多而旺者，易得气噎蛊胀，吐食，反胃脾胃功能失调等疾病，在外则主皮肤燥涩，面色萎黄，小儿疳疾等病。经曰：土虚承木之乡，脾胃定遭木克。

纳音属水的人见戊己辰戌丑未土多而旺者，易得肾与膀胱经的疾病，在内易得遗精白浊、盗汗、虚损耳聋，外则牙疼疝气、偏坠腰疼等，女人则主崩漏带下。经云：下元虚冷，只缘水值土伤。

第四节　十神测病法

十神预测疾病法，是根据大运、流年所引发的症状，再观察阴阳五行的强弱是否平衡。将十神和大运、流年综合在一起分析病情病因，大运是病状，流年是发病时间，用十神来分析病理病因。

1. 十神测病法

①正印:多数身体健康,如患病易患营养过剩方面之病,如肥胖病、糖尿病等。

②偏印:易得关节炎、神经病、神经衰弱,头痛、神经疼等病。

③食神:易得胃肠病、心脏病、肥胖病、脑血管系统等的疾病。

④伤官:易被刀伤、灼伤、手术、意外事故等。

⑤偏财:易得消化不良,男人易得性病等。

⑥正财:易得肠胃病、筋骨疼痛、失眠头疼等病。

⑦偏官(七煞):女人易得性病、气管炎、伤残、肺病等。

⑧正官:易得阑尾炎、风湿、肾结石等慢性病。

⑨比肩:易得肝病、肾病等。

⑩劫财:因操劳致病,或因操劳受伤等。

2. 五行旺衰测病方法

根据多年临床经验,结合四柱五行预测疾病方法和解救的措施,学者若能掌握五行相生相克的原理,预测人体疾病根本不是太难的事,如果你觉得以上测病方法还是不明白,你可将五行所代表的五脏六腑记清楚,然后再按照旺衰来决定疾病,这样很快就可准确的测出命主所患的疾病,下面再来进一步加以简单论述。

①心肺之疾病

凡是柱中丁火和巳午火多者为心脏循环系统疾病,辛金多者易得肺病,丁火和巳午火多者易得心脏病,丙火多者小肠容易生病。

四柱缺火易患心脏有病,如火多者也是。

水旺火灭易患心脏有病,火特强旺也是。

土多火弱易患血病或血压不稳。

火旺金熔易患心肺有病。

水旺金沉易患肺寒、咳喘。

木旺金弱易患肺病。

下面举例以示明白。

1982 年春节前，朋友刘某找我替他儿子预测身体情况。患者出生于 1960 年十月七日晚 22 点出生

年	月	日	时
庚	丁	丁	辛
子	亥	巳	亥

大运

4 岁	14 岁	24 岁	34 岁
戊	己	庚	辛
子	丑	寅	卯

八字岁运一排出，我非常惊讶：丁火生于亥月，柱中 3 水 2 金 3 火缺木，2 亥水冲巳火，金水太旺，大运己丑与柱中亥子会成水局，一片汪洋大水，丁火微微，形成水旺火灭状态。我对他说孩子心脏有病，暂时没事，明年是癸亥流年，阴历四月要注意心脑血管等血液循环方面的疾病出现。患者果于第二年四月心脏病发作，抢救无效死亡。癸亥流年原局日柱天克地冲，大运己丑为命主之墓地，运支丑与原命局巳拱合，七煞局克身，巳为命主羊刃，癸亥年与命局形成三亥冲一巳，巳亥相冲，羊刃一冲一合，命理云："羊刃冲合岁君，勃然祸至。"四月乃是癸巳月，与丁巳日主天克地同，与月柱天克地冲，此月身亡。

例：某男出生于 1925 年十二月十七日亥时

年	月	日	时
乙	己	己	乙
丑	丑	未	亥

命局中 5 土 2 木 1 水，无金无火，土多火弱，土多埋金。此

人在年轻时患有肺结核病，心脏一直不好，1988 年阴历 9 月心脏病发作死亡，1988 年流年戊辰，大运癸未，地支辰未皆土，天干岁运戊癸合，土多泄火之气，大运与原命局月柱天克地冲，根基受损严重，未中丁火被丑中癸水浇灭。丑为命主墓地，丑辰相破，丑未相冲，墓门经冲，破而打开，命主入墓而亡。

②肝、胆之疾病

甲木属胆，乙木属肝，甲乙木过旺过弱或柱中不见木都主肝胆有病。

水旺木浮，尤其是卯木或乙木，必得肝部疾病。

火旺木弱(火旺木焚)尤其是乙卯木弱必患肝病。

金多克木，甲木受克主胆病，乙木受克主肝病。

乾造:1947 年八月二十五日卯时出生，妇女替丈夫预测身体如何?

年	月	日	时
丁	己	辛	辛
亥	酉	酉	卯

本造辛金生于酉月乃极旺，金多木绝，虽有亥水却远水不解近渴，1981 年大运丙午流年辛酉年岁运相克，日柱伏吟，形成三酉冲一卯。我对她说:“你丈夫是肝病，难过今年，要好好防治。”结果患者患肝硬化腹水死于当年腊月底。

③脾、胃疾病

木多木旺克土易患脾胃有病。

金、水多、土受耗泄易患脾胃有病。

水、木多土受克泄易患脾胃有病。

八字无土易患脾胃有病。

土多土旺无木疏土易患脾胃有病。

柱中见辰戌相冲大多脾胃不好。

例:一女出生于 1946 年三月二十三日戌时

年	月	日	时
丙	**壬**	**戊**	**壬**
戌	**辰**	**辰**	**戌**

八字中 5 土 2 水 1 火，局中 2 辰 2 戌相冲，又不见木来疏土 1976 年大运己丑，流年丙辰理行胃癌切除手术。

经过实践经验调查 26 例胃溃疡，胃癌等病者绝大多数是木多木旺或八字土多或无土而导致的。

④肾属癸水又属先天之真水真火，主贮藏精气，生骨髓，统管性功能与膀胱相表里。

柱中水多或水少易患肾、尿道系统疾病。

柱中不见水易患肾疾、糖尿病。

柱中水入墓地易患肾病。

柱中日主水见土多易患肾病。

柱中土太多易患泌尿、生殖系统病。

例如：一男子于 1951 年二月八日未时出生

年	月	日	时
辛	**辛**	**甲**	**辛**
卯	**卯**	**寅**	**未**

甲木生于卯月，卯年，甲禄在寅、卯为羊刃，全局除 3 金 1 土，其余都是木，柱中滴水皆无，糖尿病信息明显，33 岁交丁亥大运，原命局与岁、运亥卯未三合羊刃局，亥水变质，滴水皆无。37 岁流年(1987)丁卯、羊刃复见，这年患糖尿病。

第五节　五运六气测病法

《易经》曰:“易道之大,无所不包。”古人观察自然,研究天象,将阴阳五行生克制化的原理代入八字,归纳出风、寒、暑、湿、燥、火等六种不同的气候变化。运用天干推算出“五运六气”来判断和防治人体疾病。

“五运六气”出于《黄帝内经》,内容记载得非常清楚,是学习中医的必修课程。“五运六气”不但能预测人生疾病,最主要能预测年时,什么年关流行那些疾病,引导人们怎样去预防某些疾病,应验率很高。“五运六气”是以每年的天干配以五行合化来测定天象变化,甲与己合化土,乙与庚合化金,丙与辛合化水,丁与壬合化木,戊与癸合化火,以阳干代表某种五行过盛,用阴干代表某种五行的不足,说明每年气候变化,对人体健康产生的影响,应提前预防。

①甲年:土运太过,湿气流行,肾水受克,要注意生殖、肝胆、泌尿系统疾病。

②己年:土运不足,风气流行,脾土受克,要注意肝胆,脾胃,神经方面疾病。

③庚年:金运太过,燥气流行,肝木受克,要注意肝胆,心脏循环系统疾病。

④乙年:金运不足,火气流行,肺金受克,要注意心肺,呼吸系统疾病。

⑤丙年:水运太过,寒气流行,心火受克,要注意血液循环,脾胃方面疾病。

⑥辛年:水运不及,湿气流行,肾水受克,要注意肾和脾胃功能疾病。

⑦壬年：木运太过，风气流行，脾土受害，要注意肠胃、呼吸系统疾病。

⑧丁年：木运不及，燥气流行，肝木受克，要注意肝胆、呼吸及神经系统疾病。

⑨戊年：火运太过，暑气流行，肺金受克，要注意呼吸泌尿，生殖方面疾病。

⑩癸年：火运不足，寒气流行，心火受克，要注意心脏及泌尿方面疾病。

关于“五运六气”的测病方法，是按各年岁运的气候变化规律来推定的，并非三言两语能说清楚，最好能将《黄帝内经》和张介宾著的《类经图翼》等书共同参考，自能明白。如果能在这些书上下一番苦功，能和易理配合起来使用，那你一定会成为一个有作为的人才。

根据以上诸节所述，人生最美满、最幸福的第一件大事就是身体健康，有健康的身体，才能创造一番事业，才能有美好家庭，才能长寿。人有旦夕祸福，马有改纲之症，任何人也不能保证永远健康无病，任何人都不一定在什么时候遭受疾病的侵袭和痛苦，所以防治疾病是人生的首要大事。八字预测正是给人们提供预防疾病的信息指南，它可预示人们，人身在什么时候，什么部位，容易产生什么疾病，病因在哪里，于是怎样去预防疾病，怎样才能保护身体健康长寿。

第二十一章 释古篇

第一节 《月谈赋》原赋

《月谈赋》出自《穷通宝鉴》一书,作者姓名不详,但书中不少命例记载明朝名人宰辅,可能出于明朝年间,开始只有手抄本流传,直到清朝末年,由沈孝瞻著、余星先生鉴定刊刻,《穷通宝鉴》一书方才问世。《月谈赋》是书中总纲,江湖术士视该赋为必读之篇,也是命理学家职业批命、断命的必修课题。

该赋文理深奥,初学者很难接受。为了发扬和继承古代文化遗产,根据手抄本原文,进行简单注解,但由于多种条件所限,批注难尽人意的地方肯定不少,还请当今易学界朋友不吝赐教,批评指正。如发现注语与原文不符的地方,还是以原文为准。

盖夫穷通造化,入圣超凡,命不易设,书当熟记。欲晓生平造化,当知二路推详。气有盈虚进退,格有清浊从违。格有可取不可取,用有当去不当去。财官弱而日主旺,须行财运之乡,方行合道。日主弱而财官旺,又临财官之地,为祸不轻。大抵财与官要旺,煞同伤宜静,重浊炎顽者贱,刑冲克害者孤。驳杂偏枯,先爵禄而后夭贫。中合纯粹,始贫贱而终富贵。命主一世之悲欢,运察流年之否泰。年月见父母之优劣,日时识妻子之贤愚。以财为父,以印为母,财印两全,椿萱并茂。财源被劫,父命先亡,印绶被伤,母年早丧。财星得禄,父命长春。比肩扶身,兄弟酒乐。官煞混杂,棠棣飘零。年旺文魁,祖父位居台阁,月生正贵，兄弟位列朝班。四柱逢财，定知田连阡陌。三宫见贵，须知棠棣之华。身旺男以旺财为妻，正官为子，财得禄而妻贤，官得禄而子贵。财官双美，妻贤子孝。伤枭两备，子懦妻愚。财绝官囚，妻迟子晚。女命食旺官透，子贵夫荣。印旺官轻，坐堂招夫，男逢财多身弱，离祖求婚。偏财若见劫，定损妻和妾。正官若见伤，有子各离乡。官弱又值伤，一子终难送老，财星再逢劫，三妻未许齐眉。财入库而妻离，官入库而子散。满眼儿孙，定是五官遇贵。百年夫妻，皆因七位逢生。财旺生官，夫唱妇随。马星带禄，贯朽粟陈。正官衰，偏官旺，必主孙承后裔。正财伏，偏财露，必是妾夺夫权。父南子北，身居绝地，兄楚弟秦，命落空亡。官贵埋头，卖男鬻（音 yù）女。财星带耗，弃子离妻。财旺生官，夫妇如漆如胶。比多煞备，兄弟如蝎如蛇。官被伤，财被劫，妻离子散。食逢枭，印逢财，家破人亡。日逢劫，时逢伤，妻亡产荡。岁逢煞，月逢伤，兄弟囹圄。财盛劫重，夺兄弟之妻为妾。伤官太旺，抱姊妹之子为儿。四柱逢官，三嫁焉能到老。满盘偏印，半子未许披麻。食神生旺，四五六男可许，官强化印，七八九子堪夸。财官印合，可羡妻妻妾妾。官食得禄，争谈子子孙孙。妻丑无能，必是财临绝地。子懦妻愚，皆因官入囚乡。正财旺，偏财绝，戚氏遭逢吕后。正官强，正印旺，太公得遇文王。煞旺身强，始作终身发达。煞轻制重，为人到底遭钝。独官显露，子论荆西五马。一食清高，子许河东三凤。财轻被劫，庄子鼓盆之歌。官居伤官，颜路悲儿之期。七煞卦两头，东野到老无后。四柱见伤官，伯道至死无儿。郭巨连埋儿，只为时逢七煞，吕公丧多儿，皆因命备伤官。正官逢一位，荀氏产八龙。伤官立四支，颜路哭悲儿。印绶食清，定论根基深厚，财藏官透，须知家业兴隆。印绶遭伤，祖业终是难守。财轻被劫，家园岂不凋零。年冲月令，破祖离乡之客，财轻劫耗，风流浪荡之人。印绶若逢官，定许入朝班，印绶若逢财，官非日日来。正官逢正印，名利自然顺，正官逢正财，举步上金阶。正官入墓乡，破克退田庄，正官落囚刑，家业渐消停。一官一重伤，财轻被克退田庄，三官若无印，身柔家业消磨尽。正官若逢印，祖业根基盛，财多逢比助，官旺人殷富。财轻逢劫比，家资盐落底。财轻如见劫，家务汤泼雪。伤官若逢财，官贵自天来。伤官若逢印，富贵绵绵定。伤官若见官，灾殃自生端，伤官若值伤，晚景要离乡。食神若逢印，田产年年进。食神若逢枭，家资渐渐消。身旺财官旺，富贵压乡党，身弱财官绝，退散家休息。五行得均平，富贵享遐龄。三奇格若全，福寿永绵绵。伤入官途，君子休官罢职。财临绝地，庶人家破人亡。独印逢财，定断魂归狱地。一官遭破，常推命入黄泉。七位逢空，周帝有柴郎之立。五官克陷，阳彪有舐犊之悲。财轻逢劫死，刃重见财亡。身旺逢印死，身弱遇财凶。贪财破印天元尽，众劫分财气数终。用食逢枭灾莫测，用财见劫命难医。煞重身轻，煞卦根而夭寿。伤强主弱，伤入墓以身亡。五行格局皆伤，急急寻条归路。四柱财官俱败，忙忙打点行程。一印逢生，四柱有伤何害。满盘死绝，二官无忧。财被劫当推强弱。官入库须辨阴阳。食神入水，身投波涛。食神逢枭，尸逢道路。煞重劫多，父亡外土。伤枭两备，子死他乡。比劫重重，马踏摧伤定论。纵横鬼煞，雷打虎伤无疑。财印交逢，身遭波涛而死。伏尸会刃，命随小野而亡。众煞随身，不投河而自刎。群凶入命，非产死以悬梁。甲乙旺而戊己虚，面皮黄肿。壬癸旺而丙丁虚，眼目朦瞳。金遇火罗必主病连肺腑。火盛水孛，多因命在膏肓。目暗耳聋主弱，又行煞地，腰驼背曲。身弱更入伤途，刃劫交加，命丧麻痘。年年官讼，皆因天狱缠宫。病生于脐，只因金遭火克。食神入水，屈原身死汨罗。禄破马倾，项羽乌江自刎。官囚印绝，虞姬九里身亡。煞重身轻，颜子难逃定数。身轻印重彭祖因获长年。木向春生，处世安然有寿。印绶俱停，不减颜回之乐。财官旺相必作朱陶之富。禄荣显贵，金马玉堂三学士。身囚印绝，贫居陋巷一寒儒。勇冠三军，只因刃强驾煞。胸藏万卷，皆因命带文星。财被劫，当看强弱。官被伤，以辨阴阳。凡人性情善恶，只因格局安排，木主仁，水主智，金主义，火主礼，土主信。木盛者，温良恭俭。土薄者，妄语虚谈。戊己盛，朋友有信。丙丁旺，作事无成。水泛木浮，漂荡无依，火烈金熔，淹留有着。金木交战仁义少。水火交战是非多。四柱带合，见人面谈非常。冲破无恒，开口言语不义。合多贵众，和公散事之人。死绝休囚，魂归黑狱之辈。金火炎顽，必是闺门婢女。水土重浊，定是田野农夫。二印持身，三迁教子，一官清贵，四海扬名。男子最宜健旺。女子身用纯和。欲知贤如孟母，天月二德同乡。欲知貌如西施，水孛金星同命。官旺招夫贵显，食清产子英贤。学堂逢驿马，自幼读书聪明。魁罡带七煞，生平性傲刚强。印旺身旺，自幼爱居市井。煞浅财浅，平生喜走衙门。身财俱旺，一生乐守家园。身财俱弱，到底难守祖业。长生坐命，儒风独守清规。贵德临身，德行浑然服众。五行生旺，定为慷慨男儿。四柱休囚，必是衰惫老汉。三奇得遇，名为阵上将军。四柱同生，定主朝中宰相。七煞会同，为卤莽刚强之士。一官骑马，乃聪明巧智之人。印绶多，为人俊雅，食神旺，处世公平。凶恶机关，比肩重而有伤。中和质朴，正官旺而相生。伤官驾煞必聪明。印绶逢官性慈善。水浊金顽，不识十文百字。火明木秀，能通五典三坟。伤重枭多，是好说是非之辈。煞重不显，乃好为盗贼之徒。七煞会刃，好舞枪把刀剑。伤官逢印，能通书画琴棋。运入枭乡，自被墙垣倒损。身临绝地，须知椅凳尘埃。夜夜忧愁，命带三刑六害。朝朝燕饮，格中印绶逢财。财绝用囚，自幼出家礼佛，官衰主旺，少年离祖参禅。煞强无印，欲游泮水不登科。身旺无财，纵是出家难脱俗。财绝当为僧道。官囚好作尼姑。七煞会刃，卢氏引刀剔目。一官清秀，孟光举案齐眉。丙辛戊癸相交，偷情于月下。甲己丁壬媾合，舞乐以搏钟。荣华生于中和，夭折秉于偏枯。金水伤官得令，五经魁首文章。比肩成局，当为几度新郎。二午两冲，妻必重婚。三庚未己，父生未见。辛日子时，定有三分秀气。甲子日生甲子时，一生公道。子月卯日辰时，长妻心贱。辰月辰日辰时，一子不能送终。辰戌丑未相刑，非聋即哑。子午卯酉相冲，非瘫即跛。五行不可太过，八字定要中和，学习须当熟记，本是江湖神断。食神制煞生财，富贵双全。食神制煞逢枭，不贫则夭。煞无刃不显，刃无煞不威，煞刃双全功名显达。身旺财衰，运行财官发富。女命伤官须再嫁，男人羊刃必重婚。年上伤官，父母不全。时上伤官，子女不力。伤官见官，终年必损成家之子。伤官夹煞，不跛就瞎。辰戌丑未遇刑冲，无人不发。金水伤官最聪明，木火伤官终显达。年冲月令终离祖，日破提纲定损妻。夫星入墓夫先死，食神入墓子必亡。辰戌丑未四时孤，格内全之总不如，男命犯之为孤独，女命犯之做尼姑。命理精微，难逃斯论，搜骨切髓如此，学者不可忽视。诚哉！命理之至。实吾与高明有厚望焉。

第二节 《月谈赋》简注

盖夫穷通造化，入圣超凡，命不易设，书当熟记。

命理论述，不外乎富贵穷通。万育吾先贤说："命秉于阴阳，有生之初，非人所能移。"人生在天地之中，受天地阴阳二气所孕育，命中注定，不是一般人可以改变的。读古人之书，必须灵活应用，既要熟记熟背，还要有以今比昔的活思想。

欲晓生平造化，当知二路推详。

人生的命运，富贵贫贱，穷通寿夭，皆有定数，不是一般人皆能知道的，要知平生祸福，需在阴阳二气上详细推敲。

气有盈虚进退，格有清浊从违。

人生八字，全耐阴阳二气。盈者为之太过，虚者谓之不足。太过者须以损之斯成，不足者当以益之则利，总之以平衡为好。格局中最难分辨者，在于清浊二字。清者乃清洁纯净之意，如女命八字中只有一官或只有一煞，干上不相混杂谓之清；浊者即是混杂不清，如五行出现失位，水土互伤，身旺而官星不显，偏官一片丛杂谓之浊。

格有可取不可取，用有当去不当去。

格者，乃格局也，专为取用而设，分其普通格局和特殊格局两种。普通格局是根据月支而来，因月令为当旺之气，月支本气透于天干先取为格，月支本气乃月支所藏不透干，取一比较有力的为格，比劫不可取格，禄刃不在八格之内不可取格。用有当去不当去，去者取也，用神是命造枢纽，看命必须把准用神，可取则取，不可取则弃之。

财官弱而日主旺，须行财运之乡，方行合道。

日主太旺，喜官克伐，宜财泄之，柱中官财具弱，无力克泄旺主，必须运行财旺之地，方可发福，这样才能合乎道理。

日主弱而财官旺，又临财官之地，为祸不轻。

日主衰弱，需要生扶才好，最忌财官克泄，如果再遇财官之地和财官的年运，那就大祸即将来临了。

大抵财与官要旺，煞同伤宜静，重浊炎顽者贱，刑冲克害者孤。

如果日主旺相，须要财官克泄，最好财与官的本身也要旺相为贵。日主衰弱，最喜印比帮身，不宜煞伤克泄，煞伤要安静为好。如日主生不逢时，用神不得令，四柱配合不当，又没有护卫之情，遇此者谓之浊，也就是说喜用无情，缺少生气。《滴天髓》说：“满盘浊气令人苦，一局清枯也苦人。”凡柱中遇刑、冲、克、害，又无吉神相救者，皆是孤苦之命。

驳杂偏枯，先爵禄而后夭贫。

日主生逢失令之时，浊气又重，又有刑冲克害，谓之驳杂。枯者乃气势偏枯，喜用无情，缺少生育之意，局中遇驳杂偏枯现象出现，大多是先富后贫，虽有高官厚禄，夭寿难免。

中合纯粹，始贫贱而终富贵。

中和者乃平衡之意，八字贵在中和，纯粹乃是精粹之意，遇此者开始贫病交加，最后定能大富大贵。

命主一世之悲欢，运察流年之否泰。

富贵贫贱，穷通寿夭，皆在命中注定，任何人都无法改变。俗话说命好运也好，富贵直到老。命藏一世荣枯，运察平生凶吉，流年为一岁之主宰，流年在八字中占主要地位，可察某一年的吉凶祸福。

年月见父母之优劣，日时识妻子之贤愚。

年柱为四柱之根基，是父母所临之位，月令是四柱提纲，主宰生煞之权，年柱临长生帝旺之地，不受刑、冲、合、害，又得月令生之，定主父母健康长寿，精明能干。如提纲克年，主父母不全。日柱为夫妻宫，时柱为子女宫，日下坐财或日坐贵人主得妻助，或其妻贤淑美貌。如日坐羊刃，主妻凶狠耗财。

以财为父，以印为母，财印两全，椿萱并茂。

生我者为父母，为印，以正印为母亲，以偏财为父。为什么要取偏财为父呢？因偏财能克印，偏财是印的正官，印为母亲，所以为母亲的正夫，因此偏财为父，椿代表父亲，萱代表母亲，柱中财印两全，不受其它伤害，主父母健康长寿。

财源被劫，父命先亡，印绶被伤，母年早丧。

偏财为父，如被劫财所伤，主父亲先死。印绶为母星，最怕被刑、冲、合、害，克力凶猛，则有丧母之悲，如冲动而无克，或印能抵抗冲克，终不致死，便是生离之象，总之不是好事。

财星得禄，父命长春。

偏财为父，时上有禄为归禄，时为子女宫，有财必要禄护，此为子来保卫父亲，子孙能护财，所以主父亲长寿。

比肩扶身，兄弟洒乐。官煞混杂，棠棣飘零。

比肩为兄弟，如身弱比肩旺相助身，主兄弟发达，官煞乃克制兄弟之神，如遇官煞混杂，则主兄弟飘零各自一方。

年旺文魁，祖父位居台阁，月生正贵，兄弟位列朝班。

文者乃指文昌星，魁者指的是魁罡星，如年柱旺相，又值文昌或魁罡，祖父应位居高官，月柱乃是兄弟宫，如旺相不受刑、冲、合、害，再有贵人相临，主兄弟在朝中高官厚禄。

四柱逢财，定知田连阡陌。三宫见贵，须知棠棣之华。

柱中日主旺相逢财，定然田园广阔，阡陌乃是纵横交错之意。三宫如见临贵人，须知兄弟辉煌腾达。

身旺男以旺财为妻，正官为子，财得禄而妻贤，官得禄而子贵。

男以官星为儿子，财星为妻子，官坐禄位主妻子贤慧，正官得禄或坐禄，主子有达贵之期。

财官双美，妻贤子孝。伤枭两备，子懦妻愚。

男以财为妻,以官为儿,财官临旺地,不受伤克、冲、害,主妻贤淑,子女孝顺。柱中见伤官,伤官克官,又见枭印夺食,主其妻愚笨,其子懦弱。

财绝官囚,妻迟子晚。女命食旺官透,子贵夫荣。

财为妻,官为子,柱中财临绝地,主娶妻迟,官星休囚主得子晚,女命柱中官星越旺越好,如临旺相,透而有根,定主儿孙有贵,丈夫荣耀。

印旺官轻,坐堂招夫,男逢财多身弱,离祖求婚。

印为母亲,又为堂屋,官为女命丈夫,柱中印旺,官来生之,为坐堂招夫。男命身弱,受不住财多克泄,是离祖求婚之命。

偏财若见劫,定损妻和妾。正官若见伤,有子各离乡。

此指财星衰弱,比劫旺,防妻遭横祸而死。正官为儿,如见伤官,有子难养,离乡方可。

官弱又值伤,一子终难送老,财星再逢劫,三妻未许齐眉。

官为子星,弱而遭克者,有白发人给黑发人送终之悲。财弱又逢劫,必然婚灾重重。故有三妻难以齐眉之患。

财入库而妻离,官入库而子散。

财为妻星,妻星入墓主妻多病。财临墓库,又主其妻吝啬而不贤。官星为子,如入墓库,子女不多病则有牢狱之灾,或残疾难养。子女宫入墓不利子息,柱中逢之,要警惕儿女有犯法之事发生。

满眼儿孙,定是五官遇贵。百年夫妻,皆因七位逢生。

女命的八字以官为夫,五行中官星遇贵人,定是多子多孙。七位乃指七煞,七煞逢生旺,定主夫星旺有权威,又主夫妻白头偕老。

财旺生官，夫唱妇随。马星带禄，贯朽粟陈。

财为妻，官为夫，财旺生官主夫妻齐眉，马为财星，如马星带禄，男主财源滚滚，女主穿金戴银。

正官衰，偏官旺，必主孙承后裔。正财伏，偏财露，必是妾夺夫权。

时坐偏官本无儿，七煞坐两头亦是，正官衰，偏官旺，主无子孙承后嗣。正财为正妻，偏财为妾，如正财衰弱或藏伏，而偏财旺相透出，乃是妾夺夫权之象。

父南子北，身居绝地，兄楚弟秦，命落空亡。

日主临墓绝之地，父子无缘而离散，日主坐空亡或月建临空亡，主兄弟不和，终日相争。

官贵埋头，卖男鬻（音 yù）**女，财星带耗，弃子离妻。**

柱中官贵埋头（一种凶煞）有卖儿鬻女之悲，柱中财带耗（大耗、小耗），皆是命中凶星，病符对冲之月日为小耗。以子午生人顺数至第七位为大耗，例如甲子日生的男命逢甲午对冲。柱中财星带耗者，主有抛子离妻之事。

财旺生官，夫妇如漆如胶。比多煞备，兄弟如蝎如蛇。

财旺生官，主夫妻恩爱，白头到老。比劫多遇七煞，兄弟无缘，终朝对敌，互不容让。

官被伤，财被劫，妻离子散。食逢枭，印逢财，家破人亡。

官为丈夫，财为妻子，官怕伤官，财怕劫财，伤官见官为祸百端，财星被劫，妻离子散。食神怕逢偏印（枭）名枭印夺食，印怕逢财，遇之有家破人亡之凶事。

日逢劫，时逢伤，妻亡产荡。岁逢煞，月逢伤，兄弟图圄（音 líng yǔ）

日逢劫财，时遇伤官，财怕劫，官怕伤，正财遇劫克妻，官煞遇伤损子，岁逢七煞，月遇伤官，月为兄弟宫，遇之兄弟有牢狱之灾。

财盛劫重，夺兄弟之妻为妾。伤官太旺，抱姊妹之子为儿。

比肩为兄弟，劫财为姊妹，财为妻，柱中财盛遇劫，财重叠，夺兄弟之妻为妾。伤官克子，太旺克子更凶，有子难养，故抱姐妹之子为儿。

四柱逢官，三嫁焉能到老。满盘偏印，半子未许披麻。

指女子而言，以官为夫，妇人以独官为贵，官多夫多，四柱都有官，三夫不到老；反之，柱中无官星，则无丈夫，即使结婚也或死或离。枭印能克制食神，柱中枭印多，食神被制，有子也难以送终（披麻带孝之意）。

食神生旺，四五六男可许，官强化印，七八九子堪夸。

食神为子，食神不宜多，如多到四个以上，主男伤子女，女伤夫。食神一位为吉，如得生旺主多子之命。官煞为儿，如旺化印，主得子七八九个。

财官印合，可羡妻妻妾妾。官食得禄，争谈子子孙孙。

《三命通会》有："财官印绶，得之为奇，故旺夫。如合财局，可见妻妾成群。官食为子孙，如坐禄，可谈子孙满堂。"

妻丑无能，必是财临绝地。子懦妻愚，皆因官入囚乡。

正财为妻室，要旺相主妻贤美，如临墓、绝之地，定然妻丑陋而无能。官煞为儿，如旺相主儿孙有贵，如临囚地，子懦弱而妻愚笨。

正财旺，偏财绝，戚氏遭逢吕后。正官强，正印旺，太公得遇文王。煞旺身强，始作终身发达。煞轻制重，为人到底遭钝。

七煞最喜日主健旺，主一生富贵，但需一位为最好，再有食神制之，主其人有一定权威，如煞轻制重不吉，一煞一制最为良，制之太过一生贫。四柱纯煞如有制，高官厚禄助君王。

独官显露，子论荆西五马。一食清高，子许河东三凤。

官乃护身之本，治国齐家之代号，是国家政府机关代表，独官一位为好，身旺逢官又逢财，财旺生官，主官财两旺。荆西五马，比喻高官厚禄之意。独食清高，乃德高望重之意，古歌有"食神独占受皇恩"之说。食神独一位身强，胜过财官，男女遇之德高厚禄，穿金戴银之命。

财轻被劫，庄子鼓盆之歌。官居伤官，颜路悲儿之期。

财星为妻，遇劫财而被克，如庄子妻死鼓盆歌欢。官煞为子星，伤官克制官星，颜路哭子，乃子死也。

财星遇劫，其妻不贞。如庄子夫妻恩爱，庄子得重病要亡，其妻诺誓再不嫁人，为考验夫妻之情，庄子诈死，其妻甚悲，但未过几天，其妻竟劈棺欲取庄子脑髓医治情夫。棺开后，见丈夫装死，其妻一辱而自缢。

七煞卦两头，东野到老无后。四柱见伤官，伯道至死无儿。

日主弱而煞旺，命该无子，如七煞在年上或时上，如东野到老无后。伤官克子，若四柱四支均有伤官，有子难养，如伯道弃子而不生。

郭巨连埋儿，只为时逢七煞，吕公丧多儿，皆因命备伤官。

郭巨、吕公皆是古人名。柱中七煞见于时上，无有制服，有子难养，古有“时上七煞本无儿”之说。官煞为子星，伤官克子星，皆有丧子之忧。

正官逢一位，荀氏产八龙。伤官立四支，颜路哭悲儿。

正官在时上出现，不见官煞混杂，无冲无损，定生贵子。荀氏有八个儿子，比喻八龙。四支都见伤官，有子难养。以颜路子死悲泣喻之。

印绶食清，定论根基深厚，财藏官透，须知家业兴隆。

正印逢食神，主祖上产业雄厚，生活富有，根基好。财宜藏，财藏可免争财与盗财之祸，故财伏藏而家业丰隆。

印绶遭伤，祖业终是难守。财轻被劫，家园岂不凋零。

印为资生之本，代表产业，身旺见印，破财不聚，所以祖业难守。四柱比劫多，破财无疑，再行比劫运，家园败落。

年冲月令，破祖离乡之客，财轻劫耗，风流浪荡之人。

年柱为祖上，月令为兄弟，不宜相冲，遇之有破祖离乡之苦。柱中财少劫多，财怕遇劫，遇此者，纵有而难守。

印绶若逢官，定许入朝班，印绶若逢财，官非日日来。

官星乃属上司之领导，印绶乃权威之印柄，官能生印，谓之得上级赏识，何愁高官厚禄。身弱喜印绶生之，忌财来克印，财乃泄身克印之物，遇此者主官非常有。

正官逢正印，名利自然顺，正官逢正财，举步上金阶。

印乃是权威，遇官生之，定然名正言顺。财能生助官星，官星得助有根，何愁不步步高升，此指身旺而言。

正官入墓乡，破克退田庄，正官落囚刑，家业渐消停。

印乃不动之产业，官乃印之根，正官入墓，再遇克破，有破产之忧。同样道理，正官如遇上刑、冲、合、害，也一样家业败退。

一官一重伤，财轻被克退田庄，三官若无印，身柔家业消磨尽。

正官怕见伤官，一个正官遇上两个伤官，财轻再被克，有倾家荡产之忧。身弱须要印扶，如果无印现出来，多重官来克身，主倾家荡产。

正官若逢印，祖业根基盛，财多逢比助，官旺人殷富。

印乃生我之父母，又代表祖上产业，印旺得官生之，谓之有根，所以主祖业根基茂盛，如财多身弱，又行官乡财旺之地，官能克身，财能泄气，主因财生祸，但遇比肩助身无有大碍，因比肩能泄官，又能克财，反主大富。

财轻逢比劫，家资盐落底。财轻如见劫，家务汤泼雪。

比劫克财，柱中财轻再遇比劫克之，主家资贫困。同理，财轻见劫，纵有万贯家财，也如滚汤泼雪一样，马上消失。

伤官若逢财，官贵自天来。伤官若逢印，富贵绵绵定。

此为伤官生财格，命逢此格主官高财足，富贵不求自来。伤官遇印为制，为伤官佩印格，主富贵福寿绵绵。

伤官若见官，灾殃自生端。伤官若值伤，晚景要离乡。

伤官是克制官星、剥官之神，有伤官见官祸百端之说，反之，如伤官又见伤官之运，晚年无依无靠，有离乡之苦。

食神若逢印，田产年年进。食神若逢枭，家资渐渐消。

此指身弱而言，食神泄身，印能生身，又制食神，主发富。食逢枭而被夺，不是生病就有伤灾凶事。故消耗钱财，又比如枭神夺食,财得食生,食被夺,财无源故有耗散之象。

身旺财官旺,富贵压乡党,身弱财官绝,退散家休息。

身旺能胜财,财是官的原神,财能生官,官为官贵,因此身旺财官旺,有财为富,有官为贵。反之如身弱财官绝,乃一世贫贱之命。

五行得均平,富贵享遐龄。三奇格若全,福寿永绵绵。

八字以中和为贵,如果柱中五行得以均平,不但富贵而且寿高。命局遇上三奇俱全,如为甲戊庚为天三奇,乙丙丁为地三奇,壬癸辛为人三奇,三奇名叫三奇贵人,必须要顺次而排,而且要得时得地,遇此者主福寿双全。还有他书所云,三奇者乃财官印也,经实践应用完全合理。

伤入官途,君子休官罢职。财临绝地,庶人家破人亡。

有官职之人,行伤官运者最凶,因伤官是克制官星之神,遇之轻者降职,重者丢官。财者钱财,乃生命之源,又为妻子,如临空绝死地,平常人有家破人亡离乡之苦。

独印逢财,定断魂归狱地。一官遭破,常推命入黄泉。

身弱喜逢印扶,遇财不吉,因财能克印而又耗身,故断魂归狱地。身旺喜官,独官为贵,如遇刑冲克破主凶,所以常人遇此推命入黄泉。

七位逢空,周帝有柴郎之立。五官克陷,阳彪有舐犊之悲。

七位乃偏官七煞,男以七煞为子,煞逢空乃无子。

财轻逢劫死,刃重见财亡。身旺逢印死,身弱遇财凶。

比劫主克财,柱中财轻又遇劫财,与时不利,羊刃不宜见财,见财灾重,遇此者,皆大凶之兆。身旺印为忌神,因印有劳碌之意，故劳累而死。身弱不宜见财，因财泄身生官，遇之主凶。

贪财破印天元尽，众劫分财气数终。

财星乃克印之神，食伤生财泄印，柱中遇印衰财旺，又遇食伤生之，主难延天年。财星怕劫，财星为用神，遇众多劫克之，谓之众劫分财，也主气数难逃。

用食逢枭灾莫测，用财见劫命难医。

“枭”乃东方不仁之鸟。柱有偏印又有偏财的叫真偏印，有偏印无偏财叫做“枭印”。有枭印无偏财，遇上食神的叫做枭印夺食，遇此者主灾祸莫测。柱中以财星为用神，财怕见劫财，遇此者有死亡危险。

煞重身轻，煞卦根而夭寿。伤强主弱，伤入墓以身亡。

“煞”指官煞，柱中身轻煞旺主短命，伤乃伤官，日主衰弱而食伤强，再逢伤官入墓，以防有身亡之危险。

五行格局皆伤，急急寻条归路。四柱财官俱败，忙忙打点行程。

这两句话指作官而言，五行格局中满盘皆是伤官，伤官乃克官之神，如是做官的人，赶紧做好回家准备。作官之人，以官为主，官依财为根，四柱中如官财皆无，恐怕要准备退休了。

一印逢生，四柱有伤何害。满盘死绝，二官无忧。

此句仍指占官运而言，官星最忌讳伤官，如果柱中出来印星得旺，印可生官，又制食伤，有伤官也不起大害。二星指的是官财二星，此二星虽然死绝，如遇其它吉星解救，虽死绝也无碍。

财被劫当推强弱。官入库须辨阴阳。

劫财是克制财星的第一号煞手。财乃泄身之物，身弱的八字最忌讳财星。需劫财克制。官星最怕入墓，主作官无有升迁之喜，然需辨别阴阳进退，才可下其结论。

食神入水，身投波涛。食神逢枭，尸逢道路。

“食神入水，有水溺之祸”。“食神逢枭，不贫则夭”。枭印夺食的八字，往往死于道路或外乡，如果柱见有偏财的，可以免灾，再不见偏印，主一生平安。

煞重劫多，父亡外土。伤枭两备，子死他乡。

偏财为父，柱中比劫多主克父。官煞乃泄身之物，煞重财轻主父亡外地。伤乃食伤，代表子女，枭乃偏印，又为夺食之物，柱中有伤官与偏印者，主子在外地死。

比劫重重，马踏摧伤定论。纵横鬼煞，雷打虎伤无疑。

柱中比劫太多，主有马踏伤身之祸。鬼煞太多，主有雷打虎伤之忧。

财印交逢，身遭波涛而死。伏尸会刃，命随小野而亡。

印乃生身之物，遇财相克，占身命有水溺之灾。“伏尸”乃星辰的名字，伏尸与羊刃相遇，有死在荒郊野外之嫌。

众煞随身，不投河而自刎。群凶入命，非产死以悬梁。

“煞”乃神煞，指的是凶星。柱中凶星太多，特别是靠近日主的，测身命如不投河，自有悬梁吊颈之忧，否则则有产死之嫌。

甲乙旺而戊己虚，面皮黄肿。壬癸旺而丙丁虚，眼目朦瞳。

甲乙属木，戊己属土，柱中戊己土遇甲乙木相克，主得脾胃之病。丙丁日主受壬癸夹克，定有眼目之灾。

金遇火罗必主病连肺腑。火盛水孛，多因命在膏肓。

罗星属火，金日主遇火罗，火克金主肺病。壬、癸水日主遇上水孛星，得病就难以医治，称命在膏肓。

目暗耳聋主弱，又行煞地，腰驼背曲。身弱更入伤途，刃劫交加，命丧麻痘。

日主衰弱又有官煞克身，岁运再遇上七煞，主目暗耳聋之病，甚至腰驼背曲。日主弱逢伤官运途，柱中又见羊刃与劫煞全见，定主天花麻痘丧命。

年年官讼，皆因天狱缠宫。病生于脐，只因金遭火克。

天狱乃是凶星，如在宫中出现，主一身多遭官事，金遭火克病生于脐，金属肺，与大肠相表里，遭受火克，必定肚脐生病。

食神入水，屈原身死汨罗。禄破马倾，项羽乌江自刎。

食神乃福德之星，忌入水乡，犯之有投江之祸。禄乃官禄，马乃禄马（一说驿马），如有倾破，有项羽乌江自杀之嫌。

官囚印绝，虞姬九里身亡。煞重身轻，颜子难逃定数。

官能生印，印乃生身之物，此指身弱而言，如官星失令，印又死绝，有虞姬在九里山身亡（虞姬乃楚霸王之妻）。柱中身弱遇官煞克身太重，主短命，如颜回三十二岁命终。

身轻印重彭祖因获长年。木向春生，处世安然有寿。

身轻之人喜印生而长寿，彭祖乃神话传说人物，活过八百八十岁，用此来比喻健康长寿之意。木人生于春天，有欣欣向荣之意，遇此者主处世安然而长寿。

印绶俱停，不减颜回之乐。财官旺相必作朱陶之富。

孔子的门下有弟子三千，其中贤哲有七十二名，而这七十二人中，最聪明、最有智慧的只有颜回一人。颜回的聪明智慧，与印绶俱停有关。财可生官,命中财官两旺,必是非常富有之命,朱陶之富,比喻古代两位富翁。用来形容财官两旺之富。

禄荣显贵,金马玉堂三学士。身囚印绝,贫居陋巷一寒儒。

禄指建禄,贵指富贵,这里指建禄坐贵人旺相,定主高官厚禄。身弱又走休囚之地,枭印全无,乃是怀才不遇的一个穷书生。

勇冠三军,只因刃强驾煞。胸藏万卷,皆因命带文星。

柱中有羊刃七煞制之,其人足智多谋,勇冠三军。命中有文昌、学士、华盖等星,主文章盖世,韬略过人。

财被劫,当看强弱。官被伤,以辨阴阳。

财乃财星,劫是劫财。柱中财星遇劫,对身弱来说是好事。因财是泄身之物,劫财能克制财星,又可帮身。官星最怕伤官,可用阴阳来分辨吉凶,身旺遇之凶,身弱遇之则吉。

凡人性情善恶,只因格局安排,木主仁,水主智,金主义,火主礼,土主信。

此段专讲五行,对照人的性格如何,用五行金、木、水、火、土配合仁、义、礼、智、信推断五行性格。

木盛者,温良恭俭。土薄者,妄语虚谈。戊己盛,朋友有信。丙丁旺,作事无成。

此段用五行盛衰来对照人的品行,五行各有一性,所以人的品行也大概分五种性格,如木主仁义、温良恭俭,土主忠信等等。

水泛木浮,漂荡无依,火烈金熔,淹留有着。金木交战仁义少,水火交战是非多。

水多木浮,飘浮之人,火多金则熔,人无作为。金与木相克,不是仁义之人，水火交战，一生多事多非。

四柱带合，见人面谈非常。冲破无恒，开口言语不义。

柱中合多，尤其日与月合，此人反应力较快，谈风自如。如柱中有冲有破，乃是说话无有分寸，信口开河之人。

合多贵众，和公散事之人。死绝休囚，魂归黑狱之辈。

四柱合多而遇贵人，多是威望较高，替人排忧解难。如临死绝或休囚之地，防有牢狱之祸，甚至死在狱中。

金火炎顽，必是闺门婢女。水土重浊，定是田野农夫。

金主义，火主礼，日主申酉金生于巳午月，“婢女”乃是听人使唤，人称为丫环。四柱水土多现，水主智，土多忠厚，乃是农民村夫之命。

二印持身，三迁教子。一官清贵，四海扬名。

印乃生身之物，有慈爱心肠，主聪明智慧。三迁教子，指女命而言，孟母三次迁居而教子。一官清贵的“清”，就是清纯的意思，女命中只有一个官，或者只有一煞，不相混杂，这就叫做清。所谓“贵”乃是尊荣之称，命有官星，并得到财的资生，又没有刑冲克破，叫做贵。女命一官为贵主四海扬名。

男子最宜健旺。女子身用纯和。

男命宜身旺不受其它克破为好。女命宜纯为贵，所谓“纯”就是纯一的意思。比如官星纯一，煞星纯一，既有财生官，又有印护身，这就叫做纯。女命的八字最宜纯和。

欲知贤如孟母，天月二德同乡。欲知貌如西施，水孛金星同命。

孟母三迁而教子，乃自古贤良女士。柱中有天德和月德吉星。西施乃春秋战国时人，其容貌漂亮盖世，因为命中带水孛金星。

官旺招夫贵显，食清产子英贤。

通常情况，女命官煞财得地有利丈夫，食神得地有利孩子。命中官星一位，得时得地，并且得到财气的资生，定然得贵夫。食神清，能生英俊贤孝的子女。

学堂逢驿马，自幼读书聪明。魁罡带七煞，生平性傲刚强。

古之学堂乃今之学校。命带学堂者，主其人聪明好学，文章出众。如带七煞，主性傲刚强。

印旺身旺，自幼爱居市井。煞浅财浅，平生喜走衙门。

身旺以印为忌，印主文章，旺多其人谋多成少，俗说财无正用。煞浅身浅，指身旺而言，身旺以财官为喜用神，煞乃好杀之性，如煞浅财浅，其人常与官府衙门交往。

身财俱旺，一生乐守家园。身财俱弱，到底难守祖业。

身旺之人不怕财旺，主有丰厚家资。财为养命之源，身旺方能任财，身弱不易有财。如身财都弱，纵有家业也难以守住。

长生坐命，儒风独守清规。贵德临身，德行浑然服众。

日主坐下长生，主文才出众，品德端正。贵指天乙贵人，德指日月二德，此二星入命，定威严凛凛，众人佩服。

五行生旺，定为慷慨男儿。四柱休囚，必是衰惫老汉。

日主通根于月令，得生得旺，必是慷慨刚强之人。若是休囚，必然精神疲惫，少气无力。

三奇得遇，名为阵上将军。四柱同生，定主朝中宰相。

三奇乃三奇贵人，天上三奇甲戊庚，地上三奇乙丙丁，壬癸辛为人中奇，三奇得遇，定是奇特男儿。但必须要顺而不乱，方是好命。四柱得以生旺，定是高官厚禄之人。

七煞会同，为卤莽刚强之士。一官骑马，乃聪明巧智之人。

七煞主性格刚强，急躁如火，脾气古怪，好胜好斗。如四柱中七煞重重为轻率刚强之人。正官不宜过多，一位为清，若临驿马，乃聪明过人。

印绶多，为人俊雅，食神旺，处世公平。

印绶乃生身之物，印绶多而旺，主其人聪明智慧，并相貌出众。食神称之为第一福星，柱中带有食神者，主其人性情和顺，宽宏大量，处事公平。

凶恶机关，比肩重而有伤。中和质朴，正官旺而相生。

比肩乃兄弟朋友同事者，柱中不宜过多，过多则主早年克父，祖业耗散，异性缘佳。如临羊刃，主有不测之祸。柱中正官旺而又得相生者，主其忠厚朴实，处事平和。

伤官驾煞必聪明。印绶逢官性慈善。

古书云：聪明不过伤官，伶俐莫过七煞。柱中七煞过旺，遇伤官制煞，此人必定绝顶聪明。印绶主重感情，慈爱心肠，若与官星同柱，主其人态度和蔼可亲，心肠慈善。

水浊金顽，不识十文百字。火明木秀，能通五典三坟。

柱中五行失位，水土互伤，无财无印，大多是目不识丁之辈。如火明木秀，乃博古通今之文人。

伤重枭多，是好说是非之辈。煞重不显，乃好为盗贼之徒。

柱中偏印遇财叫做枭印。枭乃不仁之鸟，遇伤官重叠，乃是好搬弄是非之人。七煞有制乃聪明伶俐，刚强有胆量之人，如重重无制则为小人，煞重不显者为盗贼之辈。

七煞会刃，好舞枪把刀剑。伤官逢印，能通书画琴棋。

命有羊刃的人，主聪明伶俐，果断刚强，大多脾气刚暴，见义勇为，如遇七煞制之，可为文武全才的将士。古人说："羊刃会煞，有威镇边疆之才。"伤官主聪明伶俐，如逢印绶，印主文章、文化，古主琴棋皆通的文人。

运入枭乡，自被墙垣倒损。身临绝地，须知椅凳尘埃。

进入枭印大运之时，要仅防墙垣倒塌之祸。大运临败绝之地，需防灾祸从天而降。

夜夜忧愁，命带三刑六害。朝朝燕饮，格中印绶逢财。

三刑者，详见启蒙篇，如寅巳申三刑，丑戌未三刑等。六害者如子未相害，丑午相害，寅巳相害之类，遇之主日夜忧愁不展。格局中印绶逢财，主吃喝无度。

财绝用囚，自幼出家礼佛，官衰主旺，少年离祖参禅。

柱中用神走入休囚之地，财星死绝，财乃养命之源，遇此者主自幼出家拜佛。日主旺相，喜官星克制，但官星衰弱，主少年出家修行。

煞强无印，欲游泮水不登科。身旺无财，纵是出家难脱俗。

印为文章才华，煞为聪明伶俐，官煞虽强而无印，说明虽有聪明头脑而文章空虚，所以难以考取功名。身旺者喜财泄身，这里指身虽旺命中无财，虽是出家之人，但难以脱俗。

财绝当为僧道。官囚好作尼姑。

男命财为妻星，命局无财，应当是僧道之命。女命官为夫星，柱中官囚，乃尼姑之命。

七煞会刃，卢氏引刀剔目。一官清秀，孟光举案齐眉。

羊刃是凶猛已极之煞，刚强凶狠，身强招祸，七煞也是凶星，二凶会聚易起血光之祸。官是权力，代表上级领导，只喜一位无有其它刑冲克破者，谓之一官清秀。这样的八字主为官清廉。

丙辛戊癸相交，偷情于月下。甲己丁壬合，舞乐以搏钟。

女命最怕合多，易起感情风波，柱中丙与辛合，戊与癸合，二者相见，易有偷情之事。甲己、丁壬谓之媾合，更易于男女偷情之事发生。

荣华生于中和，夭折秉于偏枯。

八字贵于中和，和者恬静之意，如女命的八字，自身弱，只有一位克我的正官，又没有受到他柱攻破冲击，这种八字主荣华富贵。偏枯格的八字主短命。

金水伤官得令，五经魁首文章。比肩成局，当为几度新郎。

五行金主义，水主智慧，伤官主聪明，金水伤官得令文章出众。比肩乃克财之神，财为妻，比肩克财，柱中比肩成局，主有多次婚姻之象。

二午两冲，妻必重婚。三庚未己，父生未见。

柱中出现二午，再遇上二子，两下相冲，定是克妻再娶之命。如果见三庚或者见三未或三己，乃是克父之命。

辛日子时，定有三分秀气。甲子日生甲子时，一生公道。

辛日子时出生的人，因辛金与子水都含沐浴之气，所以容貌定然出众。甲子日生于甲子时，此人一生正直无私。

子月卯日辰时，长妻心贱。辰月辰日辰时，一子不能送终。

子月卯日辰时出生的人，原配妻不正。月、日、时都临辰字，因自刑之故，纵有一子，也难送终。

辰戌丑未相刑，非聋即哑。子午卯酉相冲，非瘫即跛。

此条的辰戌丑未相刑，与子午卯酉相冲，犯之非聋即哑，非瘫即跛的论点，说法各有不同。有的书上说，辰戌丑未全乃帝王之命。子午卯酉全者，都是宰相之命；寅申巳亥全者乃将帅之命。但有的书上讲解，子午卯酉全，谓之四大桃花，犯之主多遇风流事端。辰戌丑未全为四大墓库，犯之主永无出头之日。寅申巳亥全为四大长生，遇之主飞黄腾达，青云直上。到底是谁正确，真叫人丈二和尚，摸不着头脑。为此，笔者经过详细的调查研究，曾作过十多例调查，除了子午卯酉和寅申巳亥顺序的八字没有见到，其辰戌丑未和寅申巳亥全见，但有的是顺序的，还有的不是顺序的，但其准确度并不像原文所说的那样肯定，仅能达到百份之六十。仅仅录出供读者作参考研究，并提醒读者，世上万事万物，切勿拘泥太死，毕竟在不同的时代，论事也各有所异。

五行不可太过，八字定要中和，学习须当熟记，本是江湖神断。

论命先观金、木、水、火、土五行，不论哪一行都不可太过，但也不能太弱，太过太弱都为有病。《卜筮正宗》云："太过者损之斯成，不及者益之则利。"说明五行定要中和为贵。这句话就是批命的主要提纲，应熟记于心。江湖的神奇断命法，不外乎这两句话。

食神制煞生财，富贵双全。食神制煞逢枭，不贫则夭。

煞指偏官七煞，煞乃克身之物，食神能制煞生财，命中遇此者，主富贵双全。食神能制煞，如果命中又出现枭印者，名叫"枭印夺食"。这样反而是贫穷而夭寿之命。

煞无刃不显，刃无煞不威，煞刃双全功名显达。

羊刃是凶猛之煞，身强遇羊刃必然招灾惹祸。男命多羊刃妻宫有损，女命带羊刃，刑夫克子。如果身弱遇之，反不为害，因有护禄帮身的作用，又有压制七煞的功能，所以说："煞无刃不显，刃无煞不威。"柱中如见煞刃两全者，再行煞刃之运，主建功立业，功名显达。

身旺财衰，运行财官发富。

财乃泄身之物，身旺喜财，如果财星衰弱，行到财官之大运，方能发富。

女命伤官须再嫁，男人羊刃必重婚。

伤官乃克制官星第一号天敌，官乃女命的丈夫。羊刃是极凶之星，不论男女，遇之皆与婚姻不利。古书有"男命羊刃克头妻，女有羊刃夫早离"之说，用之多数应验。

年上伤官，父母不全。时上伤官，子女不力。

年月为父母之宫，如见伤官对父不利。时上伤官，主子女不得力，因时为子女之宫。伤官是正官天然之敌，正官属子女之星，如时上正官旺，无财印且有正官时，迈入老年，不但子女不得力，且有无子之悲。

伤官见官，终年必损成家之子。伤官夹煞，不跛就瞎。

男命以官煞为子女，如果命局中时柱是正官，他柱又见伤官者，必主晚年丧子，若遇两个伤官夹一七煞者，无论在何柱见之，主命主是残疾之人。

辰戌丑未遇刑冲，无人不发。

辰戌丑未为四墓库，古有"墓中人不冲不发"之说法。也有

“墓逢冲则发”之说。

金水伤官最聪明。木火伤官终显达。

金主义,水主智慧。伤官遇金水者主聪明绝顶。木主仁,火主礼,伤官遇木火者,最后定然发达。

年冲月令终离祖,日破提纲定损妻。

年为祖上宫,年、月令相冲,有远离家乡,到外地谋求事业的迹象;日为夫妻宫,如与月令相冲,有离妻之忧。

夫星入墓夫先死,食神入墓子必亡。

官星为丈夫,又为夫星,如入墓,主丈夫先死。食伤乃为子女星,如入墓主伤克子女。

辰戌丑未四时孤,格内全之总不如,男命犯之为孤独,女命犯之做尼姑。

辰戌丑未乃四大墓库,又为孤神,八字中如果全见,命运非常特殊,男命犯之为孤独之命,他书又有“男女犯之为僧道”之说,如女命逢之,有出家为尼的忧患。

命理精微,难逃斯论,搜骨切髓如此,学者不可忽视。

以上所述,都是推论命理的精髓,无论怎么变化,皆逃不出这些论断。因这些论断,都是从命理中搜索出来的精髓,希望学者千万不可忽视。

诚哉! 命理之至,实吾与高明有厚望焉。

原文作者用诚实的态度,将推命之理,用实实在在的心情写出来,付予读者学习。他希望能使后学者,都能为至高至厚的高明之士,这是作者对后来学者寄予的厚望。

第三节　《五言独步》简注

《五言独步》出自《音义渊海子平》，是历代推命学者必读课题。过去一些盲人先生都将此歌背熟，以便随时应用。但文理深奥，对初学者来说不易理解。为了继承祖国古老文化，笔者给该文以简单批注，也许对研究命理有点好处，惟恐弄巧成拙，误导人子，好在我们都是共同研究者，应该大胆蹈前人之辙，不足之处，还望易界命理高手斧正。

有病方为贵，无伤不为奇。格中如去病，财禄喜相随。

八字有病并不奇怪，但必须有药疗为吉，格局中若有去病之药，那么不仅不是坏事，而且必能官财两旺。如果无病无伤，这个八字就不足为奇了。例如柱中辰戌丑未为墓，财官入墓不吉，但见冲墓之神也就无妨了。所谓有病，即刑冲为病，如子午相冲，见有“丑”字合之，这个丑字就为去病之药。

寅卯多金丑，贫富高低走，南地怕逢申，北方休见酉。

寅卯木最怕金克，柱中如见丑，丑乃金之库，反主有官有财，贫富由阴阳格局而定。南方怕逢申，乃是火克金。北方休见酉，酉乃水之败地也。

建禄生提月，财官喜透天，不宜身再旺，惟喜茂财源。

建禄乃十二宫临官之地。如甲木生在寅月，寅藏丙与戊，丙是食神，乃财源之根，戊土本身是财，主财源茂盛。

土厚多逢火，归金旺于秋，冬天水木泛，名利总虚浮。

土厚怕逢火，谓之火多土焦。申酉金生于秋天，木日的人生在冬天谓水多木漂，遇此者皆是假名虚利。

甲乙生居卯，金多反吉祥。不宜重见杀，火地得衣粮。

甲乙木生于卯月，自身旺相，所以不怕金多，但不宜再见官煞，因旺宜耗不宜克，火能泄旺木之气，定主衣帛丰盛。

火忌酉方酉，金沉怕水乡。木神休见午，水到卯宫伤。

火生于寅，死在酉，水多则金沉，忌运行亥子丑之地。所以火忌西方酉金之地，金病死于亥子丑的水墓之乡，木生于亥死于午，水生于申死于卯。所以水入卯宫有损伤之嫌。

土宿休行亥，临官在巳宫，南方根有旺，西北莫相逢。

土宿指的是戊土，戊土长生在寅，行到巳上是临官，行到午火南方是帝旺，如行到西北亥地乃为绝，亥为西北方，所以西北莫相逢。

阴日朝阳格，无根月建辰，西方还有贵，惟怕火来侵。

指六辛日生人逢戊子时，以丙火为官星，怕午冲子，喜西方大运，此为六阴朝阳的由来。此格只宜见子一位，忌怕丑合午冲。

乙木生居酉，莫逢巳酉丑，富贵坎离宫，贫穷申酉守。

乙木生于酉月，酉中辛金与乙木相冲，使乙木失令，切忌再逢巳酉丑合成金局克木，使乙木无处藏身。如向坎离行事，反能富贵，因坎宫属水，离宫属火，坎水生乙木，离火克辛金。如坚守申酉金之地，必然贫穷，因申酉为官煞。

有煞只论煞，无煞方论用，只要去煞星，不怕提纲重。

这是指七煞格而论，身旺方能用煞，而七煞必须有制，才能不怕生月用神的作用。

甲乙若逢申，杀印暗相生，木旺金逢旺，冠袍必挂身。

甲遇申金为煞，申中有壬水生甲木为印，谓之杀印暗中相生。由于木旺杀为我用，金旺木旺，所以必然官禄两旺。

丙火怕重逢，北方反有功，虽然宜见水，犹恐对提冲。

丙火属离宫午火，怕遇重逢，重逢乃太多太旺之意，如遇北方属水最好，因水是丙火的官星，但最怕午火冲提纲的子字，容易发生生命危险。

八月官星旺，甲逢秋气深，财官兼有助，名利自然亨。

八月乃属酉月，酉中藏辛金，辛乃甲木的官星，晚秋之气接近戊土，乃财官有助，所以名利自然亨通。

曲直生春月，庚辛干上逢，南离推富贵，坎地却为凶。

甲木生于春天，地支有寅卯辰三会，或亥卯未合成木局，谓之曲直格。《碧云赋》云："木全寅卯辰方功名自有。"又说："亥卯未逢甲乙富贵无疑。"最怕在天干上有庚辛金出现，遇此者须向南方发展，因南方属火，火能克金。如向北方坎地，乃为大凶之象。

甲乙旺三月，庚辛午未存，丑宫壬癸位，何虑见无根。

甲乙木生于三月，月建辰，见到庚辛或午未乃财官并存，因庚辛金乃甲乙木之官，辰建与未乃甲木之财。丑宫藏水之根，何愁无根。

木茂宜金火，身衰鬼作关，时分西与北，轻重辨东南。

柱中如遇甲乙木太多太旺，喜用金火，因金能克木，火可泄木。身衰最怕官鬼克制，如甲乙木遇时上庚辛金乃官鬼克身，如再遇北方亥子水，生木泄官无碍，东方的卯木，南方丙火，皆为吉神吉方。

时上胞胎格,月逢印绶通,杀官行助运,职位至三公。

时柱乃胞胎之地,需要生旺,如月令生之,生者为印,行运再遇官煞助之,谓之官印双全,可官运亨通。

二子不冲午,二寅不冲申,得一分三格,财官印绶同。

子午对冲,一对一才能形成冲,二寅冲一申也是同样,二个对一个已不存在冲,与二卯不刑子也是一样,在分析格中,财官印需统一分析,不能化开来分析。

运中逢克破,一命丧黄泉,进气死不死,退气生不生。

此指用神受伤或自身寿元受克,如果寿元受克,再遇用神受伤,乃是命入黄泉之兆。这些都可用生气或泄气来决定生死的。

终年无发旺,犹忌少年刑,时上偏财格,干头忌比肩。

年柱管1～16岁,月柱管16～32岁运程,年月切忌相刑,定主少年不能发达。时上偏财格,最怕遇上比肩,因比肩克财。

月生偏主旺,贵气福重添,运行数十载,上下五年分。

日主受月建相生主旺,定主富贵重添。大运干支共管十年,天干管前五年,地支管辖后五年,看天干离不开地支,看地支也离不开天干,两者是分不开的。

先看流年岁,深知来往旬,时上一位贵,藏在支中是。

要看流年太岁,须看来往旬空,要查旬空,时上一位贵,例如时上出现偏官,不要在他柱出现正官与偏官。如偏官有制而生旺通根于地支更好。

日主要刚强,名利方有气。

日主刚强有气，方能有名有利。如果日主衰弱，纵然有财有官也发不了福。这些都是从金木水火土五行在八字中所处的地位和时令的不同，来分析他们之间生克旺衰的关系，对命理预测作出一篇总结。

第四节　断运金口诀

断运金口诀出自江湖手抄本《玄观秘诀》，历代以来被江湖术士视为秘不传人的稀世珍宝，是命理专业者推命论命的有力依据。由于江湖上的规矩严密，对一些师承秘诀，只准教给徒弟，对外不准传授，教徒时只准口传，不准笔录。所以在社会上根本就见不到古书籍文字记载。从该诀的整体内容来看，是以旺衰十二宫为基点，结合命理喜忌而写成的。有些字句，含有江湖术语，很可能是哪位命理专业者的日用经验记录。为了宏扬祖国的传统文化，使古人遗宝不至湮没，笔者进行精心整理，将晦涩难懂的字句，用现代语言进行修饰，一律以七字韵编成歌诀，以便容易记忆和理解。此歌诀实用价值很高，最好将其熟背，然后再进行逐字逐句的推敲，当你将此诀完全明白以后，很可能会有“柳暗花明又一村”的感觉。现录如下：

断运歌诀仔细详，传与后人作饭囊。
吉凶祸福都有验，请您慢慢细思量。
劫财克财财怕劫，逢财坏印印需防。
官行沐浴怕刑害，七煞逢财忌旺乡。
食神最怕刑冲破，官遇伤地官遭殃。
七煞伤官怕逢墓，财官最怕见空亡。
命中最怕无官印，无依无靠度时光。
老年怕交长生运，死绝墓胎中年殃。

少年逢衰更不利，谨防中途寿不长。
金衰须防火上死，火遇死地防水乡。
水命之人怕戊己，木遇绝地金上亡。
土遇养地木上死，戊禄阴阳便无妨。
冠带临官与帝旺，财官双全最吉祥。
财旺不宜求功名，因财坏印最不良。
柱生胎元多富贵，根深蒂固志昂昂。
少年若遇长生运，身强力壮体健康。
少年大运走墓库，唯恐体弱不旺相。
中年也怕走墓库，纵有才华不显光。
老年最喜墓库运，财福双全寿无疆。
中年如交帝旺运，心想事成不须忙。
养字之运中年怕，土命见之泪汪汪。
金衰木绝土怕养，水病火死命不长。
木命坎上主凶死，土到亥上见阎王。
少年见衰命中苦，须防父母不成双。
金居南方灾星到，为官降职不风光。
老年如交长生运，风前之烛瓦上霜。
十二宫地详生死，切勿轻易放一旁。
此乃断运金口诀，推命精髓在此章。
术人若还悟其道，吉凶祸福手中藏。

第五节　江湖秘传《拦街网》歌诀

著名的易学名师宋方祥先生临终前，将自己手抄本《玄观秘诀》传我，内有《拦街网》断法。此诀专门预测六亲生离死别。这些断语在应用时准确率极高，往往都是语出惊人，一炮打中。但是这些断语，只能作为一种信息和提示，应用时必须要与命局中的生克制化组合共同参考。例如歌诀中有“枭印重叠母命亡”的口诀，这指的是柱中枭印重重有伤母的迹象，而并不是一见枭印重叠就一定丧母。枭印乃是偏印，命局中有偏印而又有偏财的叫做偏印，有偏印无偏财叫做枭印。所谓“枭印重叠”，乃偏印遇偏财，偏印受克亡母之兆；如果枭印又见食神者又称为枭印夺食，枭印夺食又成为克父标志。再者，如果日主两边受枭印夹身，说明此人不但有先丧母之信息，而且有两个母亲的命象出现。也可能断为该造从小给人家抱养，或跟随他人成人，也可能招给人家作婿，这些都可视看两个母亲，或者先克母之意。现将《拦街网》中“六亲生死”歌分段录出，以便容易记忆。

父母生死诀

江湖秘传拦街网，留于后人作饭囊。
此诀分类断六亲，能测生死共存亡。
大运最怕冲月提，年冲月柱父母殃。
比劫重重先克父，财衰印旺父不长。
偏财空亡印星旺，财弱坐绝父命亡。
年岁冲克偏财地，须防其父有灾殃。
最怕偏财又入墓，年冲岁干父有丧。
枭食并临须防母，印被年冲最不良。
财多破印先克母，偏财入墓父不长。
年运天干同克印，其年克母切需防。
煞刃坐年如为忌，岁运克财父亲亡。
印衰财旺先丧母，财印两失损爹娘。
伤旺克官如为忌，该年主母病在床。
测时首先重喜忌，喜忌分明仔细详。
术士如不明喜忌，白白浪费好时光。

配偶生死诀

身旺坐刃妻不祥，身旺比旺妻需防。
四柱无财僧道命，否则婚晚做新郎。
身坐比劫或羊刃，几度克妻命中藏。
日时互冲婚不顺，财衰比旺损妻房。
身旺财衰带华盖，命主孤单独卧床。
四柱纯阳婚不顺，阴差阳错损妻娘。
女命伤官旺为忌，官煞衰绝作偏房。
煞重克身多婚命，伤官重叠克夫郎。
羊刃为忌官死绝，克夫再嫁最不良。
枭重旺忌夫离别，官衰入墓损夫郎。
枭食并旺伤官现，伤夫克子作二房。
日时刑冲克夫子，伤旺无财守孤孀。
凶神为忌凶事起，须将喜忌仔细详。
术士若能明喜忌，艺业有成天下扬。

子女生死诀

子衰墓绝少儿郎，伤官重旺子不良。
男命杀弱行食运，食伤旺运子少亡。
女命食伤怕衰弱，遇枭旺地子遭殃。
子女星衰入时墓，子女多病难久长。
女命食伤泄太过，至老无儿泪汪汪。
男命食伤时柱旺，若逢忌神损儿郎。
枭食见伤女损子，伤食过旺过继房。
男食杀居年时柱，旺而克身子易伤。
男命七煞四位上，无制无化无火香。
女命食伤旺无印，四位以上子不长。
小儿身弱逢杀旺，不死即残切需防。

财多财旺小儿忌，不克爹来就克娘。
小儿生时见丧门，母孕之时病在床。
以上之事均怕忌，如不逢忌不需防。
此是师传金口诀，不明喜忌无用场。

第二十二章　实例篇

第一节　预测牢狱实例

推命理教子守法防牢狱
看八字顺其天命定刑期

命运可以先觉，祸福更能预知，此乃八字推命学的主要功能。已知命中藏有凶机，如能严加防范，是完全可以避免的。但有些人，明知命中有凶灾恶祸，而自己却是毫不在乎，抱着听天由命的思想，等到事情发生了，才觉得后悔莫及。过去有句老话，叫做“千金难买先知道，事到临头后悔迟”。千万莫做以命试身，以身试命的蠢事，以免造成终身遗憾。

冯某是我的好朋友，1989 年的一天，带着儿子路过我家门前，一玩二笑地说：“秦老兄，你看我儿子长得怎样，将来能否当大官，请你给算算。”我说你将孩子的出生时间告诉我。他说今年 19 岁，属猪的，十月初八日太阳要落时出生。我随即将八字排出，详细地分析一下，告诉他孩子有牢狱之灾，要多加教育，注意防范，千万不可大意。他漫不经心地说：“其它事我不怕，只怕读书不用功，考不上大学……”

事隔一年有余，1991 年春天，我去县城办事，路过车站门前，见冯某夫妻俩愁眉苦脸地在站前徘徊，我向他们打招呼，冯某见了我，高兴地说："这下可好了，救星来了！"我问他们发生了什么事这样紧张？他说："前年你就说过，孩子有牢狱之灾，现在被你说准了，遇点麻烦事，昨天被公安抓走，请你再算一下，看什么时能回来。"随即我就将命主的命局、岁运详细推排出来，简单地分析一下，对他说："你不要认为是件小事，依八字来看，暂时根本回不来，非判刑不可，从今年开始5～7年之内也不会安稳的，必须到丁丑年方可无事。依我看不用找这个那个的，应该让他在监狱里悔过反省，接受政府的再教育，改邪归正，弃恶从善，是为上策。"他有点不高兴地说："这点事我看没有这样严重吧！"说着，夫妻俩去找人去了。具体判断方法，请看八字如下：

乾造：1971年十月初八酉时

正官	正财	日主	正印
辛	己	甲	癸
亥	亥	寅	酉
劫煞	劫煞		

大运：

6岁	16岁	26岁	36岁	46岁	56岁	66岁
戊	丁	丙	乙	甲	癸	壬
戌	酉	申	未	午	巳	辰

初看这个八字，财、官、印三宝俱全，日主坐禄通根于年月长生之地，乃是官财两旺的八字。再细细一瞧，并不是这样。日主甲木生于亥月，谓之得令，三水一木生助而谓得势，自坐禄地又得年月长生，谓之得地，日主强旺无疑。强旺者喜耗泄而忌生扶。以水木为忌神，火土为喜用神。柱中的辛酉金虽可制木，但由于泄气太过，不但制不了强木，反而回过头来助水生木，为此

金也变成了忌神，还有月干己土可以耗木，怎奈湿土处于冬天，寒泥地冻，自顾不暇，并且四面受敌，虽为喜神，一点力量没有，等于一旁闲神。因此日主旺而无制，必定任意妄为，免不了要招来横灾恶祸。那么能招来什么灾祸呢？我们依照《拦街网》中“祸先看忌福从喜”的断命套路进行分析。

①先看忌神：天干癸水旺而无制，癸水是印星，按阴极化阳，阳极化阴的原理，印星旺极，应作为枭印来推断。枭乃是一种不仁之鸟，具有抢印夺食、趁机杀伐、忘恩负义之性。再者年月二支皆是亥水，两亥自刑，而且二忌神都临劫煞，劫煞临忌，本身就带有牢狱信号。另丁酉大运遇时支酉金，两酉为自刑，助纣为虐，使牢狱之灾之信息更强。

②次看大运与流年：1991 年，辛未流年，走丁酉大运，运干丁火伤官，生于亥月，弱极而化为食神，食神乃自由之神，遇到枭印夺食，也是牢狱囚禁之象。流年辛金，干透支藏，忌神癸水本身旺透而得生，趁旺而生强旺的日主，使强旺的日主火上加油，使其凶神之性发出，所以牢狱之灾难免。

③另辛未流年为日主甲木之墓地，墓者医院监狱之象也，辛未流年，辛金得运支酉相助，而与命局年干辛金正官合为三金克甲木，日主甲木无处藏身，其现象可认为政府强制管理。

柱中辛金正官由于受到大运酉金的影响而变动，另命局亥与流年支未拱合劫财局，亥未相合产生未墓启动，狱门大开，正应命理大忌。

那么刑期又是怎样判断出来的呢？

这须要以运限来分析刑期。年月二支的亥水是忌神而又自刑，临劫煞。刑者乃刑罚也，说明 32 岁之前有刑罚之事。16 岁交丁酉大运，丁火伤官旺而化食神，食神遇枭神，成为枭印夺食，必须到流年丁丑年，丁火为喜用神，原局旺木生火，使丁火强旺，强旺的丁火可以制金，耗水，生土，丁火泄日主的旺气，使命局起到平衡作用，故此年的命运肯定有大的变化。丁火乃是伤官，伤官是自由之性，现丁火强旺，必能获得自由，所以推断此年可以出狱。

结果验证：冯某之子犯有流氓团伙抢劫罪，于1991年入狱，判有期徒刑8年，由于服刑期间有立功的表现，减刑一年，于1997年(丁丑)出狱。

命犯三刑请君务必自重
忌神聚会告知谨防刑灾

命局中有牢狱信号的人，八字都比较紊乱。如官煞混杂、杀众成党、伤官见官、财印争战、支见三刑等等，命局中出现牢狱信号的人，往往在流年、行运时，遇到忌神肆虐，用神受制时，其灾祸容易出现，这时要告戒此人必须要提前预防。

坤造：1957年4月12日(阴历三月十三日寅时)生

山下火命

伤	比	日	食
丁	甲	甲	丙
酉	辰	寅	寅

公历：	1965	1975	1985	1995	2005	2015	2025
年龄：	8岁	18岁	28岁	38岁	48岁	58岁	68岁
大运：	劫	食	伤	才	财	官	杀
	乙	丙	丁	戊	己	庚	辛
	巳	午	未	申	酉	戌	亥

神煞：酉——文昌、将星　辰——金舆　寅——劫煞

命局分析：

甲木生于辰月，得令于辰中乙木余气。年柱坐胎，月柱坐衰，日、时坐禄而得地。通根于日、月、时支，帮比者多，谓之得势，日主以强论之。食伤为用神，财为喜神，命局、大运、流年喜行食、伤、财地，忌行印、比之乡。行戊申大运2000年子月，构成申子辰水局，当旺的日主又受水生，形成助纣为虐。此人该年十一月因经济案件被公安局抓捕，由于身体不好，被保外就医。此人前来批命时，问其是否能判刑或刑期，告诉他："命局中2001年流年辛巳，大运戊申，命局日时坐寅形成寅、巳、申三刑，刑灾是难免的，必须到2002年壬午、午中藏丁，丁是伤官，乃自由之神，待伤官现出后，刑期则满。"

伤官见官日主喜弱防灾破
安分守己岁运伤旺见官灾

乾造：1963年11月3日（阴历九月十八日亥时）生

金箔金命

伤	食	日	官
癸	**壬**	**庚**	**丁**
卯	**戌**	**戌**	**亥**
乙	戊丁辛	戊丁辛	壬甲
财	枭官劫	枭官劫	食才

公元：	1972	1982	1992	2002	2012	2022	2032
大运：	9岁	19岁	29岁	39岁	49岁	59岁	69岁
	劫	比	印	枭	官	杀	财
	辛	庚	己	戊	丁	丙	乙
	酉	申	未	午	巳	辰	卯

星煞:庚戌——金舆 庚戌——魁罡见官煞则破

命造分析:

这个八字庚金生于戌月,日坐印星,看似得令,但是命中食、伤、官财俱全,既不得地也不得势且卯戌合而化火,是偏弱的八字。年、月干食伤俱见,时干又见官星,纯属“伤官见官,为祸多端”之命。1984年甲子流年,走庚申大运,庚申大运遇甲子流年,运支申与原局子合为食、伤局,原局之食伤由于运支申的引动而凶性发作。另外甲子流年与原局太岁子卯相刑,为无礼之刑。正值全国严打之际,命主因驾车肇事,认为公方调处不当,聚集团伙围打办案人员,被捕入狱,判处有期徒刑六年。应甲子年入狱者,乃伤官逢旺之年,子水助起伤官克官,刑成“伤官克官,为祸百端”。

日主偏弱的八字,命局中有官星出现,又见食伤旺相者,难免有官方的麻烦事出现。见大运、流年与食、伤或生或助,或冲或刑,千万要注意恶事来临,以免招惹官灾,正如这个八字,如果提前预防,遇事冷静,知法守法,不去围攻办案人员,怎能招来这六年之苦呢!

命带牢狱劝君遵纪守法
岁运混杂教导严加防范

乾造:1961年4月22日(阴历三月初八日巳时)生

壁上土命

杀	印	日	杀
辛	**壬**	**乙**	**辛**
丑	**辰**	**酉**	**巳**
己癸辛	戊乙癸	辛	丙戊庚

才枭杀　财比枭　　杀　　伤财官

公元:	1967	1977	1987	1997	2007	2017	2027
大运:	6岁	16岁	26岁	36岁	46岁	56岁	66岁
	杀	官	才	财	食	伤	比
	辛	庚	己	戊	丁	丙	乙
	卯	寅	丑	子	亥	戌	酉

乙木通根于月令,月干壬水贴身生之,看似得令,殊不知日主自身坐杀,支中巳酉丑合成金局,谓之党杀,日主身弱无疑。身弱的八字最忌杀党成群,加之年月支财旺生杀,年、时二干透杀克身。幸有壬水印星可以生木,又可泄其杀气,惜壬水入辰土之库,无法施展其力,使杀星直接克身,这个八字明显露出牢狱之灾的信息。1993年流年癸酉年,行己丑大运时,原局与岁运巳酉丑七煞成局,七煞克身,酉酉自刑,此年命主伙同女友盗窃,案发后入狱,判有期徒刑三年,丙子年出狱。

此命日主衰弱,官煞结党而旺,又财旺破印生杀,遇到这样八字,一般情况下都会出现牢狱之灾,必须严加注意。如能悟其"法不容人"之理,有可能化险为夷。

第二节　婚姻实例

按命理推出离婚已数载
讲道义劝和破镜又重圆

我认为,提高预测水准是每个预测师的责任,凡是在预测行业中立足生根的专业者,只有将预测术提高后方可在群众中树立威望,有了威望才有信任,有了信任以后,预测师的形象在求测者的心目中才能做到置信不疑。每一个预测师必须做到将你的技能和威望运用到实际中去,首先要做到维护国法与人为善,时时考虑到安定团结,为国家、为社会主义两个文明建设服务,这是我们研究周易专业者必须做到的事情。再说,为他人排忧解难,指点迷津也是一种美德,又何乐而不为?

哈尔滨工业大学某集团公司一位女士(2001年三月前来预测八字)

坤造:1949年10月17日 即农历八月二十六日卯时

正印	偏才	日主	正印
己	甲	庚	己
丑	戌	辰	卯
墓	衰	养	胎

大运:	7岁	17岁	27岁	37岁	47岁	57岁	67岁
	乙	丙	丁	戊	己	庚	辛
	亥	子	丑	寅	卯	辰	巳

这个八字命带魁罡,日柱与月柱天克地冲。辰戌相冲,冲动夫妻宫。命书有云,女命魁罡刑夫克子,夫妻有生离死别之忧,命局枭印重重,尤其是日坐枭印,更主婚姻有离别之忧。甲戌流年,大运戊寅,乃枭神会集之年定有离婚之事。我告诉她,你1994年秋天离了婚,她感到惊奇连连点头称是。原来,其丈夫在某机关任副处长,在1994年和一个外地女工发生关系,此女一定要嫁给他,不然就要告上法庭,丈夫没有办法,只有向妻子求救,恳求办理离婚手续。善良的她挺不住丈夫的哀求,违心地在离婚书上签了字,成全丈夫和此女结了婚。也许是老夫少妻之故吧,结合没有多久,此女又跟别人跑了,丈夫只好孤苦伶仃过起无依无靠的独身生活。为了想看孩子,有时还会回家走走,每回一次都是悔恨莫及。好心的妻子对前夫又是生气,又觉可

怜,因为毕竟是原配夫妻一场,有心和丈夫复婚,但因离婚时,对儿子打击太大,父子积怨过深以致,断绝情义。儿子坚决反对,不予原谅,使母亲左右为难,为此前来求测,要求从命理中指出一条明路。我细观八字查出,2002 年壬午是她的夫星之年,该年已转到己卯大运,与月柱甲戌天合地合。告诉她明年是你婚姻复合之年,儿子的工作是能够做好,不必担心。毕竟是他的亲生父亲,虽然是一时糊涂,但父亲已经受到了良心的谴责,只要回头知错,儿子是可以原谅的。听了我的一番劝导,她坚定了复婚决心。通过一段时间的开导,儿子终于原谅了父亲。他们又到政府办理了复婚手续,终于使这个破碎的家庭重新团圆。

讲道义劝第三者退出
尽职责解桃花运风波

1999 年 3 月份,哈尔滨某大宾馆副总经理杨女士拿着丈夫的八字找我预测。唉声叹气地对我说,六年前曾经找我预测过,说当时我告诉她,丈夫有桃花运,尤其是在 37 岁时要提高警惕,弄得不好要出现离婚事件。此事一直在她心里惦记着,今年已是 37 岁,爱人是某单位副科长,以前一直都很好,每天下班都是按时回家,但是近半年来发现他有些反常,今年过春节时,整整两天没有回家,问为何事两天未回,他告诉我,这两天在单位值班,由于有点怀疑,所以她打电话到他单位去问一下,单位说节日是其他人值的班,当再询问时,他都用无关紧要的话搪塞我,请秦老师详细给看一看。如果要真是这样,她要去他单位找他们领导谈谈,干脆和他离婚。因她妹夫在他们单位开车,听人家讲,说她丈夫在外租上房子与一年轻女郎过上了,外面人都风言风语了,只是瞒着她一个人。查一下其夫的八字是:

乾造:1963年7月28日23:50分　即农历六月初八日子时

劫	官	主	比
癸	己	壬	壬
卯	未	申	子
死	养	生	刃

大运:						
7岁	17岁	27岁	37岁	47岁	57岁	67岁
戊	丁	丙	乙	甲	癸	庚
午	巳	辰	卯	寅	丑	子

八字排好后,详细的分析一下告诉她,从命理上看,你丈夫命带桃花坐刃,八字身强,子水桃花为忌,会因色而破财伤妻,八字中身强水多,说明你丈夫风流多情,做事迎合人心,特别女人缘强,但是情不专一,见异思迁。应该从1996年开始就有桃花运,因1996年是丙子流年,大运丙辰,子辰半合水局,引发时支子水桃花放荡。1997年丁丑年,天干丁与壬合,地支子与丑合。1998年戊寅年,命岁运寅卯辰会局,寅木冲申,申为妻宫,岁干戊与年干癸谓之老少之合。1999年己卯流年,是命主的伤官之年,如不及时纠正,家庭风波事小,影响前程事大,后果难料。目前最有效的办法就是要稳住,千万不要向外张扬,更不便公开经官,如果你不听我的话,耐不住性子,将此事张扬出去,不但影响你丈夫的工作,你的婚姻也就此离定了。从命局中看,夫妻宫申金生壬水,说明你丈夫虽有外遇,但他还不想和你离婚,你说他在外面租房子想必也是另有他因。他将事情隐瞒不让你知道,这是好的表现,说明他心中有你,你必须要耐心做好他的思想工作,劝他赶紧回头,以免造出不可收拾的局面,我相信他既然是国家干部,一定会妥善将此事处理好的。

杨女士听了我的劝导,回家耐心地做丈夫的思想工作,丈夫被感动,将这外地女郎找来,当三人之面,主动提出分手,给她一点钱，女郎自愿退出，回河北老家了。这个险于破裂的婚姻家庭就这样化险为夷，为他们的夫妻和美，家庭幸福，又重新筑上一道新的长堤。

规劝艳女注意把握桃花运
告诫浪男千万金屋勿藏娇

一女子相貌出众、穿着时髦。观之满面愁容，好像有什么心思，报出生日时辰，要我替她预测一下婚姻。

坤造：1976 年 9 月 19 日下午四点　　即农历八月二十六日申时

食	伤	日	枭
丙	丁	甲	壬
辰	酉	戌	申

大运：					
4 岁	14 岁	24 岁	34 岁	44 岁	54 岁
丙	乙	甲	癸	壬	辛
申	未	午	巳	辰	卯

排好八字，推出大运流年，命局中天干丁壬合，地支辰酉合，难怪长得漂亮，而且在交际上也颇得人缘，可是命中合多，情人也多，但情不专一，这是她的性格。再看命中伤官坐官谓之盖头克，食神坐偏财，不但异性朋友多，而且婚姻不顺，又主晚婚。月柱正官落空亡，又是官煞混杂，柱中申酉戌会成官局，当年是庚辰太岁与日柱天克地冲，夫妻宫被冲，说明以前所处的朋友都被冲散，但柱中又出现辰与酉合，意味着在婚姻上合而又散，散而又合。根据日支被流年冲动，日支乃是夫妻宫，说明她目前正和一位有妻之男士相爱，从柱中二土夹一酉来看，酉乃夫星，并且爱得很深，她点头称是。说这几年，所处的朋友，最终都没有成

功,近来相识一位男友,感情处得非常好,人也不错,但是此人有家,不知与他能否成婚,请老师替我详细看一看。

我对她说,目前的婚姻成不了,就是能成将来也是分开,他是有妻之人,他的妻子也很好,感情相处得也不错,你没有必要破坏他的家庭。再说,你为了达到成婚目的,把幸福建筑在别人的痛苦之上,又是何必呢?根据你的命局来看,你是晚结婚之命,须到 2005 乙酉年官星逢桃花之时,才是你真正的婚期,那时候你才 30 岁,结婚不算太晚。

希望她在婚姻上一定要自尊自重。婚姻问题乃一生之大事,千万不能草率,对目前这个男友一定要忍痛割爱,重新选择真正的如意郎君。

杀旺制日女命逢之夫霸道
身弱无依婚姻不散也分离

一位四十多岁的妇女,面貌衰老,乍看好像有五十出头岁数,穿着简朴,看出有不顺心的事情。要求我替她算上一卦,我要她先报上生辰八字。

坤造:1954 年 2 月 13 日　即农历正月十一日巳时

才	煞	日	劫
甲	丙	庚	辛
午	寅	子	巳

大运:						
3 岁	13 岁	23 岁	33 岁	43 岁	53 岁	63 岁
乙	甲	癸	壬	辛	庚	己
丑	子	亥	戌	酉	申	未

将八字一排出,我好像看到了一个弱女被一个蛮不讲理的男人欺压得喘不出气来似的,就觉得这个妇女受了很大委屈,当

时就起了同情心。其命局煞重身弱，弱主庚金被无情的丙火七煞克制，女命以正官为夫，七煞为偏夫，无官星以七煞为丈夫。我对她说，你一生最大痛苦是婚姻，如果我没有说错的话，你和你丈夫一点感情都没有，对他来说，如仇人一样，要不是看在孩子身上，你早就和他离婚了。还没等我的话说完，她就泪如雨下，说，秦老师，你说的太准了，你的话完全说到了我心里了。所以我才会流泪，其实我的泪流得太多太多了，现已无泪可流了。我们从结婚开始就没有什么感情可言，他说骂就骂，说打就打。有一次，我实在忍不下去了，反驳他几句，被他用凳子将腿砸断。住院五十多天，现在有时还难受。说着挽起裤腿，伤痕累累，惨不忍睹。本来我早就想离开他，但我不敢对他说，看在孩子份上，一拖再拖，直到现在。我想等孩子长大一点，说什么我都得离开他。

作为一个预测师来说，我向来不劝人家离婚，这是我的职业道德，但遇到这样的情况，我还是说，你俩的年龄都这么大了，不管怎样也是夫妻一场，有些事还要互相谅解，想不开时还要朝孩子身上看一看，最好还是想开些。现将这位女人的八字解释一下，以供读者参考。

日主庚金，生于寅月乃是绝地，只有时支巳火藏一点余气之根，这一点虽有等于无，好在时干辛金助身，日主偏弱无疑。身弱的八字不宜见七煞，七煞代表女性的丈夫或情人。要是身旺的八字喜爱七煞，唯有煞星才能使日主平衡，而这种女命会得到异性朋友的帮助。但是身弱的女人，七煞乃是一种压制自己的男人，偏偏这个七煞临月干通根于年支时支、又长生于月令，且得旺财之生。可以说这个克制日主的七煞不是单单的克制日主，纯属是一种残害。所以身弱的命主，无力反抗七煞的克制，只能暗中怀恨罢了。

后　记

这部《中国易学博览·八字应用经验学》终于出版了。托起这部沉甸甸的手稿，内心有一种“如释重负”的感觉。但我深知此书尚有许多难尽人意之处，却因力不能及，只有待后补偿。这本书是我多年来易学研究的实践经验总结。在此，我怀着一份真挚的心情，将它奉献给广大易经爱好者。

这部《中国易学博览·八字应用经验学》是和《风水》、《周易应用经验学》同时完稿的。未想到《周易应用经验学》刚一出版发行，就得到国内外成千上万读者的认可，纷纷来信询问其他几部书稿的出版日期。从一些信件中可以看出读者如饥似渴的学易心情。原打算在《周易应用经验学》成书后，让倍感劳累的身心休息一下，但看到读者一封封热切渴盼的来信，我倦惫的身心立即振作起来，经过了几百个日日夜夜的艰苦笔耕和多方面的努力，终于将这部书稿修改完成，付诸出版。

本书在撰写之前，有很多的顾虑，总感觉自己文思太浅，经验不足，深怕写不出好东西，白白浪费读者宝贵时间。但一想到传承和发扬这门传统文化瑰宝，传播应用经验，是我们这一代人不可推卸的责任，所有的顾虑也就随之而消。因此我不怕一切劳苦，日夜奋笔，终于将此书撰成。拙撰此书只有一个目的，就是尽力将此书写得简明透彻，让初学者尽快地掌握八字预测的基础知识和预测技法，从而能够早日登堂入室。尽管如此，书中也有许多不足之处，请同道和读者斧正。

在本书的撰写过程中，我参照了古今文献中一些命理资料，对其进行了整理与破译。

对于读者来信所提及的一些问题，由于工作繁忙，加之年老精力有限，笔者很难一一作答，务请大家谅解。我在此真诚地告诫读者，人生在世不可能都是一帆风顺的，若是在生意失利、仕途运蹇、求职无望、考学落榜、家业不兴、病魔缠身、生活坎坷、道路迷惘、前途困惑的时候，能了解掌握这门数千年的传统神秘文化，也能帮助我们从中找到趋吉避凶、排忧解难的一些答案。我们要记住，在最困难的情况下一定要坚定信心，努力奋斗，定可开启幸福美好的人生。

衷心感谢张彩辉先生、于长君先生、吴发军先生在本书出版过程中提供的大量帮助。感谢刘爱莲女士为本书所做的大量校对工作，感谢徒弟王庆滨及弟子郭尧坤、单晓茹、吴宝蓝为本书出版所做的工作。

作　者

2009 年 8 月于哈尔滨古易

易经科学研究所

图书在版编目(CIP)数据

八字应用经验学/秦伦诗著. -呼和浩特:内蒙古人民出版社,2009.10(2024.4 重印)

(中国易学博览)

ISBN 978-7-204-09877-4

Ⅰ. ①八… Ⅱ. ①秦… Ⅲ. ①命相-研究-中国 Ⅳ. ①B992.3

中国版本图书馆 CIP 数据核字(2009)第 196592 号

中国易学博览·八字应用经验学

作　　者 秦伦诗

责任编辑 黄　滔

封面设计 徐敬东

出版发行 内蒙古人民出版社

地　　址 呼和浩特市新城区中山东路 8 号波士名人国际 B 座 5 层

网　　址 http://www.impph.cn

印　　刷 呼和浩特市圣堂彩印有限责任公司

开　　本 880mm×1230mm 1/32

印　　张 17.75

字　　数 426 千

版　　次 2010 年 1 月第 1 版

印　　次 2024 年 4 月第 13 次印刷

书　　号 ISBN 978-7-204-09877-4

定　　价 42.00 元
